中国語 わかる文法

興水 優・島田亜実 [著]
Koshimizu Masaru / Shimada Tsugumi

大修館書店

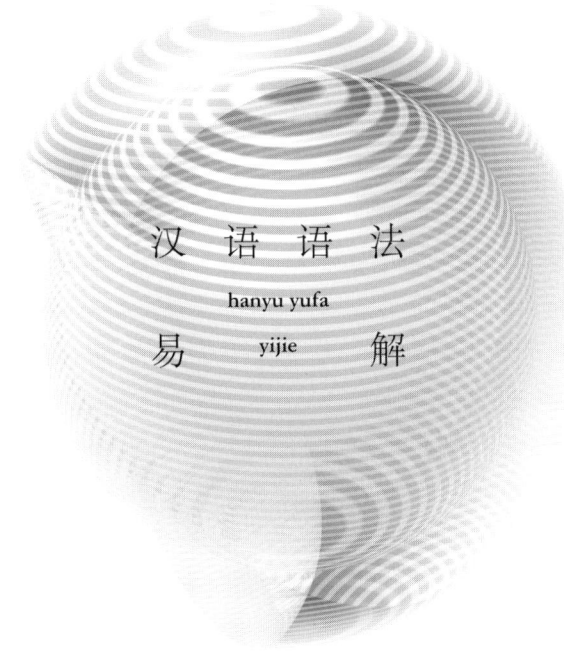

汉 语 语 法
hanyu yufa
易 解
　　yijie

まえがき

　文法ということばを聞くと，活用形を棒暗記した記憶などから，渋い顔をする人もいるが，外国語学習では，その文法が道しるべになる。うるさいと感じる文法規則を覚えるのは苦労だが，身につけてしまえば役に立つ道案内となるのである。
　私たちが学ぶ中国語は，語形変化もなく，暗記するほどのルールは少なく，文法というものにあまり悩まされない。しかし，このことは学習者にとって決して有利な条件とはならない。語形変化がなければ単語を結ぶ手がかりが乏しく，道しるべが見つけにくいことになる。中国語は，ことばを組み立てる基本の部分はつかめても，具体的な表現で語彙の使い方が関わってくると，個別の事象ばかりで，規則らしい規則を見出せない。さらに，日本人学習者は漢字漢語の知識があるため，大なり小なり日本語に引きずられた理解をしてしまい，中国語の文法が正しくつかみ取れない。そのためもあって，学習者からは学習段階を追って，文法を学びたいという声が大きくなる。これは，これまでの辞書や文法書が，必ずしも学習者の求めるものに対応できなかったことを表している。
　実際に，これまで中国語の文法に関し，何をどこまで教えるかという問題は，個々の教員やテキストに任され，用語や説明にも不揃いの点があった。これは，本来，規則をつかみにくい中国語の文法に対し，学習者の道案内をするには望ましくない状況であった。2002年に正式に発足した中国語教育学会では，特に学習内容の基準づくりの委員会を設けて作業を進め，2007年3月に，文法項目表と学習語彙表から成る『中国語初級段階学習指導ガイドライン』(以下，本書では『ガイドライン』と略称)を公刊した（本書 p. 387 に収録)。ここでいう初級段階とは大学の第二外国語で週2回，2年間で学ぶ240時間（50分授業に換算して200時間）の課程を指している。大学に限らず，中国語は200時間の学習によって初級レベルを修了すると考えてもよい。今後，このガイドラインが中国語の学力基準として，1つの指標になることを望んでいる。文法項目表は文法学習の枠組みを提示している。ただ，「何を」学

ぶかについては明示しているが,「どこまで」,「どのように」学ぶかについては,記述がなお十分ではなく,これらの詳しい説明は,このガイドラインの解説書刊行に譲られている。

　本書は,中国語教育学会が公刊した『ガイドライン』に準拠する文法書である。中国語をきちんと身につけるには,辞書とともに文法書も必要,という視点から編まれている。学習のスタート地点から本書を使うには少し背伸びがいるが,項目の細分化に加え,事項索引と語彙索引を加えたので,学ぶにつれ学んだ項目を検索するならば,学習内容の確認とともに,学習の道しるべにすることができる。一定のレベルまで進んだ後は,通読することによって中国語文法の全貌が展望できるようになる。中国語を教える立場にある人も同じような読み方ができる。巻末に収録の『ガイドライン』は中国語文法の概要をつかむとともに,学習のまとめに利用できる。

　本書は『ガイドライン』に掲げる項目に沿い,部分的にやや細分化して,合計244の項目を立て,具体的な例示によってわかりやすく記述する構成になっている。各項目とも本文(基本説明)に続けて"更上一層楼*"と名付けるステップアップ(発展)の記事が加えられている。本文は,初級段階200時間を念頭に,視野をやや広げて,説明を充実させた。ステップアップは初級段階を越えて,中国語文法に興味を感じる学習者や中国語教員のために,さらに多角的な視点を提供する内容になっている。

　　　　*"更上一層楼"は盛唐の詩人王之渙の,《登鸛雀楼》(鸛雀楼に登る)にある一句"欲窮千里目,更上一層楼"(千里の目を窮めんと欲して,更に上〔のぼ〕る一層の楼)による。

　本書は『ガイドライン』作成の委員であった興水優と,委員会の幹事であった島田亜実が執筆に当たった。本文,索引は島田が,ステップアップは興水が担当し,その上でさらに興水が加筆し,全体の統一をはかった。また,『ガイドライン』作成時の委員各位とご助力を賜った方々に草稿を見ていただいた。さらに,本書は表記から紙面の構成まで,読みやすくする工夫を経験豊かな編集者である中国文庫㈱の舩越國昭氏に担当していただいた。特に記して感謝の意を表したい。刊行にあたりご高配くださった㈱大修館書店にも厚くお礼を申し上げる。

　　　　　　　2009年2月　　　　　　　　　　　　　　　　　　　著　者

［本書執筆に使用した資料］

　本書は，下記の資料から挙例等を借用している。学習書であるため，個別に詳しく注記をしないが，ここに一括して掲げ，それぞれの原著者に対し謝意を表する。

陈望道：论现代汉语中的单位和单位词（上海人民出版社）
国家汉办：高等学校外国留学生汉语言专业教学大纲（北京语言文化大学出版社）
刘月华、潘文娱、故韡：实用现代汉语语法（外语教学与研究出版社）
康玉华、许秋寒、钟清：中国語基本語辞典（東方書店）
陆俭明：现代汉语基础（线装书局）
吕叔湘：汉语语法论文集增订本（商务印书馆）
吕叔湘：现代汉语八百词增订本（商务印书馆）
孟琮：动词用法词典（上海辞书出版社）
彭小川、李守纪、王红：对外汉语教学语法释疑201例（商务印书馆）
武信彰：プログレッシブ中国語辞典（小学館）
王还：对外汉语教学语法大纲（北京语言学院出版社）
依藤醇：中日辞典第2版（小学館）
朱德熙：语法讲义（商务印书馆）
朱晓星：简明汉语语法学习手册（北京大学出版社）

中国語 わかる文法　目次

まえがき……iii

I 字と語

- 001　漢字の字形,字音,字義 ……2
- 002　意味を表さない漢字 ……3
- 003　単用できる漢字と単用できない漢字 ……4
- 004　字＝単語,字≠単語 ……5
- 005　単語とは何か ……6
- 006　単音節語と複音節語 ……7
- 007　単純語と合成語 ……8
- 008　重ねタイプの合成語 ……9
- 009　付加タイプの合成語 ……10
- 010　複合タイプの合成語 ……11
- 011　主述型複合語 ……11
- 012　修飾型複合語 ……12
- 013　補足型複合語 ……13
- 014　動賓型複合語 ……13
- 015　並列型複合語 ……14
- 016　連動型複合語 ……15
- 017　特殊な複合語 ……16
- 018　漢語の造語法と日本漢語 ……17

II 単語と連語

- 019　単語と連語 ……20
- 020　主述連語 ……21
- 021　修飾連語 ……22
- 022　補足連語 ……24
- 023　動賓連語 ……26
- 024　並列連語 ……28
- 025　連動連語 ……30
- 026　介詞連語 ……33
- 027　"的"連語 ……34
- 028　方位連語 ……36

III 文の成立と種類

- 029　連語と文の関係 ……40
- 030　文と句読点 ……41
- 031　単文と複文 ……43
- 032　主述文と非主述文 ……45
- 033　接続成分を用いた複文 ……46
- 034　接続成分を用いない複文 ……47
- 035　肯定文と否定文 ……48
- 036　文中での否定副詞の位置 ……49
- 037　平叙文 ……50
- 038　当否疑問文と反復疑問文 ……51
- 039　付加型の当否疑問文 ……52
- 040　付加型の反復疑問文 ……53
- 041　選択疑問文 ……54
- 042　省略疑問文 ……55
- 043　疑問詞疑問文 ……56
- 044　語気で疑問を表す疑問文 ……57
- 045　反語文 ……58
- 046　命令文 ……59
- 047　感嘆文 ……61
- 048　呼びかけ文 ……61

IV 文の成分

- 049　文を構成する成分 ……64
- 050　主語と述語の関係 ……65
- 051　述語性の主語 ……66
- 052　主語の省略 ……67
- 053　動詞述語と形容詞述語 ……68
- 054　名詞性の述語 ……69

| 055 | 動詞と賓語の関係 70
| 056 | 「動詞＋賓語」の慣用句 72
| 057 | 賓語のない動詞述語文 72
| 058 | 賓語のある動詞述語文 73
| 059 | 動詞"是"を用いる文 75
| 060 | 動詞"在"を用いる文 77
| 061 | 動詞"有"を用いる文 78
| 062 | "有"と"在" 79
| 063 | 助動詞を用いる文 80
| 064 | 賓語が２つある文（二重目的語の構文）......81
| 065 | 賓語に主述連語を用いる文 83
| 066 | 述語に主述連語を用いる文 83
| 067 | 連続する動作行為や状況の並ぶ連動文 85
| 068 | 一方の成分が目的を示す連動文 86
| 069 | 第一の成分が動作の方式を示す連動文 87
| 070 | "…去"と"去…"（"骑马去"の二義性）......88
| 071 | 第一の成分の動詞が"有"である連動文(1) 89
| 072 | 第一の成分の動詞が"有"である連動文(2) 91
| 073 | 第一の成分の動詞が使役,請求を示す連動文 92
| 074 | 人や事物の存在を表す存在文 93
| 075 | 人や事物の出現,消滅を表す出現文と消滅文 94
| 076 | 介詞連語"把…"を前置する動詞述語文 95
| 077 | 介詞"被"などを用いる受け身文 98

| 078 | 介詞"被"などを用いない受け身文 99
| 079 | 介詞"比"を用いる比較文 100
| 080 | 介詞"比"を用いない比較文 103
| 081 | 形容詞述語文 104
| 082 | 名詞述語文 105
| 083 | 補語と接続成分 107
| 084 | 結果補語 108
| 085 | 結果補語と介詞連語 110
| 086 | 単純方向補語 111
| 087 | 複合方向補語 113
| 088 | 方向補語の派生義 114
| 089 | 結果補語,方向補語から派生する可能補語 116
| 090 | 結果補語,方向補語と対応しない可能補語 118
| 091 | 程度補語となる後置成分 119
| 092 | 動作量補語 121
| 093 | 動作量の表し方 122
| 094 | 時間量補語 124
| 095 | 比較の結果を表す数量補語 126
| 096 | 動作量,時間量を動詞の前に置く場合 127
| 097 | 動作量,時間量,比較数量は補語か,賓語か 128
| 098 | 動詞に対する状態補語 130
| 099 | 動賓連語に対する状態補語 131
| 100 | 形容詞に対する状態補語 132
| 101 | 連体修飾語(定語)と連用修飾語(状語) 133
| 102 | 接続成分が必要な連体修飾語 134
| 103 | 接続成分が不要な連体修飾語 136

104	接続成分が必要な連用修飾語 ……138
105	接続成分が不要な連用修飾語 ……140
106	前置の修飾語(状語)と後置の修飾語(補語)……142

V 品詞

107	単語の文法的性質を示す品詞分類 ……146
108	品詞分類の手順(実詞と虚詞) ……147
109	品詞分類の手順(体詞と述詞) ……148
110	名詞の文法的性質 ……150
111	名詞の下位分類 ……151
112	可算名詞と不可算名詞 ……153
113	集合名詞 ……154
114	抽象名詞 ……155
115	固有名詞 ……156
116	接辞"们" ……157
117	時間名詞(時間詞) ……158
118	時間と時点(時刻) ……160
119	場所名詞(場所詞) ……161
120	場所詞となる方位連語(名詞＋単純方位詞)……162
121	単純方位詞(1音節方位名詞) ……164
122	合成方位詞(2音節方位名詞) ……166
123	代詞≠代名詞 ……168
124	人称代詞(人称代名詞) ……169
125	"我们"と"咱们" ……171
126	"別人"と"人家" ……171
127	指示代詞 ……173
128	"这、那"と"这个、那个" ……174
129	"这里、那里"と"这儿、那儿" ……176
130	"这么、那么"と"这样、那样" ……177
131	特殊な指示代詞 ……179
132	疑問代詞 ……181
133	"谁"と"什么" ……182
134	"哪"と"哪个" ……184
135	"哪里"と"哪儿" ……185
136	"怎么","怎样","怎么样" ……187
137	"怎么"と"为什么" ……188
138	"多"と"多么" ……190
139	"几"と"多少" ……191
140	疑問代詞の非疑問用法 ……192
141	同一疑問代詞の呼応用法 ……195
142	位数詞と係数詞 ……196
143	数の数え方, "〇"と"零" ……198
144	数と数量, "二、两", "半" ……200
145	序数, 分数, 百分数, 小数, 倍数 ……201
146	概数詞と概数表現 ……203
147	数量詞(数量詞連語)と文中の位置 ……205
148	数量詞"俩" ……207
149	数量詞連語"一点儿"と"一些", "一会儿"と"一下" ……208
150	量詞(助数詞) ……210
151	名量詞と動量詞 ……212
152	計量単位と形態単位 ……215
153	度量衡の単位, 金銭の単位, 時刻の単位 ……217
154	量詞"个"は万能の単位か ……219
155	"一个"と"个" ……221
156	数詞が限定される動量詞 ……223

157	形容詞の下位分類 225
158	形容詞を述語に用いる条件 228
159	述語になれない形容詞 231
160	修飾語になれない形容詞 232
161	形容詞の重ね型 234
162	性質形容詞と状態形容詞 236
163	数量形容詞 239
164	形容詞の他動詞用法 241
165	動作態助詞と形容詞 242
166	形容詞と動詞の兼類 244
167	形容詞と名詞の兼類 245
168	形容詞と副詞の兼類 247
169	形容詞と動詞の区別 248
170	自動詞と他動詞 250
171	動詞に対する賓語の位置 252
172	離合動詞(離合詞) 254
173	助動詞 255
174	助動詞と副詞 257
175	"能","会","可以" 259
176	"願意","想","要" 261
177	"応該","得","要" 263
178	動詞の重ね型 265
179	類義並立複合動詞 268
180	動作態助詞と動詞 270
181	動詞と名詞の兼類(名動詞) 273
182	動詞の述語性 275
183	介詞か, 前置詞か 276
184	動詞と兼類にならない介詞 278
185	動詞と兼類になる介詞 280
186	"从"と"离" 282
187	"朝","往","向" 283
188	介詞連語と動賓連語 284
189	介詞連語と否定副詞の位置 286
190	単用できる副詞 288
191	時間副詞 290
192	"正","在","正在" 291
193	"就"と"才" 293
194	"已经"と"早就" 295
195	程度副詞 296
196	副詞による強調と後置成分による強調 298
197	"有点儿" 300
198	範囲副詞 302
199	"都"と"一共" 304
200	"总"と"老" 305
201	"一起"と"一块儿" 306
202	関連副詞 307
203	"也"と"又" 309
204	副詞を用いた強調表現 310
205	"还","又","再" 312
206	語気副詞 313
207	"大概","也许","恐怕" 315
208	否定副詞"不"と"没(有)" 317
209	"不要","別","不用" 320
210	述語における副詞の位置 322
211	副詞の連用と配列 324
212	句の連接(接続詞と副詞) 325
213	"和"と"跟"(接続詞と介詞) 327
214	"还是"と"或者" 329
215	複文を構成する接続詞 331
216	"因为…所以…" 333
217	"虽然…可是…" 335
218	"不但…而且…" 336
219	"要是…就…" 338
220	"只要…就…" 339
221	"只有…才…" 340
222	"…,那么…" 341
223	助詞の下位分類 342
224	構造助詞 344

225	構造助詞"的"......346		235	文末助詞"吧"......366
226	述語性成分を名詞相当語にする"的"......348		236	文末助詞"吗"......368
			237	文末助詞"呢"......369
227	構造助詞"地"......350		238	文末助詞"了"......371
228	構造助詞"得"......351		239	2つの"了"......374
229	動作態助詞......353		240	文末助詞"的"......377
230	完成態"了"......355		241	"似的","来着","罢了","什么的"......379
231	持続態"着"......357			
232	経験態"过"......360		242	感動詞......381
233	文末助詞(語気助詞)......362		243	擬声語......383
234	文末助詞"啊"......364		244	語法と修辞......385

資料編：中国語初級段階学習指導ガイドライン　文法項目表......387

索引1：日本語索引......405

索引2：中国語索引......409

I 字と語

II 単語と連語

III 文の成立と種類

IV 文の成分

V 品詞

001　漢字の字形, 字音, 字義

　ことばは文字によって書き表される。ことばがあってこそ文字がある。ことばをもたない民族はないが，文字をもたない民族はある。

　漢字を文字とする中国人は，ことばと文字を混同し，「一言もいわない」の意味で「一字もいわない」といったり，英語の単語を指して「一千字おぼえる」といった表現をすることがある。たしかに，漢字という文字は，一つ一つのアルファベットをつづった英単語になぞらえても，おかしくない。

　漢字は，アルファベットの一つ一つの字と異なり，ふつうそれぞれの字に形・音・義がそなわっている。漢字の場合，「この字は難しい」といえば，その漢字の字形を指していることも，字音を指していることも，また字義を指していることもある。英語には辞典はあっても字典はない。漢字は字典でその形・音・義を調べることができる。

　もしも1つの漢字に，ただ1つの字形，1つの字音，1つの字義しか存在しないなら，字典の説明も簡単にすむが，実際には多くの漢字に複数の形・音・義があり，それらがたがいに錯綜している。まして，日本語でも漢字を使用しているから，形・音・義のいずれにせよ，日本人は日本語を見る目で中国語の漢字を理解しがちである。したがって，中国語ということばが，漢字の形・音・義にどのように表されているのか，漢字を中国語の目で見られるようにしなければならない。

更上一层楼

STEP UP !

　◆文法といえば，一般に語論と文論から成り，前者では文の構成要素である単語（語）について論じ，後者では語あるいは語を連ねた句で組み立てる文の構成について論じる。しかし，漢字で書き表す中国語は，英語などと異なり語を取り出しにくい。中国語の発話を文字化すると，目にするのは漢字の羅列であり，一見その漢字の一つ一つが単語（語）であるかのように思える。しかし実際には，字がそのまま語とならない例も少なくない。漢字は表意文字といわれるが，なかには意味を表さない漢字もある。また，意味を表してはいても単用できない漢字もある。

　中国語における字と語の関係は，言語学で，意味を有する最小の単位とする"语素" yǔsù (形態素；*morpheme*) を介して考えるとわかりやすい。同じ漢字に見えても，形態素ではないもの，また形態素ではあってもそのまま語にはならないもの，などがある。さらに，同じ漢字に見えても，中国の漢字

と日本の漢字では，たがいに形・音・義の異なる例が少なくない。
　中国の漢字は1955年の「異体字整理」，1956～64年の「簡化字制定」，1964年の「印刷通用漢字制定」により，日本の漢字とのへだたりが大きくなっている。

2　意味を表さない漢字

　漢字は表意文字といわれ，一つ一つの漢字はそれぞれ意味を表しているように思えるが，擬声語(擬音語)に用いられた漢字や，外来語の音訳に当てられた漢字はその字音を借りただけで，字義を欠いている。次の1)～3)は音訳外来語，4)～5)は擬声語の例である。

1) 咖啡 kāfēi（コーヒー）
2) 葡萄 pútao（ブドウ）
3) 巧克力 qiǎokèlì（チョコレート）
4) 丁当 dīngdāng（ちゃりん；かちゃん〔金属などのぶつかる音〕）
5) 汪汪 wāngwāng（わんわん〔イヌの鳴き声〕）

　日本語ではふつうこれらをカナで書き表すが，中国語にはカナのような表音文字がないので，漢字を表音のために用いる。コーヒーの音訳当て字は日本語と異なるが，ブドウは同じ漢字を書く。"咖""啡""葡""萄"の個々の漢字は意味を表さない。チョコレートの音訳当て字は，"巧""克""力"のどの漢字も個々の字義と関係なく，それぞれの字音を利用しているだけである。4)～5)の擬声語の場合も，例えば"丁当"は"丁""当"の個々の意味とは関係なく，それらの字音だけを利用している。

　　　　　〔注〕"葡"を"葡萄牙"Pútáoyá（ポルトガル）の略称として用いることはある。

　音訳外来語のなかには，当て字が表意の働きもするように工夫して作られた例もある。

6) 拖拉机 tuōlājī →「"拖"（引きずる）＋"拉"（引っぱる）＋"机"（機械）」→ トラクター

　音訳の当て字で，6)の方式の例は，ブランド名や商品名によく見られる。

7) 奔驰 Bēnchí（ベンツ）→ "奔"，"驰" ともに字義が「疾走する」意味に通じる。

更上一层楼

◆中国語における外来語受容方式とその例

①音訳当て字で字音だけ借用　　　　：派对 pàiduì（パーティー）
②音訳当て字だが用字に表意を工夫　：雷达 léidá（レーダー）
③音訳当て字だが字音は方言音　　　：的士 dīshì（タクシー）
④音訳＋意訳（一部を意訳）　　　　：奥运会 Àoyùnhuì（オリンピック）
⑤音訳＋意訳（類名を添加）　　　　：乒乓球 pīngpāngqiú（ピンポン）
⑥意訳　　　　　　　　　　　　　　：电视 diànshì（テレビ）
⑦日本語の借用（中国の古典に出典）：教育 jiàoyù（教育）
⑧日本語の借用（日本人の創作漢語）：电话 diànhuà（電話）

003　単用できる漢字と単用できない漢字

　音訳した外来語の，例えば"咖啡"kāfēi（コーヒー）における"咖"や"啡"は字音を表すだけで，字義をもたない。擬声語の，例えば"丁当"dīngdāng（ちゃりん；かちゃん）における"丁"や"当"はそれぞれ字義をもっているが，"丁"と"当"を組み合わせて当て字に用いた場合は字音だけを利用したもので，それぞれの字義とは関係ない。

　漢字のなかには，"咖啡"の"咖"や"啡"のようにそれぞれ字義がなく，単独には使えないものがある。さらに，字義はあっても単用できない漢字が少なくない。例えば，"第一"dìyī（第一）の"第"dì と，"我们"wǒmen（我々）の"们"は，それぞれ「順序を示す」，「人について複数を示す」などの意味を表すが，単独に使うことはない。これらはいわゆる接辞で，必ず他の漢字との組み合わせで用いられる。このような，いわば文法的な働きをするものだけでなく，具体的な意味を表す漢字にも単独に使えないものが数多くある。例えば，日本語から見るとふしぎに感じるが，中国語は"男"nán，"女"nǚ を"男女"と組み合わせては使えるのに，それぞれを個別には使えない。男は"男的"nánde，女は"女的"nǚde という。日本語でも男，女をそれぞれ「おとこ」「おんな」と訓読みすれば単用できるが，中国語に由来する音読みでは「ダン（ナン）」，「ジョ（ニョ）」とも単独に用いることがない。また，同じ漢字でも，書きことばに使うか，話しことばに使うかによって，単用できる場合とできない場合がある。例えば，"春"は書きこと

ばでは使うが，話しことばでは使わず，"春天"chūntiānという。同様に，日本語の「耳目」(『広辞苑』の第一の意味は「耳と目」)を中国の規範的な国語辞典である《现代汉语词典》では"耳朵和眼睛"と言い換えている。話しことばでは耳と目をそれぞれ"耳朵"ěrduo，"眼睛"yǎnjingという。"耳、目"は話しことばでは単用しない。

更上一层楼

STEP UP!
◆音訳された外来語の当て字で，"咖"，"啡"，"葡"，"萄"などのような字音を表すだけの音訳専用字は字義をもたないので，"语素"yǔsù（形態素：最小の，音義の結合体＝意味を有する最小の単位）ではない。これらの例は，それぞれ"咖啡"，"葡萄"のように組み合わさって１つの形態素となる。"第、们、男、女、春…"などはそれぞれ単用できないが，形態素ではある。漢字には，もちろん単用できるものが数多くあり，"手"shǒu（手），"脚"jiǎo（足），"山"shān（山），"河"hé（川）など，特に基礎語彙にはそのまま自由に使える漢字（形態素）が多い。しかし，例えば書きことばだけといった条件つきで単用可能な漢字も少なくない。その場合，"春"を話しことばでは"春天"というように，"国"を"国家"guójiā，"海"を"大海"dàhǎiなど，特に意味を示さない漢字が加えられて単用できる形（⇨**4, 5**）〔注：⇨に続く数字は参照項目を示す。以下同じ〕になる。呂叔湘が《现代汉语单双音节问题初探》で詳述している。

004 | 字＝単語，字≠単語

英語であれば，書き記された文を見て，アルファベットでつづられた一つ一つの単語の形がはっきりとわかる。単語の数を数えることも難しくない。一方，中国語は，日本語の漢字かな混じり文と同じように，単語ごとの分かち書きはしない。中国語を文字に記すと，句読点のほかは，漢字の羅列であり，その一字一字の漢字がそのまま単語であるかのように錯覚する。しかし，一つ一つの漢字がそのまま単語として働いているわけではない。単語とは，「独立して運用できる，意味を有する，最小の単位」である。「独立して運用できる」といえば「単用できる」ということである。したがって，単用できない漢字は単語ではない。"第、们、男、女、春…"など，それぞれ字義はあっても単独で自由に使えないから，いずれも単語ではない。外来語の音訳当て

字に用いる"咖"や"啡"は字義もなく，単用もできない漢字にしかすぎず，単語ではない。組み合わせて"咖啡"kāfēi（コーヒー）とすれば自由に使える単語となる。"我们"wǒmen（私たち）や"春天"chūntiān（春）は単語である。もちろん単一の字でも，"我"のようにこれだけで自由に使える漢字は単語である。その漢字に字義があり，そのまま単独で自由に使えれば単語である（字＝語）が，単独で自由に使えなければ単語ではない（字≠語）。単用できない漢字は，他の漢字と組み合わせ，単語として使える形にする。

更上一层楼

STEP UP !

◆単語を，独立して運用できる，意味を有する，最小の単位とした場合，独立して運用できるか否かにこだわると，文のなかで文法的な働きをする多くの単語は，それだけで自由に使えず，単語とはいえなくなってしまう。例えば"你明天来吗？"Nǐ míngtiān lái ma ?（君は明日来ますか）という文における"吗"は疑問を表す文末助詞で，単用することがない。しかし，この文のなかで"你、明天、来"の単用できる3語を取り去った後に残る，単独にはいえないが1つの単語の一部でもない"吗"も，やはり単語としてあつかわなければならない。"我明天再来。"Wǒ míngtiān zài lái.（私は明日また来ます）における副詞の"再"も同じである。「単独に運用できる」といっても，それ自身が自由に活動できる（それ自身が独自に文の成分になったり，文法的なつながりを表す働きをする）こと，と理解すべきである。

005 単語とは何か

　漢字を使わずに，中国語をローマ字で書き表した場合，漢字の羅列をそのままローマ字に置き換えると困ることがある。1例だが，大通りに，zhongguogongshangyinhang という看板があったという。中国語のローマ字表記法であるピンイン・ローマ字で，切れ目なくつづられている。かたわらに，"中国工商银行"（中国商工銀行）と漢字がなかったら，とっさに読み取ることはできない。もしも，zhongguo gongshang yinhang と分かち書きされていれば判読も容易であったろう。漢字による表記は一つ一つの字が単位としてつづられるが，ローマ字による表記では語（単語）を単位としてつづられる。この場合，gongshang は"工业"（工業）と"商业"（商業）の意であるから，gong-shang のように間にハイフンを置いてつづるべきだ，あるいは両者を離

してつづるべきだ，といった意見が出るかもしれない。アルファベットをつづって書き記す言語では語（単語）はいわばレディメイドであるが，漢字で表記する中国語では一つ一つの字がそのまま語になるわけではなく，単語の認定が容易でない。いわゆる横文字の言語では単語は先天的な存在である。中国語における字と語の関係は，古典語，ないしは書きことばでは多くの字が同時に語として使えるが，現代語の話しことばでは，一方に自由に活動し得る字があり，もう一方に自由に活動し得ない字があり，そしてその中間に条件により自由に活動できる，あるいは活動できない多数の字がある，ということになろう。「自由に活動し得る」ということの解釈によっても，単語の認定は大きく左右される。ある語彙表では約1,000語の最常用語のなかに，"春"と"春天"の2つの語が入っている。"春"は話しことばで単用せず，"四季如春" sìjì rú chūn（四季，春のごとし）のような書きことばで使うが，文体を限定しなければ，データとしては常用語に入るのであろう。

更上一层楼

STEP UP !

◆これ以上分割しては意味のなくなる，「意味を有する最小の単位」を"语素"（形態素）と呼ぶ。"咖啡"は形態素であるが，"咖"や"啡"は字音だけで字義のない字で形態素ではない。日常的に，中国語を読んだり書いたりする場合，形態素という単位を特に必要としないが，「独立して運用できる，意味を有する，最小の単位」である"词"（語）は，ことばの単位として欠かせない。語（単語）が「独立して運用できる」とは，その語が別の語の一部ではなく，それ自身が自由に活動できるということで，"我们"の"们"は語ではないが，"三个" sān ge（3つ）の"个"は語である。次に形態素と語の関係を示す。

形態素	［咖啡］	［我］	［们］	［人］	［民］	［我］+［们］	［人］+［民］	［三］	［个］
語（単語）	咖啡	我	×	人	×	我们	人民	三	个

"三"と"个"はそれぞれ形態素であり，語である。"三个"は語（単語）と語を組み合わせた連語（句；フレーズ）で，単語は連語との境界をめぐっても困難な問題がある（⇨**19**）。

0 0 6 　単音節語と複音節語

　音声の単位で，切れ目が感じられない，ひとまとまりの音を，「音節」と呼んでいる。中国語は，ふつう1つの音節が1つの漢字で書き表されている。

1つの音節は「声母」と「韻母」で構成され，さらに音節ごとに声調が加わる。「声母」を欠く音節はあるが，「韻母」を欠く音節はない。

中国語の単語（語）には音節数が1つだけの単音節語と，2つ以上の複音節語がある。

"啊"a（文末助詞，韻母だけの音節），"山"shān（声母sh＋韻母an），"河"hé（声母h＋韻母e），"人"rén（声母r＋韻母en）などは単音節語，"山河"shānhé，"人民"rénmín，"我们"wǒmen，"葡萄"pútao，"马拉松"mǎlāsōng（マラソン）などは複音節語である。

更上一层楼

STEP UP !

◆中国語では基本的に漢字1字＝1音節で，漢字の字数と音節数は一致するが，"花儿"huār（花），"玩儿"wánr（遊ぶ）のように語尾がr化した語はrが前の音節に組み込まれるため，漢字2字で表していても音節数は1つと数え，単音節語である。また，わずかではあるが，"哩"yīnglǐ（マイル）のように，漢字1字で表していても音節数は2つと数える複音節語もある（ただし，"哩"lǐ は現在 "英里"yīnglǐ と表記するのが一般的である）。

007　単純語と合成語

"我"はそのまま単独で使うことができるし，また"我们"のように単語の一部にもなる。意味を表す成分を●で，また単語という枠を□で囲ってみると，"我"は■のように表される。意味を表す成分とは，言語学で"语素"（形態素）と呼ぶ，これ以上分割しては意味のなくなる，「意味を有する最小の単位」を指している。"我"は意味を表す成分が1つで，"语素"（形態素）1つからなる単語ということができる。"我们"は「1人称＋複数」の意味を表すから，■■のように1つの語の中に意味を表す成分が2つで，"语素"（形態素）2つからなる単語ということができる。

このように，意味を表す成分1つでできている語を単純語，また意味を表す成分が2つ以上組み合わさってできている語を合成語という。

一般的には，漢字1字の語（ほとんどは単音節語）は単純語であり，2字以上の語（ほとんどは複音節語）は合成語である。しかし，"葡"，"萄"，"咖"，"啡"など音訳外来語の当て字に用いられた漢字は，1字だけでは意味を表さず（＝"语素"ではない），"葡萄"pútao や "咖啡"kāfēi（コーヒー）と単

語になってはじめて意味を表す。これらは漢字2字の複音節語であっても意味を表す成分（"语素"）が1つであるため，合成語ではなく単純語である。一方，"俩" liǎのような例は漢字1字でも意味は"两个" liǎng ge（2つ）に相当し，意味を表す成分（"语素"）が1つではないため，単音節語であっても単純語ではなく，合成語である。

更上一层楼 STEP UP！

◆単純語は1つの"语素"（形態素）がそのまま語になっている。合成語は2つあるいはそれ以上の"语素"（形態素）が1つの語になっている。したがって，合成語についてはそれを構成する"语素"（形態素）がどのように結びついているのか，探る必要がある（⇨**8**〜**10**）。

008 重ねタイプの合成語

意味を表す成分が2つ以上組み合わさってできる語を合成語という。

合成語は，組み合わせの型によって，重ね，付加，複合の3種のタイプに分けられる。

重ねタイプとは，2つの同じ成分をくりかえし重ねて組み合わせた語で，"妈妈" māma（お母さん），"爸爸" bàba（お父さん），"奶奶" nǎinai（おばあさん）など，親族を表す名詞によく見られる。親族呼称のほかにも，名詞には"星星" xīngxing（星），"娃娃" wáwa（幼い子ども）など，数は少ないが，ほかにも重ねタイプの合成語がある。また，副詞にも"常" cháng を重ねて"常常" chángcháng（つねに；しじゅう）とするように，重ねタイプの合成語がある。一方，数量の単位を示す量詞に"个" ge を"个个" gègè（どの1つも；どれもみな）のように重ねて使う例があるが，この場合は重ねた結果，意味や機能が異なることとなるので，ふつう重ねタイプの合成語とはしない。

更上一层楼 STEP UP！

◆"看" kàn（見る）を"看看" kànkan（ちょっと見る）とするような，動詞を重ねて使う例は，重ねた結果，文法的な性質が変わるので，一種の形態変化としてあつかう。"大" dà（大きい）を"大大" dàdà（大きな）とするような，形容詞を重ねて使う例も同様で，いずれも重ねタイプの合成語とはしない。

009　付加タイプの合成語

意味を表す成分が2つ以上組み合わさってできる語を合成語という。

合成語は，組み合わせの型によって，重ね，付加，複合の3種のタイプに分けられる。

付加タイプとは，具体的な概念を表す成分の前あるいは後に文法的な働きをする成分を付け加えた語で，付加された成分を接辞と見れば，前置の成分は接頭辞，後置の成分は接尾辞ということになる。

(1)前置される付加成分の例：

　　"第" dì　→数詞に付加し序数を示す。"第一" dìyī（第一の；一番はじめの）。

　　"老" lǎo　→数詞に付加し兄弟姉妹の順を示す。"老二" lǎo'èr（二番目の子）。

　　　　　　→単音節の姓に付し呼称とする。"老李" Lǎo Lǐ（リーさん）。

　　　　　　→動植物など一部の名詞に付す。"老虎" lǎohǔ（トラ）。

　　"小" xiǎo →単音節の姓に付し呼称とする。"小李" Xiǎo Lǐ（リーくん）。

(2)後置される付加成分の例：

　　"们" men →人称代名詞や人を表す名詞に付し複数を示す。"我们" wǒmen（私たち），"学生们" xuéshengmen（学生たち）。

　　"子" zi　→名詞を構成する付加成分。"刀子" dāozi（ナイフ）。

　　"儿" r　→名詞を構成する付加成分。"画儿" huàr（絵）。独立した音節（ér）にならず，前の音節をr化音にする。"玩儿" wánr（遊ぶ）のような動詞の例もある。

更上一层楼

◆付加タイプの合成語において，付加された成分が具体的な語彙的意味を表さず，抽象的な文法的意味を表す場合は接辞と見なせるが，上に列挙した例以外に，"绿化" lǜhuà（緑化），"现代化" xiàndàihuà（近代化）の"…化"や，"酸性" suānxìng（酸性），"可能性" kěnéngxìng（可能性）の"…性"など，具体的な語彙的意味の感じられる成分まで範囲を広げると真の接辞とは認め難い。上記の"们" menにしても，"学生和老师们"/xuésheng hé lǎoshī /men（学

生たちと先生たち）と /xuésheng/ hé/ lǎoshīmen/（学生と先生たち）の双方に理解できるので，前者のように「学生と先生」いうフレーズに"们"が付加している場合は接辞とはいわず，前置あるいは後置の付加成分をそれぞれ前置成分，後置成分とも呼んでいる。

0 10　複合タイプの合成語

　意味を表す成分が２つ以上組み合わさってできる語を合成語という。
　合成語は，組み合わせの型によって，重ね，付加，複合の３種のタイプに分けられる。
　複合タイプの合成語とは，具体的な語彙的意味を表す成分を２つ，またはそれ以上，一定のルールで組み合わせた語である。前後２つの成分を組み合わせるルールは，単語を構成する方式であるだけでなく，単語と単語を並べて句（連語）を構成する方式とも一致している。連語はそのまま文にもなり得るから，複合タイプの合成語には，文の組み立て方が凝縮していることになる。複合タイプの合成語は，中国語で最も生産性の高い造語法であり，この種の合成語を複合語と呼ぶことがある。
　複合タイプの合成語の構成法（語構成）には，主述型，修飾型，補足型，動賓型，並列型の５種がある。連語の構成法の１つである連動連語にならい，連動型を加えることもある（⇨**11**～**16**）。これらの名称からわかるように，それぞれの型（構成法）がそのまま文の組み立て方に対応している。

更上一層楼

STEP UP!
　◆古来，中国語から日本語に入った漢語語彙には，これらの複合タイプ合成語の語構成が反映されている。したがって，日本人は日本語の漢語語彙の語構成から，中国語の基本的な文法ルールをつかむことができる。なお，後に日本人が創作した漢語にはこの構成法に合致しない語も少なくない（⇨**18**）。

0 11　主述型複合語

　複合タイプの合成語，すなわち複合語には，主述型，修飾型，補足型，動賓型，並列型の５種と，ほかに連動型がある。主述型は，複合語の前後２つ

の成分が，文の組み立てでいえば「主語＋述語」の関係で結びついている語である。

(1)名詞の例　　：地震 dìzhèn（地が震える→地震）
(2)動詞の例　　：心疼 xīnténg（心が痛む→いつくしむ）
(3)形容詞の例：年轻 niánqīng（年が若い→若い）

更上一层楼

◆主述型の複合語の例はそれほど多くない。名詞では"地震"dìzhèn や"冬至"dōngzhì（冬至）などのように日本の漢語語彙に入っている例もある。しかし，"地震"は中国語で動詞に使うこともあり，《现代汉语词典》では名詞と動詞の２項に分けている。また，動詞の"心疼"と同形式の"头疼"tóuténg（頭が痛む；頭痛がする）が形容詞というように，日本語の意味や用法と異なる例もある。後者の場合，"心疼"は賓語（目的語）を後に置けるが，"头疼"は後に置けない。

012　修飾型複合語

複合タイプの合成語，すなわち複合語には主述型，修飾型，補足型，動賓型，並列型の５種と，ほかに連動型がある。修飾型は，複合語の前後２つの成分が，文の組み立てでいえば，「修飾語＋被修飾語」の関係で結びついている語である。

(1)名詞の例　　　：黑板 hēibǎn（黒板），铁路 tiělù（鉄道）
(2)動詞の例　　　：公布 gōngbù（公布する），相信 xiāngxìn（信じる）
(3)形容詞の例　：高级 gāojí（高級な），冰凉 bīngliáng（氷のように冷たい）
(4)量詞の例　　　：公斤 gōngjīn（キログラム）
(5)副詞の例　　　：至少 zhìshǎo（少なくとも）
(6)接続詞の例：不但 búdàn（…のみならず）

更上一层楼

◆「修飾語」は，後に置く「被修飾語（修飾される語）」の性質によって「連体修飾語」と「連用修飾語」に分かれる。一般的に，後が名詞の例は前者，動詞の例は後者となる。

修飾型複合語には，単語か連語か，まぎらわしい例が少なくない。例えば"小心轻放"xiǎoxīn qīngfàng（取り扱い注意）という句では"轻放"（そっと置

く）が修飾型複合語の動詞に見えるが，単用すれば"轻着放"qīngzhe fàng と同じ連語として使うことになる。

0 1 3　補足型複合語

　複合タイプの合成語，すなわち複合語には主述型，修飾型，補足型，動賓型，並列型の5種と，ほかに連動型がある。補足型は，複合語の前後2つの成分が，文の組み立てでいえば，「述語（動作行為を表す動詞）＋補語（結果を表す）」の関係で結びついている語である。

　(1)名詞の例：治安 zhì'ān（治めて安定させること→治安）
　(2)動詞の例：打倒 dǎdǎo（打倒する），提高 tígāo（引き上げる）

更上一层楼

STEP UP !

◆補足型複合語の動詞の多くは「動作行為＋結果」を表す複合動詞（結果補語を加えた動詞）であるが，これらのなかには単語か連語か，まぎらわしい例がある。例えば"打倒"の中間に"得"de あるいは"不"bu を挿入して"打得倒"（打倒できる）"打不倒"（打倒できない）のように可能補語の形式にした場合，連語あるいは連語形式の単語といわざるを得ない。

◆補足型複合語には，動詞の後に方向動詞（方向補語）を置くものがある。"出去"chūqù（出て行く；外出する），"看上"kànshàng（気に入る）などのように固定した単語として辞書に収められている例もあるが，用法上からは句（連語）と見るべきものが多い。

0 1 4　動賓型複合語

　複合タイプの合成語，すなわち複合語には，主述型，修飾型，補足型，動賓型，並列型の5種と，ほかに連動型がある。動賓型は，複合語の前後2つの成分が，文の組み立てでいえば，「動詞＋賓語（＝目的語）」の関係で結びついている語である。動賓型には「…を…する；…に…する」という意味関係だけでなく，"有理"yǒulǐ（道理がある；筋が通る），"出事"chūshì（事件が起こる），"停电"tíngdiàn（電気が停まる；停電する）などのように「…がある／いる；…が…する」という意味関係の複合語も含まれているので，賓語の部分は動作行為の対象に限らず，その動作行為に関連する事物まで範

囲をひろげる必要がある。したがって，目的語という呼称は適切とはいえない。

(1)名詞の例　：" 主席 " zhǔxí（会議をつかさどる→主席）
(2)動詞の例　：" 注意 " zhùyì（注意する），" 告別 " gàobié（別れを告げる）
(3)形容詞の例：" 吃力 " chīlì（力を食う→骨が折れる）
(4)副詞の例　：" 到底 " dàodǐ（底に達する→とうとう）

更上一层楼

STEP UP！

◆動詞型の複合語には，存在，出現，消滅を表す語もあるので，組み立てを「動作行為＋その動作行為に関連する事物」と説明するだけでは不十分である。存在，出現，消滅を表す語は動作行為を表す語と分けることも考えられる。

◆動賓型の動詞には，" 散散步 " sànsanbù（ちょっと散歩する），" 结了一次婚 " jiéle yí cì hūn（1度結婚した）などのように，前後2つの成分が分離して用いられる例（離合動詞⇨172）がとりわけ多い。これらを連語あるいは連語形式の単語としてあつかうことも考えられる。

015　並列型複合語

複合タイプの合成語，すなわち複合語には，主述型，修飾型，補足型，動賓型，並列型の5種と，ほかに連動型がある。並列型は，複合語の前後2つの成分が，相互の意味関係になんらかの関連があって結びついている語である。

A. 同義・類義の並列
　(1)名詞の例　：朋友 péngyou（友人）
　(2)動詞の例　：调查 diàochá（調査する）
　(3)形容詞の例：简单 jiǎndān（簡単である）
　(4)副詞の例　：根本 gēnběn（まるっきり）
　(5)接続詞の例：因为 yīnwèi（…なので）

B. 反義の並列
　(1)名詞の例　：买卖 mǎimai（買う＋売る→商売）
　(2)動詞の例　：来往 láiwǎng（交際する）
　(3)副詞の例　：反正 fǎnzhèng（裏＋表→どうせ）

C．関連義の並列
　(1)名詞の例　　：眉目 méimu（見通し）
　(2)動詞の例　　：印刷 yìnshuā（印刷する）
　(3)形容詞の例：零碎 língsuì（こまごましている）

更上一层楼 STEP UP!

◆並列型複合語には，前後2つの成分のどちらか一方に意味の傾く例がある。
　(i)名詞の例　　：国家 guójiā（国）
　(ii)動詞の例　　：忘记 wàngjì（忘れる）
　(iii)形容詞の例：干净 gānjìng（清潔である）

◆並列型複合語の，前後2つの成分の配列は，その80％ほどが声調の順（第一声，第二声，第三声，第四声の順）に並んでいる，という統計がある（〈并列双音词的字序〉《中国语文》79年2期）。たしかに，黒白（こくびゃく）とも白黒（しろくろ）ともいえる日本語に対し，中国語は"黑白"hēibái のみ，さらに暗黒（あんこく）は中国語で"黑暗"hēi'àn，犬猫（イヌネコ）は中国語で"猫狗"māogǒu と，興味深い対比ができる。

016　連動型複合語

複合タイプの合成語，すなわち複合語には，主述型，修飾型，補足型，動賓型，並列型の5種と，ほかに連動型がある。連動型は，前後2つの成分がともに動詞で，その結びつきが動作行為の順序や，動作行為とその目的を示す意味関係になっている。例えば，"借用"jièyòng（借りて使う→借用する），"听写"tīngxiě（聞いて書く→書き取りをする）などで，意味関係が単なる並列ではないことから，通常の5種のタイプに収まらないものと考える。ただし，連動という形式は連語にきわめて多いが，複合語の例は比較的少ない。

更上一层楼 STEP UP!

◆中国語では，複合語の語構成に文法のルールが凝縮している，と考えるなら，連動型複合語を独立させ，連動連語との対応をはかることは，文法の理解に有用である。もしも連動型を設けず，5種の型に収めるとすれば，修飾型あるいは並列型への分属が考えられる。

017　特殊な複合語

　単語の構成と連語の構成は，基本的に同じルールにしたがっているため，2個の単語が組み合わさった連語は合成語，特に複合語とまぎらわしい。単語であるのか，連語であるのか，問題になる例は少なくないが，文法的に見るか，語彙的に見るかによって，判定が分かれる。"北京大学" Běijīng Dàxué は"北京的大学"（北京の大学）とは異なり，文法上は結合の固い1つの単語と見なせるが，語彙としては"北京/大学"と分けて連語にあつかう方が自然である。また，"中华人民共和国" Zhōnghuá Rénmín Gònghéguó の場合は"中华/人民/共和国"と分けて連語にあつかう。後者をピンイン・ローマ字でつづけ書きするわけにはいかない。このような例には，「連語形式の単語」という便宜的な説明をしてもよい。一方，"北京大学"を"北大" Běi Dà とするような略語，略称は「単語形式の連語」と見ることができる。

　略語，略称は単語と連語の中間的な存在ともいえる。略語，略称の構成を大別すると次の3類に分けられる。

(1)原語，原名の核になる部分だけを残す：
　　清华大学 Qīnghuá Dàxué　→清华（清華大学）
　　中国人民解放军 Zhōngguó Rénmín Jiěfàngjūn　→解放军（中国人民解放軍）
(2)原語，原名の一部を抽出して組み合わせる：
　　北京师范大学 Běijīng Shīfàn Dàxué　→北师大 Běi Shī Dà（北京師範大学）
　　北京电影制片厂 Běijīng Diànyǐng Zhìpiànchǎng
　　　→北影 Běi Yǐng（北京映画撮影所）
(3)原語の並列する成分を数字で概括する：
　　身体好、学习好、工作好 shēntǐ hǎo、xuéxí hǎo、gōngzuò hǎo
　　　→三好 sānhǎo（健康，学習，活動のどれもすぐれている――標語）

　連語が凝縮して単語形式になる例も少なくない。並列する2つの単語の共通する成分を1つにまとめたり，あるいは並列する2つの単語を簡略にした上でそれらに共通する成分を加えるものをいう。

　　中学、小学 zhōngxué、xiǎoxué　→中小学 zhōngxiǎoxué（小中学校）
　　中药、西药 zhōngyào、xīyào
　　　→中西药品 zhōngxī yàopǐn（漢方薬と西洋医薬品）

更上一层楼

STEP UP!

◆形式からすると連語（句）のように見えるが，"东张西望"dōng zhāng xī wàng（きょろきょろ見回す），"你死我活"nǐ sǐ wǒ huó（食うか食われるか〔両者が激しく争う〕）など，前後2つの部分から成り立ち，それが対称的に並列されている組み立ての複合語がある。なかには"三三两两"sān sān liǎng liǎng（三々五々）のような重ね型になったものもある。また，4字句に限らず，"东一句西一句"dōng yí jù xī yí jù（話にとりとめがない）のような例もある。これらは，2つ以上の成分が対等に並んだ並列連語とまぎらわしい。しかし，並列連語のように，さらに成分を加えることはできず，それぞれの成分の意味がそのまま生かされてもいない。これらは全体で1つのまとまりをもった意味を表している。中国語には，このような，並列された2つの成分がペアを組み，一体化して機能する2項対称型，あるいは重ね型の，並立複合語がきわめて多い。連語形式だが，機能的には単語である。

018　漢語の造語法と日本漢語

　　複合タイプの合成語，すなわち複合語には，主述型，修飾型，補足型，動賓型，並列型の5種の，基本になる型と，ほかに連動型がある。

　　中国語の複合語における，これらの語構成は日本語にも反映している。"地震，大河，打倒，注意，朋友，借用"など，複合語のどの型にも，読み方こそ違うが，そのまま日本語で使われているものが少なくない。このような，もともと中国語から移入され，日本語の中に同化したことばを「漢語」と呼び，日本固有のことばである和語（やまとことば）と区別している。漢語には，漢字を使って日本で作られたことばも含める。

　　例えば「改札」は「あらためる←札〔ふだ〕を」いう動賓型の中国語の語構成にのっとって作られている。一方で，「姿見〔すがたみ〕」のように，日本語の語順のまま，ただ漢字をあてて作られた例もある。

　　特に，明治時代以後，西洋のことばの訳語として，大量の新しい漢語が生まれ，中国語に逆輸入された。"电话"diànhuà（電話）や"出版"chūbǎn（出版〔する〕）はその例である。その後も，日中戦争のころには"手续"shǒuxù（手続），"取消"qǔxiāo（取り消す）といった例がある。前者の2語は中国語の語構成にかなっているが，後者の2語は日本語のままで，複合語

のどの型にも適合しない。

更上一层楼

STEP UP !

◆近年の，改革開放の時代に至り，経済や商業に関する日本漢語が中国語に大量に逆輸入されている。"特卖"tèmài（特売），"人气"rénqì（人気），"美容"měiróng（美容）などはその例である。中国語の語構成にかなったものばかりではない。また，"美容"のように，中国の古典に用例があると特に中国から指摘されるものもあるが，同種の例は明治時代の訳語に"教育"jiàoyù，"革命"gémìng など，少なくない。ただし一般的には，中国の古典に用例があったとしても，訳語として新たな意味を付与されている。

- I　字と語
- **II.......... 単語と連語**
- III　文の成立と種類
- IV　文の成分
- V　品詞

019 単語と連語

単語が単音節語でも複音節語でも，あるいは単純語でも合成語でも，"词"（語）と"词"（語）を組み合わせると"词组"（連語）になる。最も簡単な連語（句；フレーズ）は2個の単語によって構成される。連語の構成と単語の構成は，基本的に同じルールにしたがっているため，2個の単語が組み合わさった連語は合成語とまぎらわしい。単語とは「独立して運用できる，意味を有する，最小の単位」であるが，「最小の」とは「これ以上は分割できない」ことであり，これは単語と連語の境界を示している。例えば，"小米" xiǎomǐ（アワ）と"小碗" xiǎowǎn（小さい茶碗）は前後2つの成分の文法的な関係が同じである（修飾関係）が，前者は"小的米"のように中間に"的"を挿入できない（結合が固く，これ以上は分割できない）が，後者は"小的碗"のように中間に"的"を挿入できる。前者の意味は「小さい米」という連語ではなく，「アワ」という1つのまとまった概念を表す単語であり，後者の意味は「小さい」と「茶碗；湯のみ」の2つの概念を表す連語である。しかし，このように中間に"的"が挿入できても，"小河" xiǎohé（小さい川；小川）や"小猫" xiǎomāo（小さいネコ；子ネコ）など，連語か単語か判別しにくい数多くの例については，あまり文法的な判断をすると実感とずれが生じるので，"小碗"以下の例は連語形式の単語とでも考えた方が現実的といえる。

ふつう，"词组"（連語）はその構成方式（2個の単語の文法的な関係）にしたがって分類する。単語は，具体的な概念を表すもの（実詞）と，主として文法的な働きをするもの（虚詞）に分けられる（⇨**108**）が，実詞と実詞を組み合わせた連語には，主述型，修飾型，補足型，動賓型，並列型，連動型などがある。連動連語を設けず，主述型から並列型の5種を掲げることもある。ただし，補足型と動賓型を合わせて補充としたり，動賓を二分したり，分類が固定しているわけではない。実詞と虚詞の組み合わせは介詞連語，"的"連語，方位連語などを掲げることが多い。

更上一层楼

STEP UP!
◆単語であるのか，連語であるのか，問題になる例は少なくないが，個別の語彙ではなく，文法的にその処理が難しいものに"离合词"（離合動詞）がある。日本語では，「結婚」「散歩」などは単一の語と思われるが，中国語では，

"结了婚"jiéle hūn（結婚した），"散了步"sànle bù（散歩した）のように，動賓連語として使うことがある（⇨**172**）。ほかにも"吃完"chīwán（食べ終わる）は結果補語をともなった複合動詞と思われるが，中間に"得"や"不"が挿入され，"吃得完"chīdewán（食べ終えることができる），吃不完 chībuwán（食べ終えることができない）と，可能補語（⇨**89**）の形になるから連語とすべきなのかどうか，区別に困るケースが少なくない。

◆同じ単語を同じように並べても，2つ以上の異なった連語に理解できる場合がある。例えば，"研究方法"は「研究の方法」とも「方法を研究する」とも理解できる。前者は修飾連語，後者は動賓連語と，異なる構成にとらえたもので，中国語では1つの連語に多義性の生じることがめずらしくない。

0**20** 主述連語

2つ以上の単語を組み合わせると連語（句；フレーズ）になる。実詞と実詞を組み合わせた連語は，その連語を構成する単語の文法的な結合関係（結びつき方）によって，主述型，修飾型，補足型，動賓型，並列型，連動型などに分ける。連語の構成と複合語（⇨**10**）の構成は，基本的に同じルールにしたがっている。

主述連語は，主語を前に，述語を後にして2つの成分（語句）が結ばれる。しかし，中国語には，例えば主語が複数ならば述語も複数にそろえる，といった主語と述語の文法上の呼応などはないので，両者の結合はゆるい。構造がゆるいだけでなく，意味の上でも主語と述語の関係はゆるやかである。述語が動詞の場合を例にとると，主語はその動作行為の送り手（動作主；行為者）とは限らず，受け手でもあり得る。

1）鸡不吃了。Jī bù chī le.
　　（ニワトリが〔えさを〕食べなくなった。→ニワトリが行為者）
　　（ニワトリを〔私は〕食べなくなった。　→ニワトリが行為の受け手）

さらに，動作行為の送り手でも受け手でもなく，時間，場所をはじめ，すべて話し手が話題として提示したものが主語になり得る。

2）下午(我们)开会。Xiàwǔ (wǒmen) kāi huì.
　　（午後は,〔我々は〕会を開く）

3) 屋里(他们)开会。Wūli (tāmen) kāi huì.
（部屋では，〔彼らが〕会を開く）

例えば上の2)の文で"我们"を文頭に置けば，行為者（"我们"）が主語となる。いわば主語と述語の関係は，「話題とその説明」ということになる。ただし，文頭に置かれた語句がすべて主語（話題）になるわけではない。例えば，"明天见。"Míngtiān jiàn.（明日会いましょう），"屋里坐。"Wūli zuò.（部屋に入ってお座りください→なかにどうぞお入りください）における"明天"や"屋里"は，動詞に対する修飾語（連用修飾語）であり，主語ではない。主語と述語の関係がゆるやかなことから，ふつう主語の後には"啊"a,"吧"ba などの語気を表す助詞を置いたり，ポーズを置けるが，この2例はポーズがとれない。

主語の位置には，名詞や代詞（代名詞⇨123）だけでなく，数詞や数量詞連語（⇨147），さらに"的"連語（⇨27）も置ける。名詞性の語句だけでなく，動詞や形容詞など述語性の語句を置くことがある（⇨51）。

述語の位置には，動詞や形容詞など述語性の語句を置く（⇨53）のがふつうだが，名詞性の語句にも述語に用いられるものがある（⇨82）。

主述連語は，そのまま文として用いられるほか，文の各種成分としても用いられる。

> **更上一层楼**
>
> STEP UP！
>
> ◆主述連語で，次のような例は，動作行為の送り手でも受け手でもなく，場所でも時間でもなく，それに関与する事物や，用いる道具などが主語の位置に置かれている。主述の関係が「行為者＋行為」ではなく，「話題＋説明」であることがいっそうはっきりする。「話題＋説明」を「陳述の対象＋陳述」ともいう（⇨50）。
>
> （i）这件事不能怪他。Zhè jiàn shì bù néng guài tā.（このことは彼をせめられない）
> （ii）这枝笔不能写小字。Zhè zhī bǐ bù néng xiě xiǎo zì.（この筆は細字が書けない）

021 修飾連語

2つ以上の単語を組み合わせると連語（句；フレーズ）になる。実詞と実詞を組み合わせた連語は，その連語を構成する単語の文法的な結合関係（結びつき方）によって，主述型，修飾型，補足型，動賓型，並列型，連動型な

どに分ける。連語の構成と複合語（⇨10）の構成は，基本的に同じルールにしたがっている。

修飾連語は，前後に並ぶ2つの成分（語句）が修飾と被修飾の関係に結ばれている。修飾語は，名詞をはじめ名詞性の被修飾語に対する連体修飾語と，動詞や形容詞をはじめ述語性の被修飾語に対する連用修飾語に分けられる。中国では，連体修飾語を限定語の意味から「定語」，連用修飾語を状況語の意味から「状語」と呼んでいる（⇨101）。また，被修飾語を「中心語」と呼ぶ。

修飾語と被修飾語を結びつけるために，接続成分として連体修飾語の後には助詞"的"，連用修飾語の後には助詞"地"をともなう場合と，ともなわない場合がある（⇨102〜105）。"的"と"地"は文字表記上の書き分けであって，音声的には同じくdeである。

名詞性の被修飾語に対する連体修飾語は被修飾語に対し修飾（描写），限定の働きをする。名詞，代詞，数量詞のほか，動詞や形容詞も用いられる。述語性の被修飾語に対する連用修飾語は被修飾語に対し修飾（描写）の働きをする。連用修飾語がすべて副詞であるかのように考えがちだが，副詞に限られない。ただし，副詞の機能は連用修飾語に限られる。副詞のほかに，数量詞，名詞（時間・場所・方位），代詞，さらに介詞連語も用いられる。動詞や形容詞も連用修飾語に用いられる。

修飾連語は，そのまま文として用いられることもあるが，ふつうは文の各種成分として用いられる。

更上一层楼

STEP UP！

◆名詞性の被修飾語に対する連体修飾語と，述語性の被修飾語に対する連用修飾語の区別がつきにくい場合がある。次の例で，"调查"は名詞と動詞の双方に用いられるため，(i)のような場合は修飾語"仔细的"が連体，連用のどちらともとれる。しかし，それぞれの文における"调查"の用法から，(ii)は連体修飾語，(iii)は連用修飾語と判別できる。(i)が連用修飾語の用例であった場合や(iii)の例では，"的"を"地"と記せば用法が明示されることになるが，書きことばで書き分けが徹底しているわけではない。

(i) **仔细的调查很重要**。Zǐxì de diàochá hěn zhòngyào.
　　（くわしい調査／くわしく調査することは重要だ）

(ii) **进行仔细的调查**。Jìnxíng zǐxì de diàochá.（くわしい調査を進める）

(iii) **仔细的（＝地）调查了情况**。Zǐxì de diàochále qíngkuàng.
　　（くわしく状況を調査した）

◆修飾連語で，連体修飾語と被修飾語の指し示すものが同一で，修飾語がその連語全体に代わることの出来る例がある。"首都北京" shǒudū Běijīng（首都ペキン），"我们中文系" wǒmen Zhōngwénxì（我々中国語学科）など，同格修飾語と呼ばれる組み立てになっている。朱徳煕は，ほかに"这本书" zhè běn shū（この本），"两块钱" liǎng kuài qián（2元），"我的眼镜" wǒ de yǎnjìng（私の眼鏡），"新来的老师" xīn lái de lǎoshī（新しく来た教師）なども同格修飾語の例としている（《语法讲义》）。胡裕树《现代汉语》では，同格修飾語の組み立てを独立した1つの連語として取り上げている。

◆動詞と賓語が固く結合し，熟語化した動賓連語（⇨23）で，その動作行為の対象者を賓語として動詞の後に置けない場合がある。そのような例では対象者を賓語の前に置き，さらに助詞"的"をともなうこともある。"帮你的忙" bāng nǐ de máng（君を手伝う），"开他的玩笑" kāi tā de wánxiào（彼をからかう）などがその例で，これは見かけ上の修飾語としたにすぎない。ほかにも，これと似た例で，補足連語（⇨22）を用いた表現によく見る"他的汉语说得好。" Tā de Hànyǔ shuōde hǎo.（彼は中国語を上手に話す）も"他的"は見かけ上の修飾語であり，"的"を省略し，"他汉语说得好。"としても成立する。

022 | 補足連語

2つ以上の単語を組み合わせると連語（句；フレーズ）になる。実詞と実詞を組み合わせた連語は，その連語を構成する単語の文法的な結合関係（結びつき方）によって，主述型，修飾型，補足型，動賓型，並列型，連動型などに分ける。連語の構成と複合語（⇨10）の構成は，基本的に同じルールにしたがっている。

補足連語は，2つの成分（語句）が前後に並び，前置された動詞あるいは形容詞に，補語が後置され，補足する関係に結ばれている。動詞の後に補語を置くものが多くを占めるため，動補連語と呼ぶこともある。前置された動詞あるいは形容詞を述語として一括し，述補連語と呼ぶ場合もある。

補足連語の第一の成分は動詞あるいは形容詞であるが，ふつうは単一の動詞が多い。次に掲げる3）のように，動詞を2つ並べ並列連語の形式になる例もないわけではない。

1）洗干净 xǐgānjìng（洗ってきれいにする）

2) 洗得很干净 xǐde hěn gānjìng（きれいに洗ってある）
3) 洗刷干净 xǐ shuā gānjìng（洗ったり，みがいたりして，きれいにする）

　一方，動詞に補足される補語には，1) や3) の例のように単一の語から，2) のような連語や，さらに複雑なものは，主述文まで用いられる。動詞と補語は直接そのまま結びつくものと，動詞の後に助詞を置いて補語と結ぶものがある。前者は結びつきの固い，結合型補足連語，後者は"得"を用いた，結びつきのゆるい，組み合わせ型補足連語である。

　補足連語における補語の，動詞に対する意味上の関係から，補足連語を結果補語，方向補語，可能補語，状態補語，程度補語，数量補語に分ける（⇨ **84〜95**）。

　補語という呼び方は，いかにも動詞を補う存在ととられやすいが，意味上はむしろ補語の部分が重要であり，これを省略すると文が成立しなくなる例もある。

4) 我跑累了，休息休息吧。Wǒ pǎolèile, xiūxixiuxi ba.
（私は走って疲れた。少し休もう）
5) 我听懂了你的意思。Wǒ tīngdǒngle nǐ de yìsi.
（私は君のいう意味が聞いてわかった）
6) 他的汉语说得很流利。Tā de Hànyǔ shuōde hěn liúlì.
（彼の中国語は話し方が流ちょうだ）

　それぞれ動詞の"跑"，"听"，"说得"は省略できる。補足連語では，特に結果補語などを日本語に訳す場合，むしろ補語を訳すべきで，動詞を訳すと不自然になる例が多い。

7) 他喝醉了。Tā hēzuì le.（彼は飲んで酔っ払った→彼は酔っ払った）

　補足連語は，そのまま文として用いられるほか，文の各種成分としても用いられる。

更上一层楼

STEP UP!　◆補足連語の補語になる成分として，述語性の語句のほか，数量詞連語，介詞連語などを含ませるか，含ませないか，2つの考え方がある。前者については時間量，動作量など，いわゆる「名量」に対する「動量」を補語に属させるか，賓語に属させるか，という問題になる。朱徳熙《语法讲义》は，「動詞＋名量」も「動詞＋動量」も，構造上これらを2つに分ける理由がないと断じ，"看一本书" kàn yì běn shū（本を1冊読む）と"洗一次头" xǐ yí cì tóu（頭

を1回洗う）の数量詞は，形式上どちらも賓語に対しては連体修飾語であることに変わりはない，と説明する。その結果，朱德熙は時間量，動作量，形容詞の後に置く数量などを準賓語として補語から除いた。この考え方によると，補語になる成分はすべて述語性となり，さらに二重賓語の組み立て方の説明にも資するところがある（⇨**97**）。ただし現在，広く行われている中国語文法の考え方では，数量補語を認めている。ガイドライン（『中国語初級段階学習指導ガイドライン』⇨p.387）でも従来の説明にしたがっている。後者の，介詞連語を補語になる成分として認めるか否かに関し，別項（⇨**85**）で理由を示すように，ガイドラインでは介詞連語を補語に含めない。

023 動賓連語

2つ以上の単語を組み合わせると連語（句；フレーズ）になる。実詞と実詞を組み合わせた連語は，その連語を構成する単語の文法的な結合関係（結びつき方）によって，主述型，修飾型，補足型，動賓型，並列型，連動型などに分ける。連語の構成と複合語（⇨**10**）の構成は，基本的に同じルールにしたがっている。

動賓連語は，動詞に対する賓語をその動詞の後に置き，2つの成分（語句）が前後に並ぶ。英文法の用語を借り，賓語を目的語と言い換え，動賓連語を動目連語と呼ぶこともある。しかし，賓語は必ずしも動作行為の対象ばかりでなく，広くそれに関連する事物というほかない。意味の上から見ると，その結びつきは多種多様である（⇨**55**）。以下の例で，1）と2）のように賓語は動作行為の受け手を表すだけでなく，3）のように動作行為の送り手も表す。1）と2）は，賓語の示す事物がその動作行為の発生前から存在する対象か，発生後に生み出された成果であるかが異なる。3）のような存在，出現，消滅の表現では賓語が意味上の主体である。4）のように賓語が動作行為の起点や終点など，場所を表すこともある。さらに，5）では賓語が動作行為に用いる道具や手段を表しているが，この種の動賓連語は動詞と賓語の任意の組み合わせというより，一体化した慣用句といってもよい。動詞と賓語の結びつき方を示す，日本語のいわゆるテニヲハにあたる助詞などはないので，意味関係の類型を把握する必要がある。

1）洗衣服 xǐ yīfu（服を洗う）　　看书 kàn shū（本を読む）

2) 做衣服 zuò yīfu（服を作る）　　写书 xiě shū（本を書く）
3) 住人 zhù rén（人が住む）　　来客人了 lái kèren le（客が来た）
4) 去上海 qù Shànghǎi（上海に行く）
   离开北京 líkāi Běijīng（北京を離れる）
5) 吃大碗 chī dàwǎn（どんぶりで食べる）
   洗凉水 xǐ liángshuǐ（冷たい水で洗う）

　動賓連語における動詞と賓語の構造上の結びつきは，主語と述語の関係より緊密で，特に単一の動詞と単一の名詞が結びついた動賓連語は両者が一体化し，あたかも複合語のように働くことがある。例えば，"吃饭" chī fàn は「ご飯を食べる」という動賓連語だが，「食事」の意味で"吃饭问题" chīfàn wèntí（食事の問題）のように，そのまま名詞の修飾語になれる。同様に，"买东西" mǎi dōngxi は「品物を買う」であり，「買い物」でもある。"吃饭" のような動賓連語は結合型と呼ばれ，一方，動詞に補語が加わり，単一の動詞とはいえない"吃完饭" chīwán fàn（ご飯を食べ終わる）のような動賓連語は組み合わせ型と呼ばれ，結合型と異なり助詞"的"を加えないと名詞の修飾語になれない。

　動賓連語の賓語の位置には，名詞，代詞，数詞，数量詞連語など，名詞性の成分だけでなく，動詞や形容詞，さらに各種の連語など，述語性の成分もそのまま用いられる。

　数量詞連語は"买了两本(书)" mǎile liǎng běn (shū)（〔本を〕2 冊買った）のような，量詞がいわゆる名量で，数量詞連語を後に続くべき名詞に代えて用いる例が多い。述語性の成分しか賓語にしない動詞のうち，可能，願望，必然，必要などを表すものを助動詞と呼んでいる（⇨**63, 175〜177**）。動詞には自動詞と他動詞の区別があり（⇨**170**），自動詞は賓語をとらない。

　動賓連語は，そのまま文として用いられる場合が，他の連語より多い。命令，禁止，祈願などをはじめ，動賓連語はそのまま非主述文として成立する。そのほか，動賓連語は文の各種成分としても用いられる。

更上一层楼

◆上に掲げた"住人" zhù rén（人が住む）と結合関係が同様の動賓連語に"有人" yǒu rén（人がいる），"来人" lái rén（人が来る），"死人" sǐ rén（人が死ぬ）などがある。"救人" jiù rén（人を救う），"杀人" shā rén（人を殺す）などの例と形式は似ているが，動詞と賓語の結びつき方はまったく異なる。動詞に

対して，前者の賓語は送り手であり，後者の賓語は受け手である。両者の意味関係を示す外形的な標識はないが，前者の例における動詞は，いずれも存在，出現，消滅を表すものであり，この種の動詞に対しては賓語が意味上の主体になることを，1つの文法規則として提示できる。しかし，日本語ならば「人を求める」と読める"求人"qiú rén が，中国語では「人に求める」の意味であり，"求职"qiú zhí（職を求める）とは用法が平行しないのはなぜか。"救人"，"杀人"と"求人"の意味関係を分ける根拠は何か，動賓連語における動詞と賓語の関係には類型化し難い例もある。

◆上に掲げた"来客人了"lái kèren le（客が来た）の例も出現の表現で，賓語が動詞に対し送り手の関係にある。この文を"客人来了"と主述連語の組み立てに変えても，日本語の訳文ではやはり「客が来た」となって，両者の区別ができない。しかし，中国語では主語の位置に置く人や物は特定される人や物であるのに対し，賓語の位置に置く人や物は特定されない，不定の人や物である。"客人来了"は話し手と聞き手が事前に来客があることを知っていた場合（既知）であり，"来客人了"は話し手にも聞き手にも不意の来客があった場合（未知）である。このように存在，出現，消滅を表す"存现句"（存现文⇨74, 75）は，存在，出現，消滅自体に表現の意図があり，送り手（動作主）は主語の位置でなく，賓語の位置に置かれる。

024 並列連語

2つ以上の単語を組み合わせると連語（句；フレーズ）になる。実詞と実詞を組み合わせた連語は，その連語を構成する単語の文法的な結合関係（結びつき方）によって，主述型，修飾型，補足型，動賓型，並列型，連動型などに分ける。連語の構成と複合語（⇨10）の構成は，基本的に同じルールにしたがっている。

並列連語は，2つ以上の，同一品詞の成分が前後に並んで，対等に結ばれている。並列連語を構成する成分は，そのまま並べられる場合と，接続詞や副詞などの接続成分によって相互に結ばれる場合とがある。さらに，前者は各成分間にポーズを置く場合と置かない場合があり，ポーズは句読点で示される。

1) 柴米油盐 chái mǐ yóu yán（たきぎ，米，油，塩〔生活の必需品〕）
2) 听说读写 tīng shuō dú xiě（聞く，話す，読む，書く〔ことばの4技能〕）

3) 北京、上海、天津 Běijīng、Shànghǎi、Tiānjīn（北京，上海，天津）
4) 勤奋、刻苦 qínfèn、kèkǔ（勤勉で，骨身を惜しまない）
5) 日本和中国 Rìběn hé Zhōngguó（日本と中国）
6) 又唱又跳 yòu chàng yòu tiào（歌ったり踊ったり）

　1)は4つの名詞，2)は4つの動詞がそのまま並んでいる連語。3)は名詞，4)は形容詞が，それぞれポーズを置いて並んでいる。書きことばでは並列を示す"、"（"顿号"dùnhào）を各成分の後に置くが，話しことばでは文末助詞の"啊"a などを各成分の後に加えることもある。5)は名詞を接続詞で結び，6)は動詞を副詞で結んでいる。

　並列させる成分は名詞性でも，述語性でもよいが，接続成分を用いる場合は区別がある。名詞性成分は接続詞"和"hé で結ぶが，話しことばでは"跟"gēn を使うことも多い。"跟"はふつう介詞として用いられるが，次のような用例もある。

7) 语言学跟跟语言学有关系的问题
　　yǔyánxué gēn gēn yǔyánxué yǒu guānxi de wèntí
　　（言語学と言語学に関係のある問題）

　この例で，1つめの"跟"は接続詞，2つめの"跟"は介詞として用いられている（⇨**213**）。

　述語性の成分を接続詞としての"和"あるいは"跟"で結び，並列連語の述語を組み立てることがある。この場合は各成分に共通する賓語あるいは修飾語または補語が必要になる。8)の例は2つの動詞に共通する賓語がある。ただし，述語でなく，主語や賓語になる場合，共通する要素は必要ない。9)は賓語の例である。述語性成分を結ぶ接続詞はほかに"并（且）"bìng(qiě)も使われる。副詞の場合は，10)，11)のように"又"yòu や"也"yě で，2つ以上の状況や性質が同時に存在していることを表す"又…又…"，"也…也…"などの組み立て（慣用文型）を使う（⇨**203**）。

8) 提倡和推行计划生育。Tíchàng hé tuīxíng jìhuà shēngyù.
　　（計画出産を提唱し推進する）
9) 这个问题经过了讨论和研究。Zhège wèntí jīngguòle tǎolùn hé yánjiū.
　　（この問題は討論と研究を経ている）
10) 这个办法也好也不好。Zhège bànfǎ yě hǎo yě bù hǎo.
　　（この方法はよくもわるくもない）

11）月亮又圆又亮。Yuèliang yòu yuán yòu liàng.（月がまるく，明るい）

このほか，接続詞"或(者)"huò(zhě)を用いて，2つ以上の成分からいずれかを選択する組み立ての並列連語がある（⇨214）。"今天和明天"jīntiān hé míngtiān（今日と明日）は双方，"今天或明天"（今日か明日）はどちらか一方の選択になる。

並列連語は，文のなかで，構成成分の品詞と同一の働きをする。

更上一层楼

◆並列連語における各成分は対等に並べられていて，一般的にはその並べ方を入れ換えてもよいはずであるが，"研究并决定"yánjiū bìng juédìng（検討し，そして決定する）のように論理的に変えられない例や，"父亲和母亲"fùqin hé mǔqin（父と母），"老师和学生"lǎoshī hé xuésheng（先生と学生）などのように慣習的に変えられない例がある。"日中两国"Rì Zhōng liǎng guó（日中両国）は日本側からの表現，"中日两国"Zhōng Rì liǎng guó（中日両国）は中国側からの表現になる。連語と同様に，"父亲和母亲"は"父母"，"老师和学生"は"师生"のように複合語においても構成を変えられない例が見られる。

並列型の複合語では，2つの成分を入れ換え，意味や用法に多少の差異が生ずることがあっても，"互相"hùxiāng（相互に）を"相互"，また"健康"jiànkāng（健康）を"康健"ともいえるような例がある。一方，入れ換えの出来ない例を調べると，並列型の複合語の80％ほどは，2つの成分が声調の順に組み合わさっている，という（⇨15）。日本語の「犬猫」が中国語は声調の順（第一声＋第三声）で"猫狗"māogǒu になる。

025　連動連語

2つ以上の単語を組み合わせると連語（句；フレーズ）になる。実詞と実詞を組み合わせた連語は，その連語を構成する単語の文法的な結合関係（結びつき方）によって，主述型，修飾型，補足型，動賓型，並列型，連動型などに分ける。連語の構成と複合語（⇨10）の構成は，基本的に同じルールにしたがっている。

連動連語は，2つあるいは2つ以上の述語性成分（語句）を連用するが，前後に並んだ成分間に，主述，修飾，補足，動賓，並列の，どの連語の関係も生じないものをいう。例えば，次に掲げる例はいずれも述語性成分を連用

しているが，連動連語ではない。
◇抽烟喝茶 chōu yān hē chá（タバコを吸い，お茶を飲む）
　——動賓連語が2つ並ぶ並列連語
◇喜欢看书 xǐhuān kàn shū（本を読むのが好きだ）
　——動賓連語を賓語とする動賓連語
◇跑出去 pǎochūqu（走って出て行く）——補足連語
◇学语法很重要 xué yǔfǎ hěn zhòngyào（文法を学ぶことは重要だ）
　——動賓連語と修飾連語で主述連語を構成

　これらと同様に，述語性の成分が2つ以上連用されながら，次の例は主述，修飾，補足，動賓，並列の，いずれの文法的関係をも生じない。しかも，2つの成分のどちらにも重点がなければ並列連語になり，後の成分に重点があれば修飾連語になるが，そのいずれでもない。並列連語ならば接続詞が補えるし，修飾連語ならば助詞"的/地"de を補えるが，この例では成立しない。
　1）跑出去/开门 pǎochūqu / kāi mén（走って出て行ってドアをあける）
　このような，述語性成分がポーズや接続成分を置かずに2つ以上並び，主述型，修飾型，補足型，動賓型，並列型の，どの連語にも該当しないものを連動連語と呼んでいる。上記の基本5種だけを連語に認める考え方も，現在なお少なくないが，文の組み立ての説明に連動連語を設けるとわかりやすい。
　連動連語には，3つ以上の述語性成分が並ぶ，複雑な組み立ても見られる。
　2）花钱/买回来/搁着/不用 huā qián /mǎihuílai /gēzhe /bú yòng
　　（お金を使って買って帰り放っておいて使わない）
　連動連語は，そのまま文として用いられることもあるが，文の各種成分としても用いられ，特に述語として用いられる。
　連動連語の組み立てで，第一の述語性成分である「動詞+賓語（＝動賓連語）」の後に，第二の述語性成分である「動詞（＋賓語）」が続く場合，第一の成分における動詞の賓語と，第二の成分における動詞の意味関係により類型を分けると以下のようになる。
　（1）"请客人吃饭" qǐng kèren chī fàn（お客を食事に招く）
　　　——賓語が動作行為の送り手（動作主，行為者）
　（2）"借一本书看" jiè yì běn shū kàn（本を1冊借りて読む）
　　　——賓語が動作行為の受け手

(3)"找人聊天儿" zhǎo rén liáo tiānr（人をたずねて雑談する）
　　——賓語が動作行為に関与するもの
(4)"借辆车运货" jiè liàng chē yùn huò（車を借りて荷物を運ぶ）
　　——賓語が動作行為に用いる道具や手段
(5)"去北京开会" qù Běijīng kāi huì（北京に行って会に出る）
　　——賓語が動作行為の場所
(6)"开着窗户睡觉" kāizhe chuānghu shuì jiào（窓を開けて寝る）
　　——賓語と動作行為にはっきりした意味上の関係がない
(7)"跑出去开门" pǎochūqu kāi mén（走って出て行ってドアを開ける）
　　——第一の成分に賓語がない例

以上の連動連語のうち，(1)は兼語文と呼ばれる組み立て（⇨**72, 73**），(2)～(7)は各種の連動文の組み立て（⇨**67～71**）として，それぞれ別項で説明する。(1)は，第一の述語性成分である「動詞＋賓語（＝動賓連語）」における賓語が，意味の上で，第二の述語性成分における「動詞（＋賓語）」の主語を兼ねる語になることから，兼語文という。(2)～(7)の場合は，第一の述語性成分と第二の述語性成分との意味関係によって類別する。

更上一层楼

STEP UP !

◆連動連語を述語の位置で用いた場合，兼語文となる組み立て（兼語連語）以外は，前に置かれた主語が後に続くすべての述語性成分に関わることになる。しかし，文脈によっては，次の(i)のような例も考えられる。

　(i)**我帮助他干活**。Wǒ bāngzhù tā gàn huó.
　　a)"我帮助他，我干活。"と理解すれば，「私は彼を助け，（そして）仕事をする」の意で，兼語ではない連動連語。
　　b)"我帮助他，他干活。"と理解すれば，「私は，彼が仕事をするよう，彼を助ける」の意で，兼語連語。
　　c)"我帮助他，我和他一起干活。" Wǒ bāngzhù tā, wǒ hé tā yìqǐ gàn huó. と理解すれば，「私は彼を助け，（彼と）仕事をする」の意で，兼語か否かはっきりしない。動詞"帮助"が使役の意味を表すか否か，という問題でもあるが，文脈上は使役の意がこもっている。

◆次の(ii)～(iv)に掲げる，副詞を用いた慣用文型はふつう連動連語に含める。接続成分を用いた連動連語になる。(v)の例は並列連語に含めている。

　(ii)**一看就明白**。Yí kàn jiù míngbai.（見ればすぐ分かる）→ "一…就…"
　　（⇨**212**）

(ⅲ)**不看不明白**。Bú kàn bù míngbai.（見ないと分からない）→ "不…不…"
（⇨**212**）
(ⅳ)**越学越不容易**。Yuè xué yuè bù róngyì.（学ぶほど難しい）→ "越…越…"
（⇨**212**）
(ⅴ)**又好又便宜**。Yòu hǎo yòu piányi.（質がよくて値段も安い）→ "又…又…"
（⇨**203**）

0 2 6 　介詞連語

　2つ以上の単語を組み合わせると連語（句；フレーズ）になる。実詞同士を組み合わせた連語には，主述型，修飾型，補足型，動賓型，並列型，連動型などがある。実詞と虚詞（⇨**108**）を組み合わせた連語には，介詞連語，"的"連語，方位連語などがある。

　多くの介詞は，古典語での動詞が，実質的意味の弱化によって，文法的な働きをするようになった（虚詞化）ものである。現代語では，介詞としてだけ用いるものより，動詞としても用いられているものが少なくない。

　介詞は，一般の動詞と異なり，単独に用いることができない。ふつうは後に賓語を置いて，介詞連語を組み立てる。しかし，介詞連語も単独に用いることができず，文の成分としては連用修飾語，ときには連体修飾語にしかなれない。ガイドラインでは，介詞連語が補語の位置に用いられるという考え方はしない（⇨**85**）。介詞連語で単用もできるものがあれば，それは動賓連語と見るべきである。例えば，"他在家里看书。" Tā zài jiāli kàn shū.（彼は家で本を読む）における"在家里"は単用すれば動賓連語であるが，"看书"の連用修飾語になった場合は介詞連語である。実際，介詞連語は動賓連語と同じ組み立てであり，介詞連語を連動連語における第一の述語性成分とする考え方もある。

　介詞連語の賓語の位置に置ける成分は，名詞，代詞，名詞句，動詞句などで，多くは名詞性の語句であるが，次の1)は動詞句の例になる。

1) **为了促进学术交流我们更要努力**。
Wèile cùjìn xuéshù jiāoliú wǒmen gèng yào nǔlì.
（学術交流を促進するために，我々は一層努力すべきだ）

常用する介詞を，介詞連語における意味から類型化すると，以下のような

項目が並ぶ。このように列挙すると介詞は英語の前置詞と思うが，介詞の多くは動詞の弱化したものである。各項目とも，例示として1語ずつ介詞を掲げる。

①場　所："在日本" zài Rìběn（日本で）
②時　間："从今天" cóng jīntiān（今日から）
③対　象："对学生" duì xuésheng（学生に対し）
④目　的："为大家" wèi dàjiā（みんなのために）
⑤原　因："由于停水" yóuyú tíngshuǐ（断水で）
⑥方　式："按照规定" ànzhào guīdìng（規定によって）
⑦受け身："被小偷" bèi xiǎotōu（泥棒に）
⑧比　較："比去年" bǐ qùnián（去年より）
⑨処　置："把课本" bǎ kèběn（教科書を）
⑩排　除："除了星期日" chúle xīngqīrì（日曜のほか）

更上一层楼

STEP UP !

◆ごく一部の介詞は，それによって構成される介詞連語が，動詞の後に置かれて補語となり，補足連語を組み立てる，とされる。(i)はその1例である。

(i)**他坐在椅子上**。Tā zuò zài yǐzishang.（彼はいすに座っている）

介詞連語を補語の位置に用いるとする考え方は，"坐/在椅子上"と分析したものであるが，このガイドラインは"坐在/椅子上"と分析し，"坐在"は動詞，"椅子上"はその賓語と考える（⇨85）。

書きことばにおける，次の(ii), (iii), (iv)のような例は，古典語の用法によるもので，一部の文語の介詞は，介詞連語を補語の位置に置くものとする。

(ii)**来自国外** lái zì guówài（国外より来たる）
(iii)**走向东南** zǒu xiàng dōngnán（東南に歩む）
(iv)**生于东京** shēng yú Dōngjīng（東京に生まれる）

027 | "的"連語

2つ以上の単語を組み合わせると連語（句；フレーズ）になる。実詞同士を組み合わせた連語には，主述型，修飾型，補足型，動賓型，並列型，連動型などがある。実詞と虚詞（⇨108）を組み合わせた連語には，介詞連語，"的"連語，方位連語などがある。

"的"連語とは，名詞，代詞，動詞，形容詞などの実詞の後に，虚詞である助詞"的"を置く組み立ての連語をいう。また，助詞"的"は他の連語の後にも置く。

　　铁的 tiě de（鉄〔製〕のもの）→「名詞＋"的"」
　　我们的 wǒmen de（私たちのもの）→「代詞＋"的"」
　　吃的 chī de（食べた／食べるもの）→「動詞＋"的"」
　　便宜的 piányi de（値段の安いもの）→「形容詞＋"的"」
　　我买的 wǒ mǎi de（私が買った／買うもの）→「主述連語＋"的"」
　　从中国来的 cóng Zhōngguó lái de（中国から来た／来るもの）
　　　　→「修飾連語＋"的"」
　　洗干净的 xǐgānjìng de（きれいに洗ったもの）→「補足連語＋"的"」
　　看电影的 kàn diànyǐng de（映画を見た／見るもの）→「動賓連語＋"的"」
　　骑车来的 qí chē lái de（自転車に乗って来た／来るもの）
　　　　→「連動連語＋"的"」
　　爸爸和妈妈的 bàba hé māma de（父と母のもの）→「並列連語＋"的"」

助詞"的"は名詞性の成分の後にも，述語性の成分の後にも置くが，その結果，文法的機能の変化が起こり，述語性成分は名詞相当の語句になる（⇨**226**）。"的"連語の文法的性質は名詞に等しく，文の成分としては名詞と同じ働きをすることができる。

1) 洗干净的多 xǐgānjìng de duō（きれいに洗ったものが多い）
2) 挑洗干净的 tiāo xǐgānjìng de（きれいに洗ったものを選ぶ）
3) 洗干净的衣服 xǐgānjìng de yīfu（きれいに洗った服）
4) 一件洗干净的 yí jiàn xǐgānjìng de（1枚のきれいに洗ったもの）

上に掲げた例は"的"連語が名詞相当の語句として，文の成分に用いられ，1)は主語，2)は賓語，3)は連体修飾語になっている。4)は名詞相当の語句として，名詞と同じように数量詞を加えたもの。この例は，"的"の後に"衣服"などの名詞が略されている。

更上一层楼

STEP UP !　◆ "的"連語は，文法的な性質が名詞に等しいので，動詞"是"shì の後においてその賓語とすることがある。この場合，日常表現では"是"shì を略すことがある。その結果，"这桌子(是)木头的。"Zhè zhuōzi (shì) mùtou de.（この机は木製です）のように"的"連語がそのまま述語として用いられる例があ

る。

◆連用修飾語の後には助詞"地"をともなう場合がある（⇨**104**）。副詞"渐渐的"jiànjiànde（だんだんと）や，状態形容詞"慢慢儿的"mànmānrde（のろのろと）などの語尾に見られる"的"はこの"地"と同じである。

028 | 方位連語

　2つ以上の単語を組み合わせると連語（句；フレーズ）になる。実詞同士を組み合わせた連語には，主述型，修飾型，補足型，動賓型，並列型，連動型などがある。実詞と虚詞（⇨**108**）を組み合わせた連語には，介詞連語，"的"連語，方位連語などがある。

　方位連語とは，方位名詞が他の単語や連語の後に位置して修飾連語の形式に組み立てられた連語で，場所や時間を表すことが多い。修飾語の位置に置く単語は名詞が多く，代詞，動詞も用いられる。連語は主述連語，動賓連語や，数量詞などがよく見られる。

　方位名詞には，1音節の単純方位詞と，2音節の合成方位詞がある（⇨**121**，**122**）。単純方位詞が他の単語の後に置かれる場合，任意の組み合わせは方位連語となるが，固定した組み合わせは複合語になる。"桌子上"zhuōzishang（机の上），"公园里"gōngyuánli（公園の中）など，「名詞＋方位詞"上"shang／"里"li」の形式は典型的な方位連語である。複合語の例としては"楼上"lóushàng（階上），"夜里"yèli（夜半），"午后"wǔhòu（午後）などがある。なお，"桌子上"には"桌上"という単語形式もある。単純方位詞が他の連語の後に置かれる場合は，"开会前"kāihuì qián（開会の前），"吃饭后"chīfàn hòu（食事の後）などのように，いずれも方位連語となる。合成方位詞も他の単語の後に置かれる場合と，他の連語の後に置かれる場合があるが，"桌子底下"zhuōzi dǐxia（机の下），"春节以前"Chūnjié yǐqián（旧正月以前）などは前者の例，"图书馆和礼堂之间"túshūguǎn hé lǐtáng zhījiān（図書館と講堂の間），"下课以后"xià kè yǐhòu（授業が終わった後）などは後者の例である。

　方位連語は文の各種成分として用いられる。場所を表すものは，主語，賓語，連体修飾語，連用修飾語になる。時間を表すものは，連体修飾語，連用

修飾語に用いることが多いが，主語，賓語にも用いる。数量を表す方位連語は主語，述語，連体修飾語，賓語などになる。

更上一层楼

◆方位連語で，後置される単純方位詞"上"，"里"は必ずしも「上」，「中」という意味を表すわけではない。"床上" chuángshang（ベッドの上），"山上" shānshang（山の上）は「下」に対する「上」の意味であるが，"身上" shēnshang（からだ〔に〕），"信上" xìnshang（手紙に）は「上」に対する「下」がなく，むしろ表面の意味を表す。さらに"世界上" shìjièshang（世界で）になると「上」は感じられない。"城里" chénglǐ（城壁の中→市内），"门里" ménlǐ（ドアの中）は「外」に対する「中」の意味であるが，"心里" xīnlǐ（心の中），"手里" shǒulǐ（手の中）などは対応する「外」を使うことがない。"背地里" bèidìli（背後で）に至っては「外」に対する「中」は感じられない（⇨ **121**）。

III．文の成立と種類

- I 字と語
- II 単語と連語
- IV 文の成分
- V 品詞

029 連語と文の関係

　単語と単語を一定の方式で組み合わせると連語（句；フレーズ）になる。単語と連語，あるいは連語と連語を組み合わせても連語になる。したがって，ある1つの連語は2つの単語から成り立っているものもあれば，いくつもの連語から成り立っているものもある。複雑な組み立ての連語は，その中にそれと同類か，あるいは同類でない連語をいくつも含み，それぞれの連語がさらに連語を含んでいることになる。

　連語がそれ以上に大きな連語の中に包含されなければ，そのまま文として用いられる。もし包含されてしまうなら，それは文を構成する成分となる。中国語では，連語は文を組み立てる成分になるだけでなく，それ自身が独立して文になれる。しかも，そのどちらであっても，連語がその外形を変えることはない。次に掲げる1)〜5)で，1)の動賓連語は主語を欠く非主述文として成立するが，2)ではそのまま述語となって，主述連語の独立した文に包含されている。3)では主語になり，4)では賓語になり，5)では連体修飾語になっているが，いずれも大きな連語に包含され，それが文として独立している。1)の形式が2)以下の位置で用いられても形式は変わらない。

1) 学习语法。Xuéxí yǔfǎ.（文法を学ぶ）
2) 我学习语法。Wǒ xuéxí yǔfǎ.（私は文法を学ぶ）
3) 学习语法很重要。Xuéxí yǔfǎ hěn zhòngyào.（文法を学ぶことは重要だ）
4) 我想学习语法。Wǒ xiǎng xuéxí yǔfǎ.（私は文法を学びたい）
5) 学习语法的人不少。Xuéxí yǔfǎ de rén bù shǎo.
　　（文法を学ぶ人は少なくない）

連語が文と呼ばれるには，ふつう次に掲げる条件が求められる。

(1) 前後に比較的大きなポーズ（休止）があり，一定の"语调"yǔdiào（イントネーション）をそなえている。書きことばでは，それらが句読点で示される（⇨ 30）。

(2) それ自身が独立し得る連語でなければならない。"吃了饭" chīle fàn（ご飯を食べ）や，"吃完饭" chīwán fàn（ご飯を食べ終え）などの連語は独立できないので，文といえない。

(3) たとえ1語でも，一定の伝達内容を有している。

> **更上一层楼**
> STEP UP!
> ◆文と連語（句：フレーズ）の関係について朱徳熙は，中国語の場合，全体と部分の関係（組成関係）にあるのではなく，文と連語は具体的な「例」と「型」の関係（実現関係）にあるとし，「文は独立した連語にしかすぎない」といっている。

030　文と句読点

書きことばでは，文末に"。"，文中のポーズに"，"などの"标点符号"biāodiǎn fúhào（句読点）を用いる。1995年に国家標準として定められた符号は16種で，文の切れ目や語気を示す句点として"句号"（まる），"问号"（疑問符），"叹号"（感嘆符），"逗号"（カンマ），"顿号"（てん），"冒号"（コロン），"分号"（セミコロン）の7種，文中の語句に特定の表示をする標点として"引号"（引用符），"括号"（かっこ），"省略号"（省略記号），"破折号"（ダッシュ），"连接号"（ハイフン），"书名号"（書名記号），"间隔号"（中ぐろ），"着重号"（傍点），"专名号"（固有名詞記号）の9種がある。

句号 jùhào	。 .	平叙文や，依頼など語気の弱い命令文の文末に用いる。 他来。Tā lái.（彼は来る）
问号 wènhào	？	疑問文，反語文の文末に用いる。 他来吗？（彼は来ますか） 我怎么知道？（私がどうして知っていようか）
叹号 tànhào	！	感嘆文と，語気の強い命令文，反語文の文末に用いる。 哎呀！（あれっ）　太好了！（とてもいい）
逗号 dòuhào	，	文の中でのポーズを表す。 他去，我来。（彼は行き，私は来る）
顿号 dùnhào	、	文の中の並列された語，連語の間に用いる。 北京、上海、天津和重庆（北京，上海，天津と重慶）
冒号 màohào	：	後に，文や文章を提示する。 他说："你们快来吧！" （彼はいった「君たちはやくおいで」）

分号 fēnhào	；	複文で，並列された文の間に用いる。 我们都会跳舞；我会日本舞；她会中国舞。 （私たちはみなダンスができて，私は日本舞踊が，彼女は中国舞踊ができる）
引号 yǐnhào	' ' " "	引用や強調する部分を表す。 他说："你们快来吧！" （彼はいった「君たちはやくおいで」） 什么是'自由'？（「自由」とは何か）
括号 kuòhào	（ ）	文の中の注釈部分を表す。 鲁迅（1881-1936）（魯迅〔1881-1936〕） 同仁堂（北京的一家药店）（同仁堂〔北京の薬店〕）
省略号 shěnglüèhào	……	文の中の省略されている部分を表す。2字分を占める。※ 这里有西瓜、芒果、桃子……"你……" （ここにはスイカ，マンゴー，桃…などがある） （「君…」）
破折号 pòzhéhào	——	後に，注釈をみちびく。2字分の長さにする。 1997年——我们住在北京的那一年，…… （1997年——私たちが北京に住んでいたあの年，…）
连接号 liánjiēhào	—	時間，場所，数量などの起点と終点を結ぶ。 関連する名詞を結ぶ。 8点—12点（8時—12時）北京—上海（北京—上海） 亚洲—太平洋地区（アジア—太平洋地区）
书名号 shūmínghào	〈 〉 《 》	書籍，文書，新聞などの名称を示す。 《人民日报》（『人民日報』） 〈阿Q正传〉的作者是谁？ （「阿Q正伝」の作者は誰か）
间隔号 jiàngéhào	・	日付を数字だけで示す場合，年月日の間に用いる。欧米や少数民族などの人名で，姓と名の間に用いる。 五・四青年节（青年の日） 凡・高 Fán Gāo（ヴァン・ゴッホ）
着重号 zhuózhònghào	･	文の中の強調したい字や語句の下に付す。 我的生日是四月十号，不是十月四号。 （私の誕生日は四月十日で，十月四日ではない）

专名号 zhuānmínghào	□□□	主に文語文で，人名，地名，王朝名などの下（縦書きの場合は左）に用いる。 司马相如者，汉蜀郡成都人也，字长卿。 （司馬相如は漢の蜀郡成都の人で，字を長卿という）

※本書で例示に用いる"省略号"は便宜的に1字分とする。

STEP UP! 更上一层楼

◆古来，中国では文中に句読点を用いず，文章を読む人がそれぞれ自身で"断句"duàn jù（文に切れ目をつける）をしていた。句読（くとう）ということばが示すように，"。"や"、"は比較的はやくから使われていた。現在のような各種の符号が紹介されたのは1919年の五四運動を経てのことである。1949年に新中国が成立し，51年に標点符号用法が公布され，90年に2種の追加とともに，国務院（内閣）から公布，95年にはこれが国家標準（ＧＢ）と定まり，翌年から正式に使用されている。新中国は，旧中国の縦書きから，すべての文章を横書きに変更したので，上表の符号類もすべて横書き用のものであり，もし縦書きをする場合は，下線や傍点など，位置の変わるものがある。旧中国で縦書きの場合，"。"や"，"の位置は，日本語のようなます目の右上ではなく，中央であった。この方式は，現在なお台湾において使われ，横書きでも用いられている。

031 単文と複文

文をその構造から見た場合，1つの文（単文）のなかに2つ以上の文が組み合わさっていることがある。このような文を「複文」と呼び，単文と区別する。複文を構成する文は，複文のなかではすでに単文ではない。複文に含まれた文は，文として本来そなわっていた前後のポーズやイントネーションなどを失っており，独立性がない。また，複文に含まれた文と文の間には，論理的な関係（意味上のつながり）があるだけで，連語のような「主述」，「動賓」といった文法的な関係はない。

1 他知道我不去。 Tā zhīdào wǒ bú qù.
　（彼は私が行かないことを知っている）

❷他去，我不去。Tā qù, wǒ bú qù.
（彼は行くが私は行かない；彼が行くので私は行かない；…）
❸因为他去，所以我不去。Yīnwèi tā qù, suǒyǐ wǒ bú qù.
（〔なぜなら〕彼が行くので,〔だから〕私は行かない）

上の例で，❶は"我不去"が"知道"の賓語であり，文法的には述語が動賓関係の1つの文（単文）である。これに対し，❷，❸は2つの文からなる複文である。複文では前後の文の中間に軽くポーズをとり，書きことばでは句読点"，"あるいは"；"などが置かれる。❷の意味は日本語訳にあるように1つとは限らない。前後の文脈からどんな意味なのかがわかる。また❸のように"因为…所以…"（なぜなら…だから…）のような接続成分を用いて前後の意味関係（この場合は「原因と結果」）を明らかにすることもある。

更上一层楼

◆複文を構成する文と文の間には，接続する成分がなくても，なんらかの論理的な関係が認められるはずである。"小王病了。"Xiǎo Wáng bìng le.（王君は病気になった）"他今天不能来了。"Tā jīntiān bù néng lái le.（彼は今日来られなくなった）という2つの単文を組み合わせて複文とした場合，自然に因果関係という意味上のつながりが生じ，「病気になったので，来られなくなった」と1つの文にまとまる。当然，論理的関係の生じない組み合わせでは複文を構成できない。

◆複文は，複文を構成する文と文が対等に組み合わさるものと，主従の関係に組み合わさるものと，2種に大別できる。英文法では，それぞれ重文，複文と称しているが，中国語ではそれらに"联合复句"，"主从复句"の名を付けているものの，学習上は，並列関係，選択関係…，あるいは因果関係，仮定関係…など，組み合わせの意味的なつながりから項目を分け，表現文型や慣用文型として取り上げる。また，それぞれの論理的関係を示す接続成分の有無，接続成分の形式などが学習上のポイントになる（⇨33, 34, 212）。前掲❸の例文は接続詞によって前後の意味関係が明示されているが，❷の例文では関係が明示されていない。この例では，肯定と否定が対比されている形式に手がかりがあるものの，接続成分を欠くと最終的には文脈にたよって読み取ることになりやすい。

032 主述文と非主述文

文の組み立てで、「…は；…が」にあたる、話題の部分を主語、「…する；…だ」にあたる、話題に対する説明の部分を述語という。中国語で、多くの文はこの「主語＋述語」の組み立てになっている。このような文を主述文という。以下の**1**～**3**では、☐で囲った部分が主語である。

1 他来。Tā lái.（彼は来る）
2 天气不好。Tiānqì bù hǎo.（天気がよくない）
3 书看完了。Shū kànwán le.（本は読み終えた）

中国語では、主語は行為者であるとは限らず、**3**のように、主語になるものが動作の受け手であったり、陳述の対象であったりする。主語とは話題として提示されたもの、と理解した方がよい。

また一方、文の組み立てで主語がもともとなかったり、主語はわかっていても省略したり、明らかにしないこともあり、その結果「主語＋述語」の組み立てにならない文を非主述文という。単語1つで構成される1語文も非主述文である。

4 谁？ Shéi?（誰）——我。Wǒ.（私）
5 下雨了！ Xià yǔ le!（雨だ）
6 (我们)一起去吧！ (Wǒmen) yìqǐ qù ba!（〔私たちは〕一緒に行こう）
7 (你)快来吧！ (Nǐ) kuài lái ba!（〔君は〕はやく来て）

4は単語がそのまま文となったものであり、**5**は「…が」にあたる、行為の主体が動詞に続く賓語の位置に置かれる存現文（⇨**74**,**75**）で、このような自然現象の表現では主語を補うことができない（無主語文）。これに対し**6**,**7**は（ ）内の主語が省略された文で、命令文や祈願文に多い（主語の省略⇨**52**）。

更上一层楼

◆中国語の文法的な特徴として、連語の構造と文の構造が基本的に一致することが挙げられる。したがって、連語に一定のイントネーションが加えられれば、文が成立する。

主述連語は一定のイントネーションが加わることによって、そのまま主述

文になる。その他の連語に一定のイントネーションが加わった場合はそのまま非主述文になる。いわゆる1語文は1つの単語に一定のイントネーションが加わった文である。

◆中国語では，主語と述語の組み合わせが「行為者＋その行為」というように対応するとは限らず，「話題＋その説明」といった，ゆるやかな関係になっている。したがって，"鸡不吃了。"Jī bù chī le. の例では，「ニワトリが（えさを）食べなくなった」と訳せるほか，「ニワトリを（私は）食べなくなった」」とも訳せる。すなわち，ニワトリが行為者にも，行為の受け手にもなり得る。呂叔湘は，中国語における文の主語について，文中の成分は行為者以外でも，会議の出席者が輪番で議長になるように，主語の位置に置ける，と説明する（《汉语语法分析问题》）（⇨**50**）。

0**33** 接続成分を用いた複文

文を2つ以上組み合わせて「複文」が構成される。これに対し，組み合わせのない文を特に「単文」と呼んで区別する。

複文の組み立てで，文と文の前後関係を明らかにするために，接続成分として接続詞や副詞などを用いる場合がある。

1因为他去，所以我不去。Yīnwèi tā qù, suǒyǐ wǒ bú qù.
　（〔なぜなら〕彼が行くので，〔だから〕私は行かない）
2要是他去，我就不去。Yàoshi tā qù, wǒ jiù bú qù.
　（もし彼が行くなら，私は行かない）
3一看就知道。Yí kàn jiù zhīdào.（ちょっと見たらすぐわかる）
4他去，我就不去。Tā qù, wǒ jiù bú qù.（彼が行くなら，私は行かない）

1は接続詞"因为"と"所以"を呼応させて使った例。接続詞には，"所以"のように複文の後の文の文頭に置く後置接続詞だけではなく，"因为"のように主として前の文の文頭に置く前置接続詞もある（⇨**215**）。**2**は接続詞"要是"と副詞"就"を呼応させた例，**3**は副詞"一"と"就"を呼応させた例，**4**は副詞"就"のみを使った例である。

更上一层楼

STEP UP !

◆接続成分に接続詞を用いる場合，前置接続詞と後置接続詞が意味上ペアをなすものを組み合わせるが，時にはその一方が省略されることもある。また，"我一定来，要是不下雨的话。" Wǒ yídìng lái, yàoshi bú xià yǔ dehuà.（私はきっと来ます。もしも雨が降らなければ）の例のように，前置接続詞が後の文の文頭に置かれることもある。

◆前置接続詞のなかに，後の文には副詞を置いて呼応させる場合がある。接続詞を用いず，副詞だけを使う場合，"又…又…"，"一边…一边…"，"越…越…"などのように前後に同じ副詞を用いる例以外は，"这个好，那个也好。" Zhège hǎo, nàge yě hǎo.（これもよいし，あれもよい）のように，後の文に副詞を置く。このほか，同じ疑問代詞を前後に呼応させた，"你要什么，我给你什么。" Nǐ yào shénme, wǒ gěi nǐ shénme.（君がほしい物はなんでもあげます）のような例もある（⇨141）。

034 接続成分を用いない複文

文を2つ以上組み合わせて「複文」が構成される。これに対し，組み合わせのない文を特に「単文」と呼んで区別する。

複文の組み立てで，前後の意味関係を示す接続成分を，特に用いない場合がある。

1 他去，我不去。Tā qù, wǒ bú qù.
（彼は行くが私は行かない；彼が行くので私は行かない；…）

2 不去不行。Bú qù bù xíng.（行かないとだめだ）

3 七点了，你快起来吧！ Qī diǎn le, nǐ kuài qǐlái ba!
（7時になったから，君ははやく起きなさい）

日常の話しことばでは，このように接続成分を使わずに複文を組み立てることが多い。複文の意味関係は，その場の状況や前後の文脈から判断しなくてはならない。そのため**1**の例では，"因为…所以…"（なぜなら…なので…）のような接続詞を使って意味を明示した場合にくらべ，学習者にとって一見やさしく思えるが，かえって意味をつかみにくい。

> **更上一层楼**

◆日常卑近な，いわば平易な中国語であるほど，複文になんらかの接続成分を用いて形式をととのえるより，接続成分を用いず，ことばの流れに依存して，おのずから意味をさとらせる組み立て（この組み立てを「意合法」という）が多くなる。ただし，このように意味関係が形式上不明確と思われる場合でも，その意味をつきとめる手がかりが全くないわけではない。例えば，前掲の例文で❶は前後が対比的な表現になっていること，❷は前の文に否定副詞"不"を用いた条件が示されていること，など文意をつかむ手がかりがある。

035　肯定文と否定文

述語のなかで，動詞や形容詞の前に否定を表す副詞を加えると，肯定文を否定文に変えられる。

❶①他不来。Tā bù lái.（彼は来ない）　　②他来。Tā lái.（彼は来る）
❷①他不是大学生。Tā bú shì dàxuéshēng.（彼は大学生ではない）
　②他是大学生。Tā shì dàxuéshēng.（彼は大学生だ）
❸①今天不冷。Jīntiān bù lěng.（今日は寒くない）
　②今天很冷。Jīntiān hěn lěng.（今日は寒い）
❹①他没(有)来。Tā méi(you) lái.（彼は来なかった；来ていない）
　②他来了。Tā lái le.（彼は来た；来ている）
❺①他没有词典。Tā méi yǒu cídiǎn.（彼は辞典を持っていない）
　②他有词典。Tā yǒu cídiǎn.（彼は辞典を持っている）

上の例で，①は②に対する否定文。❶～❸のように「…でない；…しない」という意味を表すには"不"を用いる。"不"はふつう意志や習慣の否定に用いる。❹のように「…しなかった；…していない」という意味を表すには"没(有)"を用いる。"没(有)"はふつう事実の否定に用いる。

❻那时候，我不是大学生。Nà shíhou, wǒ bú shì dàxuéshēng.
　（そのころ，私は大学生ではなかった）
❼昨天不冷。Zuótiān bù lěng.（昨日は寒くなかった）

動詞"是"には"不"しか用いない。動詞"有"は必ず"没"で打ち消す。形容詞の否定には，ふつう"不"を使うが，状態の変化に関しては"花儿还没红。"Huār hái méi hóng.（花はまだ赤くなっていない）のように"没"も使う。

"没有"は，話しことばの場合，"没"と略されることが多い。ただし，"没有"が文末に置かれたときや，単用するときは"没"と略すことはできない。

更上一层楼

◆打ち消しを表す否定副詞に"不"と"没(有)"の2語があるため，使い分けに誤りが生じやすい。"不"は否認を示し，動作動詞の前に置いて意志や習慣について否定を表す。現在，未来だけでなく，上に掲げる**6**のように，過去にも用いる。また，"不"は非動作動詞の前に置いて否認を表す。形容詞の前に置くときは，性質や状態に対する否認を表す。これに対し，"没(有)"は動詞の前に置いて動作行為の発生あるいは完成を否定し，それがまだ事実として存在しないことを表す。形容詞の前に置くときは，性質や状態の変化を否定し，それが事実として存在しないことを表す。"不"はすべての助動詞の前に置ける。"没(有)"を置ける助動詞は限られる（⇨**173**, **175**）。

◆否定副詞"没(有)"と同形で，存在や所有を表す"有"の否定形"没(有)"がある。前者は文語の"未"wèiに相当し，後者は文語の"无"wúに相当する。"没有调查就没有发言权。"という文は「調査しないうちは発言権がない」と「調査がなければ発言権がない」の2つの訳が可能だが，前者は"没有"が動詞に前置された否定副詞であり，後者は"没有"が名詞を賓語とする動詞"有"の否定形である。

036 文中での否定副詞の位置

述語のなかで否定副詞以外に他の副詞や助動詞が使われていると，否定副詞の位置によって，否定される範囲が異なってくる。

1 他们都不是学生。Tāmen dōu bú shì xuésheng.（彼らはみな学生ではない）

2 他们不都是学生。Tāmen bù dōu shì xuésheng.
（彼らはみながみな学生というわけではない）

3 你不可以去。Nǐ bù kěyǐ qù.（君は行ってはいけない）

4 你可以不去。Nǐ kěyǐ bú qù.（君は行かなくともよい）

❶では"都"の後に"不"があるので,「みな」+「学生ではない」となる(全部否定)が,❷では"不"が"都"の前にあるので「打ち消し」+「みな学生である」=「みながみな学生ではない」となる(部分否定)。また,❸では「"不"+"可以"」が動詞"去"の前に置かれて「…してはいけない」となるが,❹では助動詞「…してよろしい」の賓語の部分に動詞"去"の否定形"不去"が置かれている。

更上一层楼

◆述語のなかで,否定副詞をどこに置くか,その位置については他にも難しい問題がある。例えば,介詞連語(介詞句)を含む述語の場合,「彼はコップでビールを飲まない」を中国語で×"他拿玻璃杯不喝啤酒。" Tā ná bōlibēi bù hē píjiǔ. と誤訳することが多い。この訳文では,「コップを手に持ってビールを飲まない」の意味になってしまう。"拿"は「…で」という介詞ではあるが,この介詞は動詞としても用いるので,介詞から打ち消さなければならない。正しくは"他不拿玻璃杯喝啤酒。"となる。介詞のなかには"把"のように動詞性の薄れたものもあるが,やはり"他还没有把行李拿去。" Tā hái méiyou bǎ xíngli náqu. (彼はまだ荷物を持って行ってない)のように,介詞の位置から打ち消す。ただし,例えば"他不在食堂吃饭。" Tā bú zài shítáng chī fàn. (彼は食堂で食事をしない)を"他在食堂不吃饭。"の語順でいえる文脈もある(⇨ **189**)。

037 平叙文

文をその機能,あるいは用途から,平叙文,疑問文,命令文,感嘆文に分ける。このほかに呼びかけ文を加えることもある。

平叙文とは,肯定,否定に関わらず,単に事実を述べる文を指していう。書き表す場合,文末には"。"をつける。

❶**他去**。 Tā qù. (彼は行く)
❷**他不是学生**。 Tā bú shì xuésheng. (彼は学生ではない)
❸**他很忙**。 Tā hěn máng. (彼は忙しい)

平叙文は,人や事物,事件などに対する叙述(❶の例),判断(❷の例),描写あるいは説明(❸の例)をする。

> **更上一层楼**
>
> ◆平叙文には，強調や確認の気持ちを表す文も含まれる。(i)の二重否定は強調の表現である。(ii)の"是〜的"の組み立ては確認の表現である。
>   (i)**我不是不愿意去**。Wǒ bú shì bú yuànyi qù.（私は行きたくないのではない）
>   (ii)**他(是)昨天来的**。Tā (shì) zuótiān lái de.（彼は昨日来たのです）
>   強調の表現には，ほかに反語文がある（⇨**45**）

○38　当否疑問文と反復疑問文

　疑問文の形式は，質問の提起の仕方によって分けられるが，そのうち，*yes*か*no*か，認否を求める疑問文には2通りの組み立てがある。

　1つは文末に助詞"吗"などの疑問の語気を表す助詞を置くもので，当否疑問文という。助詞を用いず，平叙文のイントネーションを疑問の口調に変えることでもよい。もう1つは動詞または形容詞を「肯定+否定」の順に並べ，そのどちらであるかを問うもので，反復疑問文という。

　当否疑問文，反復疑問文とも，書き表す場合には，文末に"?"をつける。

1 你去吗？　Nǐ qù ma?（君は行きますか）
　≒ 你去不去？　Nǐ qù bu qù?（君は行きますか〔行くの行かないの〕）
2 这个贵吗？　Zhège guì ma?（これは〔値段が〕高いですか）
　≒ 这个贵不贵？　Zhège guì bu guì?
　（これは高いですか〔高いの高くないの〕）
3 你去北京吗？　Nǐ qù Běijīng ma?（君は北京に行きますか）
　≒ 你去不去北京？　Nǐ qù bu qù Běijīng?/你去北京不去？　Nǐ qù Běijīng bu qù?（君は北京に行きますか〔行くの行かないの〕）
4 你不去吗？　Nǐ bú qù ma?（君は行かないのですか）
5 你也去吗？　Nǐ yě qù ma?（君も行きますか）

　1〜**3**は，「≒」の前が文末に助詞"吗"を置く当否疑問文で，「≒」の後が反復疑問文である。**3**のように動詞に賓語（目的語）がある場合，反復疑問文では賓語を肯定形の動詞の後か，否定形の動詞の後か，どちらか一方に置くので，2通りの形式ができる。

　当否疑問文では**4**，**5**のように，動詞や形容詞の前に否定の"不"など副

詞の修飾語があってもかまわないが，反復疑問文は肯定，否定のどちらかを選ばせるものなので副詞の修飾語がある場合は，成立しない。×"你也去不去？"

反復疑問文は述語に「肯定＋否定」が並ぶことで疑問文が成立するから，文末にさらに疑問の助詞"吗"を加えてはならない。

更上一层楼

STEP UP！

◆上の例示で，文末に助詞"吗"を置く当否疑問文と，動詞または形容詞を「肯定＋否定」の順に並べた反復疑問文を「＝」とせず，「≒」としたのはなぜか。**3**の"你去北京吗？"，"你去不去北京？"，"你去北京不去？"は，いずれも「北京に行きますか」という意味を表しているが，表現の意図は同じでない。当否疑問文は平叙文の後に疑問の文末助詞"吗"を置いて内容の当否を問う形式であり，**4**の文末助詞を変え，"你不去啊？" Nǐ bú qù a?（行かないのね）とすれば確認を求める語気になり，また"你不去吧？" Nǐ bú qù ba?（行かないのでしょう）といえば推量をたしかめる語気が加わる。さらに助詞"吗"を置く形式は反語文としても用いられる（⇨**45**）。一方，反復疑問文は平叙文を「肯定＋否定」の順に並べ，いずれかを選ばせる形式で，疑問の所在がはっきりしている。賓語の置き場所によって2種の形式に分かれるが，「肯定＋否定」が閉じている（*close type*）"你去不去北京？"はもともと南方の表現，「肯定＋否定」が開いている（*open type*）"你去北京不去？"は南方では聞かない，という趙元任の指摘もある。陸志韋は北方でも助動詞で「肯定＋否定」を組み立てる場合には *close type* になると指摘している（《汉语的构词法》）。×"你会说中文不会？" ○"你会不会说中文？" Nǐ huì bu huì shuō Zhōngwén?（君は中国語が話せますか）。

なお，反復疑問文は肯定，否定のどちらかを選ばせるものなので，副詞の修飾語がある場合は成立しないが，例外もある。 ○"你还去不去？" Nǐ hái qù bu qù?（君はまた行きますか）。

039 付加型の当否疑問文

平叙文で話し手の意見，推量，要求などを述べた後，文末に"是吗？" shì ma?（そうでしょう）などを加えて，聞き手の考えをたずねる慣用的な疑問文がある。"好吗？"，"行吗？"などは相談や依頼の語気にもなる。

1 他也不去，是吗？　Tā yě bú qù, shì ma?（彼も行かない，のですか）

2 我们也去，好吗？　Wǒmen yě qù, hǎo ma?
（私たちも行く，のでいいですか）

3 我一个人去，行吗？　Wǒ yí ge rén qù, xíng ma?
（私は1人で行く，のでいいですか）

4 他也不去，是吧？　Tā yě bú qù, shì ba?（彼も行かない，のですね）

このほか"对吗？"duì ma?（その通りですか），"可以吗？"kěyǐ ma?（よろしいですか）なども使われる。また，**1**を**4**のように"吗"を"吧"にすると確認の意味がよりはっきりする。

更上一层楼　STEP UP!

◆この形式の疑問文に対する回答は，"好吗？"に対しては"好"あるいは"不好"のように，問いかけに用いられた確認の語句をそのまま答えればよいが，"可以吗？"に対する否定の回答に"不可以"ということは少なく，ふつうは"不行"bù xíng という。

040　付加型の反復疑問文

　平叙文で話し手の判断などを述べた後に，文末に"是不是？"shì bu shì?（そうなのですね）などを付け加え，聞き手に確認を求める慣用的な疑問文がある。"是不是"は文末だけでなく，文頭，あるいは文中の述語の前に置くこともある。文末に置く"好不好？"，"行不行？"は，それぞれ"好吗？"，"行吗？"に近い表現で，相談や依頼の語気にもなる。

1 他也不去，是不是？　Tā yě bú qù, shì bu shì?
（彼も行かない，〔そうな〕のですね）

2 我们也去，好不好？　Wǒmen yě qù, hǎo bu hǎo?
（私たちも行く，のでいいですね）

3 他也不知道，对不对？　Tā yě bù zhīdào, duì bu duì?
（彼も知らない，のですね）

4 是不是他也不去？　Shì bu shì tā yě bú qù?
（彼も行かない，〔そうな〕のですね）

> **更上一层楼**
>
> ◆ "是不是"を文頭に置くか，文中に置くかによって，確認を求めるポイントに違いがある。
>
> (i) **是不是**你明天休息？ Shì bu shì nǐ míngtiān xiūxi？（君は明日休むのですね）
>
> (ii) 你明天**是不是**休息？ Nǐ míngtiān shì bu shì xiūxi？
> （君は明日は休むのですね）

041　選択疑問文

疑問文の形式は，質問の提起の仕方によって分けられる。答えを2つ提示し，いずれかを選ばせる形式は，反復疑問文（「肯定＋否定」の組み立て）以外に，接続詞を置かず，項目をいくつか並べ，疑問のイントネーション（⇨44）にして選ばせる例もある。このような素朴な選択疑問文を形式化し，接続詞"还是"háishi を使って，"(是) A 还是 B？"（A それとも B）と，AB いずれかを選択させることもできる。この組み立てを「選択疑問文」と呼んでいる。"(是) A 还是 B？"のAの前の"是"は省略してよい。

1 你(是)买这个还是买那个？ Nǐ (shì) mǎi zhège háishi mǎi nàge？
（君はこれを買うの，それともあれを買うの）

2 你(是)今天去还是明天去？ Nǐ (shì) jīntiān qù háishi míngtiān qù？
（君は今日行くの，それとも明日行くの）

3 (是)你去还是他去？ (Shì) nǐ qù háishi tā qù？
（君が行くの，それとも彼が行くの）

4 这是你的还是他的？ Zhè shì nǐ de háishi tā de？
（これは君の，それとも彼の）

選択肢のA・Bの位置には，**1**は「動詞＋賓語」，**2**は「連用修飾語＋動詞」，**3**は「主語＋動詞」が提示されている。A・Bの動詞（または形容詞）が同じであっても，Bの動詞（または形容詞）は，ふつう省略しない。**3**のように，選択する項目が主語の場合は，双方に主語を含めなければならない。**4**では，名詞相当語の項目が並ぶので，述語の動詞が必要となり，"是A还是B？"の"是"は省略しない。Bの部分に"是"を加え，×"还是是他的"とする必要はない。

更上一层楼

◆次の例は，接続詞を置かず，項目をいくつか並べて選ばせる，素朴な選択疑問文である。

(i)**你吃饭吃面？** Nǐ chī fàn chī miàn？
（あなたはご飯を食べるの，めん類を食べるの）

接続詞"还是"háishi を使わず，"是 A 是 B？"の形式でも，「Aか，Bか」と，いずれかを選択させる例がある。

(ii)**是真的是假的？** Shì zhēn de shì jiǎ de？（これはほんとうなの，うそなの）

選択を表す接続詞には，"还是"のほかに"或者"huòzhě（⇨**214**）がある。しかし，"或者"は選択疑問文に使わない。

042 省略疑問文

疑問文の形式は，質問の提起の仕方によって分けられる。「名詞（句）／代詞＋"呢"ne？」などの形で「…は？」とたずねる疑問文を省略疑問文という。文脈によって，「…はどこ」，「…はどうしたの」，「…はどうする」などの意味を表す。

❶我的眼镜呢？ Wǒ de yǎnjìng ne？（私の眼鏡は？）

❷我星期天去动物园，你呢？ Wǒ xīngqītiān qù dòngwùyuán, nǐ ne？
（私は日曜日に動物園へ行くけど，君は？）

❶は❷のような前提となる語句がなく使われた例。人や物が存在するはずの場所に存在しない場合で，いわば"在哪儿？"zài nǎr？（…はどこ）という疑問文が省略されていることになる。所在をたずねるというよりも，"哪儿去了？"Nǎr qù le？（どこに消えてしまったのかしら）という気持ちを表す。❷のように前提の語句があれば，「…はどうしたの」，「…はどうするの」という気持ちで"怎么样？"Zěnmeyàng？，"怎么办？"Zěnme bàn？など，文脈に応じた疑問文が省略されている。この例は"你去不去？"Nǐ qù bu qù？（君は行くの）とたずねてもよいが，"你呢？"と省略疑問文にしている。

更上一层楼

◆文末に助詞"…呢？"を置く形式の疑問文は，前後の文脈に応じた"哪儿"や"怎么样"など疑問代詞（疑問詞）がかくされていることから，疑問詞が

省略された「省略疑問文」と呼んでいる。
◆省略疑問文では，前後の文意をつかまず，「…は？」とだけ訳しても通じない例がある。
　(i)**你去呢？** Nǐ qù ne?（君が行ったらどうなの）
　(ii)**你一个人病了呢？** Nǐ yí ge rén bìng le ne?
　（君1人が病気になったらどうするの）

043　疑問詞疑問文

疑問文の形式は，質問の提起の仕方によって分けられる。疑問代詞（疑問詞）を用いた疑問文を疑問詞疑問文という。英語のように疑問詞を文頭に置くのではなく，日本語と同じように，平叙文の，ふつうの語順で，たずねたい箇所を疑問詞に置き換えるだけでよい（以下の例文の□の部分）。文字に書き表す場合は，文末に"？"をつける。

❶这是什么？ Zhè shì shénme？（これは何ですか）
　——**这是汉语词典**。Zhè shì Hànyǔ cídiǎn．（これは中国語辞典です）
❷这是谁的词典？ Zhè shì shéi de cídiǎn?（これは誰の辞典ですか）
　——**这是他的**。Zhè shì tā de．（これは彼のです）
❸你的词典在哪里？ Nǐ de cídiǎn zài nǎli？（君の辞典はどこにありますか）
　——**(我的词典)在那里**。(Wǒ de cídiǎn) zài nàli．
　（〔私の辞典は〕あそこにあります）
❹这个字怎么写？ Zhège zì zěnme xiě?（この字はどのように書きますか）
　——**(这个字)这样写**。(Zhège zì) zhèyàng xiě．
　（〔この字は〕このように書きます）

常用される疑問詞（連語を含む）：

人・物	谁 shéi　　什么 shénme 哪 nǎ（＋量詞）　　哪个 nǎge
方式・状態	怎么 zěnme　　怎么样 zěnmeyàng
原因・理由	怎么 zěnme　　为什么 wèi shénme
時	什么时候 shénme shíhou　　几点 jǐ diǎn
場所	哪里 nǎli　　哪儿 nǎr

数量	多少 duōshao　　几 jǐ
程度	多（么）duō(me)（＋形容詞）
時間	多长时间 duō cháng shíjiān

　疑問詞を用いた疑問文では，×"这是什么吗？"のように，文末に助詞"吗"ma（…か？）を置いてはいけない。しかし，文末に助詞"呢"ne を置いて，いぶかしく思う気持ちを示すことがある。

更上一层楼

◆程度をたずねる「"多"＋形容詞」の組み立ては，程度，数量を問う副詞である"多"の後に，積極的な意味を有する（プラスの方向の）形容詞を置く（⇨138）。時間をたずねる"多长时间"の"多长"duō cháng はその１例である。"多长时间"を"多久"duō jiǔ ともいう。面積や容積をたずねる疑問詞"多大"duō dà は，"你多大了？"（いくつになりましたか）のように，年齢を問う場合にもよく使われる。ただし，成人に対し年齢を丁寧にたずねるには，"多大年纪？"Duō dà niánjì?，"多大岁数？"Duō dà suìshu? などを使う。10歳以下の子どもに対しては"几岁（了）？"Jǐ suì(le)? とたずねる。

044　語気で疑問を表す疑問文

　形式として疑問文の組み立てではなくても，ふつうの，平叙文の文末を高めの調子にすることで，相手に確認する疑問文ができる。文末に"吗"ma を置いた，「…か？」とたずねる当否疑問文に相当し，yes か no かをたずねている。日常の会話では，よく用いられる表現法である。文字に書き表す場合は，文末に"？"をつける。

1 他回国了？　Tā huí guó le?（彼は帰国したのね）

2 他没来？　Tā méi lái?（彼は来ていないのね）

　文末を高めの調子にするだけでなく，文末に助詞"吧"ba を加え，「…でしょう；…ですよね」と推測，推量の結果について確認を求めることもある。

3 他不来吧？　Tā bù lái ba?（彼は来ないのでしょう）

この場合，文末を高めにしなければ，「彼は来ないでしょう」という，自分の判断を述べるだけの文になる。

> **更上一层楼**
>
> ◆文末に語気助詞を置く形式の当否疑問文には，"吗" ma の代わりに"啊" a を加えて，相手に相談したり，勧めたりする気持ちを表す例もある。文末は，やや高めの調子で，引き伸ばし気味になる。
>
> (i) **你喝点儿汽水啊？** Nǐ hē diǎnr qìshuǐ a?（君はサイダーでも飲む？）

045 反語文

反語文は，疑問文と同じ形式で，疑問を表す表現ではなく，肯定あるいは否定の強調表現になる。反語文は形式と意味が正反対で，肯定形は否定の，否定形は肯定の意味になる。文字に書き表す場合，反語の語気を強く示すなら"？"，感嘆の気持ちを含むなら"！"を文末につける。

1你不是病了吗？ Nǐ bú shì bìngle ma?
　（君は病気ではないの〔＝君は病気ですよ〕）
2谁知道呢？ Shéi zhīdào ne?（誰が知っているか〔＝誰も知らない〕）
3你怎么不知道？ Nǐ zěnme bù zhīdào?
　（君はどうして知らないのか〔＝もちろん知っているはず〕）
4你怎么知道？ Nǐ zěnme zhīdào?
　（君はどうして知っているのか〔＝もちろん知らないはず〕）

1は当否疑問文，**2**～**4**は疑問詞疑問文が，それぞれ文脈と反語の語気によって反語文に用いられたもの。次の**5**も当否疑問文，**6**と**7**は疑問詞疑問文が反語表現になっているが，疑問詞で"怎么"とともに，"哪里"は反語文に多用される。その場合，助動詞"会"や"能"を併用することがある。

5他没告诉你吗？ Tā méi gàosu nǐ ma?（彼は君に知らせませんでしたか）
6我哪里知道！ Wǒ nǎli zhīdào?（私がどうして知るものか）
7我怎么能知道啊！ Wǒ zěnme néng zhīdào a?
　（私はどうして知ることができるか）

疑問文以外にも，副詞"还"は反語文を作りやすい。

8 快考试了，你还玩儿？ Kuài kǎoshì le, nǐ hái wánr?
（もうすぐ試験なのに，君はまだ遊んでいるのか）

9 这么晚了，你还不回家？ Zhème wǎn le, nǐ hái bù huí jiā?
（こんなに遅いのに，君はまだ家に帰らないのか）

副詞"还"は"还不"の形式になることが多い。8と9は文末に"吗"を置ける。

更上一层楼

◆形容詞や動詞の後に疑問詞"什么"を置く反語文の形式がある。形容詞や心理活動を表す動詞の場合は，相手の判断を否定あるいは反駁する語気を表し，一般の動詞の場合は「必要ない；すべきでない」と不満や非難の語気を表し，"有什么"を形容詞などの前に置くと肯定形は否定，否定形は肯定の意味を表す反語文となる。

(i) 这件事难什么？ Zhè jiàn shì nán shénme?
（この仕事は何が難しいものですか）

(ii) 你笑什么？ Nǐ xiào shénme?（君は何を笑うのか）

(iii) 这件事有什么难办（的）？ Zhè jiàn shì yǒu shénme nánbàn(de)?
（この仕事は何が難しいことがありますか）

反語文の語気を強める表現に，副詞"难道"を文頭あるいは述語の前に置く形式がある。文末に助詞"吗"を置いて呼応させる。

(iv) 你难道都不知道吗？ Nǐ nándào dōu bù zhīdào ma?
（君はまさか全く知らなかったのではないでしょうね）

046 命令文

相手に対して命令，要求，勧誘をする文を命令文という。動作行為を表す動詞（句）で組み立てられ，主語は省略することが多い。文字に書き表す場合，文末に"！"をつける。命令文の否定形式である禁止の表現には，動詞（句）の前に禁止を表す副詞が加わる。

1 过来！ Guòlái!（〔こちらに〕来なさい）

2 快走吧！ Kuài zǒu ba!（はやく出かけよう）

3 (你)看看！ (Nǐ) kànkan!（〔君は〕ちょっと見てごらん）
4 请坐下！ Qǐng zuòxià!（どうぞおかけください）
5 快点儿！ Kuài diǎnr!（急いで）
6 (你们)别说话！ (Nǐmen) bié shuō huà!
（〔君たちは〕おしゃべりしないで）
7 请不要抽烟！ Qǐng búyào chōu yān!（タバコを吸わないでください）
8 (您)不用客气！ (Nín) búyòng kèqi!（〔あなたは〕遠慮には及びません）

2のように文末の助詞"吧"baを加えたり，3のように動詞の重ね型を使うと口調がソフトになる。また，4の"请"qǐng（どうぞ）を動詞に前置させると命令というより「お願いする」語気になる。さらに3の場合に，2人称の"你"を敬語の"您"nín に代え"请您看看！"Qǐng nín kànkan!（どうぞご覧ください）とすれば，いっそう丁寧に聞こえる。5は動詞ではなく形容詞による命令文で，"快"kuài（はやい）の後に"(一)点儿"(yì)diǎnr（ちょっと）を加えるだけで「はやくして」の意味が表せる。6で"别说话了！"と"别…了"の形式にすれば，「もう…しないで」のように，中止を求める表現になる（⇨209）。

命令文に主語が加わる場合，2人称の"你"，"你们"，"您"以外に，1人称でも聞き手を含む"咱们"zánmen（私たち）を用いて，例えば3の例を"咱们快走吧！"（私たちはやく出かけましょう）と話し手と聞き手を合わせた主語にすることができる。

禁止の表現は副詞"不要"，"别"を動詞(句)に前置させる。"不要"と"别"のちがいは"别"が動詞なしで単用できることで，"别，别。"（だめ，だめ）のようにくりかえして，制止の表現ができる（⇨209）。"不用"は「必要でない」という意味の副詞。

更上一层楼

STEP UP！

◆日常生活で耳にする命令文形式の表現は，例えば，"站住！"Zhànzhù!（〔立ち〕止まれ），"别动！"Bié dòng!（手をふれるな），"不要客气！"Búyào kèqi!（遠慮しないで），"慢走！"Mànzǒu!（ちょっと待て；気をつけてお帰りください），"稍等！"Shāoděng!（少々お待ちください）など，きわめて多い。一方，書きことばにも，掲示や標識などに命令文形式の表現は数多く見られる。例えば，"禁止吸烟"Jìnzhǐ xī yān（禁煙），"请勿动手"Qǐng wù dòng shǒu（手をふれないでください），"小心扒手"Xiǎoxīn páshǒu（すりに注意）など。

047 感嘆文

話し手の強い感情を表現する文を感嘆文という。程度を強調する副詞を使ったり，文末に感嘆を表す語気助詞"啊"a を加えたりする。文字に書き表す場合，文末に"！"をつける。

1 真热啊！ Zhēn rè a!（ほんとうに暑いね）
2 太贵了！ Tài guì le!（高すぎるね）
3 多(么)好看啊！ Duō(me) hǎokàn a!（なんときれいなこと）
4 高兴极了！ Gāoxìng jíle!（うれしいなあ）

1，**2**は，程度の強調に副詞"真"zhēn（ほんとうに）や"太"tài を用いた例（⇨195）。**1**の文末助詞"啊"はその前の音節によって，例えば**3**ならば"kàn + a → kàn + na"のように音を変えたり，またその実際の音に合わせて文字表記を変えることがある（⇨234）。副詞の"太"は，**2**の"太…了"tài…le のように，文末助詞"了"との呼応表現で感嘆の語気になる。

程度の高いことを表すには**3**のように「"多(么)"duō(me) + 形容詞」の形式もよく使われる。この例のように述語として使われ，感嘆文を作るだけでなく，"多(么)聪明的孩子！"Duō(me) cōngming de háizi!（なんと賢い子どもだこと）のように，連体修飾語としても感嘆の表現を作る。ほかに**4**のように，程度補語"极了"jíle など（⇨91）を使った感嘆の表現もある。

更上一层楼

◆感嘆文は驚き，喜び，悲しみなど，さまざまな状況で用いられる。"糟糕！"Zāogāo!（しまった，何ということだ），"救命啊！"Jiù mìng a!（助けてくれ）といった悲痛な叫び声も含めてよいのかも知れない。ここでは程度の高いことに驚く表現として「"真"+ 形容詞」，「"多(么)"+ 形容詞」など，感嘆文の組み立てとして形式化し得るものを掲げている。このほか，感嘆文は感動詞を用いた1語文として，例えば驚きを表す"哎呀！"Āiyā!，悲しみを表す"唉！"Ài! などのようにも表現される（⇨242）。

048 呼びかけ文

呼びかけ文は，聞き手の注意をひきつけるために，相手の名前などを呼ぶ

文を指している。文字に書き表す場合，文末に"！"を使う。

❶**小李！** Xiǎo Lǐ!（李君）

❷**同学们！** Tóngxuémen!（〔同じ学校，クラスの〕みなさん）

❸**老师，您好！** Lǎoshī, nín hǎo!（先生，こんにちは）

❶のように親しい友人に声をかけたり，❷のようにスピーチなどで聴衆に呼びかけたり，❸のように日常のあいさつで相手に呼びかけたり，といった場合における呼称が呼びかけ文を構成する。文法的には文の組み立てと関係のない，独立成分としてあつかわれる。ただし，"老师，您好！"を"老师！您好！"と考えれば，2つの文に分かれるため，"老师！"は1つの文における独立成分ではなく，1語だけで構成される非主述文ということになる。

"小李！"という呼びかけの"小"は姓の前につけて，若い人に対する親しみをこめた呼び方になる。年上の者には"老"をつける。いずれも1字の姓に限る。

更上一层楼

STEP UP！

◆日本語では，英語と異なり，先生や父母に対し2人称代名詞で，「あなたは…」と話しかけることはしない。中国語では，ふつう聞き手にふさわしい呼称で，まず呼びかけをしてから，2人称代名詞で，「あなたは…」と話しかける。

(i)**奶奶，您好了吗？** Nǎinai, nín hǎo le ma?

（おばあちゃん，〔あなたは〕元気になりましたか）

他人を呼ぶのに「おーい」と声をかける場合，"喂！"Wèi! というが，推奨できることばづかいではない。電話で相手に呼びかける「もしもし」もこの"喂"wèi を使うが，人によって wéi とも wǎi ともいう。

| I 字と語 |

| II 単語と連語 |

| III 文の成立と種類 |

IV……… 文の成分

| V 品詞 |

049 文を構成する成分

　連語は文を組み立てる成分になるだけでなく，それ自身が独立して文になれる（⇨**29**）。連語には主述型，修飾型，補足型，動賓型，並列型，連動型などの組み立ての型がある。主述連語がそのまま文になれば主述文，その他の連語がそのまま文になれば非主述文となる。連語だけでなく，単語1つでも1語文を構成できる。最も多く見られる文は主述連語で構成される主述文である。主述連語は「主語＋述語」で組み立てられるから，文を構成する最も基本的な成分は，主語と述語になる。修飾連語は「修飾語＋被修飾語（中心語）」で組み立てられ，修飾語は連体修飾語と連用修飾語に分かれ，文を構成する成分となる。補足連語は「動詞(形容詞を含む)＋補語」で組み立てられ，補語は文を構成する成分となる。動賓連語は「動詞（形容詞を含む）＋賓語」で組み立てられ，賓語は文を構成する成分となる。並列連語は名詞あるいは動詞などの並列，連動連語は動詞などの連用で，それぞれ組み立てられている。連体修飾語，連用修飾語，補語，賓語は，主語，述語に次ぐ，文の構成成分である。

(1)主語になれる成分：
　　名詞(句)，代詞，さらに動詞(句)，形容詞(句)，数量詞，主述連語なども。
(2)述語になれる成分：
　　動詞(句)，形容詞(句)，さらに名詞(句)，主述連語なども。
(3)連体修飾語になれる成分：
　　形容詞(句)，名詞(句)，代詞，さらに動詞(句)，主述連語なども。
(4)連用修飾語になれる成分：
　　副詞，さらに時間名詞，場所名詞，形容詞，介詞連語なども。
(5)補語になれる成分：
　　動詞(句)，形容詞(句)，数量詞(時間量・動作量・比較数量) など。
(6)賓語になれる成分：
　　名詞(句)，代詞，さらに動詞(句)，形容詞(句)，数詞，主述連語なども。

更上一层楼
◆上に掲げた(1)〜(6)において，文成分と各品詞との関係を見ると，中国語では，動詞は述語，補語になれるだけでなく，主語，賓語にもなり，形容詞にいたっては連体修飾語のほかに，述語，補語，連用修飾語，さらには主語，

賓語にもなるなど，1つの品詞が必ずしも1つの文成分と対応するのではないことがわかる。副詞のように，ただ連用修飾語になれるだけ，という1つの機能とのみ対応する品詞はめずらしい。このような，中国語の文法面における特徴に関しては朱徳熙の《语法答问》に指摘がある。

◆中国の文法用語では，主語に対する「述語」を"谓语"と呼び，賓語や補語と組み合わさる動詞（形容詞を含む）を"述语"と呼んでいる。日本語で，主語は原語のままで問題ないが，賓語と補語については原語使用の適否を問う声もある。賓語を英文法の目的語で言い換えることも考えられるが，賓語と動詞との意味関係がさまざまで，例えば"存现句"（存在文，出現文，消滅文）における賓語を目的語と呼びにくいので，ガイドラインでは，原語のまま賓語を用い，目的語の名は必要に応じ説明的に用いるものとする。補語は原語のままでは英文法の補語と混同するという意見があるものの，これに代わる名が見当たらない。説明的には動詞などに対して「後置の修飾語」ということが考えられる。連体修飾語と連用修飾語は，それぞれ限定語を略した"定语"，状況語を略した"状语"が日本でも使われるが，ガイドラインでは，日本語として分かりやすい修飾語を採用している。

050 主語と述語の関係

主述連語や主述文において「…は；…が」にあたる，話題の部分を主語，「…する；…だ」にあたる，話題に対する説明の部分を述語という（⇨32）。中国語では，主語は動作行為の送り手（行為者）とは限らず，主語が受け手であったり，送り手でも受け手でもなく，動作行為に関わる時間，場所であったり，さらに場所でも時間でもなく，それに関与する事物や，用いる道具などであったり，すべて話し手が話題として提示したものが主語になり得る（⇨例文は20）。主述の関係は「行為者＋行為」に限ることなく，「話題＋説明」と見るべきである。「話題＋説明」を「陳述の対象＋陳述」ともいう。

呂叔湘によると，中国語は，連語の内部では語順をあまり変えられないが，文の内部では語順が比較的自由だとして，次の例を示している（《汉语语法分析问题》）。

■1 我没有看第一本。Wǒ méiyou kàn dìyī běn.（私は第 1 冊を読んでいない）
■2 第一本我没有看。Dìyī běn wǒ méiyou kàn.（第 1 冊は私は読んでいない）
■3 我第一本没有看。Wǒ dìyī běn méiyou kàn.（私は第 1 冊は読んでいない）

　呂叔湘は，このように，文はその基本的意義を変えることなく，内部の語順を変えられるが，連語でこのようにできるのは少ない，という。また，呂叔湘は，《汉语语法分析问题》のなかで，中国語の主語は，何人かで会議を開くとき，代わる代わる議長になるが，ある人は多く，ある人は少なく，ある人にはいつも番がまわってこないようなものだ，ともいっている（⇨**32**）。

更上一层楼

STEP UP !

　◆主語と述語の関係は，中国語では両者の結合がゆるいのに対し，ヨーロッパ諸言語では，「行為者＋行為」の組み立てで，形式上，主語の文法的な性，数，格に呼応して述語の動詞も語尾変化をする。中国語の主語の位置には名詞や代詞だけでなく，動詞（句）さえ置けるから，文脈に応じ，主語と述語の意味的な関係を読み取ることが重要である。例えば，次の文は文脈によって，さまざまに読める。

　　（i）做事情必须认真。Zuò shìqing bìxū rènzhēn.
　　　（①仕事をするには真剣でなければならぬ　②〔もし〕仕事をするなら真剣でなければならぬ　③仕事をする時は真剣でなければならぬ）

051　述語性の主語

　主述文で，「…は；…が」にあたる，話題の部分が主語，「…する；…だ」にあたる，話題に対する説明の部分が述語になる。

　主語になれる成分は名詞（句）や代詞などの名詞的な語句だけではない。動詞（句），形容詞（句），動賓連語，主述連語などの述語性語句も，主語（＝話題）になれる。

　述語性成分が主語になる場合，英語では不定詞の名詞用法や動名詞 "*-ing*" の形に変えたり，日本語では「…こと；…（も）の」などのように名詞化する必要がある。しかし，中国語では語（句）がその外形を変えることなく，そのまま主語になる。

❶去是应该的。Qù shì yīnggāi de.（行くのは当然だ）

❷干净最重要。Gānjìng zuì zhòngyào.

（きれいな〔清潔な〕ことがもっとも大事だ）

❸学好中文不容易。Xuéhǎo Zhōngwén bù róngyì.

（中国語をマスターするのはたやすくない）

❶は動詞，❷は形容詞，❸は動賓連語がそれぞれ主語になった例である。動詞や形容詞などが事物化され，名詞性の語句に変わったのではなく，なお動詞性，形容詞性を残したまま主語になっている。これは"不去是应该的。"（行かないのは当然だ）のように，"不"で打ち消せることでもわかる（名詞は"不"で打ち消せない）。これらの述語性主語をその後に続く述語との関係で見ると，多くは話題として示された動作行為，状態などに対する，何らかの判断，評価を表すものである。

更上一层楼

◆述語性成分の主語には上に掲げた例のように，"什么"に置き換えられるものと，次に掲げる例のように"怎么样"に置き換えられるものがある。後者は"要是…就…"などの文型を用いて書き換えができる。初級段階で学ぶ述語性主語は前者の範囲である。

（ⅰ）你这样说不行。Nǐ zhèyàng shuō bù xíng.

（君がそんなふうにいうのはいけない）

（ⅱ）短一点儿不好看。Duǎn yìdiǎnr bù hǎokàn.（短かめなのはきれいでない）

052　主語の省略

日本語では，文脈から明らかであれば，反復を避けたり，話しことばで簡潔に表現するため，人称代名詞の主語を省略することはめずらしくない。一方，英語では主として慣用的表現などにのみ人称代名詞の主語の省略が見られる。中国語は，どちらかといえば日本語に近いが，反対に，主語を活用する場面や，主語を省略できない場合がある。

❶（你）干什么去？（Nǐ) gàn shénme qù?（〔君は〕何をしに行くの）

　　——（我）买东西去。（Wǒ) mǎi dōngxi qù.（（〔私は〕買い物に行くの）

② (你)快来吧！ (Nǐ) kuài lái ba!（〔君は〕はやく来て）
③ 您喝点儿茶吧！ Nín hē diǎnr chá ba!（お茶をお飲みになってください）
④ 我想去北京。Wǒ xiǎng qù Běijīng.（私は北京に行きたい）

①は会話での，簡潔なやりとり。②は命令文。命令文では主語を省略し，動詞だけの表現が多い。③は，2人称の敬語"您"を用いて文全体を敬意のこもった表現にした場合。"点儿"や"吧"の使用もソフトな表現を作る。④のような願望の表現では人称代名詞の主語は省略しない。

更上一层楼

STEP UP!　◆賓語が2つある文(二重賓語文)では，ふつう人称代名詞の主語を省略しない。
　(i) 我教你英语吧。Wǒ jiāo nǐ Yīngyǔ ba.（私は君に英語を教えてあげよう）

053　動詞述語と形容詞述語

主述文で，「…は；…が」にあたる，話題の部分が主語，「…する；…だ」にあたる，話題に対する説明の部分が述語になる。述語の位置には述語性の成分だけでなく，名詞性の成分でも一定の条件下で置けるものがある。前者で構成されるのは，動詞述語と形容詞述語である。中国語では形容詞が，英語のように be 動詞の助けを借りずに，そのまま述語として用いられる。

① 今天休息。Jīntiān xiūxi.（今日は休みます）
② 我去。Wǒ qù.（私は行きます）
③ 他学汉语。Tā xué Hànyǔ.（彼は中国語を学ぶ）
④ 他是大夫。Tā shì dàifu.（彼は医者です）
⑤ 外边冷(，里边不冷)。Wàibian lěng (, lǐbian bù lěng).
　（外は寒い〔が，中は寒くない〕）
⑥ 院子里很干净。Yuànzili hěn gānjìng.（庭はきれいだ）
⑦ 院子里干干净净的。Yuànzili gānganjìngjìngde.（庭はさっぱりときれいだ）

①～④は動詞述語の例。動詞には，①のように賓語をとれない自動詞と，②と③のように賓語をとれる他動詞の別がある。②は他動詞が賓語をとらずに用いられた例。これらの動詞に修飾語や補語などを加え，さまざまな動詞述語が組み立てられる。④のような動詞は後に賓語をとらないと述語を構成

できない。5～7は形容詞述語の例。形容詞は，5のような比較，対照の表現においてそのまま述語に用いられる以外は，6のように"很"などの副詞を添えるか，7のように状態形容詞の形式で用いる。さまざまな形式の動詞述語と形容詞述語については以下の項目で詳説する。

更上一层楼

◆自動詞と他動詞の別は，賓語をとるか，とらないか，によるものであり，日本語における自他の別と同じではない。また，1つの動詞が双方に用いられる例もある。例えば，"他笑了。"Tā xiào le.（彼は笑った）の"笑"は自動詞，"大家都笑他。"Dàjiā dōu xiào tā.（みんな彼を笑う→笑いものにする）の"笑"は他動詞である。

◆上に掲げる4のような動詞として，"姓"xìng（…を姓とする）や"当做"dàngzuò（…とみなす）などがある。これらの動詞は否定形に"他不姓李。"Tā bú xìng Lǐ.（彼は李という姓ではない）のように"不"を用い，"没(有)"はあまり用いない，などの特徴がある。

054 名詞性の述語

主述文で，「…は；…が」にあたる，話題の部分が主語，「…する；…だ」にあたる，話題に対する説明の部分が述語になる。述語の位置には述語性の成分だけでなく，名詞性の成分で，名詞，代詞，数詞，数量詞（数量詞連語），"的"連語などは，動詞なしで，そのまま述語として使える場合がある。

1 **明天阴天**。Míngtiān yīntiān.（明日は曇りです）
2 **今天星期二**。Jīntiān xīngqī'èr.（今日は火曜日です）
3 **他北京人**。Tā Běijīngrén.（彼は北京の生まれだ）
4 **喂，您哪儿？** Wèi, nín nǎr?（もしもし，どちら様でしょうか）
5 **现在八点**。Xiànzài bā diǎn.（いま8時です）
6 **我哥哥三十岁**。Wǒ gēge sānshí suì.（私の兄は30歳だ）
7 **您哪个单位的？** Nín nǎge dānwèi de?（どちらの所属の方ですか）

1や2のように名詞だけでそのまま述語になるよりも，3のように「名詞＋名詞」，あるいは「形容詞＋名詞」の修飾連語の形式が多い。4は代詞の例。電話で通話先をたしかめる表現。5と6は「数詞＋量詞」の数量詞，7は

"的"連語が述語になった例。このような，述語が非述語性の成分である文を名詞述語文という。

年月日，曜日，時刻，天候，出身地，年齢などを説明する場合，述語に動詞を欠いた，このような表現をすることが多い。また，次の2例のように，価格や数量などの説明にもこの形式が用いられる。

8 这枝圆珠笔十块钱。Zhè zhī yuánzhūbǐ shí kuài qián.
（このボールペンは10元です）

9 一天二十四小时。Yì tiān èrshisì xiǎoshí.（1日は24時間だ）

この表現は，特に話しことばで日常よく使われる。いずれも述語に動詞"是"を補うことができる。否定形ではこのように"是"を略せないので，動詞は必ず"不是"となる。

更上一层楼

◆名詞性の述語は主語に対して「…は…だ」と簡潔に説明する表現で，前後に修飾語や補語などを置かないが，時刻，年齢などに関しては"他快二十了。"Tā kuài èrshí le.（彼はもうすぐ20歳だ）のように副詞や文末助詞"了"などを加える例もある。

◆名詞性の述語で，ほかに主語の特徴，属性，状況などを描写する表現がある。多くは，述語の名詞句が形容詞あるいは数量詞と名詞との修飾連語になっている。ガイドラインでは初級の範囲外としている。

(i) 他黄头发。Tā huáng tóufa.（彼は茶髪だ）

(ii) 这张桌子三条腿。Zhè zhāng zhuōzi sān tiáo tuǐ.（このテーブルは3本足だ）

055　動詞と賓語の関係

動詞の後に置かれてその動作行為に関連する事物を賓語（目的語）という。「動詞+賓語」の結びつき方は，以下の例のように多種多様である。

1 吃面包 chī miànbāo（パンを食べる）　喝咖啡 hē kāfēi（コーヒーを飲む）
2 做菜 zuò cài（料理を作る）　写信 xiě xìn（手紙を書く）
3 去上海 qù Shànghǎi（上海に行く）　进教室 jìn jiàoshì（教室に入る）
4 有人 yǒu rén（人がいる）　下雨 xià yǔ（雨が降る）

5 是学生 shì xuésheng（学生だ）　　　姓王 xìng Wáng（姓を王という）

　それぞれ□の部分が賓語である。**1**では賓語が動作行為の受け手となっている。**2**では「作るという行為の結果，料理ができる」というように，賓語は動作行為により生み出された成果である。**3**の賓語は動作行為の場所（帰着点）を表している。

　一方，動詞は動作行為を表すものとは限らない。**4**の"有人"では賓語"人"は存在するものを表し，"下雨"では賓語"雨"は出現するものを表している。**5**では"是"や"姓"によって主語との関係や主語の属性を示している。ほかに，名詞性の賓語としては，"买一本" mǎi yì běn（1冊買う），"吃一个" chī yí ge（1つ食べる）など，対象の数量を示す例（数量賓語）を加え，ガイドラインの範囲とする。"吃大碗" chī dàwǎn（どんぶりで食べる），"写黑板" xiě hēibǎn（黒板に書く）のような，賓語が動作行為に用いる道具や手段を表す例（⇨ 23, 56）は，ガイドラインでは個別の慣用句としてあつかう。

更上一层楼

◆動詞と賓語の意味的なつながりを，文法的な視点も加えて分類した例として，孟琮らの《动词用法词典》では名詞性の賓語を次の14類に分けている。

①受事宾语："钓鱼" diào yú（魚を釣る）
②结果宾语："包饺子" bāo jiǎozi（ギョーザを作る）
③对象宾语："喜欢孩子" xǐhuan háizi（子どもを好む）
④工具宾语："盛大碗" chéng dàwǎn（どんぶりに盛る）
⑤方式宾语："写仿宋体" xiě fǎngsòngtǐ（宋朝体で書く）
⑥处所宾语："来北京" lái Běijīng（北京に来る）
⑦时间宾语："熬夜" áo yè（徹夜する）
⑧目的宾语："考研究生" kǎo yánjiūshēng（大学院を受験する）
⑨原因宾语："避雨" bì yǔ（雨宿りする）
⑩致使宾语："热菜" rè cài（料理を温める）
⑪施事宾语："下雨了" xià yǔ le（雨が降った）
⑫同源宾语："走路" zǒu lù（道を歩く）
⑬等同宾语："当工会主席" dāng gōnghuì zhǔxí（組合の議長になる）
⑭杂类："打官司" dǎ guānsi（訴訟を起こす）

［注］なお，"按电铃" àn diànlíng（ベルを押す→「受事宾语＋处所宾语」）のように，複数の類に属す例もある，としている。

056　「動詞＋賓語」の慣用句

前項 55 の 更上一层楼 に掲げる「動詞＋賓語」のさまざまな関係 14 類において，末項⑭には動賓の意味関係を一般化（類型化）しにくい，個別的な例が含まれている。この類の慣用句には，ガイドラインで初級段階の学習語彙とする，日常よく使われる例もある。多くは字面上の意味から離れた慣用句になっている。

❶开夜车 kāi yèchē（徹夜する）
❷闯红灯 chuǎng hóngdēng（赤信号を突っ走る）
❸开玩笑 kāi wánxiào（冗談をいう；からかう）

❶は，「夜汽車を走らせる」から「深夜に勉強や仕事をする」意味に転じたもの。❷は「制度やルールなどの制限を無視し，してはならぬことをする」意味で使われる。

更上一层楼

◆ "开夜车" や "闯红灯" のような本義から転じ，比喩的な意味合いで用いられる慣用句を，中国では "惯用语" guànyòngyǔ と呼び，それらを集めた辞典も種類が多い。

　一般的にも，中国語では「動詞＋賓語」の組み合わせを活用した，新しい表現が生まれやすい。例えば，"洗澡" xǐ zǎo（入浴する）から派生したと思われる "洗温泉" xǐ wēnquán（温泉に入る）など。

057　賓語のない動詞述語文

動詞には，その後に賓語をとれない自動詞と，賓語をとれる他動詞の別がある。また，自動詞と他動詞の双方に用いる動詞もある。なかには，後に賓語をとらないと述語を構成できない動詞もある（⇨**58**）。

文脈によっては，賓語をとる動詞（他動詞）がいつでも賓語をとるとは限らない。

❶他去〔天津〕。Tā qù〔Tiānjīn〕.（彼は〔天津に〕行きます）

② 我看见(他)了。Wǒ kànjian (tā) le.（私は〔彼を〕見かけました）
③ 休息休息！Xiūxixiuxi!（ちょっと休憩しよう）
④ 他醒过来了。Tā xǐngguòlai le.（彼は意識がもどった）

① ，② の動詞は問いに対する答えのような文脈であれば，かっこ内の賓語を略すであろうが，もともと賓語をとれる他動詞である。③ ，④ はいずれも自動詞。③ は動詞が重ね型になっている。④ は方向補語 "过来" guòlai（正常な状態になる）をともなっている。この2つの動詞はどんな形式にしても賓語をとることはない。

賓語をとることのない自動詞の例として，ほかに "病" bìng（病気になる），"躺" tǎng（横たわる），"飞" fēi（飛ぶ），"游泳" yóuyǒng（泳ぐ），"合作" hézuò（協力する）などがある。ただし，自動詞が賓語をとらないといっても，意味上，その動作行為の対象が存在し得ないのではなく，"跟他合作" gēn tā hézuò（彼と協力する）のように，介詞句を動詞に前置させて対象を示す例もある。

更上一层楼

◆自動詞と他動詞の双方に用いる動詞は，それぞれの表す意味が同じでない。
(ⅰ) 他哭了。Tā kū le.（彼は泣いた）
　　他哭他奶奶。Tā kū tā nǎinai.（彼はおばあさんをしのんで泣く）
(ⅱ) 他哈哈大笑了。Tā hāhā dà xiào le.（彼はワハハと大笑いした）
　　你别笑我。Nǐ bié xiào wǒ.（私のことを笑わないで）
(ⅲ) 他气得睡不着觉。Tā qìde shuìbuzháo jiào.（彼は腹が立って眠れなかった）
　　故意气了他一下。Gùyì qìle tā yíxià.（わざと彼をおこらせてみた）

最後の例では，自動詞が賓語をとった結果，使役の意味が生じている。"饿他一天" è tā yì tiān（彼に1日ひもじい思いをさせる）の例のように，形容詞が賓語をとった場合も使役の意味が生じる。

058　賓語のある動詞述語文

動詞には，その後に賓語をとれない自動詞と，賓語をとれる他動詞の別がある。

賓語をとれる動詞（他動詞）でも賓語をとるとは限らない（⇒57）が，一方，後に賓語をとらないと述語を構成できない動詞もある。また，動詞に

よって賓語が1つだけであったり，2つであったり，さらに，賓語に名詞性の成分だけでなく，述語性の成分もとれる動詞があったり，述語性の成分しかとれない動詞もある（⇨63）。

1 我姓[李]，叫[李大海]。Wǒ xìng [Lǐ], jiào [Lǐ Dàhǎi].
（私は李という姓で，李大海といいます）

2 我们都叫[他] [小李]。Wǒmen dōu jiào [tā] [Xiǎo Lǐ].
（私たちはみな彼を李君と呼ぶ）

3 他告诉了[我]（[一件事]）。Tā gàosule [wǒ]（[yí jiàn shì]）.
（彼は私に〔あることを〕知らせた）

4 我教[他] [汉语]。Wǒ jiāo [tā] [Hànyǔ].（私は彼に中国語を教える）

5 我喜欢[画画儿]。Wǒ xǐhuan [huà huàr].（私は絵を描くのが好きだ）

□で囲んだ部分が賓語。**1**は賓語をとらないと述語を構成できない動詞の例。動詞"是"もこれと同類。**2**～**4**は賓語が「間接賓語＋直接賓語」と並んで2つある例（⇨64）。**2**は2つの賓語がそろわないと成立しない動詞の例。**3**は賓語が間接賓語だけで成立する動詞の例。間接賓語を欠くことはできないが，かっこ内の直接賓語はなくてもよい（⇨64）。**4**は2つの賓語のどちらか一方だけでも成立する動詞の例。**5**は賓語が述語性の動詞句（動賓連語）である例（⇨63, 65）。

更上一层楼

◆朱德熙が《语法讲义》で，対称性動詞と名付ける"结婚"jiéhūn（結婚する），"见面"jiànmiàn（顔を合わせる），"握手"wòshǒu（握手する），などの動詞は，それらの行為の対象（相手方）を示す場合，介詞"跟"などによって，例えば"跟她结婚"gēn tā jiéhūn（彼女と結婚する）のように表さなければならない。これらの動詞は，すべて相手の必要な行為であり，相手から見ても同じことをする意味である。語構成はすでに「動詞＋賓語」の組み立てになっているため，後に賓語を置けない。

類似の例として対称性の説明はしにくいが，動詞"说"も，話の相手は"跟你说"gēn nǐ shuō（君に話す）と介詞句で示す。"说你"では「君のことを話す」，あるいは「君を叱る」と別の意味になってしまう。"商量"shāngliang（相談する）も同様である。

また，"问"と"打听"はともに「尋ねる」意味であるが，「君に尋ねる」

を"问你"wèn nǐ といえても，"打听你"dǎtīng nǐ とはいえず，"跟你打听"としなければならない。二重賓語の組み立てにすると，"问你一件事"wèn nǐ yí jiàn shì（君にあることを尋ねる）は成立するが，"打听你一件事"dǎtīng nǐ yí jiàn shì は成立しない。後者の例を可とする文法書（徐枢《宾语和补语》など）もあるが，ガイドラインではあつかわない。

059　動詞"是"を用いる文

　単語の使用頻度ベスト・テンに入る動詞は3語で，順位は"是"，"在"，"有"と並ぶ。なかでも，"是"shì は5本の指に入るほどである。「…は…だ」と，主語について肯定の判断を下すには，"A是B"（AはBだ）の組み立てで表す。動詞"是"の後に置く賓語が名詞(句)の場合，"是"を略す例がある（⇨**54**）。

❶李先生是汉语老师。Lǐ xiānsheng shì Hànyǔ lǎoshī.
　（李さんは中国語の先生だ）
❷他不是高中生。Tā bú shì gāozhōngshēng.（彼は高校生ではない）
❸昨天是我的生日。Zuótiān shì wǒ de shēngrì.（昨日は私の誕生日だった）
❹大的是五块，小的是两块。Dà de shì wǔ kuài, xiǎo de shì liǎng kuài.
　（大きいのは5元で，小さいのは2元です）
❺这词典是好，我也买一本。Zhè cídiǎn shì hǎo, wǒ yě mǎi yì běn.
　（この辞典はたしかによい，私も1冊買います）
❻他是骑自行车来的。Tā shì qí zìxíngchē lái de.（彼は自転車で来たのです）

　動詞"是"に前置される主語と後置される賓語の関係はイコール，ないしは相応するものばかりでない。**❹**のように説明や解釈の関係になる場合は相応しない。この点，日本語の「ボクはウナギだ」（料理を注文する場合）という表現と同様に"我是饺子。"Wǒ shì jiǎozi.（私はギョーザだ）も，"是"を用いて成立し得る（食べた物を話す場合）。**❷**では動詞"是"は必ず"不"bù で打ち消すことを示す。**❸**のように過去のことでも，"是"はそのまま用いる。**❺**の前半は形容詞述語文"这词典好"としても成立するが，このように形容詞述語や動詞述語に"是"が加わることで，肯定の気持ちを強調することができる。この"是"は強く発音される。**❻**は"…是…的"の組み立て

で，この文型はすでに発生あるいは実現していることに対し，発生の時間，場所，方式，条件…などを説明する表現になる（⇨**240**）。この例では「来た」ことを前提に，「自転車で」という手段が強調されている。この文型は，"这是买的，不是借的。"Zhè shì mǎi de, bú shì jiè de.（これは買ったもので，借りたものではない）のような，動詞"是"の後に"的"連語（⇨**27**）を置く組み立てとは異なる。

更上一层楼

◆動詞"是"は後に賓語をとる例が一般的だが，"是…吗?""是不是…?"という問いに対しては，賓語をともなうことなく，当然"是"だけで答えることができる。

　（ⅰ）(您是老师吗？)（Nín shì lǎoshī ma?）
　　　——我是。您是吗？ Wǒ shì. Nín shì ma?
　　（あなたは先生ですか——そうです。あなたはそうですか）

応答の場合にも，命令や要求に対し"是"，あるいは連用して"是，是。"と答えることがある。「かしこまりました」といった服従の感じに聞こえる。

◆動詞"是"を用いる文で，"是"の前後に同じ語句を置き，「…は…であるが」と，"虽然"suīrán（…ではあるけれども）の意味を表し，次の文に"可是"kěshì（しかし）など，逆接の接続詞が呼応する組み立てがある。

　（ⅱ）**东西好是好，可是价钱太贵**。Dōngxi hǎo shì hǎo, kěshì jiàqian tài guì.
　　（品がよいことはよいのだが，値段が高すぎる）

同様に"是"を用いる文で，場所名詞や方位名詞を主語とし，その場所が動詞"是"の後の賓語が示す人あるいは物で占められている，という意味を表す形式がある。

　（ⅲ）**桌子上是书**。Zhuōzishang shì shū.（机の上は本ばかりだ）

"是"を用いた文で存在を表しているが，"桌子上有书。"（机の上に本がある）とは意味が異なる。

◆"…是…的"の組み立てになる文型で，"是"の後に動賓連語が置かれた場合，話しことばでは，動賓の賓語の部分を切り離し，"的"の後に移すことが少なくない（⇨**240**）。

　（ⅳ）**我是在高中学的汉语**。Wǒ shì zài gāozhōng xué de Hànyǔ.
　　（私は高校で中国語を学んだのです）

◆"…是…的"の文型が，主語に対する話し手の説明や描写を強調した「…は…なのだ」という表現に用いられることがある。例えば，"他很聪明。"Tā hěn cōngming.（彼は賢い）を"他是很聪明的。"といえば，「彼は賢いのだ」と，

見解を説明する語気になる。

　　[注] 本項目冒頭にふれた単語の使用頻度順位は，小中学校の国語教科書を調査した《常用字和常用词》（北京语言学院）の統計による。

060　動詞"在"を用いる文

　単語の使用頻度ベスト・テンに入る動詞は3語で，順位は"是"，"在"，"有"と並ぶ。

　"在"zài は「存在する」という意味で，後に賓語を置かずに使うこともあるが，ふつうは，話題とされる物や人がどこにあるか／いるか，という組み立てで用いられる。

　「物・人」+"在"+場所」（□は…にある／いる）という文型で，場所を表す語句が"在"の賓語になる。（⇨ **119, 120**）

❶李先生在吗？ Lǐ xiānsheng zài ma?（李さんはいますか）
　——在，请进。Zài, qǐng jìn.（おります，お入りください）
❷他不在家。Tā bú zài jiā.（彼は家にいない；彼は留守です）
❸你的眼镜在这儿。Nǐ de yǎnjìng zài zhèr.（君の眼鏡はここにあります）
❹银行在哪儿？ Yínháng zài nǎr?（銀行はどこですか）

　❶の対話で，"在不在？"と尋ねることもできる。もし不在なら"不在"という応答になる。"在"の否定にはふつう"不"bù を用いる。ただし，❷の場合，"没在家。"Méi zài jiā. ともいう。❹は場所を問う疑問詞"哪儿"を使った疑問文。日本語では「…はどこにありますか」の意味で「…はどこですか」ということが多い。日本語を直訳し，×"银行是哪儿？"と訳してはいけない。

更上一层楼

◆動詞"在"は"是"と同じように，動作態助詞の"了"をともなうことがない。そのため，「彼はいま北京にいる」でも，「彼は去年北京にいた」でも，"他现在／去年在北京。" Tā xiànzài／qùnián zài Běijīng. のように"在"だけでよい。"不在了"という慣用表現は「亡くなった」の意味で用いる。これに対応する"在了"という表現はない。

061 | 動詞"有"を用いる文

単語の使用頻度ベスト・テンに入る動詞は3語で，順位は"是","在","有"と並ぶ。

動詞"有"yǒu が"是","在"と文法的に大きく異なる点は，"有"の否定形は"没有"で，"不"を打ち消しに使わないことである。後に賓語を置く場合は，"没有"を"没"と略し，例えば"没有钱"méi yǒu qián（お金がない）を"没钱"ということができる。

動詞"有"を用いる文には「持っている」と所有を表す場合と，「ある；いる」と存在を表す場合がある。ふつう前者は人や物が主語の位置を占め，後者は場所や時間が主語の位置を占める。時には主語を欠くこともある。後者は存在文と呼ばれ（⇨74），「主語（場所・時間）+"有"（+数量）+ 賓語（存在する物）」という組み立てになる。「場所・時間」は場所名詞，方位名詞，時間名詞，代詞である。

❶我有一台电脑。Wǒ yǒu yì tái diànnǎo.（私はパソコンを1台持っている）
❷这个工作很有意义。Zhège gōngzuò hěn yǒu yìyì.
　（この仕事は大いに意義がある）
❸这儿有人吗？Zhèr yǒu rén ma?
　（ここには人がいますか〔＝空いていますか〕）
❹明天有汉语课。Míngtiān yǒu Hànyǔ kè.（明日は中国語の授業がある）
❺这几年有了很大的变化。Zhè jǐ nián yǒule hěn dà de biànhuà.
　（この数年，かなり大きな変化があった）
❻一个星期有七天。Yí ge xīngqī yǒu qī tiān.（1週間は7日ある）

❶と❷は所有の表現で，「所有者・事物+"有"+ 物・人 」（…は□を持っている／有する）という組み立てになる。❷は❶と異なり，賓語には多く抽象的な意味の名詞があてられ，主語について属性を表す表現となっている。"没(有)问题"méi (yǒu) wèntí（問題ない；大丈夫）のように熟語化している例も多い。この場合，"有"に程度副詞の修飾語を加えることができる。❸以下は存在の表現で，「場所・時間+"有"+ 物・人 」（…に□がある／いる）という組み立てになる。❺は，新たな状況の発生を述べる。❻は，賓語が数量詞で，主語とはイコールの関係になる。動詞を"是"にしても大きな

意味は変わらない。

更上一层楼

STEP UP!

◆動詞"有"を用いる文には，以上の所有，存在の表現以外に，数量や程度が一定の度合いに「到達」していることを表す場合がある。

(i) **来了有一百个学生**。Láile yǒu yìbǎi ge xuésheng.（100人もの学生が来た）

(ii) **这条鱼有四斤(重)**。Zhè tiáo yú yǒu sì jīn (zhòng).

（この魚は〔重さが〕4斤もある）

この2例は，"有"を省いても，ふつうの数量表現として成立する。(ii)の賓語は「数量詞＋形容詞」の修飾連語である。この用法の否定形は"没有"を使い，比較の表現で"今天没有昨天〔那么〕冷。"Jīntiān méi yǒu zuótiān〔nàme〕lěng.（今日は昨日ほど寒くない）のように用いられる（⇨**80**）。

動詞"有"を用いる文として，このほかに連動文の第一の成分における動詞句に"有"が使われる場合がある。そのうちの1つは，いわゆる兼語文である（⇨**71**, **72**）。

062 "有"と"在"

動詞の"有"yǒuと"在"zàiはどちらも「いる；ある」と訳すことがあるため，用法を誤りやすい。両者の組み立ては次のようにちょうど対称的になっている。

「場所＋"有"＋ (不特定の) 物・人 」（…に □ がある／いる）

「 (特定の) 物・人 ＋"在"＋場所」（□ が…にある／いる）

1 这儿有一本词典。Zhèr yǒu yì běn cídiǎn.（ここに1冊の辞典がある）

2 我有一本词典。Wǒ yǒu yì běn cídiǎn.

（私には1冊辞典がある；私は辞典を1冊持っている）

3 你的词典在这儿。Nǐ de cídiǎn zài zhèr.（君の辞典はここにある）

4 这儿有厕所吗？ Zhèr yǒu cèsuǒ ma?（ここにはトイレはありますか）

——**这儿没有厕所**。Zhèr méi yǒu cèsuǒ.（ここにはトイレはありません）

5 厕所在哪儿？ Cèsuǒ zài nǎr?（トイレはどこですか）

——**厕所在那儿**。Cèsuǒ zài nàr.（トイレはあそこにあります）

1の主語を"我"wǒ（私）にすると**2**になる。**1**を動詞"在"を用いて，

"一本词典在这儿。"と裏返しにすることはできない。"在"の主語は特定の物や人に限られるからである。「特定」とは「例の…；あの…；誰の…」と限定できるということで，**3**は"你的"nǐ de がついている。一方，「不特定」の場合には**1**と**2**の"一本"yì běn のように数量詞が修飾語としてつくことが多い。双方の構文は，組み立ては日本語の語順と同じで，場所を示す語句が文頭の主語ならば動詞は"有"，物や人が文頭の主語ならば動詞は"在"になる。

"有"は「その物や人があるか（いるか）どうか」という「存在」を述べ，"在"は「ある物や人がどこにあるか（いるか）」という「所在」について述べる。**4**は質問者はトイレがあるかどうかわからなくて尋ねた場合，**5**はトイレがあると知っていて（思っていて）その場所を尋ねた場合になる。

更上一层楼

STEP UP!

◆"这儿有人。"の"人"は聞き手にとって誰と分からない人で，誰かがここにいる，という表現であり（"人"は不特定），"人在这儿。"は聞き手も誰とわかっている人で，その人がここにいる，という表現になる（"人"は特定）。"我在这儿。"は"我"が特定の人であり，"这儿有我。"ということはできない。実は，この文も成立する場面があるのだが，「ここに私がいます」ということではなく，"有我呢。"（私が〔付いて〕いるから〔大丈夫〕）という意味になる。

◆特定，不特定が文脈から定まる例も少なくない。例えば，"一本词典在这儿。"の"一本词典"にはいわば不特定の標識として数量詞がついているが，もし辞書が話題として語られている場面で，提示された辞書のうちの1冊について「その1冊はここにある」というのであれば成立するであろう。

063 助動詞を用いる文

動詞の後に賓語を置く場合，その多くは名詞性の語句であるが，動詞のなかには，動詞性の語句だけを賓語として置くものがある。このような動詞(句)しか賓語にとれない動詞を助動詞と呼んでいる。助動詞には可能，願望などを表すものが多いので，能願動詞と呼ぶこともある（助動詞⇨**173**～**177**）。

助動詞を用いた文の組み立ては，「(主語)＋助動詞＋動詞(句)」となり，助動詞と動詞(句)は動賓連語になる。

❶我想喝咖啡。Wǒ xiǎng hē kāfēi.（私はコーヒーを飲みたい）
❷你不可以来。Nǐ bù kěyǐ lái.（君は来てはいけません）
❸你可以不来。Nǐ kěyǐ bù lái.（君は来なくてもかまいません）
❹你明天能不能来？ Nǐ míngtiān néng bu néng lái?（君は明日来られますか）

❶では"喝咖啡"（コーヒーを飲む）という動詞句を，❷，❹では動詞"来"を，それぞれ賓語としている。❸は"可以"（…してさしつかえない）の賓語に動詞の否定形"不来"が使われている。これに対し❷は助動詞が否定形で使われているもので，"不"の位置による意味の違いに注意が必要。❹の"能不能"のように，助動詞は「肯定＋否定」の疑問文を組み立てることができる。×"能来不来？"は誤り。

更上一层楼

◆助動詞には，可能，願望のほか，意志，義務，当然，可能性などを表すものがある。なかには，"我想孩子。"Wǒ xiǎng háizi.（私は子どものことを気にかけている）のように，後に名詞性の賓語を置けるものもあるが，これは"想"が動詞として使われた例で，助動詞のなかに一般動詞との兼類になるものがあることがわかる。助動詞は単用することもあり，「肯定＋否定」の疑問文も組み立てられるが，重ね型は作れず，動作態助詞の"了、着、过"をとれないなど，ふつうの動詞とは異なるところもある。

なお，"希望"（希望する），"喜欢"（好む）などのように，助動詞（能願動詞）と同様の文の組み立てをする動詞がある。しかし，"我希望下雨。"Wǒ xīwàng xià yǔ.（私は雨が降ってほしい），"我喜欢下雨。"Wǒ xǐhuan xià yǔ.（私は雨が降るのが好きだ）などの文では，"下雨"の主体が"我"ではないことからしても助動詞の用法とは合致しない。しかし，"我喜欢来。"（私は来るのが好きだ）の文における"喜欢"は助動詞の用法であり，"喜欢"は動詞との兼類になることがわかる。

64 賓語が2つある文（二重目的語の構文）

動詞のなかには，「…に…を…する」のように，「…に」（間接賓語）と「…を」（直接賓語）の2つの賓語をとれるものがある。「動詞＋人（行為の対象者）＋事物」という語順になる。

❶我教他英语。Wǒ jiāo tā Yīngyǔ.（私は彼に英語を教える）
❷我问他一个问题。Wǒ wèn tā yí ge wèntí.（私は彼に問題を１つたずねる）
❸我告诉你一件事。Wǒ gàosu nǐ yí jiàn shì.
（私は君にある〔１つの〕ことを告げる）

❶の例で，例えば"教他"（彼に教える）／"教英语"（英語を教える）のように賓語がどちらか１つだけでもいえる。❷も同様であるが，❸の動詞"告诉"は人（対象者）を表す賓語を省略できない。したがって，"告诉你"（あなたに告げる）とはいえるが，"告诉一件事"とはいえない。

このような，同時に賓語を２つとれる動詞は数が限られている。動詞によっては賓語を２つ並べずに，対象者を次の例のように介詞連語で示す。

❹我跟他打听一件事。Wǒ gēn tā dǎtīng yí jiàn shì.
（私は彼に１つのことをたずねる）

更上一层楼

◆動詞に対して賓語を２つ並べる場合，「動詞＋間接賓語(人)＋直接賓語(事物)」の語順となり，英語の二重目的語の構文と同じである。

賓語を２つとる動詞には，次の(i)〜(v)のような例がある。
(i)我卖他一所房子。Wǒ mài tā yì suǒ fángzi.（私は彼に家を１軒売る）
(ii)我给他一本书。Wǒ gěi tā yì běn shū.（私は彼に本を１冊あげる）
(iii)我买了他一所房子。Wǒ mǎile tā yì suǒ fángzi.（私は彼から家を１軒買った）
(iv)我借他一本书。Wǒ jiè tā yì běn shū.
（私は彼に本を１冊貸す；私は彼から本を１冊借りる）
(v)我们叫他老李。Wǒmen jiào tā Lǎo Lǐ.（私たちは彼をリーさんと呼ぶ）

(i)と(ii)は授与を表す動詞で，"给"以外は動詞の後にさらに"给"を加える場合もある（"我卖给他一所房子。"）。ふつう直接賓語には数量詞を加える。それ自身に授与の意味がない動詞でも，"写给他一封信。"（彼に手紙を１通書く）のように，事柄自体に授与の意味が生じれば２つの賓語が並ぶこともある。(iii)は取得を表す動詞で，ふつう直接賓語には数量詞を加える。(iv)は授与と取得の双方向を表す動詞で，文脈によってどちらかの意味になる。(v)は間接賓語と直接賓語の指し示すものがイコールの関係になる動詞を用いた例である。

065 賓語に主述連語を用いる文

　他動詞には，その後に名詞性語句の賓語のほか，述語性語句の賓語も置けるものがある。単語だけでなく連語もそのまま賓語となるが，連語を賓語にとる動詞は限られている。主述連語の場合には心理活動や知覚を表す動詞が多い。

1 我想|他还不知道这件事|。Wǒ xiǎng |tā hái bù zhīdào zhè jiàn shì|.
　（私は彼はまだこのことを知らないと思う）
2 我觉得|他做的菜最好吃|。Wǒ juéde |tā zuò de cài zuì hǎochī|.
　（私は彼が作る料理が一番おいしいと思う）
3 我不知道|他几点来|。Wǒ bù zhīdào |tā jǐ diǎn lái|.
　（私は彼が何時に来るのか知らない）

　□が賓語。**1** "想"には「…したい」という，動賓連語を賓語とする助動詞用法もあるが，ここでは「…と思う；…と考える」という意味の動詞。**2** "觉得"は「…と感じる；…と思う」という動詞。"知道"は**3**では主述連語を賓語とする動詞として使われているが，**1**では賓語となる"他"以下の主述連語のなかで"这件事"（このこと）という名詞性成分を賓語にしている。

　賓語となる主述連語には**1**のように否定文や，**3**のように疑問文も用いられる。ただし，疑問詞疑問文，反復疑問文，選択疑問文はよいが，"…吗"でたずねる当否疑問文は使えない。

更上一层楼

◆主述連語を賓語にとりやすい動詞には，次のような例がある。これらには，名詞性の語句も賓語にとれるもの（"相信"など）と，とれないもの（"希望"など）がある。
"说、想、看、听、觉得、认为、记得、忘、知道、相信、认识、希望、反对、同意…"。

066 述語に主述連語を用いる文

　主述連語とは，主語を前に，述語を後にして２つの成分（語句）の結ばれた

連語をいう。主述連語がそのまま述語になることは，中国語においては際立った現象である。それは，主語が動作行為の送り手（行為者）とは限らず，その受け手であったり，時間・場所であったり，また関与する事物であったり，すべて話し手の提示した話題であることに由来する。例えば"那个地方我没去过。"Nàge dìfang wǒ méi qùguo.（あそこは私は行ったことがない）のように，文頭に話題として示された語句が動作行為の送り手（行為者）でない場合，その後に送り手が示されやすく，述語は必然的に主述連語となる。

　主述連語を述語とした主述述語の組み立ては，文頭の主語（第一の主述連語における主語）を大主語とすると，その後に続く述語が「主語＋述語」（第二の主述連語）の構成で，大主語に対し，いわば小主語と小述語になる。以下の例示ではそれらの成分間の関係にもとづいて説明する。

1①我肚子疼。Wǒ dùzi téng.（私はおなかが痛い）
　②他力气可大了。Tā lìqi kě dà le.（彼は力がとても強い）
2①我报纸看完了。Wǒ bàozhǐ kànwán le.（私は新聞は読み終えた）
　②报纸我看完了。Bàozhǐ wǒ kànwán le.（新聞は私は読み終えた）
3①他什么都知道。Tā shénme dōu zhīdào.（彼は何でも知っている）
　②再大的困难我们也不怕。Zài dà de kùnnan wǒmen yě bú pà.
　　（もっと大きな困難でも我々は恐れない）
4他一只手牵着一个孩子。Tā yì zhī shǒu qiānzhe yí ge háizi.
　　（彼は片方の手は／手で子どもの手をひいている）

1は日本語の文法で取り上げられる「ゾウは鼻が長い」という文に似ている。大主語と小主語の間に，意味上，領属関係，あるいは全体に対する部分の関係がある。②は"他(的)力气可大了。"の組み立てにとると，修飾連語が主語で，述語が"可大了"となり，主述述語ではなくなってしまう。もし，大主語の後にポーズが置かれたり，"他呀，力气可大了。"のように文末助詞が加わると，主述述語であることがはっきりする。"可…了"は感嘆の表現。**2**は小述語が動詞性の語句で，大主語と小主語の間に，意味上，動作行為の送り手と受け手の関係がある。①は大主語が送り手，小主語が受け手，②はその反対である。**3**の①は，小主語がすべてを総括する意味を有する場合，それが受け手となる組み立てで，賓語が後から前に倒置されたと誤認しそうだが，"他都知道什么？"という語順では「彼は何を知っているというのか」

と反語文になってしまう。②も大主語を賓語の倒置と見ることはできない。
4は呂叔湘が《汉语语法分析问题》において主述述語として認めるかどうか迷う，とする例。「片方の手は」と読めば主述述語だが，「片方の手で」と読めば主述述語ではない。

更上一层楼

◆主述連語が述語になる場合，大主語あるいは小主語が述語性の語句でもよいが，このような例では主述連語が主語になる場合とまぎらわしい。(i)の①では"他"の後にポーズを置き，述語が主述連語とわかるが，②では"他去"の後にポーズを置くことになり，主語が主述連語である。

　(i)①他说话很快。Tā shuō huà hěn kuài.（彼は話をするのがはやい）
　　②他去很合适。Tā qù hěn héshì.（彼が行くのが適切だ）

◆文頭に名詞性の成分がいくつも並ぶ場合，そのいずれもが主語になり得ると，主述連語が何重にも層をなして存在することになり，主述述語の範囲を拡大しすぎるという意見が強い。呂叔湘は次のような主語になり得る成分がいくつも並ぶ例を挙げ，述語の前に置かれた成分がすべて主語である必要はなく，主述述語の範囲を狭めるよう主張している。

　(ii) 这事儿 我 现在 脑子里 一点印象 也没有了。
　　　Zhè shìr wǒ xiànzài nǎozili yìdiǎn yìnxiàng yě méi yǒu le.
　（このことは，私はいま頭の中に少しの印象もなくなってしまった）

0 6 7　連続する動作行為や状況の並ぶ連動文

　1つの主語に対する述語のなかに，動詞または動賓連語などの動詞性語句が2つ以上，連続して組み立てられた文を連動文という。

　連動文は，述語の，2つ以上連続する動詞性語句の表す意味関係によって類別する。

　その1つに，第一の成分と，それに続く第二の成分以下が，動作行為あるいは状況などの発生する順序に並ぶ組み立てがある。

1 我们 花点儿钱 做一套西服 送他 吧！
　　Wǒmen huā diǎnr qián zuò yí tào xīfú sòng tā ba!
　（私たちは少しお金を使ってスーツを1着作り彼にプレゼントしよう）

2 你快打开书 看看！ Nǐ kuài dǎkāi shū kànkan !
　（君ははやく本を開いて見てごらん）
3 他来(我家) 吃饭。Tā lái (wǒ jiā) chī fàn .
　（彼は〔私の家に〕来て食事する）

　1「金を使う→作る→贈る」，2「本を開く→見てみる」というように，基本的に時間の順にそって並んでいる。ふつうは，動詞1＋賓語a＋動詞2＋賓語b…という順に並べるが，最後の動詞は賓語がなくてもよい。第一の成分となる動詞性語句は一般に賓語を必要とするが，3のように動詞が"来、去"の場合など条件によっては賓語がないこともある。なお，3は「私の家に食事をしに来る」のように第二の成分を目的を表すものとしても訳せる。（⇨ 68, 69）

更上一層楼

◆2つ以上連続して並んだ，それぞれの動詞性語句が表す動作行為には発生する順序があり，その配列を変えることはできない。

◆第一の成分が動詞だけで賓語を置かない例には，"来、去"以外に，動詞が動作態助詞"了、着、过"をともなった場合がある。連続する動作行為や状況を述べる場合の例としては，"煮了吃" zhǔle chī （ゆでて〔から〕食べる）などが挙げられる。

068　一方の成分が目的を示す連動文

　1つの主語に対する述語のなかに，動詞または動賓連語などの動詞性語句が2つ以上，連続して組み立てられた文を連動文という。

　連動文は，述語の，2つ以上連続する動詞性語句の表す意味関係によって類別する。

　その1つに，第一の成分と，それに続く第二の成分のうち，一方の動詞（句）が目的を表す組み立てがある。

1 我 去(超市) 买东西。Wǒ qù (chāoshì) mǎi dōngxi .
　（私は〔スーパーへ〕買い物に行く）
2 他 来(我家) 吃饭。Tā lái (wǒ jiā) chī fàn .
　（彼は〔私の家に〕食事をしに来る）

3 我吃饭 去。Wǒ chī fàn qù.（私は食事をしに行く）

「…しに…（場所）へ来る／行く」という表現は，**1**と**2**のように「"来／去"（＋場所）＋動詞（＋賓語）」という組み立てになる。連動文で第一の成分に"来、去"を用いた場合は，場所を表す賓語を省略できる。したがって，**1**，**2**ではかっこ内の場所を省略し，"去买东西"，"来吃饭"ということができる。

また，「…しに来る／行く」は，**3**のように"来、去"をほかの動詞性語句の後に置き，第二の成分とすることもできる。この場合は"来、去"の後に場所を表す賓語を置くことができない。　○"他吃饭来。"　×"他吃饭来我家。"　○"他来我家吃饭。"

更上一层楼

◆第一の成分に賓語がなく，「"来／去"＋動詞句」の組み立ての場合，「…しに来る／行く」の意味になるが，文脈によっては"来、去"が「(何かをしようと)する」という意欲を示すだけで，省略しても意味に変わりがないことがある。

　(i) **我去看看**。Wǒ qù kànkan.（〔どれどれ〕見てみよう）
　(ii) **我来介绍一下**。Wǒ lái jièshào yíxià.（ちょっとご紹介しましょう）

　これに対し，「動詞句＋"来／去"」の組み立ては，動詞句が"来、去"の目的を表し，「…しに来る／行く」の意味に特定される。

069　第一の成分が動作の方式を示す連動文

1つの主語に対する述語のなかに，動詞または動賓連語などの動詞性語句が2つ以上，連続して組み立てられた文を連動文という。

連動文は，述語の，2つ以上連続する動詞性語句の表す意味関係によって類別する。

その1つに，第一の成分が，第二の成分の表す動作の方式を示す組み立てがある。

1 我坐飞机 去上海。Wǒ zuò fēijī qù Shànghǎi.
　（私は飛行機に乗って上海に行く）

②你戴着手套儿 去! Nǐ dàizhe shǒutàor qù!
（君は手袋をして行きなさい）
③他坐着 喝茶。Tā zuòzhe hē chá.（彼は座ってお茶を飲む）

①は第一の成分である"坐飞机"（飛行機に乗る）が移動の手段を表している。②，③は第一の成分における動詞が状態の持続を表す助詞"着"（…している；…してある）を加え，「…の状態で…する」という文を組み立てている。"戴着手套儿"（手袋をした状態で…）や"坐着"（座った状態で…）は動作の方式を表す。動詞に"着"がついていれば，③のように，第一の成分は賓語をとらないでもよい。

更上一层楼

◆第一の成分が手段や方式を表す場合，動作態助詞"着"を加えた動詞以外に，同じく助詞"了"を加えた動詞が用いられ，意味も大きくは変わらない例がある。

（i）开了窗户睡觉。Kāile chuānghu shuì jiào.（窓をあけて眠る）

この例では，"开着窗户睡觉。"（あけたまま眠る）と意味は実質的に同じである。

また，この例の場合は第一の成分が方式を表すと同時に，第二の成分が結果を表してもいる。"留了喂狗" liúle wèi gǒu（取っておいてイヌに〔えさとして〕与える）は同様の例である。これも"留着喂狗"として意味は大きく変わらない。

なお，このほか"坐着不动" zuòzhe bú dòng（座ったままじっとしている）のように，第一の成分が肯定の形式，第二の成分が否定の形式で，いわば表と裏から説明する連動文がある。意味の関係は，動作行為の順序とも，第一の成分が動作の方式を示すともいえる。

070　"…去"と"去…"（"骑马去"の二義性）

1つの主語に対する述語のなかに，動詞または動賓連語などの動詞性語句が2つ以上，連続して組み立てられた文を連動文という。

連動文で動詞"来、去"は第一の成分にも第二の成分にもなるが，"来、去"が第一の成分の場合は後の動詞句が目的を，"来、去"が第二の成分の場合は前の動詞句が目的あるいは方式，手段を表す。

1 他借书 去。Tā jiè shū qù.（彼は本を借りに行く）
　＝他去 借书 Tā qù jiè shū.
2 他骑自行车 去(图书馆)。Tā qí zìxíngchē qù (túshūguǎn).
（彼は自転車に乗って〔図書館に〕行く）
3 他骑马 去。Tā qí mǎ qù.
（彼は馬に乗って行く；彼は馬に乗りに行く）

1では"借书"（本を借りる）は"去"の目的を表している。また，**2**では"骑自行车"（自転車に乗る）は"去"の手段を表している。**3**の"骑马"（馬に乗る）は"去"の目的とも手段ともとれる。手段であるならば，"骑马去城外"qí mǎ qù chéngwài（馬に乗って郊外へ行く）のように"去"の後に賓語を置くことができる。ただ，**2**ではたとえ"去"に"图书馆"という賓語がなかったとしても，「自転車に乗るために（どこかへ）行く」と目的を表す意味になる場面は限られ，ふつうは「自転車に乗って」と手段を示すはずである。

更上一层楼

◆ "骑马去"は"骑马"が"去"の目的にも，方式，手段にもとれる。一方，"去骑马"は"骑马"が"去"の目的にしかとれない。"骑马去"と"去骑马"はどちらも「馬に乗りに行く」と目的を表すことになるが，使い分けはあるのだろうか。前者は"干什么去？"Gàn shénme qù?（何をしにいくの）という問いに対応する表現で，何をするのか，という話しの場にふさわしい。後者は"去"と"骑马"が行為の発生順に並んだ，と考えるとわかりやすく，"去"の後に必要であれば行き先を賓語として加えることもできる。前者の"骑马去"の前に動詞"去"を置いた"去骑马去"という表現もあるが，これも"去"と"骑马去"が行為の発生順に並んだ（「馬に乗りに」＋「行く」），と考えるとわかりやすい。

○71　第一の成分の動詞が"有"である連動文(1)

　1つの主語に対する述語のなかに，動詞または動賓連語などの動詞性語句が2つ以上，連続して組み立てられた文を連動文という。
　連動文の第一の成分である動詞句における動詞が"有"の場合，その賓語

が具象名詞で物を表し，第二の成分である動詞の受け手になる，という組み立てと，第一の成分である動詞句における"有"がその賓語である抽象名詞とむすんで，助動詞(能願動詞)に相当する意味を表す組み立ての2種がある。

"有"＋賓語a(具象名詞あるいは抽象名詞)＋動詞2(＋賓語b)の形で用いる。

1 有饭 吃。Yǒu fàn chī.（食べるご飯がある）
2 没有工夫 玩儿。Méi yǒu gōngfu wánr.（遊ぶひまがない）
3 你有没有机会 去中国？Nǐ yǒu méi yǒu jīhuì qù Zhōngguó?
（君は中国に行く機会がありますか）

1は「ご飯がある＋食べるための」というように，後の動詞2（＋賓語）は賓語aがどのような物なのか説明を補っている。**2**のように"没有"を用いると「…がない」という否定の表現になる。**3**のように"有"を「肯定＋否定」の形式に並べて疑問文にすることもできる。**1**は賓語aが具象名詞，**2**と**3**は賓語aが抽象名詞で，それぞれの動詞句の「ひまがない」「機会がない」は，意味上，助動詞"不能"bù néng（できない）に相当する。

更上一层楼

◆連動文の第一の成分における賓語aが具象名詞の場合，**1**のように第二の成分である動詞の受け手になるため，多くの場合は第二の成分で賓語bを欠くが，次の例は，第二の成分における動詞がその受け手となる賓語bをともなう場合である。

（i）**我有钱买书**。Wǒ yǒu qián mǎi shū.（私は本を買うお金を持っている）
このような例では"我有买书的钱。"と言い換えることができる。

連動文の第一の成分における賓語aが抽象名詞の場合も，同様に言い換えができる。例えば，"有办法解决"yǒu bànfǎ jiějué（解決する方法がある）は"有解决的办法"と言い換えられる。なお，第一の成分における賓語aによく用いられる抽象名詞として，次のような語がある。

"能力、可能、办法、本事、把握、力量、责任、理由、时间、机会、条件、必要、希望…"

072　第一の成分の動詞が"有"である連動文(2)

　1つの主語に対する述語のなかに，動詞または動賓連語などの動詞性語句が2つ以上，連続して組み立てられた文を連動文という。

　連動文の第一の成分である動詞句「"有"＋賓語（人・物を表す名詞）」が人や事物の存在を述べ，その後にその前置された動詞句の賓語を動作主あるいは行為者として第二の成分である動詞(句)を続ける，という組み立てがある。前置される動詞句の賓語には不定量を表す数量詞を加える（ただし，賓語が"人"の場合は加えなくてもよい）。

　"有"＋賓語 a（人・物＝動詞2の動作主）＋動詞2（＋賓語 b）の形で用いる。

❶我有一个朋友 会说广东话。Wǒ yǒu yí ge péngyou huì shuō Guǎngdōnghuà.
　（私には広東語を話せる友人が1人いる）

❷这儿没有人 学汉语。Zhèr méi yǒu rén xué Hànyǔ.
　（ここには中国語を学ぶ者はいない）

❸有没有车 到医院? Yǒu méi yǒu chē dào yīyuàn?
　（病院へ行く車はありますか）

　❶は，「友達がいる→（その友達は）広東語を話せる」というように，賓語 a は意味上，第二の成分である動詞(句)動詞2(＋賓語 b)の主語にもなっている。**❷**のように"没有"を用いると「…がない」という存在を否定した表現になる。また**❸**のように"有"の肯定と否定を並べた反復疑問文を組み立てることもできる。

更上一层楼

　◆このような組み立ての連動文は，第一の成分である動詞句における賓語が，第二の成分である動詞(句)の主語の働きもするところから，この賓語兼主語となる語を兼語と呼び，この構文を兼語文と名付けている。

　この表現は，話しの場にまず話題とする人あるいは物を導入し，続いてそれについて説明する形式で，おとぎ話などの「昔々，アル所ニオ爺サントオ婆サンガイマシタ。オ爺サンハ山ヘ…，オ婆サンハ川ヘ…」という語り方を思い起こさせる。

073　第一の成分の動詞が使役, 請求を示す連動文

　1つの主語に対する述語のなかに, 動詞または動賓連語などの動詞性語句が2つ以上, 連続して組み立てられた文を連動文という。

　連動文の第一の成分である動詞句に使役や請求の意味を有する動詞が用いられ, その賓語を動作主あるいは行為者として第二の成分である動詞(句)を続ける, という組み立てがある。

　使役・請求の動詞1＋賓語a（人・物＝動詞2の動作主）＋動詞2（＋賓語b）の形で用いる。賓語aは意味上, 第二の成分である動詞(句) 動詞2（＋賓語b）の主語となる。

1. 老师 叫我们 做作业。Lǎoshī jiào wǒmen zuò zuòyè.
（先生は私たちが宿題をするよういいつける；先生は私たちに宿題をさせる）
2. 爸爸 不让我 看漫画。Bàba bú ràng wǒ kàn mànhuà.
（父は私が漫画を読むことを許さない；父は私に漫画を読ませない）
3. 我 请他 来。Wǒ qǐng tā lái.
（私は彼が来るようお願いする；彼に来てもらう）

　1, 2の"叫、让"は,「A"叫／让"B（賓語a）＋動詞2＋賓語b」で「AはBに…させる」という使役文を組み立てる。"叫"は「させる；…するよういいつける」, "让"は「させる；させておく」というように, "叫"は命令や指示, "让"は許容や放任の意味合いがある。「…させない」の意味を表すには, "不"を"叫、让"の前に置く。

　3 "请"（…するようお願いする；招く）も「A"请"B（賓語a）＋動詞2＋賓語b」で「AはBに…するようお願いする；…してもらう」という, 請求, 招請の意味の使役文を組み立てる。

更上一层楼

◆　"叫、让"や"请"は使役文を組み立てる, 代表的な動詞である。ほかに, "使" shǐ もよく使われる。前者は「…の行為をさせる；…してもらう」, 後者は「…の状態にする；…という結果にさせる」という意味合いの使役文を作る。使役文を組み立てる動詞は, このほかにも「…させる」という使役の意味を表わせるならば,"派" pài（…するよう派遣する）,"要" yào（…するよ

う要求する），"求" qiú（…するよう頼む）をはじめ，上に掲げた構文の動詞1の位置に用いられる例は多い。

このような使役文の組み立ても，連動文の第一の成分である動詞句における賓語が，第二の成分である動詞（句）の主語の働きをするところから，この賓語兼主語となる語を兼語と呼び，兼語文の代表的な一類として取り上げることが多い。

074 | 人や事物の存在を表す存在文

動詞と賓語の関係は多種多様だが（⇨55），そのなかに，動賓連語が人や物の存在を表す組み立てがある。この構文を存在文と呼ぶ。存在文は出現文，消滅文（⇨75）とともに，特定の場面を主語に，存在，出現，消滅する人や物を賓語にする。主語の示す場所，時間が話題となり，動作行為の主体は賓語になっている。

❶墙上有 一张地图 。Qiángshang yǒu yì zhāng dìtú.（壁に地図が1枚ある）
❷去年有 一百个学生 。Qùnián yǒu yìbǎi ge xuésheng.
　（去年は学生が100人いた）
❸墙上挂着／贴着 一张地图 。Qiángshang guàzhe／tiēzhe yì zhāng dìtú.
　（壁に地図が1枚掛かっている／貼ってある）
❹沙发上坐着 两个人 。Shāfāshang zuòzhe liǎng ge rén.
　（ソファーに人が2人座っている）

❶，❷は，「主語（場所・時間）＋動詞"有"（＋数量）＋ 賓語（存在する物） 」という組み立てで，動詞"有"を用いた存在文。「…に□がある／いる」という組み立てになっている。主語は場所名詞や方位名詞が多いが，時間名詞のこともある。❸は❶の動詞"有"を状態の持続を表す助詞"着"（…している；…してある）を付加した動詞に入れ換え，「主語（場所・時間）＋動詞＋"着"（＋数量）＋ 賓語（存在する物） 」となっている。存在を述べるだけではなく，どのような状態で存在しているのか，存在の具体的な状態が表される。❹は賓語の 存在する物 が 存在する人 になっているが，構文は❶，❸の組み立てと同じである。

> 更上一层楼

◆動詞"有"を用いた動賓連語には大別して,「持っている」と所有を表す場合と,「ある；いる」と存在を表す場合がある。ふつう前者は人や物が主語の位置を占め,後者は場所や時間が主語の位置を占める。時には,主語を欠くこともある。"有"の否定形は"没有"で,"不"で打ち消すことはない。

◆「動詞＋"着"」を用いた動賓連語の場合,動詞の表す状態には,動作行為それ自体の状態を示す"坐着"zuòzhe（座っている）や"住着"zhùzhe（住んでいる）などと,動作行為の結果としての状態を示す"挂着"や"貼着"などの2種がある。存在文における"着"を付加した動詞は"有"に置き換えることができる。

◆存在文の"墙上贴着地图。"（壁には地図が貼ってある）と同じ組み立てに見える"外头下着雨。"Wàitou xiàzhe yǔ.（外は雨が降っている）は,実は異なる構文である。前者は動詞を"有"に置き換えられることでわかるように存在を表し,後者は持続する状態を表す。後者は存在文ではない。前者の存在文には主語と賓語を入れ換えた"地图贴在墙上"（地図は壁に貼ってある）という文が存在する。"外头下着雨"には×"雨下在外头"という文は存在しない。

075 | 人や事物の出現,消滅を表す出現文と消滅文

動詞と賓語の関係は多種多様だが（⇨55）,そのなかに,動賓連語が人や物の出現や消滅を表す組み立てがある。この構文を出現文,消滅文と呼ぶ。出現文,消滅文は存在文（⇨74）とともに特定の場面を主語に,存在,出現,消滅する人や物を賓語にする。主語の示す場所,時間が話題となり,動作行為の主体は賓語になっている。

1 前面来了一辆汽车。Qiánmian láile yí liàng qìchē.（前から車が1台来た）

2 书架上少了一本杂志。Shūjiàshang shǎole yì běn zázhì.
（本棚から雑誌が1冊なくなった）

3 刚才又进来一个孩子。Gāngcái yòu jìnlai yí ge háizi.
（さっきまた子どもが1人入って来た）

1と**3**は出現,**2**は消滅を表している。存在文は動詞"有"を用いた場合を例にすると「主語(場所・時間)＋動詞"有"(＋数量)＋賓語(存在する人・物)」

という組み立てで，「…に□がある／いる」と人や物の存在を表す。出現文，消滅文は，「主語(場所・時間)＋動詞("了"あるいは方向補語，結果補語などを付加)＋数量＋賓語(出現，消滅する人・物)」という組み立てで「…に□が現れる／…から□が消える」という意味を表す。主語は場所名詞や方位名詞が多いが，時間名詞のこともある。賓語はふつう特定されないもので，数量詞をともなうことが多い。

更上一层楼

STEP UP！

◆存在文，出現文，消滅文を一括して存現文ということがある。存現文は主語の位置を占める場所，時間が話題となった表現で，場所がいわば主役である。場所が示されず，時間を示す語句が主語となっていても，場所は省略されたものと考えるべきである。時間が主語になっている例は出現文，消滅文に多い。

◆存現文で主語の位置にある場所を示す語句は修飾語の働きをするものではない。場所主語にはふつう介詞を用いない。場所を示す語句が修飾語となる構文では介詞を用いる。"桌子上放着一本书。" Zhuōzishang fàngzhe yì běn shū.（机の上に本が1冊置いてある）に対し，"他在桌子上写字。" Tā zài zhuōzishang xiě zì.（彼は机で字を書いている）は介詞が必要となる。なお，時間を示す語は，主語，修飾語を問わず，ふつう介詞が不要である。

◆存現文では，賓語が動作行為の主体（動作主）を表すが，ほかにも"下雨" xià yǔ（雨が降る），"打雷" dǎ léi（雷が鳴る）など，自然現象で賓語が動作主となる例がある。

076 介詞連語"把…"を前置する動詞述語文

介詞は後に賓語を置いて，「介詞＋賓語」の介詞連語（介詞句）を構成し，その介詞句が動詞や形容詞に対する連用修飾語として用いられる（⇨**183**, **188**）。

「…を…する／した」という動詞述語文は，ふつう「動詞＋賓語」の組み立てで表すが，賓語を動詞の前に移して主語にすることもできる。その場合，賓語の位置では不特定であった事物が，主語の位置では特定の事物を指すことになる。例えば，"她洗干净了衣服。" Tā xǐgānjìngle yīfu.（彼女は服をきれいに洗った）を"衣服她洗干净了。"と主述述語文の組み立てにすると（〔そ

の〕服は，彼女はきれいに洗った）となる。後者の意味は，介詞"把"を用いた介詞句に賓語を取りこみ"她把衣服洗干净了。"（彼女は〔その〕服をきれいに洗った）ということができる。

このように，単に「…を…する」と述べるのではなく，特定される事物に対しどのように処置をするか，あるいは変化，影響を与えるか，を述べる場合，賓語に示されていた動作行為の受け手を"把"で取り出し，動詞の前に移す。動詞は，それ自身も，用いる形式も，何らかの処置を表すものに限られる。この組み立ての文を"把"構文，処置文などと呼んでいる。ただし，処置という日本語にこだわると，"他把钱包丢了。" Tā bǎ qiánbāo diū le.（彼は財布を落とした）のような例が説明しにくい。

構文は，「"把"＋物・人＋（修飾語＋）動詞（＋補語・賓語など）」となる。

❶ 我把作业做好了。Wǒ bǎ zuòyè zuòhǎo le.
　（私は〔課題となっていた〕宿題をし終えた）
❷ 你把这件事好好儿跟他商量商量！
　Nǐ bǎ zhè jiàn shì hǎohāor gēn tā shāngliangshangliang!
　（君はこのことを彼とよく相談してごらん）
❸ 他从书架上把一本书拿走了。Tā cóng shūjiàshang bǎ yì běn shū názǒu le.
　（彼は書棚から1冊の本を持って行った）
❹ 他没把词典拿来。Tā méi bǎ cídiǎn nálai.（彼は辞書を持って来なかった）

❶～❸について，□のなかの，介詞"把"の賓語を動詞の後に置き，ふつうの賓語にすると，以下のようになる。

①我做好作业了。
②你好好儿跟他商量商量这件事！
③他从书架上拿走了一本书。

それぞれ"把"構文にすれば対象がはっきりする。②の这件事のように代詞によって特定されていると，賓語を文頭に移して主語にしたり，"把"の賓語にする組み立てがふさわしい。③は形式上，賓語に数量詞がついているので，"把"の賓語には不適当な不特定の事物と思われるが，文脈上，書棚に並んでいるなかの1冊という限定がある。"把"構文にしなければ，単に数量的に1冊と述べるにすぎない。

4のように，否定の副詞"不、没"や禁止の副詞"别"は，"把"の前に置く。

"把"構文では，賓語は形式上あるいは文脈上，「例の…；その…」と特定されるものであり，動詞は重ね型にしたり，賓語や補語を後に置いたり，前に修飾語をつけたりして，動詞だけでは使わない。これは，特定の対象に対し，どのように処置をするか，どのような変化，影響を与えるか，という表現を構成する要件である。例えば，"洗衣服"を"把衣服洗"とはいえないが，"把衣服洗了"，"把衣服洗好"とすれば，"把"が使える。"快把衣服洗好！"（はやく〔その〕服を洗ってしまいなさい）とすれば「処置」の意味が一層はっきりする。

"把"構文はどのような場合に使うのか。まず，動詞述語が"放在桌子上" fàngzài zhuōzishang（机の上に置く），"送到车站" sòngdào chēzhàn（駅まで送る），"交给老师" jiāogěi lǎoshī（先生に提出する）など，「動詞＋<u>在／到／给</u>＋到達点」の組み立て（⇨**85**）を用いる場合は，文中の直接賓語を"把"の賓語として動詞に前置させる。

5 不要把雨伞放在桌子上！ Búyào bǎ yǔsǎn fàngzài zhuōzishang!
（傘を机の上に置かないで）

また，動詞が"成、为、做；…成、…为、…做"の場合もふつう"把"構文になる。例えば，"把日语翻译成汉语" bǎ Rìyǔ fānyìchéng Hànyǔ（日本語を中国語に訳す）など。"我把这件事告诉大家。" Wǒ bǎ zhè jiàn shì gàosu dàjiā.（私はこのことをみんなに知らせる）のような二重賓語文も，介詞"把"で直接賓語を動詞の前に置くことが多い。さらに，動詞が複合方向補語，状態補語をともなっている場合や，賓語にかなり長い修飾語がある場合なども"把"構文になりやすい。"请把这些画儿挂上去。" Qǐng bǎ zhè xiē huàr guàshàngqu.（これらの絵を掛けてください），"他把衣服洗得很干净。" Tā bǎ yīfu xǐde hěn gānjìng.（彼は服をきれいに洗った）は前者の補語の例。"他把他去年从国外买回来的照相机丢了。" Tā bǎ tā qùnián cóng guówài mǎihuílai de zhàoxiàngjī diū le.（彼は彼が去年外国で買って帰ったカメラを落とした）は後者の修飾語の例である。

> **更上一层楼** STEP UP!
>
> ◆ "拿词典来"と"把词典拿来"は，日本語に訳すと，どちらも「辞書を持って来る」で，構文の差が表れないが，後者の"词典"は「例の…；その…」と特定される辞書である。
>
> ◆ "把"を用いた介詞句は，日本語で「…を」と訳す例が大半を占めるが，「…に」となる場合もある。例えば，"把大门上了锁。" Bǎ dàmén shàngle suǒ.（門に錠をかけた）などの例で，"把"の賓語以外にもう1つ賓語が存在し，両者には意味の上で関連がある。"把信封贴上邮票。" Bǎ xìnfēng tiēshàng yóupiào.（封筒に切手を貼る）も同様の例になる。

077　介詞"被"などを用いる受け身文

　介詞は後に賓語を置いて，「介詞＋賓語」の介詞連語（介詞句）を構成し，その介詞句が動詞や形容詞に対する連用修飾語として用いられる（⇨183, 188）。

　動作行為の受け手を主語として「…は…に…される」という受動表現を組み立てる場合，介詞"被"bèi，"叫"jiào，"让"ràng などで動作行為の送り手をみちびく。

　"被"はふつう書きことばで使用し，話しことばでは"叫、让"を用いる。"叫"と"让"には用法上の差はない。受け身文の組み立ては以下の形式になる。

「A＋"被／叫／让"＋B＋動詞〔＋結果補語・助詞"了"など〕」（AはBに…される）

❶ 他被／叫／让自行车撞伤了。Tā bèi／jiào／ràng zìxíngchē zhuàngshāng le.
　（彼は自転車にぶつけられ負傷した）

❷ 我的点心被／叫／让弟弟吃了。Wǒ de diǎnxin bèi／jiào／ràng dìdi chī le.
　（私のおやつは弟に食べられてしまった）

❸ 他被同学们选为班长了。Tā bèi tóngxuémen xuǎnwéi bānzhǎng le.
　（彼はクラスメートによってクラスの代表に選ばれた）

❹ 自行车被人骑走了。Zìxíngchē bèi rén qízǒu le.
　（自転車は人に乗って行かれてしまった）

1で，"撞"（ぶつかる）→その結果"伤了"（負傷した）」と組み立てているように，受け身文では，動詞の後に補語や助詞"了"を置き，ふつう動詞だけで使うことはない。**1**，**2**のように，中国語では望ましくない出来事を述べる場合に，この受け身文の形式が用いられる。特に"被"にはその傾向が強い。しかし，近年は**3**のように被害以外にも使われるようになった。これは"被"を標識に用いることにより，動作行為の送り手を明示できるからである。"被"を"把"に変えれば，受け手と送り手の位置が交代するが，"把"も受け手を示す標識になり得る。

"被"を使った受け身文で，動作行為の送り手を特にいう必要がない場合や，明らかでない場合に，□のなかの賓語を"他被撞伤了。（彼はぶつけられて負傷した）のように省略したり，**4**のように漠然と"人"で表したりする。"叫、让"は賓語を省略できない。

話しことばでは，"被、叫、让"にみちびかれる賓語の後に（＝動詞の前に），"给"を置いて"自行车被人给骑走了。"ということがある。また，南方で多く使われるというが，"鱼给猫吃了。" Yú gěi māo chī le.（魚はネコに食べられた）のように，"被、叫、让"の位置に"给"を置くこともある。

更上一层楼

◆ "叫、让"は受け身文で動作行為の送り手をみちびく介詞として用いるだけでなく，使役文では「…に…させる」という使役の動詞としても用いる（⇨73）。したがって，受け身文で動作行為の送り手が人である場合，前後の文脈を離れ，使役文として読むと，動作行為の受け手とも理解され，その文が受け身なのか使役なのか，区別しにくいことがあり得る。例えば，"我叫他打了。" Wǒ jiào tā dǎ le. は，次の2つの訳文があり得る。①私は彼になぐられた。②私は彼になぐらせた。

　（i）**这种药叫孩子吃了可不得了**。Zhè zhǒng yào jiào háizi chī le kě bùdéliǎo.
　　（この種の薬は子どもに飲まれ／飲ませたら大変だ）

078　介詞"被"などを用いない受け身文

動作行為の受け手を主語として「…は（…に）…される」という受動表現を組み立てる場合，介詞"被"などを用いないで，文脈上，自然に受け身文と理解される例がある。

❶稲子刮倒了不少。Dàozi guādǎole bù shǎo.（イネがたくさん吹き倒された）
❷他的小说出版了。Tā de xiǎoshuō chūbǎn le.（彼の小説は出版された）
❸信已经写好了。Xìn yǐjing xiěhǎo le.（手紙はもう書き上げた）
❹吃奶的孩子也抱着来了。Chī nǎi de háizi yě bàozhe lái le.
（お乳を飲んでいる子どもも抱かれてやって来た）

❶には受け身の介詞"被"などを使っていないが、イネが動作行為の送り手として何かを吹き倒すことは考えられないので、イネが受け手として自然に理解される。特に、「被害」という気持ちをこめるならば"稲子被刮倒了不少."とするであろう。❷は日本語で、「…された」と訳せるが、❸は「書き上げられた」と訳せない。中国では、このような、動作行為の受け手が主語となる組み立てで、その受け手が事物の場合に、受け身の標識がない受け身文、と説明することが多い。❹は魯迅の作品に見える例。主語は事物でなく、人であるが、文脈上、明らかに動作行為の受け手であり、送り手ではない。このような文では、受け身の介詞"被"などを使っては不自然である。

更上一层楼

STEP UP !

◆文法書がよく取り上げる例文に、次の(i)がある。トラを動作行為の送り手として考えるより、受け手と考える方が自然である。この文を、トラの置かれた状況の表現とすれば、介詞"被"などを用いない受け身文ということになる。このように、主語が事物でなく、人あるいは生き物である場合、それが受け手なのか、送り手なのか、双方に考えられる、二義性のいわゆる「あいまい文」が生まれやすい。

　（i）老虎打死了。Lǎohǔ dǎsǐ le.（トラはたたき殺された；トラがたたき殺した）

079 ｜ 介詞"比"を用いる比較文

　介詞は後に賓語を置いて、「介詞＋賓語」の介詞連語（介詞句）を構成し、その介詞句が動詞や形容詞に対する連用修飾語として用いられる（⇨**183**, **188**）。

　2つの事柄をくらべあう場合、介詞"比" bǐ（…より）の賓語が比較の基準を示し、後に続く形容詞(句)や動詞(句)が、比較の結果を両者の差として表す組み立てとなる。

「A +"比"+ B +形容詞(句)／動詞(句)」（AはBより…だ）

1 他比我高。Tā bǐ wǒ gāo.（彼は私より背が高い）
2 俄语比英语还难。Éyǔ bǐ Yīngyǔ hái nán.
（ロシア語は英語よりもっと難しい）
3 我妹妹比姐姐更喜欢音乐。Wǒ mèimei bǐ jiějie gèng xǐhuan yīnyuè.
（うちの妹は姉よりずっと音楽好きだ）
4 今天比昨天冷一点儿。Jīntiān bǐ zuótiān lěng yìdiǎnr.
（今日は昨日より少し寒い）
5 他的桌子比我的大得多。Tā de zhuōzi bǐ wǒ de dàde duō.
（彼の机は私のよりずっと大きい）

1 は形容詞が単独で比較の結果を示している。比較する基準として，何と対比するのかを明らかにするため，介詞"比"を用いた介詞句で示す。2 と 3 では，比較した結果に程度副詞の修飾語を加え，その差が大きいことを示している。この場合，"还"や"更"のような差を表す副詞以外は使えないので，"很"hěn，"真"zhēn，"最"zuì，"非常"fēicháng などを用いてはならない。3 は比較の結果が形容詞でなく，心理活動を表す動詞句で示されている。4 は比較した結果に数量詞"一点儿"（少し）を補語として形容詞の後に加え，若干の差があることを示している。時間量でも，金額でも，分量でも，数量は補語として後置される。5 では，形容詞の後に補語"…得多"（ずっと…だ）を加え，その差が大きいことを示している。同じ位置に"…多了"も補語としてよく使われる。

"A比B…"（AはBより…だ）の組み立てで，A・Bがふつう同じ品詞あるいは同種の語句であるため，双方に共通する部分は，Bの一部を省略することが多い。5 は，Bで"我的桌子"とすべきところ"桌子"を略している。"的"まで略すことはできない。例えば，"我的孩子比他的孩子大。"Wǒ de háizi bǐ tā de háizi dà.（私の子どもは彼の子どもより大きい）を，"我的孩子比他的大。"と略すことはできるが，"我的孩子比他大。"とするとくらべあうものが異なり，もとの意味を表せなくなる。

> **更上一层楼**

◆ "A比B…"のA・Bの位置には，名詞性の語句だけでなく，述語性の単語や連語も置くことができる。例えば，"我去比你去更合适。"Wǒ qù bǐ nǐ qù gèng héshì.（私が行く方が君が行くよりずっと適切だ）は主述連語同士で対比をしている。A・Bの後の，比較の結果を表す部分には，上に掲げた形容詞や動詞以外にも，程度の差を示せれば，次のような組み立ても可能である。

(1)「"A比B"＋形容詞（連用修飾語）＋動詞＋数量詞」
我比他早来了一个小时。Wǒ bǐ tā zǎo láile yí ge xiǎoshí.
（私は彼より1時間はやく来た）

(2)「A＋動詞＋"得"（状態補語）＋"比B"＋形容詞（＋"一点儿"）」
他跑得比我快。Tā pǎode bǐ wǒ kuài.（彼は走るのが私よりはやい）＝他比我跑得快。

(3)「"A比B"＋助動詞＋動詞」
他比我会说话。Tā bǐ wǒ huì shuō huà.（彼は私より話がうまい）

(4)「主語＋"A比B"（連用修飾語として）＋形容詞／動詞」
我这个月比上个月忙。Wǒ zhège yuè bǐ shàng ge yuè máng.
（私は今月は先月より忙しい）
天气一天比一天冷了。Tiānqì yì tiān bǐ yì tiān lěng le.
（気候が日増しに寒くなった）

◆ "A比B…"のAが省略される場合がある。例えば，同一の事物の異なった時点における比較で，"我的体重（现在）比以前减轻了很多。"Wǒ de tǐzhòng (xiànzài) bǐ yǐqián jiǎnqīngle hěn duō.（私の体重は〔今は〕以前よりずっと軽くなった）という場合や，文脈上，Aが何を指すか自明の場合なども省略されることがある。一方，A・Bが述語性の成分の場合は，双方に共通する部分があっても省略はしない。

◆ "A比B…"の否定形として，"A不比B…"の形式がある。両者がほぼ同じ，という意味を表す場合と，前者は後者に及ばない，という意味を表す場合があり得る。

(i) **哥哥不比弟弟高**。Gēge bù bǐ dìdi gāo.（兄の背丈は弟と同じくらいだ）
(ii) **他现在的身体不比从前了**。Tā xiànzài de shēntǐ bù bǐ cóngqián le.
（彼の現在の健康は以前ほどでなくなった）

080　介詞"比"を用いない比較文

介詞"比"bǐ を用いる比較文に対し，「AはBという基準に達していない→AはBほど…でない」と程度の差を示す，介詞"比"を使わない比較文がある。

「A＋"没有"＋B＋("这么／那么"＋)形容詞など」（AはBほど…でない）という形式で，これを，介詞"比"を用いた表現にすると，「"B比A"＋形容詞など」となる。動詞"有"には，所有・存在の表現以外に，このような数量や程度が一定の度合いに「到達」していることを表す場合がある（⇨**61**）。

❶你弟弟有你(这么)高吗? Nǐ dìdi yǒu nǐ (zhème) gāo ma?
 （弟さんは君ぐらい背が高いですか）
❷我没有他那么高。Wǒ méi yǒu tā nàme gāo.（私は彼ほど背が高くない）
❸我没有我姐姐那么喜欢跳舞。Wǒ méi yǒu wǒ jiějie nàme xǐhuan tiào wǔ.
 （私は姉さんほど踊りが好きでない）

この表現では，形容詞などの前に"那么、这么"（あんなに，こんなに）などを加え，程度を具体的に示すことが多い。比較の結果は❶や❷のように形容詞が多いが，❸のように心理活動を表す動詞や助動詞などを用いた動詞句も使える。❶のような動詞"有"で一定の度合いに「到達」していることを表す「肯定形」は，疑問文に用いる場合が多い。当否疑問文だけでなく，"有没有你这么高？"と反復疑問文も使われる。この表現では，"比"を用いた表現と異なり，形容詞などに程度副詞や数量補語を加えることはできない。

更上一层楼

◆2つのものをくらべあう場合，程度や数量の差を述べる場合と，異同を述べる場合がある。前者には，介詞"比"や動詞"有"を用いた表現のほか，"百闻不如一见。"Bǎi wén bùrú yí jiàn.（百聞は一見に如かず）の格言にもある"不如"が「及ばない」意の動詞で，話しことばでもよく使う。"A不如B"は"A没有B好"に相当する。後者の，異同の表現では，以下のような形式がよく使われる。

AとBは同じ：你的词典跟我的一样。Nǐ de cídiǎn gēn wǒ de yíyàng.
　　　　　　（あなたの辞書は私のと同じだ）

AとBは同じでない：这个跟那个不一样。Zhège gēn nàge bù yíyàng.
（これはあれと同じでない）

AとBは同じに…だ：孩子跟爸爸一样高了。Háizi gēn bàba yíyàng gāo le.
（子どもがお父さんと同じ背丈になった）

AはBのように…だ：今年北京像南京那么热。
Jīnnián Běijīng xiàng Nánjīng nàme rè.
（今年は，北京は南京のように暑い）

081 形容詞述語文

　中国語の形容詞は品詞のなかでも一番の働き者で，文中のどの成分としても用いられる。そのなかでも，修飾語と述語になることは，形容詞の2大機能といえる。といっても，形容詞のすべてが同じように，双方の機能をそなえているわけではない（⇨158～160）。ここで，形容詞の下位分類（⇨157）にしたがい，どのような形容詞が，どのような述語になるのか具体例を見る。

　形容詞には，大別して性質形容詞と状態形容詞の2類がある。前者は，形式上1音節のものと2音節のものに分けられる。後者は重ね型の形容詞を指す。重ね型にはいろいろなタイプがある（⇨161）。形容詞は，一般的には事物の性質を表しているが，なかには1音節形容詞でも"多、少"のような，性質を表してはいない数量形容詞（⇨163）があり，2音節形容詞でも"雪白"xuěbái（雪のように白い），"冰凉"bīngliáng（氷のように冷たい）など，状態形容詞（⇨162）に入るものがあり，形容詞を一括してその機能を記すことはできない。

❶今天冷，…。Jīntiān lěng, …. （今日は寒くて…）
❷今天冷（，昨天暖和）。Jīntiān lěng (, zuótiān nuǎnhuo).
　（今日は寒い〔が，昨日は暖かった〕）
❸今天很冷。Jīntiān hěn lěng. （今日は寒い）
❹屋子里静悄悄的。Wūzili jìngqiāoqiāode. （室内はひっそりと静かだ）
❺事情已经明明白白(的)。Shìqing yǐjing míngmingbáibái(de).
　（事はすでにはっきりしている）

6 天阴上来了。Tiān yīnshànglai le.（空が曇ってきた）
7 山上的树叶还没红。Shānshang de shùyè hái méi hóng.
（山の木の葉はまだ赤くなっていない）

　1と2は，性質形容詞だけで述語に用いられた例。2のように対照や比較の文脈でないと，1のように，話題を提起しただけで，後になお説明が続きそうな感じになり，言い切りにはならない。3のように，"很"などの程度を表す副詞の修飾語が加わると，対比の表現ではなく，それだけで完結した叙述になる（⇨53）。4と5は状態形容詞が述語になった例。重ね型は助詞"的"を加えることが多い。形容詞述語には，連用修飾語や補語を加えることができるが，6は方向補語を加えた例。形容詞の打ち消しは，たとえ過去のことであっても"昨天不冷。"（昨日は寒くなかった）のように"不"を用いるが，7のように，状態を表すには，"没(有)"も用いられる。"没红"に対応する肯定形は"红了"であることから，この"红"を動詞と見ることもある。この例で述語を"不红"とすれば，木の葉について「赤くない」という性質を述べたことになる。

> **更上一层楼**
> STEP UP!
> ◆性質形容詞だけで形容詞述語を成立させるためには，"很"などの程度を表す副詞の修飾語が必要だが，程度副詞でなくても，否定副詞"不"を加えてもよい。程度にせよ，否定にせよ，副詞の働きで話し手の判断が述べられ，完結した叙述になる。
> ◆中国語で，「悪い」を"不好"，「多い」を"不少"，「少ない」を"不多"のように表現することが多いのも，文の安定に関わる表現法といえる。

082 ｜ 名詞述語文

　述語が名詞性の成分である文を名詞述語文という（⇨54）。名詞述語文では，名詞だけで述語になるというよりも，「名詞＋名詞」や「形容詞＋名詞」の名詞句をはじめ，代詞，数詞，数量詞（数量詞連語），"的"連語などが述語になる例が多い。年月日，曜日，時刻，天候，出身地，年齢などを説明する場合に，述語に動詞を欠いた，このような表現をすることが多い。動詞を補うとしたら"是"が略されている。これらを否定形にする場合は，動詞に"不是"を使う。述語に"是"あるいは"不是"を用いた文は動詞述語文に

なる。数量に関する表現の場合は，略された動詞が"有"，"等于"děngyú（等しい）などになる例もある。また，述語が「状態形容詞＋名詞」で構成されている場合はふつう"是"を補うことができない。

❶今天三月二号，星期一。Jīntiān sānyuè èrhào, xīngqīyī.
（今日は3月2日月曜日だ）
❷现在两点。Xiànzài liǎng diǎn.（いま2時だ）
❸昨天阴天，今天晴天。Zuótiān yīntiān, jīntiān qíngtiān.
（昨日は曇りだったが，今日は晴れだ）
❹他美国人。Tā Měiguórén.（彼はアメリカ人だ）
❺他不是十四岁，是四十岁。Tā bú shì shísì suì, shì sìshí suì.
（彼は14歳ではなく40歳だ）
❻我们组五个人。Wǒmen zǔ wǔ ge rén.（我々の班は5人だ）
❼那孩子红红的脸。Nà háizi hónghóngde liǎn.
（あの子は真っ赤な顔をしている）

❶に，"今天是三月二号，星期一。"と，動詞"是"を補うこともできる。❷～❹も同様である。否定の場合には必ず"不是"を使うが，❺のように「AではなくBだ」と，とりたてて対比をしたり，反駁の語気をこめたりする場合は"是"を略さない。❻で動詞を補うとすれば，"是"以外に"有"も考えられる。❼は名詞に状態形容詞（⇨162）の修飾語が加わっている。この例では"是"を補えない。

更上一层楼

STEP UP !

◆名詞性の述語として，数量詞や数量詞を含む名詞句が目立つが，数量詞はむしろ述語性成分としてよいほど，動詞なしで述語を構成することが多い。例えば，"这枝笔十块钱。"Zhè zhī bǐ shí kuài qián.（このペンは10元です）のような価格の表現は，最も日常的な用例である。名詞述語文は書きことばで見られず，もっぱら話しことばで常用されるが，特に数量に関わる表現は，補うべき動詞が文脈によってさまざまである。

(i)一斤一百元。Yì jīn yìbǎi yuán.
　（1斤あたり100元で売ります→"卖"mài を補える）
(ii)黄瓜两斤，西红柿三斤。Huánggua liǎng jīn, xīhóngshì sān jīn.
　（キュウリ2斤，トマト3斤買います→"买"mǎi を補える）

(iii)一个人两个苹果。Yí ge rén liǎng ge píngguǒ.
（1人あたりリンゴ2個ずつ分けます→"分"fēn を補える）

083 補語と接続成分

　文の構成で述語となる動詞から見た場合，前置される成分は連用修飾語，後置される成分は賓語あるいは補語である。賓語は動詞の表す動作行為の対象というより，関連する事物を指す成分というべきである。補語とは，動詞（形容詞を含む）が表す動作行為の結果や状況を補足説明する成分である。英文法における補語とは異なるので混同してはならない。

　賓語の位置には名詞性の語句ばかりでなく，述語性の語句も置かれる。一方，補語の位置は，数量補語以外はすべて述語性の語句である。この，動作量などを表す数量詞を補語から賓語に移す考え方(⇨**97**)もあり，その立場で見れば，補語になれる成分はすべて述語性の語句ということになる。

　動詞と補語は，直結するものと，動詞の後に接続成分として助詞"得"de を置き，補語に結ぶものがある。補語は，その表す意味にしたがって類別するが，結果補語，方向補語，可能補語，程度補語，数量補語などは接続成分を用いない。ただ状態補語だけは接続成分を置かなければ，動詞と補語を結べない。

❶我吃完了饭。Wǒ chīwán le fàn.（私はご飯を食べ終えた）
❷大家吃起饭来。Dàjiā chīqǐ fàn lai.（みんなは食事を始めた）
❸饱了，吃不下了。Bǎo le, chībuxià le.
　（お腹がいっぱいで，もう食べられない）
❹法国菜我吃过一次。Fǎguócài wǒ chīguo yí cì.
　（フランス料理は，私は1度食べたことがある）
❺他吃得很快。Tā chīde hěn kuài.（彼は食べるのがはやい）

　☐が補語。❶は結果補語の例。❷は方向補語の例。❸は可能補語の例。❹は数量補語（動作量）の例。以上は接続成分"得"なしで，動詞に直結。❺は状態補語の例で，接続成分"得"が必要である（それぞれの補語については⇨**84**〜**92**）。

更上一层楼

STEP UP !

◆ガイドラインで状態補語と呼ぶ補語を，これまでの教室文法では，ガイドラインで程度補語と呼ぶ補語とともに，程度補語としてまとめる場合が多い。また，方向補語は厳密には単なる方向だけでなく，動作行為の趨勢をも示すため，原語のまま，趨向補語と呼ぶこともある。なお，方向補語のうち，"来，去"以外の1音節動詞"上、下、进、出、回、过、起"などを結果補語に移す考え方もある。さらに，数量補語（動作量，時間量，比較数量）を賓語に移し（準賓語），補語はすべて述語性の語句に限る考え方もある（⇨**97**）。

084 | 結果補語

　述語となる動詞や形容詞の後に置いて，述語の表す動作行為の結果や状況を補足説明する成分を補語という。補語は，その表す意味にしたがって類別するが，動詞の後に置いて動作行為の結果を表す動詞または形容詞は結果補語と呼ばれる。動詞と補語は直結で，「動詞＋結果を表す動詞/形容詞」の組み立てになる。結果補語をとる形容詞は"饿"è（お腹がすく），"累"lèi（疲れている）など，ごく一部に限られる。

　日本語には，「食べ終わる」，「聞き違える」，「立ち止まる」のように，「動作＋結果」で構成される複合動詞がある。中国語にも，動詞と補語がしっかり結びつき，あたかも複合語になったような例がある一方，動詞と補語が任意に組み合わさった"买贵了〔这辆车〕。"Mǎiguìle〔zhè liàng chē〕.（〔この車を〕高値で買った）のような例が，文脈に応じて組み立てられる。

　補語という名称や，補足という説明から，いかにも動詞を補う存在ととられやすいが，意味上はむしろ動詞よりも補語の部分が重要な，"喝醉了"hēzuì le（酔っ払った）のような例が少なくない（⇨**22**）。また，日本語の意識で中国語の動詞をあつかうと，例えば"买"mǎi（買う）に対し"买了"（買った）とすれば品物を入手した意味になると考えられるが，"买了"では「買う」行為にとどまる場合があり，"买到（了）"mǎidào (le)と「動詞＋補語」の形式で，結果まで表示すると入手した意味が明確になる。同様に，動詞"记"jì（覚える；記憶する）を"记了"としても，日本語の「覚えた」にはならず，「動詞＋補語」の組み立てで"记住（了）"jìzhù (le)といえば，「しっかり安定する」という補語の意味から，結果を含んだ「覚えた」の意味が表

せる。

1. 我听错了他的话。Wǒ tīng cuò le tā de huà.（私は彼の話を聞き違えた）
2. 昨天我在路上看见了你。Zuótiān wǒ zài lùshang kànjian le nǐ.
（私は昨日，道で君を見かけた）
3. 我还没学会开车。Wǒ hái méi xuéhuì kāi chē.
（私はまだ車の運転を習得していない）
4. 不洗干净不能休息。Bù xǐ gānjìng bù néng xiūxi.
（きれいに洗わなければ休めない）

□が結果補語。「動詞＋結果補語」は連語ではあるが，用法上は単一の複合動詞と同様にあつかわれ，1，2のように補語の後に助詞"了"，"过"を置く。"着"は使えない。賓語も補語の後に置く。否定形は3のように"没(有)"で打ち消す。条件文の場合だけ4のように"不"が使える。

更上一层楼

◆一般的に，常用する形容詞の多くは結果補語として使えるが，動詞で結果補語に使われるものは限られている。動詞，形容詞を問わず，結果補語としてよく使われる例をまとめておけば有用であるが，一定量の用例を覚える前は，個別に複合動詞としてあつかう方がわかりやすい。初歩段階でもよく見る結果補語を以下に例示する。

好 hǎo（きちんと…し終わる）　　　：写好 xiěhǎo（書き上げる）
错 cuò（…し間違える）　　　　　　：说错 shuōcuò（言い違える）
到 dào（目的に達する）　　　　　　：找到 zhǎodào（探しあてる）
完 wán（…し終わる）　　　　　　　：吃完 chīwán（食べ終わる）
住 zhù（…して固定する）　　　　　：记住 jìzhù（しっかりと覚える）
见 jiàn（〔視覚，聴覚など〕感じとる）：听见 tīngjian（耳に聞こえる）
懂 dǒng（…して理解する）　　　　　：听懂 tīngdǒng（聞いてわかる）

◆「動詞＋結果補語」の動詞の位置に置くことのできる形容詞はごく限られた数しかない。

(i) 昨天热死了两个人。Zuótiān rèsǐle liǎng ge rén.（昨日，暑さで2人が死んだ）
「暑くて死んだ」という「形容詞＋結果補語」の組み立てであるが，この文から"两个人"だけ省くと「昨日はひどく暑かった」という意味になる。その場合の"死了"は"热"の程度を強調する程度補語である（⇒**91**）。

085 結果補語と介詞連語

列車の行き先表示に「北京行」を"开往北京"kāiwǎng Běijīng と記している。この表現形式は古典語の文法にもとづくもので，現代語では書きことばに用いられるだけである。"开往北京"の組み立ては，「動詞"开"＋介詞連語"往北京"」と分析できる。介詞"往"以外にも，書きことばで"自、向、于"などの介詞は，それぞれ後に場所や時間を示す語句を置いた介詞連語を構成し，前置された動詞の補語になる（用例は⇨26）。

現代語でも，これまで"在、到、给"の3語の後に場所や時間を示す語句を置く介詞連語は，前置された動詞の補語になる，と説明することが多かった。しかし，このような組み立ては，むしろ動詞の後に"在、到、给"などをそれぞれ結果補語として置いた複合動詞が，その後に賓語として場所や時間を示す語句をとる形式と考える方が合理的である。例えば，"坐在椅子上" zuòzài yǐzishang（いすに座っている）の場合，"坐‖在椅子上"（動詞＋介詞連語）と分析せず，"坐在‖椅子上"（複合動詞〔動詞＋結果補語〕＋賓語）と見る。それは"坐在了椅子上"のように動作態助詞の"了"の位置からも判定できる。ガイドラインでは，介詞連語の用途は，修飾語に限る。

1 钱包放在桌子上。Qiánbāo fàngzài zhuōzishang.
（財布は机の上に置いてある）

2 星期天我们睡到中午。Xīngqītiān wǒmen shuìdào zhōngwǔ.
（日曜日に私たちは昼まで眠る）

3 今天我们学到了第七课。Jīntiān wǒmen xuédàole dìqī kè.
（今日，私たちは第7課まで学んだ）

4 这本书快还给他吧。Zhè běn shū kuài huángěi tā ba.
（この本ははやく彼に返しなさい）

1 の「動詞＋"在"」は必ず賓語をとる。賓語は場所か時間である。「動詞＋"到"」は**2**のように賓語が時間の場合，賓語を省略できない。**3**は賓語が場所（到達点）の例。なお，"到"には結果補語として"买到(电脑)了" mǎidào (diànnǎo) le（〔パソコンを〕買って手に入れた）など，「目的に達する」という用法もあり，この場合には賓語がなくてもよい。"到"は動詞性がはっきりしていることがわかる。**4**の「動詞＋"给"」は「…に…を」という2つ

の賓語を同時に並べることができるが，物を表す賓語はなくてもよく，また物を表す賓語のみを単独でとることはできない。必ず人（あるいは対象）を表す賓語が必要である。דּ"还给了"　×"还给一本书"

更上一層楼

◆ "住在北京"zhùzài Běijīng という形式と，"在北京住"の形式はどのような差異があるのか。前者は動作行為の到達点（落ち着き先）を述べるものであり，「北京に住んでいる／いた→北京にいる／いた」ことにポイントがある。後者は「北京で…する／した」という組み立てで，北京で何をするのか，あるいは，何をしたのか述べようとしている。したがって，"在北京住着"zài Běijīng zhùzhe（北京に住んでいる）や，"在北京住了一年"zài Běijīng zhùle yì nián（北京に1年間住んだ）のように具体的に説明がないと，"在北京住"だけでは表現が完結し得ない。

結果補語としての"在"を補語とする複合動詞は，賓語に場所だけでなく時間を表す語句もとる。次のような用例は文語表現の「"于"yú＋場所・時間」の形式に近い。

(i)**肯尼迪死在了达拉斯**。Kěnnídí sǐzàile Dálāsī.（ケネディはダラスで死んだ）
(ii)**他出生在一九〇八年**。Tā chūshēngzài yī jiǔ líng bā nián.
　（彼は1908年に生まれた）

086 ｜ 単純方向補語

述語となる動詞や形容詞の後に置いて，述語の表す動作行為の結果や状況を補足説明する成分を補語という。補語は，その表す意味にしたがって類別するが，動詞や形容詞の後に置いて移動や方向を表す動詞を方向補語と呼ぶ。方向補語には1音節動詞の単純方向補語と，それらの組み合わせで構成される複合方向補語がある。

単純方向補語には，方向を表す"来、去"lái, qù（来る；近づく，行く；遠ざかる）と移動を表す"上、下、进、出、过、回、起"shàng, xià, jìn, chū, guò, huí, qǐ（のぼる，くだる，はいる，でる，すぎる，もどる，おきる；あがる）がある。"来、去"と"上、下、进、出、过、回、起"のそれぞれを他の動詞の後に置いて単純方向補語，"来、去"を"上、下、进、出、过、回、起"の後に置いて複合方向補語とする。方向補語は結果補語の一種ともいえ

るが，特に"来、去"以外の移動を表すものは結果補語としてあつかい，"来、去"だけを方向補語とする考え方もある。動詞と方向補語は接続成分なしで直結される。

1 你进来，快坐下！ Nǐ jìnlai, kuài zuòxià!
　（君は入って来て，はやく座りなさい）
2 他回家去了。Tā huí jiā qu le.（彼は家に帰って行った）
3 你走进教室看看！ Nǐ zǒujìn jiàoshì kànkan!
　（君は教室に入って見てごらん）
4 他带来了一把雨伞。Tā dàilai le yì bǎ yǔsǎn.（彼は1本の傘を持って来た）
5 你带雨伞去！ Nǐ dài yǔsǎn qu!（君は傘を持って行きなさい）

□は賓語を示す。方向を表す"来、去"は，話し手に向かって来る動作の場合は"来"を，離れていく動作の場合は"去"を用いる。**1**のように賓語がなくても使える。**2**と**3**では賓語の位置が異なっている。"来、去"を方向補語とする場合は，**2**の"家"のように場所を表す賓語を必ず"来、去"の前に置く。方向補語が"来、去"以外であれば，**3**のように補語の後に置く。場所以外の賓語は，**4**のようにすでに実現している動作行為であれば，多くは数量詞をともなって補語の後に置くが，まだ実現していない場合や，特に命令文では**5**のように"来、去"の前に置く（⇨**87**）。

更上一层楼

STEP UP！

◆方向補語は，動作動詞の後に置いた場合，具体的な動きを表す以外に，抽象的な派生義を表すこともある。特に，非動作動詞の後に置いた場合は派生義になりやすい。1つの方向補語が多岐にわたる派生義を有することもある。

　それぞれの方向補語の表す派生義（⇨**88**）は，各辞典の記述が詳しい。ただし，結果補語の場合と同様に，方向補語も一定量の用例を覚える前は，個別に複合動詞としてあつかう方がわかりやすい。

　なお，単純方向補語を形容詞の後に用いた"最近又忙上了。"Zuìjìn yòu mángshàng le.（最近，また忙しくなってきた）のような例はあまり多くない。形容詞の後の方向補語は派生義を表す場合に限られる。

087　複合方向補語

　述語となる動詞や形容詞の後に置いて，述語の表す動作行為の結果や状況を補足説明する成分を補語という。補語は，その表す意味にしたがって類別するが，動詞や形容詞の後に置いて移動や方向を表す動詞を方向補語と呼ぶ。方向補語には単純方向補語と，それらの組み合わせで構成される複合方向補語がある。

　複合方向補語は，移動を表す"上、下、进、出、过、回、起"shàng、xià、jìn、chū、guò、huí、qǐ（のぼる，くだる，はいる，でる，すぎる，もどる，おきる；あがる）の後に，方向を表す"来、去"lái、qù（来る；近づく，行く；遠ざかる）をそれぞれ加えて構成される2音節動詞で，1音節動詞の単純方向補語と同様に，他の動詞の後に置いて方向補語とする。複合方向補語は"上来、上去"shànglai、shàngqu（のぼって来る，のぼって行く）のように「移動を示すもの＋方向を示すもの」の順で組み合わせるが，"起去"はほとんど使われないので，全部で13語になる。

	上	下	进	出	过	回	起
来	上来	下来	进来	出来	过来	回来	起来
去	上去	下去	进去	出去	过去	回去	――

❶他走进去了。Tā zǒujìnqu le.（彼は歩いて入って行った）

❷他走进 jiàoshì 去了。Tā zǒujìn jiàoshì qu le.
（彼は教室に歩いて入って行った）

❸他买回 shuǐguǒ 来了。Tā mǎihuí shuǐguǒ lai le.
（彼は果物を買って帰って来た）

❹你买回 shuǐguǒ 来吧！Nǐ mǎihuí shuǐguǒ lai ba!
（君は果物を買って帰って来なさい）

❺他买回来了 yìxiē shuǐguǒ。Tā mǎihuílaile yìxiē shuǐguǒ.
（彼は果物をすこし買って帰って来た）

❻洗的衣服还没取回来。Xǐ de yīfu hái méi qǔhuílai.
（クリーニングに出した服をまだ取って来ていない）

　□は賓語を示す。❶のように，賓語がなくても文は成立する。賓語がある場合，場所を表す賓語は❷のように必ず"来、去"の前に置かなくてはな

らない。賓語が一般の事物の場合も"来、去"の前に置けば，**3**のようにすでに実現したことでも，またこれから実現することでも，**4**のような命令文でも成立する。**5**のように"来、去"の後に賓語を置けるのは，賓語が一般の事物で，すでに実現している場合に限られ，賓語は数量詞の修飾語をともなうことが多い。**6**は否定文。結果補語と同様に"没(有)"で打ち消す。条件文の場合だけ"不"が使える。

更上一层楼

STEP UP !

◆複合方向補語をともなった動詞に対する賓語の位置は，上述したように，賓語の性質が左右する。賓語が一般の事物であれば，位置は比較的自由で，特定されない，不定の事物であれば，"拿出一本书来／拿出来一本书"(本を1冊とり出す)のように，"来、去"の前後どちらでもよいが，前者の例が多い。特定される事物の場合は，"拿出那本书来"(その本をとり出す)のように"来"の前に置く。賓語が場所を表す語句であれば，位置は"来"の前に限られる。学習段階で誤りが多いのは，動詞と賓語の結合が固く，一体化している"唱歌"chànggē(歌を歌う)，"跳舞"tiàowǔ(踊りを踊る)，"下雨"xiàyǔ(雨が降る)のような例で，これらが「動詞+賓語」の組み立てであることに気づかず，賓語を正しい位置に置けないことである。次の例は"吃饭"の場合で，賓語は複合方向補語の中間に挿入された形式になる。上の3例も同様である。

　(i)**大家都吃起饭来了**。Dàjiā dōu chīqǐ fàn lai le.(みんなご飯を食べ始めた)

方向補語はふつう動詞の後に用いるものだが，単純方向補語の場合と同じように，複合方向補語でも形容詞の後に用いる例がある。ただし，方向補語が派生義を表す場合に限られる。

　(ii)**天慢慢黑下来了**。Tiān mànmàn hēixiàlai le.(空がだんだん暗くなってきた)

複合方向補語の派生義については次項(⇨**88**)を参照。

088　方向補語の派生義

　述語となる動詞や形容詞の後に置いて，述語の表す動作行為の結果や状況を補足説明する成分を補語という。動詞や形容詞の後に置いて移動や方向を表す動詞は方向補語と呼ばれる。方向補語は単純方向補語，複合方向補語とも，移動，方向などの具体的な動きを表すだけでなく，字面から離れた，派生的な意味を表すことがある。単純方向補語の場合は，"来、去"と"上、下、出、过、起"などが補語となった複合動詞に派生義が生じやすい。"进、回"

の2語は，補語の場合もおおむね字面通りの意味に使われる。複合方向補語の場合は，"上来、上去、下来、下去、出来、过来、过去、起来"などが補語となった複合動詞に派生義がある。これら以外の5語は，補語の場合もおおむね字面通りの意味に使われる。複合方向補語の派生的な用法には，字面通りの空間的意味から，時間的な意味に用いられるようになった"起来"，"下去"のような例もある。

1他们都站起来了。Tāmen dōu zhànqǐlai le.（彼らはみな立ち上がった）
2他突然哭起来了。Tā tūrán kūqǐlai le.（彼は突然泣き出した）
3大家都应该团结起来。Dàjiā dōu yīnggāi tuánjiéqǐlai.
（みなすべて団結すべきだ）
4他的名字，我想起来了。Tā de míngzi, wǒ xiǎngqǐlai le.
（彼の名前を，私は思い出した）
5说起来容易，做起来难。Shuōqǐlai róngyì, zuòqǐlai nán.
（いうは易く，行うは難し）
6我们跑下山去了。Wǒmen pǎoxià shān qu le.（私たちは山をかけ下りた）
7我想在北京住下去。Wǒ xiǎng zài Běijīng zhùxiàqu.
（私は北京で住み続けたい）

1～**5**は"起来"の用法を示す。**1**は字面通り，動作が「下から上に向かう」ことを表す。**2**は「開始する」こと。"好起来"hǎoqǐlai（よくなってくる）のように形容詞の後にも用いる。**3**は分散から集中へ「あつまる；まとまる」こと。日本語には訳出できない。この例を「団結して立ち上がれ」と誤訳してはならない。"包起来"bāoqǐlai（包んでまとめる）も同様の例。**4**は効果をあげて「完成する」こと。**5**は着眼点を示して「推し量る」こと。「…してみると…」と試みる意味を表す。**2**以下は派生義で，特に**2**は「…しはじめる」という時間的な意味に用いられ，動作態を示す。**6**と**7**は"下去"の用法を示す。**6**は字面通り，動作が「下に向かって行く」ことを表す。**7**は派生義で，動作を「継続する」こと。「…し続ける」という時間的な意味に用いられ，動作態を示す。"你说下去吧！" Nǐ shuōxiàqu ba!（君は話し続けなさい）は同様の例。

> 更上一层楼

◆単純方向補語も，複合方向補語も，それぞれの方向補語の表す派生義は，各辞典の記述が詳しい。ただし，説明を読むよりも，実際の用例を覚える方が役に立つ。方向補語が動作動詞についた場合，非動作動詞についた場合，形容詞についた場合を分けて，なるべく日常的な動詞，形容詞の例を対象にするとわかりやすい。

◆複合方向補語には，意味や用法を区別しにくい例がある。

(1) "想起来" xiǎngqǐlai（思い出す）と "想出来" xiǎngchūlai（思いつく）：
　前者は上の **4** を参照。後者は，かくれていたものが出てくる，「発見・識別」を表す。

(i) **你想出好办法来了吗？** Nǐ xiǎngchū hǎo bànfǎ lai le ma?
　（君はよい方法を思いつきましたか）

(2) "冷起来" lěngqǐlai（寒くなる）と "冷下来" lěngxiàlai（寒くなる）：
　前者はこれからその状態が開始され，「…しはじめる」。後者は次第にその状態に落ち着く。どちらも形容詞と組み合わさり，前者は＋の方向に，後者は－の方向に向かう意。

(3) "住下去" zhùxiàqu（住み続ける）と "住下来" zhùxiàlai（住む）：
　前者は上の **7** を参照。後者は，動きが落ち着き，「安定，固定」することを表す。

(ii) **我想在北京住下来**。Wǒ xiǎng zài Běijīng zhùxiàlai.（私は北京に住みたい）

089 結果補語，方向補語から派生する可能補語

　述語となる動詞や形容詞の後に置いて，述語の表す動作行為の結果や状況を補足説明する成分を補語という。補語は，その表す意味にしたがって類別するが，動詞の後に置いて動作行為の結果を表す動詞または形容詞は結果補語，移動や方向を表す動詞は方向補語と呼ばれる。

　動詞と結果補語，方向補語の間に "得，不" de, bu を置くと「動詞＋"<u>得</u>／<u>不</u>"＋結果補語／方向補語」の組み立てで，「…できる／できない」という可能，不可能の表現になる。この構成になる補語を可能補語と呼ぶ。

	動詞＋補語	可能補語肯定形	可能補語否定形
結果補語	做完 zuòwán （し終わる）	做得完 zuòdewán （し終わることができる）	做不完 zuòbuwán （し終わることができない）
方向補語	进去 jìnqu （入って行く）	进得去 jìndequ （入って行ける）	进不去 jìnbuqù （入って行けない）

中間に置く"得，不"は軽声である。もともと軽声の結果補語や方向補語でも，可能補語では軽声でなくなる。

1 作业太多，还做不完。Zuòyè tài duō, hái zuòbuwán.
（宿題が多すぎて，まだし終わることができない）

2 门锁上了，进不去。Mén suǒshàng le, jìnbuqù.
（ドアに鍵がかかっていて，入って行けない）

3 今天回得来吗? Jīntiān huídelái ma?（今日帰って来られますか）
＝今天回得来回不来? Jīntiān huídelái huíbulái?

1では"做完"zuòwán（し終わる）の動詞"做"と結果補語"完"の間に，**2**では"进去"jìnqu（入って行く）の動詞"进"と方向補語"去"の間にそれぞれ"不"が入って，「…できない」という不可能を表している。**3**は"回来"huílai（帰って来る）の動詞"回"と方向補語"来"の間に"得"を入れて「…できる」という可能を表している。反復疑問文を組み立てるには，肯定形"回得来"と否定形"回不来"を「肯定＋否定」に並べる。可能補語は，**1**，**2**のような不可能を表す否定形がよく使われ，肯定形は疑問文や反語文で使われることが多い。

更上一层楼

◆可能，不可能の表現は，助動詞を用いても表せる（⇨**173**）が，例えば，上の**2**にある"进不去"を"不能进去"bù néng jìnqu とした場合は，表現の意図に差異が生じる。可能補語では「入る手立てがない；入ることが実現できない」という意味での「入って行けない」であるが，助動詞では「入ってはならない」の意味になる。これは，助動詞の"不能"を「すべきでない；してはならない」の意味で用いた場合に相当する。もしも"老师的话都听得懂。" Lǎoshī de huà dōu tīngdedǒng.（先生の話はすべて聞いてわかります）を"老师的话都能听懂。"と助動詞の表現にした場合は，"能"が「能力がある；できる」の意味で用いられているので差異は生じない。双方の表現が成立する場合，一般的には，可能補語を用いると，単に「できる；できない」ではなく，助

動詞を使うより具体性に富んだ可能表現になる。なお，可能補語の肯定形では，"老师的话都能听得懂。"のように助動詞を併用することもある。

◆可能補語を用いた「動詞＋賓語」の連語（正確には単語形式の連語）に対する賓語は，結果補語，単純方向補語で構成されていれば，ふつう補語の後に置き，複合方向補語で構成されていれば，多くは複合方向補語の中間に置く。賓語が動作行為の受け手になる場合は文頭に置き，主語にすることもある。

(ⅰ)汽车上装不下这些东西。Qìchēshang zhuāngbuxià zhè xiē dōngxi.
（車にこれらの品を積めない）

(ⅱ)我听不出你的声音来。Wǒ tīngbuchū nǐ de shēngyīn lai.
（私は君の声が聞き分けられない）

(ⅲ)这一课我背不下来。Zhè yí kè wǒ bèibuxiàlai.（この課は，私は暗記できない）

090　結果補語，方向補語と対応しない可能補語

述語となる動詞や形容詞の後に置いて，述語の表す動作行為の結果や状況を補足説明する成分を補語という。

可能補語には，動詞と結果補語，方向補語の間に"得、不"を置き，「動詞＋"得／不"＋結果補語／方向補語」の組み立てになるもののほか，形式は同じだが，対応する原形がなく，肯定形と否定形だけ存在するものがある。

	動詞＋補語	可能補語肯定形	可能補語否定形
結果補語	× 来及 láijí	来得及 láidejí（〔時間的余裕があって〕間に合う）	来不及 láibují（〔時間的余裕がなくて〕間に合わない）
方向補語	× 买起 mǎiqǐ	买得起 mǎideqǐ（〔金銭的余裕があって〕買える）	买不起 mǎibuqǐ（〔金銭的余裕がなくて〕買えない）

❶太贵了！我买不起。Tài guì le! Wǒ mǎibuqǐ.
（高いなあ！私には買えません）

❷还来得及吗？Hái láidejí ma?（まだ間に合いますか）

❸菜太多，我吃不了。Cài tài duō, wǒ chībuliǎo.
（料理が多すぎて私は食べきれない）

4 **明天你来得了来不了？** Míngtiān nǐ láideliǎo láibuliǎo?
（明日君は来られますか）

このタイプの可能補語は肯定形と否定形だけで、いわば原形にあたる×"买起、来及、吃了、来了"（"了"は liǎo と読む）は存在しない。**1** "买不起"の"…不起"buqǐ は「（金や力が足りず）…できない」という意味を表す。"吃不起"chībuqǐ なら「（値段が高くて）食べられない」。**2** 可能補語の肯定形は疑問文や反語文で使われることが多い。可能補語は否定形がよく使われる。否定形は"来不及"láibují、"…不及"bují は「（時間的に余裕がなくて）間に合わない」意味を表す。**3** "吃不了"の"…不了"buliǎo は「…しきれない」という意味のほか"好不了"hǎobuliǎo（よくなるはずがない）、"去不了"qùbuliǎo（行けるわけがない）のように「…のはずがない；…できない」という用法もある。**4** の"来不了"は「来ることが実現できない→来られない」。この例は可能補語の反復疑問文の組み立てになる。"…不了"は結びつく動詞や形容詞の幅が広いので、話しことばでよく使われる。書きことばでは助動詞を用いたり、結果補語、方向補語と対応する可能補語を用いることが多い。

更上一层楼 STEP UP！

◆対応する原形のない可能補語は、いわば動詞や形容詞の後に置いて、不可能を表す接辞のように用いられる。辞典類でも、"…不起"は「（金や力が足りず）…できない」、"…不了"は「…しきれない；…のわけがない」のように項目を掲げる。

◆このほかに、やはり接辞的な例で、動詞や形容詞の後に置き、「支障があってできない；さしつかえがある」という意味を表す"不得"bude がある。肯定形は"得"de であるが、ふつうは否定形だけ使う。使用は話しことばに限られる。

　(i) **这种植物有毒，吃不得**。Zhè zhǒng zhíwù yǒu dú, chībude.
　　（この種の植物は有毒だから、食べることはできない）
　(ii) **那个地方去不得，很不安全**。Nàge dìfang qùbude, hěn bù ānquán.
　　（あそこは行ってはならない。危ないから）

091　程度補語となる後置成分

述語となる動詞や形容詞の後に置いて、述語の表す動作行為の結果や状況

を補足説明する成分を補語という。

　形容詞や動詞の後に置いて、程度の強調、誇張を表す補語を程度補語という。動詞は一部の心理活動を表すものなどに限られる。この程度補語を状態補語（⇨98〜100）に含め、それらすべてを程度補語として説明することも多いが、ガイドラインでは程度の強調を表す補語を、接続成分"得" de を必要とするものと、しないものに分け、後者を本項目の程度補語とした。

　ここでいう程度補語は、"极、死、坏、透" jí, sǐ, huài, tòu などのいくつかに限られ、いずれもその後に助詞"了"を加え、一種の後置成分（接辞）として用いるものである。これらの補語のなかで、"极"以外は結果補語としても用いるので、意味のまぎらわしいことも起こり得る（⇨84）。

　"极了"は話し手にとって好ましいことにも、好ましくないことにも使えるが、"死了、坏了、透了"はふつう好ましくないことや、望ましくないことに使う。"死了"には、"高兴死了" gāoxìng sǐle（ひどく喜んだ）、"坏了"には"乐坏了" lè huàile（うれしくてたまらない）のような例外もある。

1️⃣那好极了！　Nà hǎo jíle!（それはすばらしい）
2️⃣我饿死了！　Wǒ è sǐle!（私はひどくお腹がすいた）
3️⃣他像他爸爸像极了。Tā xiàng tā bàba xiàng jíle.
　（彼はお父さんにとてもよく似ている）

　1️⃣と2️⃣は形容詞を強調した例。3️⃣は動詞を強調した例。"饿死了"はそのまま「餓死した」という意味で、結果補語の用例もある。

更上一层楼

STEP UP!

◆性質や状態の度合いを強調する表現には、程度副詞を形容詞などの前に置いて連用修飾語とするか、後に補語を置いて、いわば後置の修飾語にする。補語の場合は形容詞などとの間に接続成分がない場合とある場合に分かれる。本項目は、接続成分がない例を取り上げている。上に掲げた例以外に、"今天暖和多了。" Jīntiān nuǎnhuo duōle.（今日はずっと暖かくなった）の"…多了"も後置成分として使うので、同類とする考え方もあるが、"今天暖和得多了。" Jīntiān nuǎnhuode duōle. と接続成分"得"のある組み立ての省略形と見る。

◆形容詞と補語の間に接続成分がある場合の、程度の強調は以下の2例のような組み立てになる。この表現については状態補語の項目で述べる（⇨100）。

　（i）疼得要命！　Téngde yàomìng!（痛くてたまらない）
　（ii）今天热得不得了！　Jīntiān rède bùdéliǎo!（今日は暑くてかなわない）

092 動作量補語

述語となる動詞や形容詞の後に置いて，述語の表す動作行為の結果や状況を補足説明する成分を補語という。そのうち，動作や変化の数量に関する補語を数量補語と呼ぶ。

数量補語で，動作行為の回数など，動作量を表すものは動作量補語という。動作量は「数詞＋量詞」の数量詞連語（⇨**147**）で示される。動作量の単位は動量詞（⇨**151**）で，専用動量詞と借用動量詞とがある。

なお，数量補語は賓語と性質が近いとして，準賓語とする考え方もある（⇨**97**）。

1 昨天只吃了 一顿 饭。 Zuótiān zhǐ chīle yí dùn fàn.
（昨日は1度しか食事していない）
2 我见过他 两次 。Wǒ jiànguo tā liǎng cì. （私は彼に2度会ったことがある）
3 ①我见过 一次 李老师。Wǒ jiànguo yí cì Lǐ lǎoshī.
②我见过李老师 一次 。Wǒ jiànguo Lǐ lǎoshī yí cì.
（私は李先生に1度会ったことがある）
4 请等 一下 ！ Qǐng děng yíxià! （ちょっと待ってください）
5 请等 一等 ！ Qǐng děng yì děng! （ちょっと待ってください）

□は動作量補語を示す。**1**～**3** は専用動量詞を用いた例。**1** の"顿"は食事や叱責などの回数に用い，**2** と **3** の"次"は広く「…度」という意味で回数を示す（⇨**93**）。**4** と **5** は回数が定量ではなく，不定量を表している。**4** の"下"はもともと回数を示す動量詞だが，数詞"一"と組み合わせた場合，数量詞"一下"が不定量「ちょっと」を表すことが多い。**5** は動詞と同形の借用動量詞を用いた例。動詞の重ね型に似て，不定量の「ちょっと」を表す。

動詞に賓語がある場合，賓語の位置はふつう，**1** のように「動詞＋動作量補語＋賓語」の順だが，**2** のように賓語が人称代詞の場合には「動詞＋賓語＋動作量補語」の順になる。**3** のように賓語が地名，人名あるいは呼称などの場合は双方の語順がある。

更上一层楼

◆「動詞＋動作量補語」の組み立てで，動詞に対する賓語の位置は次のようにまとめられる。

　　　○看一次电影　×看电影一次　（映画を1度見る）
　　　×见一次他　　○见他一次　　（彼に1度会う）
　　　○去一次中国　○去中国一次　（中国に1度行く）

しかし，"看电影一次"の語順も，次のような例を見ることがある。

　（i）**他每月看电影一次**。Tā měiyuè kàn diànyǐng yí cì.（彼は毎月映画を1度見る）

このような組み立ては「記帳式」とも呼び，「映画を見るのは1度だ」のように，"一次"があたかも話題を受けての説明の部分になっていて，"看一次电影"の語順にくらべ，計数の意味合いが強い。大別すれば，"见他一次"のような，賓語が人称代詞の場合は必ず動作量補語を賓語の後に置き，人称代詞以外は賓語の前後とも補語を置けるが，ふつうは賓語の前に位置する。「記帳式」はガイドラインではあつかわない。

◆「動詞＋動作量補語」の組み立てで否定形が考えられるのは，次のような場合である。

　（ii）**那个地方我只去过一次，没去过两次**。
　　　Nàge dìfang wǒ zhǐ qùguo yí cì, méi qùguo liǎng cì.
　　　（あそこは，私は1度だけ行ったことがあるが，2度は行ってない）

条件文であれば，否定副詞"不"を用いて「…しなければ」という組み立てが作れる。

093　動作量の表し方

動作行為の回数など，動作の量を表すものを動作量という。動作量は「数詞＋量詞」の数量詞連語（⇨**147**）で示される。動作量の単位は動量詞（⇨**151**）で，専用動量詞と借用動量詞とがある。借用動量詞とは，名詞や動詞から借用された量詞である。

1 来 一次 。Lái yí cì.（1度来る）
2 去过 两趟 。Qùguo liǎng tàng.（2度行ったことがある）
3 看了 一眼 。Kànle yì yǎn.（ひと目見た；チラッと見た）
4 睡 一觉 。Shuì yí jiào.（ひと眠りする）

□が動作量補語。**1**"次"は回数を数える動量詞。動作全般に使える。"回"も同様に使い，より口語的。**2**の"趟"は往来の回数だけを数える専用の量詞。**3**はその動作に関わる身体名詞を借用した量詞の例。動詞"看"（見る）には"眼"（目）を量詞として使う。**4**の"睡觉"shuìjiào（眠る）は動賓型の動詞（離合動詞⇨172）。このタイプの結合の固い動賓型動詞は「動」に対する「賓」の部分を量詞に使える。この例では"觉"が借用動量詞。**3**以下は数詞に対する開放性が小さく，回数を数える機能は低い。例えば，概数表現として"看两眼"というが，ふつう"看十眼"とはいわない。

> 更上一层楼

◆動作量の表し方

(1)専用動量詞を使う：動作の回数の単位として広く使われる"次"や"回"以外に，往来に関する動詞には専用の"趟"のように，特定の動作と結びつく動量詞がある。例えば，"顿"は食事や叱責などの回数に，また"下"は時間的に短いと感じられる動作の回数に使われる。ただし，"一下"には「ちょっと…する」という別の用法もある。

(2)借用動量詞を使う：名詞からの借用として，その動作行為に関連する身体の部分や，その動作行為に必要な工具などがある。上に掲げた"看一眼"はその1例だが，ほかにも"踢一脚"tī yì jiǎo（ひとけりする），"打一拳"dǎ yì quán（1発なぐる），"削一刀"xiāo yì dāo（ひとけずりする）などがある。ただし，これらは"一、两、几"などの数詞としか結ばず，回数を数えるというよりも不定量の表現で，動詞の意味に具象性を付け足すものと見た方がよい。訳語も，「チラッと見る」「スパッとけずる」などのように，擬態語が似合っている。動詞からの借用としては，動作行為を表す1音節動詞をそのまま動量詞に使うもので，初級段階では動詞重ね型の中間に数詞"一"を入れると説明する形式がある。"看一看"kàn yí kàn（1度見る）"笑一笑"xiào yí xiào（1度笑う）などがその例だが，これらも回数を表すというより不定量の表現で，数詞はほとんどの動詞に対して"一"だけであり，動詞の重ね型と同様に，「ちょっと…する」という感じで使われることが多い。"等一等"děng yì děng（ちょっと待つ）はその例になる。

(3)上に掲げた"睡一觉"のように，熟語性の強い動賓型の動詞は，動賓の中間に数詞が入り，「賓」の部分が量詞に借用されることがある。"见一面"jiàn yí miàn（1度会う），"打一仗"dǎ yí zhàng（ひといくさする）も同様の例である。これらは回数を表すだけでなく，不定量の表現でもあり，数詞はほとんど"一"に限られる。"见面"の場合，回数を示すには"见一次面"

という形式が使われる。

(4) ほかに，動詞の重ね型（⇨**178**）も不定量の動作量を表すことができる。"看看"，"休息休息" xiūxixiuxi（ひと休みする）はその例である。動詞の重ね型は，動詞の後に数量詞"一下"を置いて，「ちょっと…する」の意味を表す表現に置き換えられる例が多い。

094 　時間量補語

述語となる動詞や形容詞の後に置いて，述語の表す動作行為の結果や状況を補足説明する成分を補語という。そのうち，動作や変化の数量に関する補語を数量補語と呼ぶ。

数量補語で，動作や状態の持続時間や，その発生時からの経過時間など，時間量を表すものは時間量補語という。時間量は主として時間を示す名詞を量詞に用いたり，時間量を示す数量詞連語（⇨**147**）で表す。なお，数量補語は賓語と性質が近いとして，準賓語とする考え方もある（⇨**97**）。

1. 動作や状態の持続時間（…の時間…する）を示す場合。

1请等 一会儿！ Qǐng děng yíhuìr！（しばらくお待ちください）
2他每天晚上看 两(个)小时 (的)电视。
　Tā měitiān wǎnshang kàn liǎng (ge) xiǎoshí (de) diànshì.
　（彼は毎晩2時間テレビを見る）
3我等了他 三天 。Wǒ děngle tā sān tiān. （私は彼を3日間待った）
4我在上海住过 一年 。Wǒ zài Shànghǎi zhùguo yì nián.
　（私は上海に1年間住んでいたことがある）

□は時間量補語を示す。**1**の"一会儿"は「数詞＋量詞」の組み立てだが単語のように用い，不定，少量の時間量を表す。時間量を表す数量詞には"一个星期、四个月"（1週間，4か月間）のように数詞と名詞の間に"个"が必要なものと，"三天、一年"（3日間，1年間）のように"个"を使わずに直接結ぶものがある（⇨**118**）。"小时"（…時間）は"个"があってもなくてもよい。

動詞に賓語がある場合，賓語の位置はふつう，**2**のように「動詞＋時間量補語＋（"的"）＋賓語」の順に並べ，時間量補語と賓語の間に"的"を入れる

こともある（この場合は形式上，時間量が補語ではなく，連体修飾語になる）。ただし，**3**のように賓語が人称代詞や呼称の場合は「動詞＋賓語＋時間量補語」の順になる。賓語が呼称で，時間量補語が"一会儿"など不定量の場合は双方の語順がある。

更上一层楼

◆「動詞＋時間量補語」の組み立てで，動詞に対する賓語の位置は次のようにまとめられる。

　　○学一年汉语　　△学汉语一年　　（中国語を1年間学ぶ）
　　×等一天他　　　○等他一天　　　（彼を1日待つ）
　　○等一会儿小李　○等小李一会儿　（李君を少しの間待つ）

このほかに，賓語が一般の名詞であれば，動詞をくりかえすことで，次のような組み立てができる。

　　（ⅰ）他学汉语学了 一年 。Tā xué Hànyǔ xuéle yì nián 。
　　　　（彼は中国語を1年間学んだ）

また，動作量補語に関して述べたように，「記帳式」（⇨**92**）と呼ばれる，上掲の△"学汉语一年"のような語順がある。この形式は「計数」に重点を置いた表現となる。

　　（ⅱ）他学英语 一年 ，学日语 两年 。Tā xué Yīngyǔ yì nián , xué Rìyǔ liǎng nián 。
　　　　（彼は英語は1年間，日本語は2年間学んだ）

「動詞＋時間量補語」の組み立てで否定形が考えられるのは，次のような場合である。

　　（ⅲ）没等他 一个小时 ，只等了 十分钟 。
　　　　Méi děng tā yí ge xiǎoshí, zhǐ děngle shí fēn zhōng 。
　　　　（彼を1時間は待たなかった。10分待っただけだ）

条件文であれば，否定副詞"不"を用いて「…しなければ」という組み立てが作れる。

2. 動作，行為の発生時からの経過時間（…してから…の時間になる）を示す場合。

5他死了 三年 了。Tā sǐle sān nián le.（彼が亡くなって3年になる）
6我来日本 半年 了。Wǒ lái Rìběn bàn nián le.（私は日本に来て半年になる）
7他学汉语才 两个月 。Tā xué Hànyǔ cái liǎng ge yuè.
　　（彼は中国語を学んでわずか2か月です）

6, 7のように，動詞に賓語があれば，「動詞＋賓語＋時間量補語」の順に並べる。その場合，動詞のすぐ後に"了、过"などの助詞を加えることはできない。

更上一层楼

◆上に述べた1.と2.の組み立ては次のようになる。
1. 持続時間：「動詞（＋"了／过"）＋時間量補語＋（"的"）＋賓語」
2. 発生後の経過時間：「動詞＋賓語＋時間量補語＋"了"」

次の例は，前後して行われた2つの動作行為の，時間的な間隔を時間量補語で示す。第一の動作行為の後，どれだけの時間で第二の動作行為が発生したかを表している。

(iv) 他们结婚 三天 就离了。Tāmen jiéhūn sān tiān jiù lí le.
（彼らは結婚して〔から〕3日でもう別れてしまった）

"结婚"（結婚する）という動詞は「動詞＋賓語（婚を結ぶ）」の組み立てになっている（→離合動詞 172）。ここでは時間量補語は賓語である"婚"の後に位置している。

095　比較の結果を表す数量補語

述語となる動詞や形容詞の後に置いて，述語の表す動作行為の結果や状況を補足説明する成分を補語という。そのうち，動作や変化の数量に関する補語を数量補語と呼ぶ。

数量補語で，形容詞の後に置き，比較の結果を数量で表すものを比較数量補語と呼ぶ。比較数量はふつう度量詞（⇨153）や不定量詞などを用いた数量詞連語（⇨149）で表す。なお，数量補語は賓語と性質が近いとして，準賓語とする考え方もある（⇨97）。

1 这个(比那个)便宜 一点儿。Zhège (bǐ nàge) piányi yìdiǎnr.
（これは〔あれより〕少し安い）

2 一班的学生(比二班)多 十个。Yī bān de xuésheng (bǐ èr bān) duō shí ge.
（1組の学生は〔2組より〕10人多い）

3 你妹妹(比你)小 几岁？Nǐ mèimei (bǐ nǐ) xiǎo jǐ suì?
（君の妹さんは〔君より〕何歳年下ですか）

4这条裤子(比那条)长两寸。Zhè tiáo kùzi (bǐ nà tiáo) cháng liǎng cùn.
（このズボンは〔あれより〕2寸長い）

□が数量補語。**1**〜**4**は，それぞれ介詞"比"を使って比較の対象を加えることができる（"比"を用いる比較文⇨**79**）。

1の"一点儿"は「数詞＋量詞」の組み立てだが単語のように用い，不定量の少量「少し」を表す。この不定量"一点儿"を具体的な量に変えることもできる。例えば"十块钱"shí kuài qián（10元）にすれば「10元安い」という意味になる。**2**では"十个"が比較の結果である差を示すが，**3**は疑問代詞"几"（いくつ）を数詞の代わりに使った例。**4**は量詞に度量詞（度量衡の単位）を使っている。

更上一层楼

STEP UP!
◆ "长了三尺"chángle sān chǐ（3尺長かった）と"买了三尺"mǎile sān chǐ（3尺買った）の2つの例は，数量詞は同じであるが，前者は形容詞に対する比較数量補語であり，後者は動詞に対する賓語であり，名詞相当の語句で，後に名詞を補うこともできる。

096　動作量, 時間量を動詞の前に置く場合

動作量，時間量などを表す数量詞を動詞の後に置くと，動作行為の数量を示す補語となるが，動詞の前に置いた場合は，提示された回数や時間の範囲で起こること，あるいは存在することを表す連用修飾語となる。

1一次喝两瓶。Yí cì hē liǎng píng.（1度に2本飲む）
2一天吃三顿饭。Yì tiān chī sān dùn fàn.（1日に3度食事する）
3一个星期没下雨。Yí ge xīngqī méi xià yǔ.（1週間雨が降っていない）
4五分钟(就)吃了二十个饺子。Wǔ fēn zhōng (jiù) chīle èrshí ge jiǎozi.
　（5分間で20個のギョーザを食べた）

1，**2**の文頭の"一次…"（1回につき…），"一天…"（1日の間に…）は「…あたり；…の間に…する」という意味を表す。数量詞の前に"每"（…ごとに；…あたり）を加えてもよい。"喝两瓶"，"吃三顿饭"などのように「飲む量」や「食べる回数」は動詞の後に置く。**3**は"下一个星期雨"xià yí ge xīngqī yǔ（1週間，雨が降っている；1週間，降り続く）に対応する否定形で，「1週間の間，雨が降っていない」という表現。降った時間量は動詞の後に置くが，降らなかった期間の提示は動詞の前に置く。**4**は「5分間」という時間量が動作行為の数量としてではなく，動作行為を行う期間を提示するため，動詞に前置されている。このような場合は副詞"就"を用い，"五分钟"が条件の提示であることを示せる。

更上一层楼

◆**3**の例を"没下一个星期雨" méi xià yí ge xīngqī yǔ という組み立てにすると，「1週間，降り続きはしなかったが，何日間か降った」という場合の，一種の部分否定になる（以下は呂叔湘の用例）。

(i) 今天他干了一天活。Jīntiān tā gànle yì tiān huó.（今日，彼は1日働いた）

(ii) 这星期他干了一天活。Zhè xīngqī tā gànle yì tiān huó.
　（今週，彼は1日〔だけ〕働いた）

(iii) 今天他没干一天活，下午没来。Jīntiān tā méi gàn yì tiān huó, xiàwǔ méi lái.
　（今日，彼は1日は働かず，午後は来なかった）

(iv) 这星期他没干一天活。Zhè xīngqī tā méi gàn yì tiān huó.
　（今週，彼は1日〔だけ〕働かなかった）

(v) 今天他一天没干活。Jīntiān tā yì tiān méi gàn huó.
　（今日，彼は1日〔中〕働かなかった）

(vi) 这星期他一天活没干。Zhè xīngqī tā yì tiān huó méi gàn.
　（今週，彼は1日も働かなかった）

上に掲げた最後の例は否定の強調表現で，"一次也没去过。" Yí cì yě méi qùguo.（1度も行ったことがない）のように，「数詞が"一"の数量詞連語＋("也／都")＋否定形の動詞／形容詞」（少しも…ない）の組み立てになっている。

097 動作量，時間量，比較数量は補語か，賓語か

述語となる動詞や形容詞の後に置いて，述語の表す動作行為の結果や状況を補足説明する成分を補語という。そのうち，動作や変化の数量に関する補語を数量補語と呼ぶ。

数量補語には，動作量補語，時間量補語，比較数量補語などがあるが，これらの数量補語の性質が賓語に近いとして，賓語に準ずる「準賓語」とする考え方がある。

数量補語となる数量詞は名詞性の成分であるが，"写好了一封信。" Xiěhǎole yì fēng xìn.（手紙を1通書き上げた）のような結果補語でも，"带来了一本词典。" Dàilaile yì běn cídiǎn.（辞典を1冊持って来た）のような方向補語でも，数量補語以外は形容詞や動詞など述語性の成分である。一方，賓語には名詞性の成分も，述語性の成分も用いられる。このような点から，数量補語を賓語と見ることにすれば，補語は述語性の成分に限られる，という考え方がある。しかし，教室文法では，ガイドラインも含め，なお数量補語を補語として見る考え方が一般的である。

　数量補語を賓語とする考え方を次の例で説明する。

1 **看一次(电影)**。Kàn yí cì (diànyǐng).（映画を1度見る）
2 **一次电影也没看**。Yí cì diànyǐng yě méi kàn.（1度も映画を見ていない）
3 **回一趟家**。Huí yí tàng jiā.（家に1度帰る）
4 **下一会儿围棋**。Xià yíhuìr wéiqí.（しばらく碁を打つ）

　1の"一次"は動作量を表しているが，後に名詞を補うことができる上，その名詞の修飾語の位置に置いて"一次电影"のようにいえる。**2**に書き換えた組み立ては"一本书也没看。" Yì běn shū yě méi kàn.（1冊も本を見ていない）と同じだが，後者の例は"一本也没看。"とすれば"一本"が名詞の代わりをする。**3**と**4**は，それぞれ"一趟家"，"一会儿围棋"のように動詞を切り離すと落ち着かない。このように動量詞による動作量は，"一本"のような名詞に代わり得る真の賓語（真賓語）とは異なるので，「準賓語」としてあつかうものである。

　補語が比較数量（⇨**95**）の場合も，"长了三尺" chángle sān chǐ（3尺長かった）と"买了三尺" mǎile sān chǐ（3尺買った）をくらべると，後者は名詞相当の語句で，後に名詞を補うこともできるので真賓語，前者は準賓語となる。

　数量補語を準賓語とすることで，1つの利点は，例えば**4**を「二重賓語」の組み立てとして説明すると，動詞"下"に対し，準賓語"一会儿"が真賓語"围棋"に先行し，人称代詞を動詞の賓語とした場合に，例えば"等他一会儿"（彼をしばらく待つ）を真賓語が準賓語に先行する，と対比でき，賓語の前後関係だけで説明がわかりやすくなる。

更上一层楼

STEP UP! 三

◆数量補語を準賓語とする考え方は、社会科学院言語研究所の丁声树《现代汉语语法讲话》をはじめ、朱德熙《语法讲义》や吕叔湘《现代汉语八百词》でも採用されているが、学校文法は一般に、従来のまま補語としている。

098　動詞に対する状態補語

述語となる動詞や形容詞の後に置いて、述語の表す動作行為の結果や状況を補足説明する成分を補語という。

動詞や形容詞の後に置き、その程度、結果、状態などを表す語句を状態補語と呼ぶ。状態補語は他の補語と異なり、動詞、形容詞の後に補語を接続する成分として構造助詞"得"de を置かなければならない。

動詞に対する状態補語は「動詞+"得"+状態補語」(…するのが…だ) の組み立てになっている。

1 他来得很早。Tā láide hěn zǎo.
　(彼は来るのがはやかった；彼は〔いつも〕はやく来る)

2 他跑得快，我跑得不快。Tā pǎode kuài, wǒ pǎode bú kuài.
　(彼は走るのがはやいが、私ははやくない)

3 ①他唱得好吗？　Tā chàngde hǎo ma?（彼は歌うのが上手ですか）
　②他唱得好不好？　Tā chàngde hǎo bu hǎo?（彼は歌うのが上手ですか）

4 他唱得怎么样？Tā chàngde zěnmeyàng?（彼は歌い方はどうですか）

状態補語は、すでに実現していることや、あるいは恒常的にいつもそうであることについて、その状況を述べる表現である。**1**はすでに「来た」ことについて「はやい」とも、いつも「来る」ときの状況が「はやい」ともいえる。"得"に続く状態補語には形容詞性の語句が多く使われる。形容詞は述語になる場合と同じく、**1**のように"很"などの程度副詞が加わる。程度を表す修飾語がない形容詞は、**2**のように比較、対照の場合に用いる。状態補語の疑問文は**3**のように文末に"吗"を加えるか、形容詞を「肯定+否定」に並べる。また、疑問詞"怎么样"zěnmeyàng（いかがですか）を使って**4**のようにいうこともできる。

更上一层楼

STEP UP！

◆一般的には，ガイドラインでいう状態補語を程度補語と呼ぶことが多い。ガイドラインでは，形容詞の後に接続成分を置かずに，程度の強調を表す補語を置く組み立てに限って程度補語とし（⇨91），接続成分の必要な補語を状態補語としてあつかう。

◆状態補語となる成分は単一の形容詞だけでもよいが，その場合は可能補語の肯定形と形式上まぎらわしい。状態補語は接続成分と補語の間に他の成分を入れられる点が異なる。

  状態補語："唱得好"chàngde hǎo（歌うのが上手だ），
      "唱得不好 chàngde bù hǎo"（歌うのが上手でない）
  可能補語："唱得好"chàngdehǎo（上手に歌える），
      "唱不好"chàngbuhǎo（上手に歌えない）

状態補語の反復疑問文は❸に示したが，可能補語の場合は"唱得好唱不好？"となる。

◆状態補語になる成分は形容詞性の語句ばかりではない。

(ⅰ)**疼得要命**。Téngde yàomìng.（痛くてたまらない）（⇨100）
(ⅱ)**激动得说不出话来**。Jīdòngde shuōbuchū huà lai.
 （感動のあまりことばが出せない）
(ⅲ)**我说得大家都笑了**。Wǒ shuōde dàjiā dōu xiào le.
 （私が話をして一同みな笑った）

099 動賓連語に対する状態補語

 述語となる動詞や形容詞の後に置いて，述語の表す動作行為の結果や状況を補足説明する成分を補語という。

 動詞や形容詞の後に置き，その程度，結果，状態などを表す語句を状態補語と呼ぶ。状態補語は他の補語と異なり，動詞，形容詞の後に補語を接続する成分として構造助詞"得"de を置かなければならない。動詞に賓語がある場合は，賓語の後に"得"を置けないので，動詞をくりかえし，「動詞＋賓語＋動詞＋"得"＋状態補語」（□を…するのが…だ）と組み立てる必要がある。ただし，「動詞＋賓語」の動詞を略し，「賓語＋動詞＋"得"＋状態補語」ということもある。

❶她(唱)中国歌唱得很好。Tā (chàng) Zhōngguó gē chàngde hěn hǎo.
（彼女は中国の歌を歌うのが上手だ）

❷他(说)汉语说得不太流利。Tā (shuō) Hànyǔ shuōde bú tài liúlì.
（彼は中国語の話し方があまり流ちょうではない）

❸汉语他说得不太流利。Hànyǔ tā shuōde bú tài liúlì.
（中国語は，彼は話し方があまり流ちょうではない）

❶，❷は賓語の前のかっこ内の動詞を省略して，「賓語」＋動詞＋"得"＋状態補語」の組み立てにできる。この組み立ては賓語が複雑な組み立ての場合などに活用できる。❷は"他的汉语说得不太流利。"ということもできる。賓語を特に突出したければ，❸のように，賓語を話題として文頭に提示する。

更上一层楼

◆❶の"她(唱)中国歌唱得很好。"と同形式の"她(唱)歌唱得很好。"（彼女は歌を歌うのが上手だ）も第一の動詞を略せるが，動詞と賓語の結びつきが固い場合には，例えば"他滑雪滑得怎么样？"Tā huáxuě huáde zěnmeyàng?（彼はスキーの腕前はどうですか）において，"滑雪" huáxuě（スキーをする）の動詞"滑"を省略すると不自然である。"唱歌"は「歌を歌う」であるが，"滑雪"は「雪を滑る」ではなく，「スキーをする」である点が異なる。

100　形容詞に対する状態補語

述語となる動詞や形容詞の後に置いて，述語の表す動作行為の結果や状況を補足説明する成分を補語という。

動詞や形容詞の後に置き，その程度，結果，状態などを表す語句を状態補語と呼ぶ。状態補語は他の補語と異なり，動詞，形容詞の後に補語を接続する成分として構造助詞"得" de を置かなければならない。

状態補語で形容詞の度合いを強調する表現があり，「形容詞＋"得"＋程度を強める語句」の組み立てで用いる。

❶好得很。Hǎode hěn. （たいへんよい）
❷高兴得不得了！ Gāoxìngde bùdéliǎo!（うれしくてたまらない）
❸今天热得了不得！ Jīntiān rède liǎobude!（今日は暑くてたまらない）

4 他们俩的水平差得很远。Tāmen liǎ de shuǐpíng chàde hěn yuǎn.
（彼ら2人のレベルはかなりへだたりがある）

5 我忙得一天都没吃饭。Wǒ mángde yì tiān dōu méi chī fàn.
（私は忙しくて1日食事をしていない；1日，食事をしなかったほど忙しい）

ふつう"很好"hěn hǎo（〔とても〕よい）の"很"は，強く発音しない限り強めの働きをしないが，**1**のように補語に使われた場合は「たいへん」という程度の強調になる。**2**の"不得了"と**3**の"了不得"はほぼ同義で，程度の強調を示す状態補語の定番ともいえる形容詞。**4**と**5**は状態補語が，具体的な説明で程度を強調したり，誇張したりしている例。

更上一层楼

◆形容詞に対し，補語の位置に置いて，程度の強調や誇張をする表現には，"好极了"hǎo jíle（たいへんよい）の"极了"など，形容詞と補語とを，接続成分を用いないで結ぶ程度補語（⇨91）がある。

接続成分"得"を必要とする状態補語には，**1**～**3**のような，字面に見られる本来の意味に関係なく，ただ強調や誇張を示すものと，**4**～**5**のように具体的な叙述になっているものがある。前者で，**1**の"好得很"の"…得很"や，類似の"闷得慌"mèn dehuang（ひどく退屈だ）の"…得慌"などは，ともに補語の部分に他の成分を挿入できない点，程度補語の"…极了"などに近い表現といえる。"不得了"や"了不得"も同様である。ほかにも，"疼得要命！"Téngde yàomìng!（痛くてたまらない）の"要命"のような，程度の強めに常用する表現がある。

101　連体修飾語（定語）と連用修飾語（状語）

文の成分である修飾語には，名詞をはじめ名詞性の被修飾語に対する連体修飾語と，動詞や形容詞をはじめ述語性の被修飾語に対する連用修飾語がある。中国では，連体修飾語を限定語の意味から「定語」，連用修飾語を状況語の意味から「状語」と呼んでいる（⇨21）。また，被修飾語を「中心語」と呼ぶ。定義からすれば，「定語」と「状語」ははっきり区別できるように思えるが，中心語が名詞性であるのに連用修飾語の修飾を受けたり，中心語が述語性であるのに連体修飾語の修飾を受けたりする例がある。

❶这个星期三是中秋节。Zhège xīngqīsān shì Zhōngqiūjié.
（今週水曜は中秋節です）
❷今天才星期三。Jīntiān cái xīngqīsān.（今日はやっと水曜日だ）
❸春天到来了。Chūntiān dàolái le.（春がやって来た）
❹我们等待着他的到来。Wǒmen děngdàizhe tā de dàolái.
（私たちは彼がやって来るのを待ちわびている）

❶，❷の中心語は"星期三"という名詞で，❶では連体修飾語"这个"をともなっているが，❷では連用修飾語として副詞"才"をともなっている。❸，❹の"到来"は動詞で，❸では述語に使われているが，❹ではその前に連体修飾語"他的"をともなっている。中心語（被修飾語）が名詞性か，述語性か，だけでは❷や❹の場合に連体なのか，連用なのか，判別がしにくくなる。「連体修飾語＋中心語」あるいは「連用修飾語＋中心語」の修飾連語全体が名詞性か，述語性か，によって判別する必要もあることがわかる。❷では修飾連語の"才星期三"が述語に用いられ，❹では修飾連語の"他的到来"が賓語に用いられている。

> 更上一层楼

◆形容詞が修飾語になる場合，2音節形容詞や状態形容詞は中心語に対し，連体なのか，連用なのか，決めがたい例がある。特に，中心語が名詞にも動詞にも使える場合は判別しにくい（⇨21）。その場合，文の成分として修飾連語全体が置かれた位置を見ると，例えば"详细的调查"の例で，(i)のように賓語の位置であれば「連体修飾語＋中心語」，(ii)のように述語の位置であれば「連用修飾語＋中心語」ということがわかる。後者の場合は接続成分の"的"の表記を"地"と変える（⇨104）。

(i)进行详细的调查。Jìnxíng xiángxì de diàochá.（詳しい調査を行う）
(ii)已经详细地调查过了。Yǐjing xiángxì de diàocháguo le.
（すでに詳しく調査した）

102 接続成分が必要な連体修飾語

文の成分である修飾語には，名詞をはじめ名詞性の被修飾語（中心語）に対する連体修飾語（定語）と，動詞や形容詞をはじめ述語性の被修飾語（中

心語）に対する連用修飾語（状語）がある。前者の「連体修飾語＋中心語」は，直結できるものと，接続成分として修飾語の後に構造助詞"的"が必要なものがある。"的"は連体修飾語の標識にも感じられる。連体修飾語をともなう場合の組み立ては「名詞・代詞・数量詞・動詞(句)・形容詞(句)＋"的"＋中心語」となる。

1 谁的课本？ Shéi de kèběn?（誰の教科書ですか）
2 老师的课本。Lǎoshī de kèběn.（先生の教科書）
3 五十多岁的老师。Wǔshíduō suì de lǎoshī.（50過ぎの先生）
4 认真的老师。Rènzhēn de lǎoshī.（まじめな先生）
5 老老实实的人。Lǎolaoshíshíde rén.（真正直な人）
6 很好的课本。Hěn hǎo de kèběn.（〔とても〕よい教科書）
7 他给我的课本。Tā gěi wǒ de kèběn.（彼が私にくれた教科書）

1 は疑問代詞，2 は名詞が修飾語になっている。所有，所属を表す場合は"的"が必要。ただし，日常のことばでは，所有を表す人称代詞の場合，疑問文のなかで"他课本怎么不见了？"Tā kèběn zěnme bú jiàn le?（彼の教科書はどうして消えてしまったの）などということもある。3 は数量詞が描写的な修飾語として使われた場合。"一位老师" yí wèi lǎoshī（1人の先生）のように，数量を示す場合は，日本語で「の」が必要でも，中国語では"的"は不要。4 は形容詞の例。"老实人" lǎoshirén（正直者）のように，「形容詞＋名詞」で熟語化していれば直結できるが，任意の組み合わせは"的"が必要。5 の形容詞重ね型（状態形容詞）は語尾に"的"をともなう（⇨**162**）。6 のような形容詞句は"的"が必要。7 は動詞句の場合。修飾語が"的"をともなわなければ，"他给我课本"（彼は私に教科書をくれる）となり，「動詞＋賓語」の動賓連語に変わってしまう。

以上，1〜7 のいずれの場合も"的"をともなう。また，文脈によって，それぞれ被修飾語（中心語）を略し，例えば 1 や 2 の"课本"をカットして，"谁的"（誰の〔もの〕），"老师的"（先生の〔もの〕）などといえる。7 の修飾語が動詞句の例についても，同様に"他给我的"（彼がくれたもの）とすることができる（⇨**226**）。

> 更上一层楼

STEP UP!

◆ふつう，日本語から考えても，形容詞が名詞を修飾することは自由であるかのように思うが，中国語の場合，「形容詞＋名詞」で熟語化していなければ，すべて中間に"的"が必要である。朱德熙は，この点について"白纸"báizhǐ（白紙），"白手绢儿"báishǒujuànr（白ハンカチ）は熟語になっているが，"白家具"báijiājù（白い家具）は熟語ではなく任意の組み合わせなので"的"が必要であり，熟語か否かは外国人には判定しにくいといっている。これと逆の現象で，中国人が日本語に未熟な場合，「高い山」というべきなのに，「高いノ山」のように，形容詞と名詞の間に「ノ」をはさむ傾向が強い。これは彼らにとっては母語で任意の組み合わせには"的"が必要という意識が働いているからであろう。朱德熙は，中国語では形容詞が名詞を修飾するより，名詞が名詞を修飾する方が自由である，といっている。"汉语语法"Hànyǔ yǔfǎ（中国語文法），"语法研究"yǔfǎ yánjiū（文法研究）など，この指摘は正しいが，やはり熟語化の有無，音節数の制約なども関わりがあり，例えば"书的内容"shū de nèiróng（本の内容）の例では，"的"は欠かせない。

　名詞が修飾語になる場合，一般の名詞は，所有，所属を表すには"的"が必要であるが，種類，属性などを表すには，名詞同士を直結させ，新たな類名を作る例が多い。時間名詞，場所名詞，方位名詞を修飾語にするには，ふつう"的"が必要である。

103　接続成分が不要な連体修飾語

　文の成分である修飾語には，名詞をはじめ名詞性の被修飾語（中心語）に対する連体修飾語（定語）と，動詞や形容詞をはじめ述語性の被修飾語（中心語）に対する連用修飾語（状語）がある。前者の「連体修飾語＋中心語」は，直結できるものと，接続成分"的"が必要なものがある。直結できる例にも，接続成分を用いてよいものと，用いてはいけないものがある。連体修飾語で接続成分"的"を必要としない場合の組み立ては「名詞・代詞・形容詞・数量詞連語＋中心語」となる。

1 ① 汉语（的）老师 Hànyǔ (de) lǎoshī（中国語〔の〕教師）
　　② 中国（的）电影 Zhōngguó (de) diànyǐng（中国〔の〕映画）

2 ①他(的)哥哥 tā (de) gēge（彼のお兄さん）

②我们(的)学校 wǒmen (de) xuéxiào（私たちの学校）

3 ①什么书？Shénme shū?（どんな本）

②多少时间？Duōshao shíjiān?（どれくらいの時間）

4 ①高山 gāoshān（高山） ②旧书 jiùshū（古本）

③旧(的)衣服 jiù (de) yīfu（古着）

④好朋友 hǎopéngyou（親友） ⑤要紧事 yàojǐnshì（だいじな事）

5 ①一本书 yì běn shū（1 冊の本）

②这两本书 zhè liǎng běn shū（この2冊の本）

③这本书 zhè běn shū（この本）

1は「種類・属性を表す名詞＋名詞」の場合で，熟語化している。ただ，他と区別し，とりたてていう場合には"汉语的老师"（〔英語ではなくて〕中国語の教師）のように"的"を加えることもある。"中国(的)电影"は，日本語と同じように，"的"（の）を加えることも多い。**2**は「人称代詞＋親族名詞／所属先を示す名詞」の場合で，"的"を加えても使うが，日常的には省略する。**3**は「疑問代詞＋名詞」の場合。ふつう"的"を加えない（"谁"だけは"谁的书"のように"的"が必要）。**4**は「形容詞＋名詞」の場合で，直結できるのは熟語化したものに限られ，例えば"高山"に対して×"低山"とはいわない。ただし，このように「形容詞＋名詞」で熟語化していても，他と区別し，とりたてていう場合には"的"を加え，例えば"旧(的)衣服"に"的"を用いることもあり，4音節で口調は安定する。しかし，"好朋友"では"的"を加えないほど，熟語化している。2音節形容詞や形容詞句が連体修飾語となるには"的"が必要だが，なかには2音節形容詞でも，"要紧事"や"老实人"lǎoshirén（正直者）のように，熟語化した例もある。**5**は「(指示代詞＋)数量詞連語＋名詞」の場合で，数量詞連語と名詞との間に"的"を入れることはできない。日本語の「本1冊」，「1冊の本」のどちらにも対応する中国語は"一本书"しかない。数量詞連語の前には指示代詞"这、那、哪"が加えられる。数詞が"一"の場合は"这(一)本书" zhè (yì) běn shū のように"一"を省略してもよい。

更上一层楼

STEP UP!

◆この文法項目だけではないが，中国語の文法規則は，概して強制的，普遍的ではなく，例えば接続成分"的"が必要か不要か，とすべて明確には分け

137

られず，あってもなくてもよい，という場合が少なくない。したがって，ひとまず，"的"を欠かせない場合と，"的"の有無で意味の異なる例を把握すべきである。

◆ "的"の有無が表す意味に関わる場合として，次のような「名詞＋名詞」の例がある。

(i)① **中国朋友** Zhōngguó péngyou　　（中国人である友人）
　② **中国的朋友** Zhōngguó de péngyou　（中国にとっての友人）
(ii)① **孩子脾气** háizi píqi　　　　（子どもっぽさ）
　② **孩子的脾气** háizi de píqi　　（子どもの性質）

2つの例とも修飾語が中心語(被修飾語)に対し，前者は性質・種別の関係，後者は所有・所属の関係になっている。これと同じ組み立てになるが，初級段階で「中国人の先生」を正しく"中国老师"といえず，×"中国的老师"，×"中国人的老师"などと誤りやすい。ただし，類似の例で，"的"をともなった"鲁迅的书" Lǔxùn de shū（魯迅の著した本；魯迅に関する本；魯迅の所有する本）の場合は種別，所有の双方の意味になる。

◆ 修飾語と中心語（被修飾語）を結ぶ接続成分として"的"のあるものを組み合わせ型修飾語，"的"のないものを結合型修飾語と呼ぶことがある。ただし，修飾語が数量詞の場合，人称代詞が所属を示す場合などは，"的"がなくても組み合わせ型とする。結合型はいわば1つの複合名詞のように働くので，結合型，組み合わせ型のいずれの修飾連語でも，その中心語の位置に代入できる。一方，組み合わせ型は同じ組み合わせ型の中心語の位置にしか代入できない。1つの中心語に対していくつもの修飾語が並ぶ場合，以上のルールが適用されるが，おおよそ，「所有・所属＋指示・数量＋描写的な修飾語＋限定的な修飾語」の配列になる。

(iii) **他那本新语法书**。Tā nà běn xīn yǔfǎshū.（彼のあの新しい文法書）
(iv) **我们学校的一所新的学生宿舍**。
　　Wǒmen xuéxiào de yì suǒ xīn de xuésheng sùshè.
　（私たちの学校の1棟の新しい学生寮）

104　接続成分が必要な連用修飾語

文の成分である修飾語には，名詞をはじめ名詞性の被修飾語（中心語）に対する連体修飾語（定語）と，動詞や形容詞をはじめ述語性の被修飾語（中心語）に対する連用修飾語（状語）がある。後者の「連用修飾語＋中心語」

には，直結できるものと，接続成分として修飾語の後に構造助詞"地"（＝"的"）が必要なものがある。"地"は表記上，連体修飾語と連用修飾語を区別するため書き分けるもので，音声的には双方とも de である。接続成分が必要な連用修飾語は「形容詞（句）・動詞（句）・慣用句など＋"地"＋中心語」のように組み立てる。ただし，"地"を加えるのが原則でも，慣用で加えなくてよい場合がある。

❶科学地研究。Kēxuéde yánjiū.（科学的に研究する）
❷很高兴地说。Hěn gāoxìngde shuō.（とてもうれしそうにいう）
❸热烈（地）欢迎。Rèliè(de) huānyíng.（熱烈に歓迎する）
❹安安静静地坐着。Ān'anjìngjìngde zuòzhe.（静かに座っている）
❺高高兴兴（地）玩儿。Gāogaoxìngxìng (de) wánr.（楽しく遊ぶ）
❻吃惊地问。Chījīngde wèn.（びっくりして尋ねる）
❼来回（地）跑。Láihuí(de) pǎo.（行ったり来たり走り回る）
❽一动不动地停着。Yídòngbúdòngde tíngzhe.（じっととまっている）

　動詞や形容詞が連用修飾語になる場合，中心語（被修飾語）と組み合わさって，日常よく使われている例では，接続成分の"地"を用いずに，直結することがある。❸，❺，❼などはその例である。❶〜❸は修飾語が２音節形容詞。❶の"科学"は「科学」という意味の名詞ではなく，「科学的な」という形容詞で，"很科学"（科学的だ），"不科学"（科学的でない）のように用いられる。❷は形容詞句（程度副詞＋形容詞）が連用修飾語の場合。❸は日本語でも引用される"热烈欢迎"という慣用表現だが，日常よく組み合わされる例では，このように２音節形容詞も直結の例が多い。❹，❺は状態形容詞（形容詞の重ね型）で，日常慣用的な組み合わせでは直結することがある。❻，❼は修飾語が動詞の例。日常的な動詞では直結もあるが，書きことばの動詞では接続成分が加わる。❽のような慣用句や４字成語は，多くの場合，接続成分が加わる。

更上一层楼

◆連用修飾語の接続成分"地"を用いるべき場合を品詞別に列挙しても，明確なルールを引き出すことは容易でない。むしろ，「修飾語＋被修飾語」の組み合わせ自体の慣用にしたがう部分も少なくない。"地"が連用修飾語の標識としてはっきり機能する場合は，次に掲げる(i)のように，名詞を転用して連

用修飾語にする例，また(ii), (iii)などのように，各種の連語を連用修飾語にする例であろう。

(i) **历史地看问题**。Lìshǐ de kàn wèntí.（歴史的に問題を見る）
(ii) **有计划地进行调查**。Yǒujìhuà de jìnxíng diàochá.（計画的に調査を進める）
(iii) **她们手拉手地走进来**。Tāmen shǒu lā shǒu de zǒujìnlai.
（彼女たちは手に手を取って入って来た）

105 接続成分が不要な連用修飾語

文の成分である修飾語には，名詞をはじめ名詞性の被修飾語（中心語）に対する連体修飾語（定語）と，動詞や形容詞をはじめ述語性の被修飾語（中心語）に対する連用修飾語（状語）がある。後者の「連用修飾語＋中心語」には，直結できるものと，接続成分として修飾語の後に構造助詞"地"（="的"）が必要なものがある。接続成分のない，直結の連用修飾語は「時間名詞・方位名詞・場所名詞・数量詞・介詞連語・1音節形容詞・副詞・形容詞や数量詞の重ね型・2音節形容詞＋中心語」のように組み立てる。

1 ①**今天去**。Jīntiān qù.（今日行く）
　　②**八点上班**。Bā diǎn shàng bān.（8時に出勤する）
2 ①**前边走**。Qiánbian zǒu.（前方を歩く）
　　②**里边坐**。Lǐbian zuò.（中にお入りください）
3 ①**北京见**。Běijīng jiàn.（北京でお会いしましょう）
　　②**屋里谈**。Wūli tán.（なかへ入って話しましょう）
4 ①**一天做完** yì tiān zuòwán（1日でし終わる）
　　②**一次吃一个** yí cì chī yí ge（1回に1個ずつ食べる）
5 ①**在中国买** zài Zhōngguó mǎi（中国で買う）
　　②**跟他说** gēn tā shuō（彼に話す）
6 ①**难写** nán xiě（書きにくい）　②**慢走** màn zǒu（ゆっくり歩く）
7 ①**很好** hěn hǎo（〔とても〕よい）　②**不好** bù hǎo（よくない）
　　③**都来** dōu lái（みな来る）
　　④**非常热情** fēicháng rèqíng（非常に心のこもった）
　　⑤**马上去** mǎshàng qù（すぐ行く）

8 ①好好学习，天天向上。Hǎohǎo xuéxí, tiāntiān xiàngshàng.
（しっかり学んで，日々向上しよう）
②好好儿(地)休息 hǎohāor (de) xiūxi（十分に休む）
③一个一个(地)念 yí ge yí ge (de) niàn（1つずつ声に出して読む）

9 ①完全同意 wánquán tóngyì（全面的に賛成する）
②随便(地)坐。Suíbiàn (de) zuò.（ご自由にお座りください）

　1 は時間名詞の修飾語。2 は方位名詞の修飾語。3 は場所名詞の修飾語。4 は数量詞の修飾語。5 は「介詞＋賓語」の介詞連語（介詞句）が修飾語。6 は1音節形容詞が動詞を修飾する例。7 は副詞が修飾語の例。1～6 では接続成分"地"を用いることはない。7 の副詞で，2音節語の一部は，時に接続成分"地"を加えることがあり，"非常(地)热情"はその1例。8 は形容詞の重ね型（状態形容詞）と数量詞の重ね型が修飾語の例。"好好学习…"は標語で，4字句の形式上，"地"を入れていないが，②のように加えることもある。数量詞の例は"地"を入れても入れなくてもよい。9 の2音節形容詞は，日常よく組み合わせて使う例ではふつう"地"を加えない。例えば，"随便坐"以外に"随便吃"（ご自由に召し上がって），"随便拿"（ご自由にお取りください）など，"地"はふつう用いない。

更上一层楼

STEP UP!

◆形容詞が連用修飾語の位置を占めるのは，1音節形容詞の場合，組み合わさる動詞を任意に選べず，例えば"轻放" qīng fàng（そっと置く）の動詞を同義の"搁" gē に置き換え，×"轻搁"とすることはできない。1音節形容詞が修飾語として動詞と任意に結びつくのは"多、少、早、晚…"など数が限られている。また，"白、老…"などのように，動詞の修飾語となる場合はその表す意味が異なるものもある。例えば"白"は「白い」ではなく「むだに」，"老"は「年老いた」ではなく「いつまでも」となる。

◆2音節形容詞も同様に，動詞の修飾語となれるものが，話しことばでは数に限りがある。これは，連用修飾語として動詞と相性のよい形容詞は状態形容詞（形容詞の重ね型）であり，属性などを表す一般の形容詞には不向きだということを示している。ただ，書きことばでは2音節形容詞に接続成分"地"を加えて連用修飾語とする例が増えてきている。これに対し，同じ2音節の書きことばでも，"地"を用いず，直結する例も歴史の比較的浅い語彙に見られ，このようなことから，形容詞の場合，接続成分の要不要については，個々の形容詞の用法にしたがわざるを得ないところがある。

106 | 前置の修飾語（状語）と後置の修飾語（補語）

中国語の文法で，補語とは，述語となる動詞や形容詞の後に置かれ，動詞や形容詞の補足説明をする成分である。述語となる動詞や形容詞の前に置かれ，動詞や形容詞の修飾をする成分は連用修飾語（状語）であることから，連用修飾語を動詞や形容詞の前置修飾語，補語を後置修飾語ということができる。両者の動詞や形容詞に対する「修飾」の働きが異なるため，同一あるいは同種の語句でも，前置修飾語になるか，後置修飾語になるかによって，意味や用法に差異が生じる。以下に形容詞が「修飾語」となった場合を掲げる。

1 走得很慢。Zǒude hěn màn.（歩くのがのろい）
2 慢走！ Màn zǒu!（ゆっくり歩く→気をつけてお帰りください）
3 他今天来晚了。Tā jīntiān láiwǎn le.（彼は今日遅刻した）
4 他晚来了几天。Tā wǎn láile jǐ tiān.（彼は数日遅れて来た）
5 医生们工作得很紧张。Yīshēngmen gōngzuòde hěn jǐnzhāng.
　（医師たちは働くのがとても忙しかった→忙しく働いていた）
6 医生们紧张地工作着。Yīshēngmen jǐnzhāng de gōngzuòzhe.
　（医師たちは忙しく働いている）

形容詞"慢"（〔動作，速度が〕のろい）は，1 のように補語としても，2 のように連用修飾語としても用いられる。1 の状態補語はすでに実現していること，あるいは恒常的に起こることについて述べる場合に使い，2 の連用修飾語はこれから行われることについて用いる場合で，命令や要求などを表している。また，形容詞"晚"（〔時間が〕遅い）も，3 のように補語としても，4 のように連用修飾語としても用いられる。3 の結果補語は結果として遅くなった場合，4 の連用修飾語は動詞の後の数量補語とともに，動作が遅れて行われたことを述べている。5，6 は 2 音節形容詞の例で，5 の表したい意味は状態補語"很紧张"の部分にあり，6 の表したい意味は述語動詞"工作着"の部分にあって，連用修飾語はその形容にしかすぎない。

STEP UP！ 更上一层楼

◆上の**5**，**6**の例でわかるように，補語の働きは述語に近く，連用修飾語よりも文の成分としての重要度が高い。

　形容詞以外の例で，補語と連用修飾語の差異については，"一天吃三顿。" Yì tiān chī sān dùn.（1日に3度食事する）のような，時間量や動作量を表す語句の位置（⇨**96**），"住在北京" zhùzài Běijīng（北京に住んでいる）と"在北京住"のような，「介詞"在"＋場所」が動詞の前に位置するか，後に位置するか（⇨**85**）など，すでに取り上げた問題もある。

I 字と語

II 単語と連語

III 文の成立と種類

IV 文の成分

V .... 品詞

107　単語の文法的性質を示す品詞分類

　名詞，動詞，形容詞…といった品詞分類をする場合に，例えば「動作行為を表す語は動詞」などと，意味によって分けるのではなく，文法的な性質が共通する語を1つのグループにまとめる。形態変化（いわゆる活用）のある言語では，単語の外形的な特徴から品詞を分けることができるが，中国語ではその単語の連語や文の中での用法を調べ，どのような語とどのように結びつくか，そしてその結合においてどんな働きをするかなど，文法的な機能を基準に分類する。次に，語彙的な意味が同じように見えても，文法的な働きは同じでなく，品詞が異なる例を掲げる。

❶突然哭起来。Tūrán kūqǐlai.（突然泣き出す）＝忽然哭起来。Hūrán kūqǐlai.
❷突然的发言。Tūrán de fāyán.（突然の発言）
❸他的发言很突然。Tā de fāyán hěn tūrán.
　（彼の発言は〔とても〕突然だった）

　"突然"と"忽然"は，どちらも❶のように，「突然；急に」という意味で連用修飾語に用いられる。しかし，"突然"が❷で連体修飾語，❸で述語に用いられているのに対し，どちらも"忽然"に置き換えることができない。この文法的な働きの違いから，"突然"と"忽然"の品詞の異なることがわかる。"突然"は連用修飾語（状語）のほか，連体修飾語（定語），述語，補語としても働くので形容詞，"忽然"は連用修飾語として働くだけなので副詞になる。意味によるだけではこのような分類はできない。

更上一层楼

STEP UP！

◆朱德熙は《语法答问》において，形態変化（語形変化，いわゆる活用）のある言語で，形態が文法的な機能を示す点を，軍人の軍服，学生の制服，一般人の平服など，身につけている衣服からその人間の *status* がわかることに似ていると説き，中国語のように，形態のない（あるいは，とぼしい）言語では，すべての人間が同じ身なりをしているのに似て，外形からその人の仕事をたしかめられない，という比喩を用いて述べている。このような言語では，その人がどんな場所でどんな仕事をしているのか，いわば実地調査をして職種を知るように，それぞれの語の用法を調べ，文法的な性質が共通するものをグループ化することになる。

◆それぞれの語の，文法的な性質によって品詞を分類する，といっても，副詞のように文の成分として連用修飾語にしかなれない（連用修飾語になれるのは副詞だけではない），という，分類の根拠が単純明快なものはめずらしい。なかには形容詞のように，文の成分としてすべての位置を占めることができる品詞もある。一般的には，1つの品詞がただ1つの機能と対応するわけではなく，しかも形容詞と動詞がともに述語になれるというように，品詞同士でおたがいに重なり合っている。したがって，例えば名詞について，数量詞の修飾を受けるが，副詞の修飾を受けない，というように，複数の文法的性質を列挙して，分類の根拠とすることになる。以下，各品詞の項にそれぞれ記述がある。

108　品詞分類の手順（実詞と虚詞）

　単語を品詞分類するにあたっては，いきなり名詞，動詞，形容詞…と平面的に羅列するのではなく，まずいくつかの品詞に共通する文法的性質により，概括的な大分類からはじめ，しだいに小分けしていく方式をとる。これはたとえていえば，大勢の人間をいきなり職種別に分けるのではなく，男性と女性，成人と未成年者，学生と社会人，事務系と現業系のように分類をくりかえしていくようなものである。

　次に掲げる品詞分類表でわかるように，中国語の単語はまず実詞と虚詞に大別される。実詞は実質的な概念を表し，虚詞は実質的な概念を表さず，実詞と組み合わさり，主として文法的な関係を示すものを指す。さらに主語，述語，賓語といった文の主要な成分になれるかどうかによって両者を分ける。しかし，例えば副詞は連用修飾語に用いるから文の成分になれるが，修飾語は文の根幹ではないから，必ずしも主要な成分になるわけではない。副詞は実詞とともに使うものがほとんどであるが，"不、也许…"など実詞と組み合わせずに使える語もある，というように実詞と虚詞を分けにくいこともある。

実詞 "实词" shící	体詞 "体词" tǐcí	名詞 "名词" míngcí
		時間名詞 "时间名词" shíjiān míngcí
		場所名詞 "处所名词" chùsuǒ míngcí
		方位名詞 "方位名词" fāngwèi míngcí
		数詞 "数词" shùcí
		量詞（助数詞）"量词" liàngcí
		代詞 "代词" dàicí
	述詞 "谓词" wèicí	形容詞 "形容词" xíngróngcí
		動詞 "动词" dòngcí
虚詞 "虚词" xūcí		介詞 "介词" jiècí
		副詞 "副词" fùcí
		接続詞 "连词" liáncí
		助詞 "助词" zhùcí
		感動詞 "叹词" tàncí
		擬声語 "拟声词" nǐshēngcí

更上一层楼

◆実詞，虚詞という用語は，中国の伝統的な古典語文法で用いられる実字，虚字の区分を踏襲するものである。実と虚は実質的な概念を表すかどうか，という意味に尽きるが，やや細かく考えてみると，(1)大部分の実詞は連語のなかでその位置が固定していないのに対し，大部分の虚詞はその位置が固定している（"也"や"被"のように他の語に対し前置，あるいは"吗"や"的"のように他の語に対し後置）。(2)実詞は，その品詞のすべての語を列挙することは困難だが，虚詞は数に限りがあり，列挙は困難でない。ただし，実詞にも数詞や量詞など，列挙しやすい品詞もある。

　実と虚を分けるポイントは，大部分の実詞が単独で文の成分になれるほか，連語を組み立てる際，実詞は実詞あるいは虚詞と組み合わさり，虚詞は実詞と組み合わさなければ連語になれないことである。

109　品詞分類の手順（体詞と述詞）

　単語の品詞を分類するにあたっては，まずいくつかの品詞に共通する文法的性質により，概括的な大分類からはじめる。前項に掲げた品詞分類表でわ

かるように，単語は，はじめに実詞と虚詞に大別される。

実詞は，さらに体詞と述詞の2つに分けられる。この区別は，いくつかの異なる品詞の間にも共通の文法的性質が存在することを根拠に設けられた大分類である。体詞の主たる機能は主語，賓語になることで，ふつう述語にはならない。一方，述詞の主たる機能は述語になることで，また連用修飾語や補語をとり，補語にもなる。述詞が主語や賓語になることも可能である。

1 ①**妹妹** mèimei（妹）　②**北京** Běijīng　③**头发** tóufa（髪）
2 ①**说** shuō（話す）　②**去** qù（行く）　③**长** cháng（長い）
3 ①**这样** zhèyàng（このように）　②**那么** nàme（あんなに）
　　③**怎么样** zěnmeyàng（どうですか）
4 ①**一会儿** yíhuìr（しばらくの間）
　　②**不人不鬼** bù rén bù guǐ（人間でも幽霊でもない）
5 ①**有** yǒu（ある；いる）　②**雪白** xuěbái（真っ白である）
　　③**干干净净** gānganjìngjìng（きれいさっぱり）

体詞と述詞を分ける具体的なめやすとして，否定副詞"不"の修飾を受けられれば述詞，受けられなければ体詞になる。**1**はすべて名詞で"不"とは結びつかない。**2**は動詞と形容詞で，"不"の修飾を受けられるから述詞。**3**は代詞であるが，いずれも述詞性の語句に置き換えられる代詞なので，述詞に入る。**4**の"一会儿"は数量詞（厳密には数量詞連語）なので体詞であるが，"不"に修飾され，「まもなく」という意味を表す。"不人不鬼"は体詞である名詞が"不"に修飾されているが，これは"不…不…"という慣用句の組み立てで，意味の相反する語を並べている。"不人"あるいは"不鬼"のどちらか一方では成立しない。**5**は動詞と形容詞で，述詞であるから"不"に修飾されるはずだが，"有"の打ち消しには"没"しか用いない。また，ここに掲げた形容詞はいずれも状態形容詞で，"不"の修飾を受けられない。

更上一层楼

STEP UP !
◆体詞，述詞は日本語の文法で使う体言，用言に似ているが，日本語のように活用の有無で区別するものではないので，その呼称は用いない。

　単語だけでなく，連語も体詞性と述詞性に二分できる。修飾連語のうち「連体修飾語＋中心語」，並列連語のうち体詞性成分の並列などは体詞性，これらの連語の残余と動賓，補足，主述の各連語は述詞性である。なお，ガイドラ

インでは多くの場合，連語（フレーズ；句）については，体詞性を名詞性，述詞性を述語性と置き換えて用いている。

110　名詞の文法的性質

品詞分類をする際，単語をまず実詞と虚詞に分け，実詞をさらに体詞と述詞に分け，その上で各品詞に分ければ，それぞれの品詞の文法的な性質が有機的に把握できる。

体詞の主たる機能は主語，賓語になることで，ふつう述語にはならない。体詞には，名詞，数詞，量詞，代詞の一部が含まれる。名詞の主要な働きは主語，賓語など，文の主要な成分になることで，また連体修飾語としてほかの名詞を修飾する。名詞は補語にはなれない。連用修飾語や述語になるものは限られている。

名詞の文法的性質として，特に重要な点は数量詞の修飾を受けることと，副詞の修飾を受けないことである。前者については，中国語の名詞は，数えられるものでも，数えられないものでも，数量詞の修飾を受ける。後者については，副詞の"不、也、很……"などが名詞の前に位置することはない。"很科学" hěn kēxué（科学的である）における"科学"は形容詞である。ただ，時間名詞，場所名詞，方位名詞は，これら数量詞や副詞との関係で一般名詞と異なるところがあり，また，なかには動詞の修飾をするものもあることから，名詞と切り離し，独立した品詞としてあつかう考え方もある。

1 苹果 是一种 水果 。Píngguǒ shì yì zhǒng shuǐguǒ 。
　（リンゴは果物の一種である）
2 语法 课本 　yǔfǎ kèběn （文法教科書）
3 我买了一本 书 。Wǒ mǎile yì běn shū 。（私は本を1冊買った）
4 我喝了一杯 酒 。Wǒ hēle yì bēi jiǔ 。（私はお酒を1杯飲んだ）
5 只有一线 希望 。Zhǐ yǒu yí xiàn xīwàng 。（いちるの望みがあるだけだ）

　□が名詞。**1**，**2**は名詞の文法的機能を示す。**1**の"苹果"は主語，"水果"は賓語。**2**の"语法"は連体修飾語で，"课本"はその修飾を受けている。**3**〜**5**は名詞の文法的性質のうち，数量詞との関係を示す。**3**は個体として

数えられる名詞の例。それぞれの名詞に見合った専用の量詞を用いるほか，"个"も使える場合がある。**4**は個体として数えられない名詞の例。容器や度量衡の単位を量詞に用いる。**5**は抽象名詞の例。具体名詞でなくても，数量詞の修飾を受けることができる。この抽象名詞に用いられた"线"は比喩的な表現である。

> **更上一层楼**
>
> ◆付加タイプの合成語の，名詞の標識にもなる接尾語として，代表的なものに次の3種がある。
>
> (1) "子"："桌子" zhuōzi（机）は「名詞＋接尾語」，"剪子" jiǎnzi（はさみ）は「動詞＋接尾語」，"胖子" pàngzi（太っている人）は「形容詞＋接尾語」の構成で，それぞれ名詞になったもの。"电子" diànzǐ（電子）は"子"が接尾語ではない。
>
> (2) "儿"："冰棍儿" bīnggùnr（アイスキャンデー）は"儿"を取ってしまうことができない。"花儿" huār（花）は接尾語を取ってしまってもよい。"画儿" huàr（絵）は，「動詞＋接尾語」で名詞になったもの。しかし，接尾語がついても名詞にならず，動詞になる例で"玩儿" wánr（遊ぶ）がある。
>
> (3) "头"："枕头" zhěntou（枕），"石头" shítou（石）は「名詞＋接尾語」，"念头" niàntou（考え）は「動詞＋接尾語」の例。
>
> 名詞や代詞の接尾語で複数を示す"们"については別項（⇨**116**）で述べる。ほかにも，"读者" dúzhě（読者）の"者"や"演员" yǎnyuán（俳優）の"员"の類を接尾語とする考え方もあるが，語彙的な意味をなお残しているので接尾語に含めない。これらは付加型の合成語ではなく，複合型の合成語としてあつかう。

111　名詞の下位分類

類を同じくする単語には，当然，共通の文法的性質があるが，それらのうちにはすべてに共通しない性質もあるので，それによって，その類をさらに小さなグループに分けることが可能となる。例えば，名詞は数量詞や副詞との関係などをよりどころに，(1)一般名詞，(2)時間名詞，(3)場所名詞，(4)方位名詞などの下位分類を設けることができる。(2)～(4)の文法的性質を，(1)からのへだたりが大きいと認識して名詞に含めず，独立した品詞とする考え方も

ある。(4)だけに大きなへだたりを認めて，別個の品詞とするものもある。
　一般名詞は，特に数量詞との関係，直接には量詞との関係から，さらに下位の分類ができる。一般名詞は，個体として数えられるものも数えられないものも，「数詞＋量詞＋名詞」の組み立てで，数量詞と結びつく。このとき結びつく量詞の種類によって，可算名詞，不可算名詞，集合名詞，抽象名詞に分けることができる（⇨112〜114）。ほかに，固有名詞（⇨115）があるが，修辞的な必要がある場合以外，ふつう数量詞の修飾を受けない。用法上から，地名などは場所名詞としてあつかう。

１一般名詞：
　可算名詞　：①书 shū（本）　　　②椅子 yǐzi（いす）
　不可算名詞：①水 shuǐ（水）　　　②盐 yán（塩）
　集合名詞　：①家具 jiājù（家具）　②父母 fùmǔ（両親）
　抽象名詞　：①力量 lìliang（力）　②思想 sīxiǎng（思想）
　固有名詞　：①鲁迅 Lǔ Xùn（魯迅）
　　　　　　　②辛亥革命 Xīnhài Gémìng（辛亥革命）
２時間名詞　：①现在 xiànzài（いま）　②今天 jīntiān（今日）
３場所名詞　：①中国 Zhōngguó　②公园(里)gōngyuán(li)（公園〔のなか〕）
４方位名詞　：①上(面)shàng(mian)（うえ）　②北(边)běi(bian)（北）

更上一层楼

STEP UP！

◆動詞のなかに，"调查" diàochá（調査する：調査），"研究" yánjiū（研究する；研究）などのように，動詞にも名詞にも用いられる例がある。動詞"有"の賓語になれるほか，助詞"的"をともなわずに名詞を修飾したり，名詞に修飾されたり，数量詞の修飾も受ける点は名詞の特徴であるが，賓語をとる場合は他動詞として働いている。ガイドラインでは，それぞれ別個の単語として，名詞と動詞の双方に分類する。なお，形容詞のなかにも，"危险" wēixiǎn（危険である；危険），"困难" kùnnan（困難である；困難）など，類似の例があり，ガイドラインでは同様のあつかいをする。なお，ほかにも，"规矩" guīju（きちんとしている；きまり）などのように，形容詞には名詞と同形であるが，意味のへだたりの比較的大きい例があり，これも別個の語としてあつかう。

112 | 可算名詞と不可算名詞

　名詞のうち，固有名詞以外の一般名詞は，個体として数えられるものも数えられないものも「数詞＋量詞＋名詞」の組み立てで，数量詞と結びつく。このとき結びつく量詞の種類により，可算名詞，不可算名詞，集合名詞，抽象名詞などに分けることができる。

　可算名詞とは，個体として一つ一つ数えることができ，それぞれに適用される個体量詞と結ぶものをいう。不可算名詞とは，個体として一つ一つ数えることができず，度量衡の単位や容器，関連動作による単位，不定量詞などと結ぶものをいう。

可算名詞：
1 (一本)书 (yì běn) shū（本〔1冊〕）
2 (一把／一个)椅子 (yì bǎ／yí ge) yǐzi（いす〔1脚／1つ〕）
3 (一个)苹果 (yí ge) píngguǒ（リンゴ〔1個〕）

不可算名詞：
4 (一杯)酒 (yì bēi) jiǔ（酒）
5 (一撮)盐 (yì cuō) yán（塩）
6 (一斤)茶叶 (yì jīn) cháyè（茶の葉）

　"书、椅子、苹果"はそれぞれ一つ一つ数えることができる可算名詞。量詞のなかでもっとも広く使われるものは"个"であるが，可算名詞は"个"との関係によって，"书"のように特定の量詞と結ぶだけで，"个"では数えないもの（ただし，"这个"などのように，「指示代詞＋量詞」であれば"书"とも結ぶ），"椅子"のように特定の量詞のほか"个"でも数えられるもの，"苹果"のように"个"と結ぶだけのもの，と3種に分けることができる（ただし，"苹果"は"盘"pán〔大皿〕など，容器類を借用量詞として使うことがある）。

　"酒、盐、茶叶"は，一つ一つ個体で数えることはできない。これらは容器を表す名詞や，関連する動作動詞に由来する借用量詞を使って，量を示す以外ない。上に掲げた"一杯酒"（1杯の酒）"一撮盐"（ひとつまみの塩）はその用例である。これらには，また度量衡の単位を示す量詞を用いることができる。"一斤茶叶"（1斤の茶葉）はその用例である。"两、斤"liǎng、 jīn("1两"＝50ｇ，"1斤"＝500ｇ）は目方をはかる伝統的な度量衡の単位である。これらの不可算名詞には，不定量を表す"一点儿、一些"yìdiǎnr, yìxiē（少し）も用いられる。可算名詞にも不定量を表す量詞を結べるものがあるが，"一点儿"と"一些"では用法が異なる（⇨149）。

更上一层楼

◆中国語の可算名詞，不可算名詞と，英語の可算名詞，不可算名詞は同じでない。英語の数えられない名詞(不可算名詞)は固有名詞，物質名詞，抽象名詞であるが，中国語は固有名詞以外，すべての名詞が数量詞と結んで数えられる。英語の場合，可算，不可算は単数，複数とも関連するが，中国語は名詞にその区別はない。中国語で複数を示す後置成分(接尾語)"们"は，限られた名詞に必要な場合にのみ用いる（⇨116）。

◆可算名詞で，一般的には"个"と結ぶだけのものが，上に掲げた"苹果"のように容器で数えられたり，また"孩子"は"一个孩子"yí ge háizi（1人の子ども）と"个"に結ぶほか"一群孩子"yì qún háizi（一群の子ども）のように，"个"以外の量詞と結ぶ場合がある。"肉"ròu（ブタ肉）は"一斤肉"yì jīn ròu（500グラムの肉）のように度量衡の単位や容器で量を示す不可算名詞であるが，"一块肉"yí kuài ròu（ひとかたまりの肉），"一片肉"yí piàn ròu（1切れの肉）などのように可算名詞としても用いられる。"孩子"は可算名詞と集合名詞，"肉"は不可算名詞と可算名詞の双方に属す名詞としてあつかう。

113　集合名詞

名詞のうち，固有名詞以外の一般名詞は，個体として数えられるものも数えられないものも「数詞＋量詞＋名詞」の組み立てで，数量詞と結びつく。このとき結びつく量の種類により，可算名詞，不可算名詞，集合名詞，抽象名詞などに分けることができる。

集合名詞とは，集合を表す単位や不定量を表す単位と結ぶ名詞である。個体量詞とは結ばない。

① (一**套**)家具（yí tào）jiājù（家具〔一式〕）
② (一**对**)夫妻（yí duì）fūqī（〔一組の〕夫婦）
③ (一**部分**)父母（yí bùfen）fùmǔ（〔一部の〕父母）

4 (一批)车辆（yì pī）chēliàng （〔一団の〕車両）

5 (一些)船只（yìxiē）chuánzhī （〔若干の〕船舶）

　集合名詞は集合体や，事物の総称で，例えば1の"家具"をセットで示すには，一式を表す"套"を用いるほか，総称を表す名詞に結ぶ"件"jiàn のような量詞でしか数えることができない。個別の家具は可算名詞として，"一把椅子" yì bǎ yǐzi（1脚のいす）のように特定の個体量詞と結ぶか，また"个"で数える。集合名詞には，2 "夫妻"，3 "父母"や，"子女"zǐnǚ（子女），"师生"shīshēng（師弟）のような並列型の複合語（⇨15）が含まれ，集合を表す"套、对、批"などの量詞を数える単位とする。

　集合名詞には，ほかに名詞とその名詞に用いる量詞を組み合わせた，4 "车辆"（←"一辆车"〔1台の車〕），5 "船只"（←"一只船"〔1隻の船〕）や，"纸张"zhǐzhāng（紙の総称）（←"一张纸"〔1枚の紙〕）などの類例がある。

　集合名詞は3と5の例が示すように，不定量を表す単位を用いて数えることができる。一方，集合名詞は総称であって，個体を指してはいないため，×"一个父母、一辆车辆"などのように個体を数える単位を使うことはできない。

> **更上一层楼**
>
> ◆集合名詞には，複数を表す後置成分(接尾語)"们"men を付加した合成語"人们" rénmen，（人々），"学生们"xuéshengmen（学生たち）なども含める（⇨116）。また，並列型の複合語には，"桌椅"zhuōyǐ（机やいす），"碗筷"wǎnkuài（碗や箸などの食器）など，関連のある2つの形態素で構成されるものがあり，不定量を示す量詞と結ぶが，同類でありながら"姐妹"jiěmèi（姉妹）のように不定量を示す量詞と結びにくいものもある。ほかに"桌椅板凳"zhuōyǐ bǎndèng（机やいす，腰掛けなどの木製家具）のように，さらに拡張された例もある。
>
> なお，"人"や"朋友"péngyou（友だち）のように，"个"や"位"などの量詞を用い，個体として数える名詞にも不定量を示す単位が使えるが，その場合は集合名詞として用いたものとする。

114　抽象名詞

　名詞のうち，固有名詞以外の一般名詞は，個体として数えられるものも数

えられないものも「数詞＋量詞＋名詞」の組み立てで，数量詞と結びつく。このとき結びつく量詞の種類により，可算名詞，不可算名詞，集合名詞，抽象名詞などに分けることができる。

抽象名詞とは，"点儿、些" diǎnr、xiē（少し；若干）など不定量を表す単位，"种、类" zhǒng、lèi（種；類）など一部の集合を表す単位，一部の動作量を表す単位（動量詞）などと結ぶ名詞である。

1 （一点儿）力量（yìdiǎnr）lìliang（〔少しの〕力）
2 （一种）道徳（yì zhǒng）dàodé（〔一種の〕道徳）
3 （一场）禍（yì cháng）huò（〔1度の〕災い）
4 （一次）地震（yí cì）dìzhèn（〔1回の〕地震）

抽象名詞にもっとも広く結びつく量詞は"种"である。"种"は，いろいろな事物を類似点などからグループ分けし，異なる事物と区別して，ひとまとまりにまとめる。

更上一层楼

◆名詞は，個体として数えられるものも数えられないものも数量詞と結びつく。単位となる量詞は，度量衡の単位以外は必ずしも計量単位ではなく，形態単位としての性格をもち，事物を類別する機能を有している（⇨**152**）。例えば，雨の回数について，"一场雨" yì cháng yǔ（1回の〔時間的に長い〕雨）と"一阵雨" yí zhèn yǔ（1回の〔時間的に短い〕雨）は，異なる量詞によって，ただ回数を数えるだけでなく，雨の降り方が具体的に示され，類別されている。

115 | 固有名詞

名詞の下位分類で，固有名詞以外の一般名詞は，個体として数えられるものも数えられないものも「数詞＋量詞＋名詞」の組み立てで，数量詞と結びつく。しかし，人名や地名など，固有名詞だけは，その表す意味からして，特に修辞的な必要がなければ，数量詞の修飾を受けない。数量詞との関係以外は，固有名詞も一般名詞と働きに変わりがない。

■1 **鲁迅** Lǔ Xùn （魯迅）
■2 **北京** Běijīng （北京）
■3 **长城** Chángchéng （万里の長城）
■4 **辛亥革命** Xīnhài Gémìng （辛亥革命）
■5 **一个刘胡兰倒下去，千万个刘胡兰站起来。**
　　Yí ge Liú Húlán dǎoxiàqu, qiānwàn ge Liú Húlán zhànqǐlai.
　（ひとりの劉胡蘭が倒れても，数多くの劉胡蘭が〔後に続いて〕立ち上がる）

　固有名詞には■1のような人名，■2のような地名のほか，■3のような建造物名や，■4のような歴史的事件や出来事の名称なども含まれる。ピンイン・ローマ字の表記では大文字で書き出す。なお，■2のような地名は，場所名詞として用いられることが多いので，場所名詞の項目で用法を説明する（⇨119）。■5は人名に対し修辞的に数量詞が加えられた例である。用例中の人物，刘胡兰は革命戦争中に犠牲となった少女の名である。

更上一层楼

◆いわゆる存現文（⇨74, 75）では，動詞の後に続く賓語に不定の意味をもった名詞が求められるため，次に掲げる例（歌詞）では，固有名詞（人名）に数量詞"（一）个"（あるひとりの）が付加されている。
　（i）**东方红，太阳升，中国出了个毛泽东。**
　　　Dōngfāng hóng, tàiyáng shēng, Zhōngguó chūliǎo ge Máo Zédōng.
　　（東の空赤く，太陽昇り，中国に毛沢東というひとりの人が現れた）

116　接辞"们"

　英語の可算名詞はふつう語尾に -s を加え，複数の表示ができる。中国語では，人称代詞（2人称の"您"を除く）と，人を表す名詞のみ，後置成分（接辞）"们"を付加して複数を表す。ただし，複数だからといって，必ず"们"を付加するわけではない。その有無によって単数と複数が厳密に区別されるわけでもない。

■1 **我们** wǒmen （私たち）
■2 **学生们** xuéshengmen （学生たち）
■3 **校长们** xiàozhǎngmen （校長たち）
■4 **小王们** Xiǎo Wángmen （王君たち）

　■1人称代詞の複数形は"您们"のみ成立しない。■2"学生"に対して"学生们"といえば，学生を具象的に1つの群れとしてとらえた表現となる。"们"を付加したことで，すでに数量表現(不定量)になるため，さらに数量詞を加えて×"三个学生们"などということはできない。"们"は人を表す名詞の後置成分であるが，"小鸟儿们"xiǎoniǎormen（小鳥たち）のように，童話などで動植物などを擬人化した場合に用いられることはある。■3は文脈によって意味が2通りに分かれる。1つは何人もの校長をひとまとめにして述べる場合，もう1つは校長が代表で，校長以外の人びとを含む場合である。後者の意味にするときは"们"に換えて"他们"を使い，ふつう"校长他们"という。■4は固有名詞（人名）に"们"を付加した場合。同一の人間が他にいるわけはないので，その人物に代表される人びとを表す。"小王他们"ともいう。

> **更上一层楼**
>
> ◆"们"は数量表現であるため，さらに数量詞を加えることはできないが，"…们"を集合名詞に相当するものとして，例えば"一群孩子们"yì qún háizimen（一群の子どもたち），"一些同学们"yìxiē tóngxuémen（若干の学友たち）などのように，集合名詞を数える数量詞は，用いることがある。
>
> ◆"们"を接尾語とすると，連語（句；フレーズ）の後置成分にも用いる例が説明しにくくなる。"老师和学生们"lǎoshī hé xuéshengmen の場合，これを連語の例とすれば，「先生たちと学生たち」と理解できる。ただし，「先生と，学生たち」と理解すれば，"学生"だけの「接尾語」といえる。

117　時間名詞（時間詞）

　名詞のうち"现在、一月、星期三"xiànzài、yīyuè、xīngqīsān（いま，1月，水曜日）など，「時点」（時間の流れの，ある一点）を表す語を時間名詞という。ふつう"这个时候、那个时候"zhège shíhou、nàge shíhou（このとき，あ

のとき）に置き換えられ，介詞や動詞の"在…"zài（…に），"到…"dào（…に；…まで）や動詞"等到…"děngdào（…してから）などの賓語になれる。一般名詞と異なり，連用修飾語や述語として用いる例もあることから，時間詞の名で別個の品詞とする考え方もある。

1 晚上开会。Wǎnshang kāi huì.（夜は会を開きます）
2 到中午他才起床。Dào zhōngwǔ tā cái qǐchuáng.
（昼になり彼はようやく起きた）
3 今天的菜有点儿辣。Jīntiān de cài yǒudiǎnr là.
（今日の料理はどうも少し辛い）
4 我们五点钟下班。Wǒmen wǔdiǎn zhōng xià bān.
（私たちは5時に仕事を終える）
5 我的生日三月二号。Wǒ de shēngrì sānyuè èrhào.
（私の誕生日は3月2日です）

□が時間名詞。**1**は時間名詞が主語に用いられた例。もしも"晚上开会吧！"（夜に会を開きましょう）といえば，"晚上"は連用修飾語で，強く発音される。**2**は動詞"到"の賓語，**3**は"的"を接続成分として"菜"の連体修飾語に，それぞれ用いられている。以上は一般名詞と同じ用法。**4**は時間名詞が一般名詞と異なり，連用修飾語に用いられ，動詞連語"下班"を修飾する。**5**は述語に用いられた例（⇨**82**）。"三月二号"は「"三月"＋"二号"」の時間詞連語。

更上一层楼

◆時間名詞には，時間を表す語のすべてが含まれるわけではない。"一个月" yí ge yuè（1か月），"三天"sān tiān（3日間）のように，時間量を表す語句は数量詞連語である（⇨**118**）。また，例えば"刚才" gāngcái（ついさっき）と"已经" yǐjing（すでに）はともに動詞に対する連用修飾語として用いられるが，前者は連体修飾語，主語，賓語などにも用いるので時間名詞，後者は連用修飾語として用いるだけなので副詞，というように，その語の表す意味ではなく，その働き（用法）から品詞が分類される。

118 | 時間と時点(時刻)

　日本語で，時間ということばは，時間量を表すこともあれば，時点(時間の流れの，ある1点)を表すこともある。中国語でも，"时间词"(時間詞)の名で両者を一括することがあるが，前者は"时段"を示すもので，文法的には数量詞あるいは数量詞連語であり，後者は"时点"を示すもので，前項で説明したように文法的には時間名詞と呼ばれる。例えば，"一月"yīyuè（1月）が時点を示す時間名詞であるのに対し，"一个月"yí ge yuè（1か月）は時間量を表す数量詞連語であり，時間名詞ではない。

1 现在没有 时间 。Xiànzài méi yǒu shíjiān. （いまは時間がない）
2 我等了一个 小时 。Wǒ děngle yí ge xiǎoshí. （私は1時間待った）
3 十点钟才开始。Shí diǎn zhōng cái kāishǐ. （10時にやっと始まった）
4 他 早上 就到了。Tā zǎoshang jiù dào le. （彼は，朝のうちに到着していた）
5 他忙了一个 早上 了。Tā mángle yí ge zǎoshang le.
　（彼は朝ずっと忙しくしていた）

　□は時間名詞ではない。**1**の"时间"や**2**の"小时"はどちらもひと区切りの時間を表す一般名詞。"小时"は「…時間」という時間量の単位。数詞と直結することもある。**2**の"一个小时"が待ち時間の時間量であるのに対し，**3**の時間名詞"十点钟"は「10時（に）」という時間の1点を指している。時刻の表示は「数詞＋量詞＋名詞」の数量詞連語の組み立てで，"钟"は省略されることも多い。**4**の"早上"は時点を表す時間名詞が連用修飾語として用いられているが，**5**の"一个早上"は「数詞＋量詞＋名詞」の数量詞連語の組み立てで，「朝の間じゅう」という時間量を表している。この場合の"早上"は"小时"などと同様に一般名詞として用いられている。類似の表現として，"一个晚上"yí ge wǎnshang（ひと晩じゅう）がある。

更上一层楼

STEP UP!
◆時点を表す語を主語の位置に置く場合，述語で述べる事象が起こった時を表す。

　(i) 上星期下了一场雪。Shàng xīngqī xiàle yì cháng xuě. （先週1度雪が降った）
"上星期"は「単純方位詞（⇨ **121**）＋時間詞」の時間詞連語。
　時間量を表す語を主語の位置に置く場合，その期間内に起こった事象を述

語で述べる。
　(ⅱ)三天下一场雪。Sān tiān xià yì cháng xuě.
　（3日間のうちに〔必ず〕1度雪が降る）
　"三天"は「数詞＋量詞」（名詞を借用した準量詞⇨**156**）の数量詞連語。
　時間名詞を2語以上つないだ時間名詞連語もよく使われる。例えば，"今天晚上" jīntiān wǎnshang（今晩）また，時間量を表す数量詞を2語以上つないだ数量詞連語もよく使われる。例えば，"三年六个月" sān nián liù ge yuè（3年6か月）。

119　場所名詞（場所詞）

　"中国、黄河" Zhōngguó、Huánghé（中国，黄河）のような場所を表す固有名詞や，"学校、公园" xuéxiào、gōngyuán（学校，公園）のような機関，公共施設，企業体，建造物などを表す名詞には，一般名詞と異なり，場所名詞（場所詞）としての働きがある。これらの場所名詞はそれぞれ固有名詞あるいは一般名詞との兼類になる。このほか，合成方位詞（2音節方位詞）や「名詞＋単純方位詞（1音節方位詞）」の方位連語も場所名詞相当の語句として用いられる（⇨**120**，**122**）。

　場所詞は，動詞や介詞の"在…" zài，"到…" dào，介詞の"往…" wǎng（…へ）の賓語になり，さらに"哪儿" nǎr（どこ）でたずねることができ，"这儿、那儿" zhèr、nàr（ここ，あそこ）に置き換えることができる。

　場所詞は主語，賓語，連体修飾語として用いるほか，用例は多くないが連用修飾語になることもある。

1 北京是中国的首都。Běijīng shì Zhōngguó de shǒudū.
　（北京は中国の首都である）
2 我在大学学中文。Wǒ zài dàxué xué Zhōngwén.（私は大学で中国語を学ぶ）
3 北京见！Běijīng jiàn!（北京で会いましょう）
4 他北大毕业。Tā Běi Dà bìyè.（彼は北京大学の出身だ）

　□が場所名詞。**1**では"北京"が主語，"中国"が修飾語に用いられている。**2**は介詞"在"の賓語となった例。**3**のように，連用修飾語として用いる例は，あいさつや，話しことばでの慣用的な表現に見られる。**4**では場所名詞

"北大"が連用修飾語になっている。「…で…する」は，一般的には**2**のように「介詞("在"など)＋場所＋動詞(句)」の組み立てで表す。

更上一层楼

◆場所名詞の下位分類として，次の3類がある。

(1) 地名（固有名詞）："亚洲、中国、黄河" Yàzhōu, Zhōngguó, Huánghé（アジア，中国，黄河）などと"日本、上海、纽约" Rìběn, Shànghǎi, Niǔyuē（日本，上海，ニューヨーク）などのタイプがある。前者は"…洲、…国、…河"のように地理的な類別を示す成分を付加している。

(2) 機関，公共施設，企業体，建造物などを表し，場所名詞と兼類になる一般名詞："学校、图书馆、邮局、银行、车站、医院、公园、工厂、商店" xuéxiào, túshūguǎn, yóujú, yínháng, chēzhàn, yīyuàn, gōngyuán, gōngchǎng, shāngdiàn（学校，図書館，郵便局，銀行，駅，病院，公園，工場，商店）など，それぞれの語が"…校、…馆、…局、…行、…站、…院、…园、…厂、…店"のような，場所を類別する成分を含んでいる。例えば，"铺子" pùzi は"商店"と同じように「商店」の意味を表すが，上に示すような成分を含まないので場所詞としては使えない。具体的には，動詞や介詞の"在…"の後に置く場合，前者は方位詞を加え"他在铺子里。"としなければならないが，後者は"他在商店(里)。"と方位詞を加えなくてもよい（⇨**120**）。"铺子里"は「一般名詞＋単純方位詞」の組み立てで，場所詞相当の連語になる。

(3) 合成方位詞（2音節方位詞）と，「名詞＋単純方位詞」の方位連語（⇨**122~122**）。

120 | 場所詞となる方位連語（名詞＋単純方位詞）

"中国" Zhōngguó などの固有名詞，"学校" xuéxiào などの場所名詞は，場所詞として動詞や介詞の"在…"の後にそのまま置くことができる。これに対し，"书包" shūbāo（カバン），"桌子" zhuōzi（机）のような一般名詞は，そのままでは"在"の後に置けない。単純方位詞(1音節方位名詞)の"里" li（…〔のなか〕に）あるいは"上" shang（…〔のうえ；表面〕に）などを加え，それぞれ"书包里"（カバン〔のなか〕に），"桌子上"（机〔のうえ〕に）とすれば場所詞相当の連語として"在"の後に置ける。

場所詞でも，"中国" Zhōngguó，"北京" Běijīng などの固有名詞に単純方位

詞を加えることはできない。しかし，"学校"xuéxiào（学校），"广场"guǎngchǎng（広場）のように場所詞として働く（⇒**119**）名詞（場所名詞）に単純方位詞を加え，"学校里"，"广场上"とすることもある。例えば，これらが場所主語として用いられた場合などは，"里"，"上"を加える必要がある。

1 他在房间(里)。Tā zài fángjiān(li).＝他在屋子里。Tā zài wūzili.
　（彼は部屋〔のなか〕にいる）

2 房间里有不少人。Fángjiānli yǒu bù shǎo rén.
　（部屋〔のなか〕には大勢の人がいる）

3 公园里菊花开了。Gōngyuánli júhuā kāi le.（公園で菊の花が咲いた）

4 图书馆里／图书馆有很多书。Túshūguǎnli／Túshūguǎn yǒu hěn duō shū.
　（図書館にはたくさん本がある／図書館はたくさん本を所有している）

5 中国有两条大河。Zhōngguó yǒu liǎng tiáo dàhé.
　（中国には2つの大河がある）

1の"房间"と"屋子"は「部屋」を意味する語であるが，"屋子"は場所詞に用いることができない（"子"という接尾語の名詞は文法的に「物」としてあつかわれ，「場所」としてあつかわれない。したがって，意味は「部屋」でも，"在"の後に置く場合，必ず方位詞を加えなければならない（×"他在屋子"。とはいえない）。場所詞として働く"房间"は方位詞"里"を加えても加えなくてもよい。しかし，場所詞であっても，存在，出現を表す文（⇒**74, 75**）などで場所主語に用いられる場合は，**2**のように方位詞を必要とする。×"房间有不少人。"とはいえない。**3**の例でも場所主語として方位詞を必要とする（"公园的菊花开了。"と書き換えれば方位詞は不要）。ただし，動詞"有"は「存在」のほか「所有」の意味も表すので，**4**で示すように，「所有」の場合は方位詞を加えない。場所詞が固有名詞の場合には，**5**のように，方位詞なしで，そのまま場所主語に用いられる。

なお，"里"，"上"以外の単純方位詞(1音節方位名詞)は名詞の後に置いて任意の組み合わせを作らない。その場合は「名詞＋合成方位詞(2音節方位名詞)」の組み立てになる（⇒**121, 122**）。

> **更上一层楼**
>
> ◆呂叔湘は場所詞の用法に関連し、「方位詞は常に"在"、"从"、"到"などの介詞と組み合わせて用いる。他の言語における『介詞(前置詞)＋名詞』句は、中国語では必ず『介詞(前置詞)＋名詞＋方位詞』でいわなければならないことがある。例えば、英語の'in the room'が中国語のいい方では"在屋子里"である」と説明している(《现代汉语八百词》)。
>
> ◆場所主語の位置では、固有名詞を除き、一般的に場所名詞でも方位詞を必要とするが、場所名詞に"我们、这个"wǒmen、zhège(私たち〔の〕、この)などのような代詞の修飾語が加わると、以下の、(ii)、(iv)の例のように、方位詞が加わらないこともある。
>
> (i)**家里有一只猫。** Jiāli yǒu yì zhī māo.(家にネコが1匹いる)
>
> (ii)**他们家跑了一只猫。** Tāmen jiā pǎole yì zhī māo.
> (彼らの家でネコが1匹逃げた)
>
> (iii)**屋里没有人吧？** Wūli méi yǒu rén ba?(部屋に人はいないだろうね)
>
> (iv)**你这屋子没有人吧？** Nǐ zhè wūzi méi yǒu rén ba?
> (君のこの部屋に人はいないだろうね)
>
> ◆単純方位詞(1音節方位名詞)の"里"、"上"は、あたかも場所詞の標識のように用いられるが、文脈によっては方位詞としての本来の意味を表していることもある。合成方位詞(2音節方位名詞)の場合は、ふつう方位詞としての意味を表している。
>
> (v)**行李别放在外面，放在办公室里。**
> Xíngli bié fàngzài wàimian, fàngzài bàngōngshìli.
> (荷物は外に置かないで、事務室のなかに置きなさい)

121 　単純方位詞(1音節方位名詞)

名詞のなかで、方角、方向や位置を表す語を方位名詞(方位詞)という。方位名詞には1音節の単純方位詞と2音節の合成方位詞(⇨**122**)がある。

1音節方位名詞：

　　上 shàng、 下 xià、 前 qián、 后 hòu(うしろ)

　　里 lǐ(なか)、 外 wài、 左 zuǒ、 右 yòu

　　东 dōng(東)、 南 nán、 西 xī、 北 běi

これらは、"左也不是右也不是。" Zuǒ yě bú shì yòu yě bú shi.(ああでもないこ

うでもない）のように，ペアを組む方位詞を対にして用いることはあるが，個別の方位詞を単用することはない。このように，1音節方位名詞が一般名詞と同様に，主語の位置を占める場合は限られるが，賓語の位置には，方位を示す介詞に対する賓語として，どの方位詞も置くことができる。

　1音節方位名詞のなかで，"上"と"里"は意味の通るかぎり，任意の名詞の後に置いて場所詞相当の方位連語を組み立てる。しかし，他の1音節方位名詞が連語を組み立てる場合は限られ，一般的には単語(合成語)を構成する成分として用いられる。"乡下"xiāngxià（田舎），"郊外"jiāowài（郊外）などはその例である。一方，名詞の前に置いて連語を組み立てる場合も限られているが，"上星期、下月"shàng xīngqi、xiàyuè（先週，来月）のような時間詞相当の語句や，"西半球、东郊"xī bànqiú、dōngjiāo（西半球，東の郊外）のような場所詞相当の語句を組み立てる例がある。

1 ①**向前看** xiàng qián kàn（前を見る）　②**往南走** wǎng nán zǒu（南に歩く）
　　③**往右拐** wǎng yòu guǎi（右に曲がる）
2 ①**三年前** sān nián qián（3年前）　②**放学后** fàng xué hòu（放課後）
　　③**他走后** tā zǒu hòu（彼が去ってから）
3 **上有天堂，下有苏杭**。Shàng yǒu tiāntáng, xià yǒu Sū-Háng.
　　（上〔天上〕には天国があり，下〔地上〕には〔風光明媚の〕蘇州，杭州がある）

　1は介詞"向、往"と組み合わせ動作の方向を表した例。"这间屋子朝南。"Zhè jiān wūzi cháo nán.（この部屋は南向きだ）のように動詞の賓語となる場合もある。**2**は"前、后"を数量詞や動詞，動賓連語，主述連語などの後に置き，「…前，…後」と時間詞相当の表現になる。**3**は"上、下"がそれぞれ単独で主語になっているように思えるが，ペアを組む方位詞を対にして用いた対句表現。「上に本がある」の場合，×"上有一本书。"ではなく，○"上边有一本书。"Shàngbian yǒu yì běn shū. のように2音節方位名詞を用いなくてはならない。

更上一层楼

STEP UP !
　◆ "…上"は，「名詞＋単純方位詞(1音節方位名詞)」の組み立てで，場所詞相当の，多数の方位連語を構成するが，大別して3種のタイプがある。

　　(1) 「上」に対して「下」が存在するもの：

桌子上 zhuōzishang（机の上），山上 shānshang（山の上）
(2)「表面」の意味を表し，「下」が存在しないもの：
　　脸上 liǎnshang（顔に），信上 xìnshang（手紙に）
(3)抽象的な意味を表し，「下」が存在しないもの：
　　世界上 shìjièshang（世界で），工作上 gōngzuòshang（仕事で）

◆同様に，場所詞相当の，多数の方位連語を構成する"…里"には，大別して3種のタイプがある。
(1)「中」に対して「外」が存在するもの：
　　城里 chéngli（市内），门里 ménli（ドアの中）
(2)「中」に対応する「外」を，ことばで表さないもの：
　　心里 xīnli（心に），手里 shǒuli（手に）
(3)「中」に対応する「外」が存在しないもの：
　　背地里 bèidìli（背後で），县里 xiànli（県〔の政府〕で〔行政機関を示す〕）

122　合成方位詞（2音節方位名詞）

　名詞のなかで，方角，方向や位置を表す語を方位名詞という。方位名詞に1音節の単純方位詞（⇨121）と2音節の合成方位詞がある。
2音節方位名詞：
(1)「1音節方位名詞＋"边、面、头" bian, mian, tou などの接辞」（"左"，"右"は"头"と結ばない）：
　　里边 lǐbian，前面 qiánmian など
(2)「"以"＋1音節方位名詞など」（"左／右"は除く）：
　　以前 yǐqián，以后 yǐhòu など
(3)1音節方位名詞同士の組み合わせ：
　　左右 zuǒyòu，西南 xīnán など
(4)その他の2音節方位名詞：
　　中间 zhōngjiān（まん中），底下 dǐxia（下），对面 duìmiàn（向かい）など
2音節方位名詞は大部分が場所詞として用いられ，"以前、以后"など一部は時間詞として用いられる。これらは，場所名詞と同じように主語，賓語，連体修飾語となるほか，連用修飾語になる場合もある。

1 里边有一个学生。Lǐbian yǒu yí ge xuésheng.（なかに学生が1人います）
2 他在外边。Tā zài wàibian.（彼は外にいます）
3 ①公园(的)北边 gōngyuán (de) běibian（公園の北側）
　②银行(的)旁边 yínháng (de) pángbiān（銀行のそば）
　③桌子后边 zhuōzi hòubian（机のうしろ）
4 ①北边的公园 běibian de gōngyuán（北側の公園）
　②对面的邮局 duìmiàn de yóujú（向かいの郵便局）
　③后边的人 hòubian de rén（うしろの人）
5 您请前边坐！Nín qǐng qiánbian zuò!（どうぞ前の方にお座りください）
6 他走在最前边。Tā zǒuzài zuì qiánbian.（彼は先頭を歩いている）

　1は主語，**2**は賓語の例。1音節方位名詞ではこのような使い方ができない。**3**と**4**は他の名詞との組み合わせ方を示す。**3**のように「名詞＋方位名詞」で名詞の修飾を受ける場合，"里、上"以外の1音節方位名詞は任意の組み合わせができないが，2音節方位名詞は任意に組み合わせられる。接続成分として助詞"的"を使うこともある。**4**は「方位名詞＋"的"＋名詞」の組み立てで，名詞に対する連体修飾語になる例。この場合は接続成分の"的"が必要。1音節方位名詞にはこの用法がない。**5**は連用修飾語に用いた例。**6**は方位名詞が副詞"最"zuì と組み合わさる例。名詞は副詞の修飾を受けないが，方位名詞には"最后(边)"zuì hòu(bian)（一番うしろ），"最南面"zuì nánmian（最も南）のように"最"zuì と組み合わせる例がある。

更上一层楼

◆1音節方位名詞の後に置く接辞"边、面、头"は，基本的にどの接辞でも，(i)のように意味の差はないが，文脈によっては接辞の選択が求められる。

　"边、面、头"のうち，"边"が最も広く使われ，"面"には「表面」の意味（例(ii)），"头"には「端」の意味（例(iii)）もあり，その場合は"tóu(r)"と発音。

(i) 书架上边／上面／上头挂着一张画儿。
　　Shūjia shàngbian／shàngmian／shàngtou guàzhe yì zhāng huàr.
　　（書棚の上に絵が1枚掛かっている）
(ii) 这个盒子的盖儿，上面有花纹。Zhège hézi de gàir, shàngmian yǒu huāwén.
　　（この箱の蓋は，上に模様がある）
(iii) 走廊东头是出口。Zǒuláng dōngtou shì chūkǒu.（廊下の東が出口です）

　"上边"，"上面"，"上头"を例にして，個々の方位名詞の用法を見ると，

"上边、上面"は「(順番が)前,先」の意味で，"上头"は「上役」の意味で用いられることが多い，といった差異も認められる。

123 代詞≠代名詞

代詞とは，何か具体的な事物，行為，状況を述べる場合，それと代わる働き(代替)や，それを指す働き(指示，区別)をする語である。英文法で名詞の代わりをする語を代名詞と呼んでいるが，中国語の代詞は名詞に代わるだけでなく，述語性の語句に代わる例があるため，代名詞と呼ばず，代詞の名を用いている。

代詞は，その表す意味から人称代詞(⇨**124**)，指示代詞(⇨**127**)，疑問代詞(⇨**132**)の3類に分ける。代詞の文法的な機能は，それぞれの代詞が代替する語句の機能と同じである。代詞の文法的な性質で特筆できることは，他の語句の修飾を受け難い点である。例えば，「美しい日本の私」(川端康成のノーベル賞受賞記念講演)という日本語をそのままの語順で中国語に移すことはできない("我在美丽的日本。" Wǒ zài měilì de Rìběn.〔私は美しい日本にいる〕が定訳)。ただし，いわゆるバタくさい表現として，"今天的我不是昨天的我。" Jīntiān de wǒ bú shì zuótiān de wǒ.（今日の私は昨日の私ではない）といった書きことばを見ることはある。

❶小王买的帽子是哪个？ Xiǎo Wáng mǎi de màozi shì nǎge?
（王君の買った帽子はどれですか）
——他买的帽子是这个。Tā mǎi de màozi shì zhège.
（彼の買った帽子はこれです）

❷沈阳的沈字怎么写？ Shěnyáng de shěn zì zěnme xiě?
（瀋陽の瀋の字はどう書くのですか）
——这么写。Zhème xiě.（こう書くのです）

❸他怎么样？ Tā zěnmeyàng?（彼はどうですか）
——他很客气。Tā hěn kèqi.（彼は礼儀正しいです）

❶では問いの"小王"に対し，答えでは"他"と言い換えている。これは代詞の代替作用である。また，問いの"哪个"に対し"这个"と答えている

が，これは代詞の指示作用である。このような代詞の働きから"代词"を"指代词"と呼ぶこともある。**2**の"怎么、这么"，**3**の"怎么样"などのように，代詞は名詞に対応するだけでなく，述語性の語句にも対応することがわかる。このため代名詞とは呼ばない。

更上一层楼

◆基本的に，代詞の文法的な機能は，それぞれの代詞が代替する語句の機能と同じである。疑問代詞"什么"は，(i)のようにふつう名詞の代替をするが，(ii)のように述語性の形容詞などに代わる例がある。また，指示代詞"这"はふつう名詞相当の語句に置き換わるが，(iii)のように述語性の語句に置き換わる例もある。

(i) **你在看什么？** Nǐ zài kàn shénme?（君は何を見ているの）
　——**我看晚报**。Wǒ kàn wǎnbào.（私は夕刊を見ています）
(ii) **你怕什么？** Nǐ pà shénme?（君は何が心配ですか）
　——**我怕冷**。Wǒ pà lěng.（寒いのが心配です）
(iii) **教室里不能抽烟，这是学校的规定**。
　　Jiàoshìli bù néng chōu yān, zhè shì xuéxiào de guīdìng.
　　（教室でタバコを吸ってはいけない。これは学校の規則だ）

124 人称代詞（人称代名詞）

代詞を，その表す意味から人称代詞，指示代詞，疑問代詞の3類に分ける。代名詞と呼ばずに，代詞と呼ぶのは，代詞が名詞に代わるだけでなく，述語性の語句にも代わる例があること（⇨**123**）によるが，ふつう人称代詞は名詞にだけ置き換わるので，実質的には人称代名詞と呼んでもさしつかえない。

人称代詞の働きは名詞と似ている。主語，賓語，連体修飾語になれるが，述語や連用修飾語にはなれない。副詞の修飾を受けることもない。ふつう代詞は，名詞とは異なり，他の語句の修飾を受け難いが，特に人称代詞はその前に修飾語を置かない（⇨**123**）。

人称代詞には単数形と複数形がある。

	1人称	2人称	3人称
単数	我 wǒ	你 nǐ　您 nín	他　她　它 tā
複数	我们 wǒmen　咱们 zánmen	你们 nǐmen	他们　她们　它们 tāmen

　1人称の複数形は，特に北方方言において，聞き手を含む場合，"咱们"を用いる（⇨**125**）。

　2人称には敬語がある。特に北京語では目上の人や，年長者に"你"を用いないで，必ず"您"を使うが，近年はモラル向上運動などの影響で，両者の使い分けが一般的になっている。ただし，"您"には複数形がない。書きことばで，両親に宛てた手紙などに"您们"を見ることはある。話しことばでは，敬語の必要な場合，"您二位"nín èr wèi（〔あなた方〕お二人）"您诸位"nín zhūwèi（あなた方）などの表現法を用いる。

　中国語の人称代詞には性の区別がなく，3人称は男女とも"tā"というが，表記上は男性を"他"，女性を"她"と書き分ける。性別不明の場合は"他"を使い，複数形の"他们"は男女混在の場合にも用いる。"tā"ということばは，中国語を母語とする人びとにとって人間を意識する語であるが，特に人間以外の動物や，事物を指し，"它"と記すことがある。ただし，英語の *it* とは異なり，ふつう賓語や連体修飾語にのみ用いる。

更上一层楼

STEP UP！

◆人称代詞の単数と複数は，次のような場合に，その形式と意味が一致しない。

　(1)人称代詞を連体修飾語に用いた熟語の場合。書きことばに多い。
　　我国（わが国）wǒguó ── 我们国家 wǒmen guójiā　（我々の国）
　　我校（わが校）wǒxiào ── 我们学校 wǒmen xuéxiào（我々の学校）
　話しことばでは"你们俩"nǐmen liǎ（君たち2人）を"你俩"ということがある。
　(2)家庭や学校，会社など集団が意識されている場合，複数形を用いる。
　　我们工厂 wǒmen gōngchǎng（私の勤務する工場；うちの工場）。"我工厂"とはいわない。

◆人称代詞には，ほかに"别人"biéren（他人）（⇨**126**），"大家"dàjiā（みんな），"自己"zìjǐ（自分自身）などがある。

125　"我们"と"咱们"

人称代詞の１人称複数には"我们"のほかに，聞き手も含めて「私たち」という意味を表す"咱们"がある。北方方言，とりわけ北京語の話しことばで用いられる。一般的には，「私たち」は"我们"を使うが，特に"咱们"と使い分ければ，前者は話し手だけで聞き手を含まず，後者は話し手と聞き手の双方を含んでいる。

❶ 你们是韩国人，我们是日本人，咱们都是外国留学生。
　　Nǐmen shì Hánguórén, wǒmen shì Rìběnrén, zánmen dōu shì wàiguó liúxuéshēng.
　　（君たちは韓国人，私たちは日本人，我々は〔君たちと私たち〕は外国人留学生だ）

"我们"が聞き手を含まないわけではなく，❶の例で"咱们"を"我们"に取り替えてさしつかえない。"咱们"は聞き手を含む意味であるため，仲間同士のうちとけた感じが含まれ，このため改まった場では用いない。ふつう書きことばで見ることもない。

更上一层楼

◆形式上，"咱们"の単数形である"咱"は"我"の意味にも，"我们"の意味にも，また"咱们"の意味にも使われるが，俗な表現になる。

◆１人称代詞で，"我"の代わりに，改まった場などの発言で"自己"zìjǐ を使うことがある。"自己"は，ふつう「自分自身」の意味で用いられ，"别人" biéren（他人）（⇨**126**）に対応して使われる。

126　"别人"と"人家"

ともに代詞として常用され，人称代詞に相当する働きをする。"别人"は"自己"に対する「他人」の意味で用いるが，"人家"は特定の人を指したり，特定の感情を表すことがあり，訳語に工夫も必要となる。

1 **人家／别人早都回来了，怎么你才回来？**

Rénjia／Biéren zǎo dōu huílaile, zěnme nǐ cái huílai?

（他の人はみなとっくに帰って来たのに，どうして君はやっと帰って来たのか）

2 **家里只有母亲和我，没有别人。** Jiāli zhǐ yǒu mǔqin hé wǒ, méi yǒu biéren.

（家には母と私がいるだけで，他の人はいない）

3 **小王很用功，你应该向人家学习。**

Xiǎo Wáng hěn yònggōng, nǐ yīnggāi xiàng rénjia xuéxí.

（王君はよく勉強する，君はあの人に学ぶべきだ）

4 **人家小王多用功啊！你应该向他学习。**

Rénjia Xiǎo Wáng duō yònggōng a! Nǐ yīnggāi xiàng tā xuéxí.

（王君はよく勉強すること！君は彼に学ぶべきだ）

5 **人家等了你半天，你难道忘了咱们的约会？**

Rénjia děngle nǐ bàn tiān, nǐ nándào wàngle zánmen de yuēhuì?

（私はずっと待っていたのに，デートを忘れたのではないでしょうね）

"别人"と"人家"は話し手と聞き手以外の任意の人を指し示す点では同じように用いる。**1**はその例。**2**のように，その他の人（＝話し手と聞き手以外のすべての人）を指し示す場合は"别人"で，"人家"は用いない。**3**は，文脈上それとわかる人を指し示す場合で，尊敬，あるいは疎外の感じを含むことが多い。特に，**4**のように人間を表す名詞性の語句と同格的な修飾連語を組み立てると，対象者と比べて距離を感じさせる表現となる。**5**は"人家"が話し手自身を指している。語気が甘えた感じになり，女性が多く用いる表現だという。

> **更上一层楼**
>
> **STEP UP!** ◆常用する人称代詞として，ほかに"大家"（みんな）がある。"大家是初次见面。"Dàjiā shì chūcì jiàn miàn.（みんな初対面です）のように話し手を含む場合と，"请大家发言！"Qǐng dàjiā fāyán!（みなさん発言してください）のように話し手を含まない場合がある。

127　指示代詞

代詞を，その表す意味から人称代詞，指示代詞，疑問代詞の3類に分ける。指示代詞は述語性の語句に代わる例がある（⇨**123**）ので，指示代名詞とは呼べない。指示代詞には代替の働きと指示，区別の働きがある（⇨**123**）。代替や指示，区別をする対象に応じ，人・事物，場所，方式・状態・程度などを表す代詞に分かれる。

指示代詞は近称(近くにあるものを指す)の"这"zhè と遠称(遠くにあるものを指す)の"那"nà の2系列に分かれる(2分法)。日本語の3分法（これ，それ，あれ）とは異なる。

近　称	遠　称
これ；この（それ；その）	あれ；あの（それ；その）
这 zhè　　这个 zhège	那 nà　　那个 nàge
ここ（そこ）	あそこ（そこ）
这儿 zhèr　　这里 zhèli	那儿 nàr　　那里 nàli
こういうふうに；このように	ああいうふうに；あのように
（そういうふうに；そのように）	（そういうふうに；そのように）
这么 zhème　　这样 zhèyàng	那么 nàme　　那样 nàyàng

❶这(个)手表是他的。Zhè(ge) shǒubiǎo shì tā de.（この腕時計は彼のだ）
　→这(个)是他的。Zhè(ge) shì tā de.（これは彼のだ）
❷他在门口儿等你。Tā zài ménkǒur děng nǐ.（彼は入り口で君を待っている）
　→他在那儿。Tā zài nàr.（彼はあそこにいる）
❸你应该这样做。Nǐ yīnggāi zhèyàng zuò.（君はこのようにすべきだ）
❹我没看见过这么高的大楼。Wǒ méi kànjianguo zhème gāo de dàlóu.
　（私はこんなに高いビルを見たことがない）
❺下回别这样了。Xiàhuí bié zhèyàng le.（この次はそうしないように）

❶"这(个)手表"の"这(个)"は「この…」と指し示す働きをしている。この"这(个)手表"を"这(个)"に置き換えて「これ」ということもできる。このように指示代詞は指示・区別と代替の働きをする（"这"と"这个"の用法⇨**128**）。**❷**は場所を表す指示代詞で，具体的な場所を表す代わりに"这

儿、那儿"(ここ，あそこ)などを使う("这里"と"这儿"の用法⇨**129**)。**3**と**4**は指示代詞が動詞や形容詞の連用修飾語になり，方式や程度を表している。**5**は具体的な動詞に代わって述語に使われた指示代詞の例("这么"と"这样"の用法⇨**130**)。

更上一层楼

STEP UP!

◆近称"这"zhè と遠称"那"nà は，話しことばで後に量詞が続く場合，それぞれ zhèi，nèi ともいう。zhèi は zhè yī の合音，nèi は nà yī の合音である(⇨**128**)。

◆常用する指示代詞として，上の表に掲げた以外に，時間を表す"这会儿"zhèhuìr(いま；このとき)"那会儿"nàhuìr(その時；あの時)がある。前者は，ふつう話をしているその時を指し，後者は過去あるいは未来を指していう。ただし，前者も他の語句と組み合わせれば現在に限らない。

(i)**明年这会儿我们就毕业了**。Míngnián zhèhuìr wǒmen jiù bìyè le.
(来年のいまごろ，私たちは卒業だ)

128　"这、那"と"这个、那个"

指示代詞"这、那"は単用する場合と"这个、那个"のように量詞を後に加えて用いる場合がある。どちらも「これ，この；あれ，あの」と人や事物を指す。主語の位置にはどちらも用いるが，賓語の位置には"这个、那个"だけを用いる，といった用法上の差異や，またどちらも名詞の前に置かれて修飾語になるが，指示の意味合いの差異がある。必ずしも同じに使えるわけではない。

1 这(个)是他的手表。Zhè(ge) shì tā de shǒubiǎo.
(これは／が彼の腕時計です)

2 这(个)很便宜。Zhè(ge) hěn piányi. (これは／が安い)

3 这是他朋友。Zhè shì tā péngyou. (こちらは彼の友人です)

4 他的手表是这个。Tā de shǒubiǎo shì zhège. (彼の腕時計はこれです)

5 我想想这，想想那，总是不放心。
Wǒ xiǎngxiang zhè, xiǎngxiang nà, zǒng shì bú fàngxīn.
(私はあれこれ考え，どうしても気がかりです)

6 这(个)苹果不错。Zhè (ge) píngguǒ búcuò.（このリンゴは悪くない）
7 这个苹果生虫了！Zhège píngguǒ shēng chóng le!
（このリンゴは虫がわいた）
8 这都是他的。Zhè dōu shì tā de.（これはみな彼のです）

1と**2**は主語の位置に用いた例で，"这"も"这个"も使える。際立った差異はないが，"这"の「これは…」に対し，"这个"には「これが…」と明示あるいは対比の感じられる場合がある。**3**は人を紹介する場合。ふつう"这"を使い，"这个"は使えない。量詞を加えるなら，敬意を表す"位"を使い，"这位"zhè wèi（この方）という。**4**は賓語の位置に用いた例で，"这"を単用せず，必ず量詞を加えた"这个"を使う。×"他的手表是这。"とはいえない。ただし，**5**のように"这"と"那"を対比的に，ペアで用いるならば量詞を加えなくてよい。**6**と**7**は連体修飾語として用いた例。名詞を修飾する場合は，"这"を名詞にそのまま加えてもよいが，"这"の後に「(数詞)＋量詞＋名詞」と続ける組み立てが多い。数詞が"一"の場合は数詞を省略できる。"这个"は"这＋(一)＋个"の数詞"一"が略されたもので，単用の"这"にくらべると，「この１つ」と具体的に指して，明示あるいは対比の感じられる表現になる。**8**の例では主語の位置の"这"が複数のものを指しているため，"这个"（この１つ）を使うことができず，×"这个都是他的。"とはいえない。"这些"zhè xiē（これら；それら）とすれば複数を指す意味が一層はっきりする。

　ここで挙げた"这"と"这个"の用法の差異は"那"と"那个"にも当てはまる。

更上一层楼

◆指示代詞"这、那"は単用する場合と，量詞あるいは数量詞などを後に置いて用いる場合がある。数量詞が続く場合，例えば"一本书"yì běn shū の"书"のように，専用の量詞を使うべき名詞でも，"这"が加われば，以下に掲げる例のように，"这个…"ということもできる。

　（i）①这毛衣 zhè máoyī（このセーター）
　　②这(一)件毛衣 zhè (yí) jiàn máoyī（この〔１枚の〕セーター）
　　③这两件毛衣 zhè liǎng jiàn máoyī（この２枚のセーター　）
　　④这个毛衣。zhège máoyī（このセーター）×一个毛衣

◆指示代詞"这、那"の後に数量詞が続く場合，「数詞＋量詞＋名詞」の数詞

"一"が省略される形式のほか，量詞が略される形式もある。「"这"+数詞"一"+2音節抽象名詞」の組み立てで，書きことばに用いられる。

 (ⅱ)**我们这一看法是有根据的**。Wǒmen zhè yí kànfǎ shì yǒu gēnjù de.
  （我々のこの見方は根拠のあることなのです）

この例で，代詞と「"这一"+名詞」を結ぶ助詞"的"はふつう用いない。

 この表現と形式の似た「"这"+数詞"一"+動詞」の組み立ては"这么、这样"の項で取り上げる（⇨**130**）。

◆**4**で，賓語の位置には"这、那"を用いず，"这个、那个"だけを用いる，としたが，例外的に，日常の話しことばで"这、那"を用いる場合もある。次の(ⅲ)は語気を強めた感情的な表現，(ⅳ)は介詞の賓語に用いられた例である。

 (ⅲ)**你瞧这**！Nǐ qiáo zhè!（これを見ろ）
 (ⅳ)**他对那不感兴趣**。Tā duì nà bù gǎn xìngqù.（彼はそれには興味がない）

129   "这里、那里"と"这儿、那儿"

指示代詞"这里、那里"と"这儿、那儿"は，どちらも「ここ，そこ，あそこ」と場所を指し示すが，話しことばでは"这儿、那儿"を使うことが多い。また，連用修飾語に用いる場合など，"这儿、那儿"に限る用法もある。

1**这里／这儿有一封信**。Zhèli／Zhèr yǒu yì fēng xìn.
 （ここに1通の手紙がある）
2**请您坐这里／这儿**。Qǐng nín zuò zhèli／zhèr.
 （どうぞここにお座りください）
3**这里／这儿的风景真好！**Zhèli／Zhèr de fēngjǐng zhēn hǎo!
 （ここの景色はほんとうにすばらしい）
4**这儿坐吧！**Zhèr zuò ba!（ここに座りなさい）
5**我这里／这儿没有地方种花**。Wǒ zhèli／zhèr méi yǒu dìfang zhòng huā.
 （私のところには花を植える場所がない）

1は主語，**2**は賓語，**3**は連体修飾語の用例で，"这里／这儿"のどちらも使うことができる。**4**は連用修飾語として動詞を修飾する場合で，"这儿"しか使えない。話しことばでは，この組み立てで"这儿来！"Zhèr lái!（ここにおいで）などともいうが，同種の表現は多くない。以上の用法は基本的

に場所詞（⇨119）の用法に対応する。**5**は「人称代詞・一般名詞＋"这里／这儿"」で，「…のところ」と場所詞相当の働きをする。ふつう，場所名詞に"这里／这儿"を加えることはないが，場所を強調するためにこの表現を使うことはある。

6 我们九点钟从学校这儿出发吧!
Wǒmen jiǔ diǎn zhōng cóng xuéxiào zhèr chūfā ba!
（私たちは9時に学校のここから出発しよう）

ここで挙げた"这里"と"这儿"の用法の差異は"那里"と"那儿"にも当てはまる。

更上一层楼

◆ "这儿来!"のように，連用修飾語の位置では"这儿"しか使えないが，話しことばでは，このほか"从／打这儿起" cóng／dǎ zhèr qǐ（ここから）という場合も"这里"は使えず，"这儿"を使う。

◆ "这儿，那儿"が連用修飾語に用いられ，動詞の前に副詞の"(正)在"(zhèng)zài（ちょうどしているところだ）を置いた場合（⇨192）と同じような，動作行為の進行を表すことがある。"在这儿，在那儿"の"这儿，那儿"が実質的な意味を失い，具体的な場所は示さずに，副詞"在"に代わって，進行を示す文法的な標識になったと考えられる。

（ⅰ）老王那儿喝着咖啡呢。Lǎo Wáng nàr hēzhe kāfēi ne.
（王さんはコーヒーを飲んでいるところです）

130 "这么、那么"と"这样、那样"

指示代詞"这么、那么"と"这样、那样"は述語性の代詞で，「このように，そのように，あのように」と，いずれも程度，方式，性状などを指し示す。"这么、那么"は話しことばで多く用いられ，"这样、那样"は話しことばでも，書きことばでも用いられる。ただし，用法上，"这么、那么"は直接に名詞を修飾できない，数量詞を修飾して数量の強調を表す，述語や補語の位置で状況を表せない，主語，賓語の位置に置けないなど"这样、那样"と異なる点があり，一方"这样、那样"は助詞"的"を加えて名詞を修飾する，述語や補語の位置で状況を表せる，主語，賓語の位置に置けるなど"这么、那么"

と異なる点がある。

1. 天这么／这样冷，别出去了。Tiān zhème／zhèyàng lěng, bié chūqu le.
   （こんなに寒いから出かけないように）
2. 这个字这么／这样写。Zhège zì zhème／zhèyàng xiě.
   （この字はこのように書きなさい）
3. 他有这样的习惯。Tā yǒu zhèyàng de xíguàn.（彼にはこんな習慣がある）
4. 他有这么／这样一个习惯。Tā yǒu zhème／zhèyàng yí ge xíguàn.
   （彼にはこのような1つの習慣がある）
5. 只有这么一点儿东西，还不够。Zhǐ yǒu zhème yìdiǎnr dōngxi, hái bú gòu.
   （こんなわずかなものだけでは，まだ足りません）
6. 就这么(着)／这样吧！Jiù zhème(zhe)／zhèyàng ba!
   （ではそうしましょう）
7. 这样比那样舒服。Zhèyàng bǐ nàyàng shūfu.
   （こういうふうにするのが，そういうふうにするより快適だ）
8. 这屋子脏得这样了！Zhè wūzi zāngde zhèyàng le!
   （この部屋はこんなによごれてしまっている）

1と2は連用修飾語として形容詞，動詞を修飾し，程度や方式を表す例。話しことばでは"这么"を用いることが多く，書きことばでは"这样"が一般的。3は助詞"的"を加えて名詞に対する連体修飾語に用いた例。この用法は"这么"にはない。"这么"を名詞の前に用いるには，4のように「"这么"＋数詞＋量詞＋名詞」の組み立てで，数量詞が加わる。数詞は省略することもある。話しことばでは"这么"を用いることが多く，書きことばでは"这样"を使う方が一般的。5は数量が多いことや少ないことを強調する表現。名詞は省略することもある。この用法は"这样"にはない。6は述語に用いた例。ふつう"这么"より"这样"を用いる。"这么"を述語に用いる場合，"这么着"ということが多い。"这么着"は「こういうふうにする」という意味で，具体的な動作，方法に代えて用いられる。7は主語と賓語の用例，"这么"を"这么好不好？"Zhème hǎo bu hǎo?（こういうふうにしていいですか）のように主語の位置に置くことはあるが，賓語の位置には置けない。主語の場合も"这么着"ということが多い。8は補語の用例で，"这么"をこ

の位置には使えない。

ここで挙げた"这么"と"这样"の用法の差異は"那么"と"那样"にも当てはまる。

更上一层楼

STEP UP！

◆ "这么"zhème は，話しことばでは zème あるいは zènme ということが多い。"这么"を形容詞の前に置いて連用修飾語とした場合，前後の文脈にもよるが，"这么好"を「こんなによい」という意味のほかに，"这么"を主語と見て「こういうのがよい」の意味にとることもできる。ただし，主語の場合は"这么着"を使うことが多く，主語には"这样"も使われるので，"这么好"は「こんなによい」，"这样好"は「こういうのがよい」と，分けられないこともない。

◆「"这(么)"+数詞"一"+動詞」の組み立ては，指示代詞"这"あるいは"这么"が語気を強める働きをする。

(i)**他这(么)一解释，大家都懂了**。Tā zhè(me) yì jiěshì, dàjiā dōu dǒng le.
（彼がそのように説明し，全員みなわかった）。

◆ "这样、那样"を並列させ，連体修飾語あるいは連用修飾語に用いると，「あれこれ；いろいろ」という意味が表せる。

(ii)**有这样那样的缺点**。Yǒu zhèyàng nàyàng de quēdiǎn.
（あれこれ，いろいろな欠点がある）

◆ "这样、那样"と用法のよく似た指示代詞に"这么样、那么样"がある。"这样、那样"に置き換えられるが，より具体的に指す感じがあり，話しことばで多く用いられる。"这么样"zhèmeyàng は zèmeyàng ということが多い。

131 | 特殊な指示代詞

指示代詞には近称"这"，遠称"那"の2系列に属さない語が含まれている。常用する"每"měi（それぞれ）と"各"gè（それぞれ）の用法上の差異，および"别的"biéde（他のもの），"有的"yǒude（あるもの；ある人）などの用例を以下に掲げる。

1 ①**每（一）个国家** měi (yí) ge guójiā（それぞれの国）②**各国** gèguó（各国）

2 ①**每天** měitiān（毎日）②**每（个）星期** měi (ge) xīngqī（毎週）

③①**各位医生** gè wèi yīshēng （医師各位）

　②**各种杂志** gè zhǒng zázhì （各種の雑誌）

④**每次都去**。Měi cì dōu qù.（毎回行く）

⑤**我不想买别的（东西）**。Wǒ bù xiǎng mǎi biéde (dōngxi).

　（私は他の〔品物〕は買いたくない）

⑥**我们班里，有的（人）喜欢打棒球，有的（人）喜欢踢足球**。

　Wǒmen bānli, yǒude (rén) xǐhuan dǎ bàngqiú, yǒude (rén) xǐhuan tī zúqiú.

　（私たちのクラスでは，ある者は野球が好きで，ある者はサッカーが好きだ）

"每"はある範囲内からどれでも，ある個体を取り出し「どれも（みな）…」という意味を表すのに対し，"各"はある範囲内の「それぞれ」すべての個体を指す働きをする。

"每"はふつう①のように，「（数詞）＋量詞＋名詞」の前に用い，直接修飾できる名詞は"人、家、年、月、日、天、星期、周"rén, jiā, nián, yuè, rì, tiān, xīngqī, zhōu などに限られる。×"每国"とはいえない。②は"每"が名詞に直接組み合わさる例。一方，"各"が名詞を直接修飾する場合は①のように人や機関，集団などを表す名詞に限られる。×"各天"×"各(个)星期"とはいえない。また，③のように"各"は「量詞＋名詞」の前に置くことはできるが，量詞の前に数詞を加えることはできず，×"各一位医生"とはいえない。"各"と組み合わさる量詞も"个、位、种、式"gè, wèi, zhǒng, shì などに限られ（×"各本杂志"とはいえない），"每"のように"每(一)本杂志"měi (yì) běn zázhì（それぞれの雑誌）"每(一)条裤子"měi (yì) tiáo kùzi（それぞれのズボン）など，自由に組み合わせることができない。また，"各"は④の"每"のように動量詞との組み合わせもできず，"每次"を×"各次"に換えることはできない。⑤は他の，あるいは別の人や物を指す"别的"の用例。名詞を修飾することも，単用することもできる。⑥は不特定の人や物を指す"有的"の用例。多くの場合，2つ以上並列させる。主語の位置に置き，名詞を修飾することも，単用することもできる。

更上一层楼

◆"各"と"每"のどちらを使っても同じような意味を表す場合もある。

　(i)**每个／各个学校都有人参加**。Měi ge／Gège xuéxiào dōu yǒu rén cānjiā.

　　（どの学校にもみな参加する人がいる）

◆ "各"と"毎"は代詞のほか，副詞としても用いられる。
(ⅱ)**几种水果各买了一斤**。Jǐ zhǒng shuǐguǒ gè mǎile yì jīn.
（数種類の果物をそれぞれ1斤ずつ買う）
(ⅲ)**他每写一页，就休息十分钟**。Tā měi xiě yí yè, jiù xiūxi shí fēn zhōng.
（彼は1ページ書くごとに10分間休む）

132 疑問代詞

　代詞を，その表す意味から人称代詞，指示代詞，疑問代詞の3類に分ける。疑問代詞は英語の疑問代名詞と異なり，必ずしも疑問文だけに用いられるのではなく，平叙文においても用いられる（⇨140）。疑問文に用いた場合，英語が疑問代名詞を文頭に置いたり，語順を倒置したりするのに対し，中国語では平叙文と語順が変わらず，文中で疑問の所在する位置に疑問代詞を置けば疑問文となる。疑問代詞を疑問詞とも呼び，疑問代詞を用いた疑問文を疑問詞疑問文とも呼んでいる（⇨43）。

　疑問代詞（疑問詞）として，人・事物，場所，方式・状態，原因・理由，時刻・時間，数量，程度などをたずねる語句が使われる。常用する疑問代詞を以下の表に掲げる。

　これらのほかに，時刻・時間をたずねる"**什么时候**"shénme shíhou（いつ）や"**多长时间**"duō cháng shíjiān（どのくらいの時間），原因・理由をたずねる"**为什么**"wèi shénme（なぜ）など，疑問詞に相当する連語（句）も常用される。それぞれの疑問代詞については次項以下を参照（⇨133～139）。

人・事物	谁 shéi　　什么 shénme　　哪 nǎ（+量詞）　　哪个 nǎge
方式・状態	怎么 zěnme　　怎么样 zěnmeyàng
数量	多少 duōshao　　几 jǐ
場所	哪里 nǎli　　哪儿 nǎr
原因・理由	怎么 zěnme
程度	多(么) duō(me)　（+形容詞）

① 你想喝什么？ Nǐ xiǎng hē shénme？（君は何を飲みたいですか）
　——我想喝咖啡。Wǒ xiǎng hē kāfēi.（コーヒーを飲みたいです）
② 我们一起喝啤酒，怎么样？ Wǒmen yìqǐ hē píjiǔ, zěnmeyàng？
（私たちは一緒にビールを飲みませんか）
③ 你喝点儿什么吗？ Nǐ hē diǎnr shénme ma？（何かちょっと飲みますか）

　疑問代詞を用いた疑問文では，文末に助詞"吗"ma（…か？）をつけてはいけない。①，②の疑問詞疑問文に"吗"をつけることはできない。もしも①で文末に助詞"吗"を置き，"你想喝什么吗？"といえば，③の例と同じように，「何か飲みたいですか」となる。①は"什么"が名詞性の，②は"怎么样"が述語性の代詞として使われている。②の"怎么样"を"好吗、好不好"（いかがですか）などに換えることができる。③は疑問代詞を用いながら"吗"があるので，疑問文は"吗"で成立し，疑問代詞は疑問以外の用法で使われていることがわかる。この例では"什么"は「何か」と不定の意味を表している（⇨140）。この場合，"点儿"は語気をやわらげる働きをする。

更上一层楼

STEP UP！
　◆疑問文の組み立てとして，中国語では文中の疑問の所在する位置に疑問詞を置く。もしも，主語にあたる語句をたずねるのであれば，当然，文頭に疑問代詞が置かれる。"什么是最可贵的？"Shénme shì zuì kěguì de？（何が最も貴重か）のような表現はその1例であるが，この"什么是…"という疑問文の組み立ては問題提起などによく用いられる形式である。この語順を入れ換えた"最可贵的是什么？"（最も貴重なものは何ですか）という組み立てもあり，この方が自然な疑問文である。同様に，"什么是工作？"Shénme shì gōngzuò？（仕事とは何か）の例は，その答えを用意しておいて説明を始める場合のテーマの提出である。「君の仕事は何ですか」という表現にこの形式は使われない。"谁是我们的敌人？"Shéi shì wǒmen de dírén？（誰が我々の敵か）という表現も同じく問題提起の形式であり，ふつうに疑問を提出するなら"我们的敌人是谁？"（我々の敵は誰ですか）と組み立てるであろう。

133　"谁"と"什么"

　疑問代詞の"谁"は人について，"什么"は事物についてたずねる場合に

用いる。"谁" shuí は，話しことばでは shéi ということが多い。

1 ①**你找谁？** Nǐ zhǎo shéi?（君は誰を探しているの）

②**你找什么？** Nǐ zhǎo shénme?（君は何を探しているの）

2 ①**谁是你们的班长？** Shéi shì nǐmen de bānzhǎng?

（誰が君たちの班長ですか）

②**什么是自由？** Shénme shì zìyóu?（自由とは何か）

3 ①**谁的杂志？** Shéi de zázhì?（誰の雑誌）

②**什么杂志？** Shénme zázhì?（何の雑誌）

4 ①**他是谁？** Tā shì shéi?（彼は誰ですか）

②**他是什么人？** Tā shì shénme rén?（彼はどういう人ですか）

5 ①**那是什么声音？** Nà shì shénme shēngyīn?（それはどういう音）

②**那是什么的声音？** Nà shì shénme de shēngyīn?（それは何の音）

"谁"と"什么"は主語，賓語，連体修飾語として用いられる。**1**は賓語の例。"你找谁？"は「誰をお訪ねですか」という場合にも使う。**2**は主語の例。"什么是…？"は問題提起の場合などに用いる形式（⇨**132**）。**3**は連体修飾語として名詞を修飾する例。"谁"を修飾語にする場合は"的"を加えるが，文中では"他把谁相机借走了？" Tā bǎ shéi xiàngjī jièzǒu le?（彼は誰のカメラを借りて行ったの）のように省略することもある。また，人称代詞が親族名詞や所属単位を示す名詞と結ぶ場合と同様（⇨**103**），"谁姐姐？" Shéi jiějie?（誰のお姉さん），"谁家？" Shéi jiā?（誰の家）など，ふつうは"的"を省略する。一方，"什么"はふつう名詞を直接修飾する。**3**の"什么杂志"や，**4**の"什么人"のように"什么"を名詞の連体修飾語に用いた場合は「どんな…」と種類や性質を問う意味になる。**4**の"什么人"は，"谁"が単に「誰」とたずねるのと異なり，「どのような人」という意味になる。"他是什么人？"は"他是谁？"に比べ礼を欠く表現となる。"你是什么人？"とたずねることは，たとえ電話中でも失礼である。なお，"他是你(的)什么人？"という表現は，「彼は君とどういう関係の人ですか」の意味になる。**5**は**3**と同じように，"什么"が名詞を修飾する例であるが，表す意味によって助詞"的"を加える場合がある。"什么声音？"には「大きい音；雑音」といった答えが期待され，"什么的声音？"には「車の音；機械の音」といった答

えが期待される。

更上一层楼

◆ "什么"は"什么人"のように，名詞の連体修飾語に用いて，"什么事" shénme shì（どんなこと），"什么东西" shénme dōngxi（どんなもの）など常用する疑問詞相当の連語（句）を組み立てるが，そのうち"什么时候" shénme shíhou（どんなとき→いつ），"什么地方" shénme dìfang（どんなところ→どこ）は疑問代詞としてあつかってよい。同じように，"什么"を賓語に用いた"为什么" wèi shénme（何のために→なぜ），"干什么" gàn shénme（何をするのか→どうして）などの連語（句）も疑問代詞としてあつかってよい。

◆ 相手のことばを聞きとがめて"什么？他死了？" Shénme? Tā sǐ le?（えっ，彼が死んだって）などということがある。このように"什么"を単用した場合は，「何だって」という驚きの語気を表している。また，"我没有什么问题。" Wǒ méi yǒu shénme wèntí.（私には別に問題はありません）のように，否定文で賓語の前に"什么"を置くと，"什么"を挿入しないストレートな表現に比べ，語気がやわらかくなる。

134 "哪"と"哪个"

"哪"は，指示代詞"这、那"と対応し，「どれ；どの；どちら」と，いずれかを選択させる疑問代詞である。"哪"は反語表現（⇨**45, 140**）の場合以外，単用することは少なく，量詞や数量詞をともなって用いられる。量詞"个"を加えた"哪个"は"这个、那个"に対応し，"哪"と"哪个"の差異も基本的には"这"と"这个"の差異に平行する。"哪"は nǎ のほかに"哪一" nǎ yī の合音として něi あるいは nǎi ともいう。

1 哪(个)是你(的)房间？ Nǎ(ge) shì nǐ (de) fángjiān?
（どれが君の部屋ですか）

2 你(的)房间是哪个？ Nǐ (de) fángjiān shì nǎge?（君の部屋はどれですか）

3 ① 哪(一)件毛衣？ Nǎ (yí) jiàn máoyī?（どの〔1枚の〕セーター）

② 哪两件毛衣？ Nǎ liǎng jiàn máoyī?（どの2枚のセーター）

③ 哪个毛衣？ Nǎge máoyī?（どのセーター）

4 **哪些是他写的文章？** Nǎ xiē shì tā xiě de wénzhāng?

（どれとどれが彼の書いた文章ですか）

　"哪"を単用することは少ないが，動詞"是"の前に置いて主語になるときは量詞をともなわずに使うことがある。1 はその例。2 のように賓語の位置では量詞が必要。1 と 2 は"这"と"这个"の用法と平行する。3 は連体修飾語として用いた例。"哪"が名詞を修飾する例は限られ，「"哪"＋（数詞）＋量詞＋名詞」の組み合わせで名詞に結ぶ。数詞が"一"の場合には省略して「"哪"＋量詞＋名詞」とすることができる。"这个"の場合と同じように，「数詞＋量詞」の組み合わせで専用の量詞を使う名詞でも，"哪"に結ぶ場合は"哪个…"といえる。"哪个"は「"哪"＋（"一"）＋"个"」の数詞"一"が省略された形式で，「どの 1 つ」と具体的に特定する働きがある。4 は"这个"に対する"这些"と同じように，複数を明示した表現。něi xiē ともいう。

更上一层楼

◆ "哪"が名詞を修飾する例は限られるが，話しことばには"哪会儿"nǎhuìr（いつ），"哪地方"nǎ dìfang（どこ）など熟語化した例がある。これらの"哪"は nǎ より něi ということが多い。そのうち，"哪会儿"は時をたずねる疑問詞として，"这会儿、那会儿"と対応している（⇨ **127**）。同じように時をたずねる"什么时候"shénme shíhou（いつ）に相当する"多会儿"duōhuìr（いつ）とともに，話しことばでは常用される。

　（i）**哪会儿开始动工？** Nǎhuìr kāishǐ dòng gōng?（いつ工事を始めますか）

135　"哪里"と"哪儿"

　"哪里"は指示代詞"这里、那里"と，"哪儿"は指示代詞"这儿、那儿"とそれぞれ対応する疑問代詞で，前者は話しことばにも書きことばにも用いられるが，後者は話しことばで用いられる。両者の，場所をたずねる「どこ」という意味や，その用法はほぼ同じである。双方とも反語表現にもよく用いられる（⇨**45**, **140**）。

1 他在哪里／哪儿？　Tā zài nǎli／nǎr?（彼はどこにいますか）

2 (你是从)哪里／哪儿来的？　(Nǐ shì cóng) nǎli／nǎr lái de?
　　（〔君は〕どこから来たのですか）

3 您(是)哪里／哪儿(的)人？　Nín (shì) nǎli／nǎr (de) rén?
　　（あなたはどこ〔出身地〕の方ですか）

4 我的眼镜哪儿去了？　Wǒ de yǎnjìng nǎr qù le?
　　（私の眼鏡はどこに行ってしまったのかしら）

5 你做的菜真好吃！　Nǐ zuò de cài zhēn hǎochī!
　　（君の作った料理はおいしいね）
　　――哪里！哪里！　Nǎli! Nǎli!（いやいや）

1～**3**は"哪里、哪儿"のどちらも使える。**1**は賓語に用いた例。**2**のように介詞の賓語になる（この例は"从"の賓語）ほか，動詞を直接修飾することもできる。**3**は連体修飾語の例。この例は相手の出身地をたずねる常用表現。"的"は省略できる。**4**は"去哪里／哪儿了？"（どこに行きましたか），"到哪里／哪儿去了？"（どこに行きましたか）などのように行き先をたずねているのではなく，「(存在するはずの人，物が) 見えなくなってしまった；消えてしまった」という慣用表現。行き先をたずねる場合は"哪里、哪儿"のどちらも使えるが，**4**の慣用表現では，ふつう"哪儿"を使う。**5**は反語表現（⇨**45, 140**）。"哪里"をくりかえし，人にお礼をいわれたり，ほめられたりしたときに「いいえ，どういたしまして」と謙遜を表す応答になる。"哪里"をくりかえさず，単用でもよい。**5**の用法は"哪里"に限られ，"哪儿"は使わない。

更上一层楼

◆ "哪里、哪儿"を用いて「いいえ，どういたしまして」と謙遜する表現は，ほかにも"哪里／哪儿的话！"nǎli／nǎr de huà をよく用いる。これらの表現には，この用法のほか，相手の発言に対し「そんなことはない；そんなことがあるものか」と完全に否定する語気を表す用法もある。同じ気持ちをよりストレートに表す場合は，"哪儿！"あるいは"哪儿啊！"Nǎr a !，"哪儿呀！"Nǎr ya ! などともいう。この表現には"哪里"を使えない。

　　(i) 你太辛苦了！　Nǐ tài xīnkǔ le!（大変ご苦労さまでした）
　　――哪儿呀！我没干什么。Nǎr ya! Wǒ méi gàn shénme.
　　（とんでもない。私は何もしていませんよ）

136 "怎么","怎样","怎么样"

述語性の指示代詞を二分して，"这么、那么"と"这样、那样；这么样、那么样"に分けるが，これに対応する疑問代詞も二分して，"怎么"と"怎样、怎么样"に分けることができる。双方とも「どのように」と状態，方式などをたずねる述語性の代詞である。"怎么"と"怎样、怎么样"はいずれも連用修飾語に用いるが，双方ともそのままでは連体修飾語になれない。"怎么"が述語になる場合は"怎么了？"（どうしたの）という形式になる。"怎样、怎么样"は述語になれるが，前者は書きことば，後者は話しことばの差異がある。日常，"怎么样"を単用して「どうですか」という述語に使うことが多い。"怎样、怎么样"は賓語や補語にもなる。"怎么"は反語表現にも用いる（⇨**45, 140**）。

1这个菜怎么／怎(么)样做？ Zhège cài zěnme／zěn(me)yàng zuò?
（この料理はどういうふうに作るの）
2你怎么不吃饭？ Nǐ zěnme bù chī fàn?（君はなぜご飯を食べないの）
3他哥哥是怎么(一)个人？ Tā gēge shì zěnme (yí) ge rén?
（彼の兄さんはどんな人ですか）
4他哥哥是怎(么)样的(一个)人？ Tā gēge shì zěn(me) yàng de (yí ge) rén?
（彼の兄さんはどんな人ですか）
5你身体怎么样？ Nǐ shēntǐ zěn(me)yàng?（身体の具合はどうですか）
6他学得怎么样？ Tā xuéde zěnmeyàng?（彼の勉強ぶりはどうですか）
7你觉得怎么样？ Nǐ juéde zěnmeyàng?（君はどう思いますか）
8我们一起去，怎么样？ Wǒmen yìqǐ qù, zěnmeyàng?
（私たち一緒に行きませんか）
9你怎么了？ Nǐ zěnme le?（君はどうしたのですか）

1と**2**は連用修飾語として動詞を修飾した例。**1**は動作行為の方式を問う。"怎样"は"怎么"，"怎么样"にくらべ書きことばの色合いが強い。**2**は原因・理由を問う場合で，"怎么"しか使えない。この用法の場合は"怎么你不吃饭？"のように"怎么"を主語の前にも置ける。原因・理由を問う"怎么"は"为什么" wèi shénme（どうして）に置き換えることができる。

3と**4**は連体修飾語の例。"怎么"は**3**のように「"怎么"（＋数詞）＋量詞＋名詞」の組み立てにする。ただし、この用法は、量詞は"个、回、种"ge、huí、zhǒng、名詞は"人、事、东西"rén、shì、dōngxi など、用いられる語に制約がある。"怎样、怎么样"は**4**のように「"怎样／怎么样"＋"的"（＋数量詞）＋名詞」の組み立てにする。数量詞があれば"的"を省略することもある。**5**は"怎么样"を述語に、**6**は補語に、**7**は賓語に用いた例である。"怎么"を述語に用いる場合は、**9**のように助詞"了"をともない、状況をたずねる表現となる。"怎么"は補語や賓語になれない。**8**は"怎么样"を単用し、相手の意向を「どうですか」とたずねている。"怎么样，我们一起去吧！" Zěnmeyàng, wǒmen yìqǐ qù ba!（どうですか、私たち一緒に行きましょう）のように"怎么样"を文頭に置いてもよい。

更上一层楼

◆ "怎么"を文頭に置いて単用すると、驚きや不満の気持ちが表せる。
 (i)**怎么，你还不知道？** Zěnme, nǐ hái bù zhīdào?
    （なんだって、君はまだ知らないの）

◆ "怎么"や"怎样、怎么样"が否定文で用いられ、程度を表すことがある。
 (ii)**他的成绩不怎么好**。Tā de chéngjì bù zěnme hǎo.
    （彼の成績はそれほどよくない）
 (iii)**考试考得不怎么样**。Kǎoshì kǎode bù zěnmeyàng.
    （試験の出来はたいしたことなかった）

"不怎么"という表現は"不太…"bú tài に，"不怎么样"という表現は"不太好"bú tài hǎo に相当する。2例とも直接いいにくいことばを口にしない，婉曲表現になっている。

137　"怎么"と"为什么"

疑問代詞"怎么"は動作，行為の方式や，原因・理由をたずねる場合に用いられるが，「なぜ；どうして」と原因・理由を問うには"为什么"もよく用いられる。"为什么"は，もともと「何のために」と目的をたずねる疑問詞相当の連語で，"怎么"のように不思議に思ったり，いぶかしく感じて「なんでそうなのか」と問う語気とは異なり，「どういうわけか」と説明を求める表現になる。"为什么"は"怎么"のように反語表現には使わない。

1 **你怎么／为什么打人呢？** Nǐ zěnme／wèi shénme dǎ rén ne?
   （君はどうして人をたたくのか）
2 **屋里怎么／为什么这么热？** Wūli zěnme／wèi shénme zhème rè?
   （部屋の中がどうしてこんなに暑いのか）
3 **这个方法好，你为什么不试试？** Zhège fāngfǎ hǎo, nǐ wèi shénme bú shìshi?
   （この方法がよいのに，君はどうして試してみないのか）
4 **他昨天也没来，（这是）为什么呢？**
   Tā zuótiān yě méi lái, (zhè shì) wèi shénme ne?
   （彼は昨日も来なかったが，〔これは〕どうしてか）
5 **为什么大海是蓝色的？** Wèi shénme dàhǎi shì lánsè de?
   （どうして海は青いのか）

1 と 2 の例は，"怎么"と"为什么"のどちらも「なぜ」の意味で使える。ただし，"怎么"の場合には，いぶかる気持ちや，詰問する語気が含まれることがある。"为什么"は「何のために」と原因を説明するよう求めている（例えば，警察官の職務質問）。3 の"为什么不…"という表現は，相手に「なぜしないのか」とたずねる場合よりも，相手にそうするように勧める気持ちを表す場合が多い。4 は"为什么"を文末に置く。"怎么"にはこの用法がない。"为什么"だけを単用してもよいし，"是"の賓語としてもよい。5 のように，科学的な事実などに対する疑問には"为什么"しか使えない。もしも，海の色が"红色"hóngsè（赤い色）であれば"怎么"を使って，不思議に思う語気を表すであろう。"为什么"は主語"大海"の後に置いてもよい。

更上一层楼

STEP UP !

◆ "怎么"が動詞や形容詞の前に位置して，方式あるいは原因・理由を表す連用修飾語になる場合，方式をたずねているのか，原因・理由をたずねているのか，区別できるのであろうか。次の(ⅰ)の例のように，後者（原因・理由）の場合は，"怎么"を主語の前にも置くことができる。また，前者（方式）は否定文で使われないが，後者は否定文でも使える。

   (ⅰ) **你怎么不说话了？** Nǐ zěnme bù shuō huà le?
      （君はなぜ黙ってしまったの）
      = **怎么你不说话了？**

◆ 朱徳熙は，《语法讲义》の中で，方式をたずねる場合は"怎么"を強く発音し，原因・理由をたずねる場合は"怎么"の後に続く動詞を強く発音する，

として以下の例を示している。それぞれ下線の箇所を強く発音する。
　(ii)你现在怎么想了？ Nǐ xiànzài zěnme xiǎng le?
　　（君はいまどう考えるようになりましたか）
　(iii)你现在怎么想了？ Nǐ xiànzài zěnme xiǎng le?
　　（君はいまなぜ考えるようになったのですか）

138　"多"と"多么"

程度や数量を問う疑問詞に、形容詞と組み合わせ「"多"+形容詞」の形式で、「どのくらい…」とたずねる"多(么)"がある。副詞に分類する辞書も多いが、疑問詞疑問文を構成する働きから、疑問代詞としてあつかう。同じ形式で感嘆文としても用いられるが、その場合は"多"よりも"多么"が使われる傾向がある。

1 他今年多大(岁数)了？ Tā jīnnián duō dà (suìshu) le?
　（彼は今年いくつですか）
2 你有多高？ Nǐ yǒu duō gāo?（君はどのくらい身長がありますか）
　——(有)一米八(高)。(Yǒu) yì mǐ bā (gāo).（1m80 あります）
3 你来日本多久了？ Nǐ lái Rìběn duō jiǔ le?
　（日本に来てどれくらいたちますか）
4 这儿的风景多美啊！ Zhèr de fēngjǐng duō měi a!
　（ここの景色はなんときれいなんだろう）
5 多么有意思啊！ Duōme yǒuyìsi a!（なんと面白いこと）

1〜**3**は疑問文の例。「"多(么)"+形容詞」で「どれくらい」という意味を表す。1音節形容詞で"大、小" dà, xiǎo, "长、短" cháng, duǎn など、対になるもののプラス方向の語("大、长")に限る。これらのほか"重、长、远、粗、宽、厚" zhòng, cháng, yuǎn, cū, kuān, hòu(重い、長い、遠い、太い、広い、厚い)などの形容詞がよく使われる。話しことばでは"多么"を省略して"多"だけのことが多い。述語になる場合は「"有"+"多"+形容詞」の形式になることがある。**4**と**5**は感嘆文の例。用いられる形容詞に制約はない。感嘆文では"多么"を使う例が多くなる。ふつう文末に、助詞"啊"を加える（⇨**47**）。

更上一层楼

◆「"多(么)"＋形容詞」の組み立てを否定文で用いると，ある一定の程度に達していない，という意味が表せる。

(i)**这件行李没多(么)重**。Zhè jiàn xíngli méi duō(me) zhòng.
(その荷物はどれほどの重さもない)

139　"几"と"多少"

疑問代詞"几"と"多少"はいずれも数量をたずねる場合に用いるが，前者は10未満の数を予想して使うのに対し，後者は大きい数にも小さい数にも使う。また，"几"は単用することなく，量詞あるいは位数詞（⇨**142**）などをともなうが，"多少"は量詞を省略して，そのまま単用できる（動作量の場合は省略できない）。序数にはふつう"几"を使う。

1 **你家有几口人？** Nǐ jiā yǒu jǐ kǒu rén?（君の家は何人家族ですか）

2 **你们大学有多少(个)学生？**
　Nǐmen dàxué yǒu duōshao (ge) xuésheng?
　（君たちの大学には学生が何人いますか）

3 ①**今天几月几号？** Jīntiān jǐyuè jǐhào?（今日は何月何日ですか）
　②**现在几点几分？** Xiànzài jǐ diǎn jǐ fēn?（いま何時何分ですか）

4 **今天从第几课开始？** Jīntiān cóng dì jǐ kè kāishǐ?
　（今日は第何課から始めますか）

5 ①**你住在多少号？** Nǐ zhùzài duōshao hào?（君は何号室に泊まっているの）
　②**电话号码是多少？** Diànhuà hàomǎ shì duōshao?（電話番号は何番）

6 **现在世界的人口是几十亿／多少亿？**
　Xiànzài shìjiè de rénkǒu shì jǐshí yì／duōshao yì?
　（いま世界の人口は何十億／何億ですか）

7 **这儿有十个人，那儿也有几个人**。Zhèr yǒu shí ge rén, nàr yě yǒu jǐ ge rén.
　（ここに10人いて，あそこにも何人かいます）

8 **你们有多少产品，我们都收购**。
　Nǐmen yǒu duōshao chǎnpǐn, wǒmen dōu shōugòu.
　（おたくの製品がいくらあっても，我々はみな買い付けます）

1は家族の人数なので"几"を使い，**2**は学生数なので"多少"にしている。"口"は世帯の人数を数える量詞で，"几"の後では省略できない。**3**のように，年月日や時刻は数が10を越えても"几"を用いる。**4**の序数でも"几"を使い，"多少"は使わない。**5**のような番号をたずねるには"多少"を用いる。**6**は位数詞に組み合わさる場合。"十、百、千、万、亿"shí, bǎi, qiān, wàn, yì の前には"几"を使い，"万、亿"の前には"多少"も使える。"几"は"十"の後にも使える。**7**と**8**は数をたずねる場合でなく，それぞれ不定の数量を示している。"几"は数量が少ない感じ，"多少"は数量が多い感じを表している。

:::更上一层楼:::

◆算数の教科書などでは，"几"と"多少"が必ずしも使い分けられていない。
(i)**二加三是多少？** Èr jiā sān shì duōshao? (2＋3はいくつですか)
(ii)**一辆汽车有4个轮子，3辆有几个轮子？**
　　Yí liàng qìchē yǒu sì ge lúnzi, sān liàng yǒu jǐ ge lúnzi?
　　（1台の車に車輪が4個ある。3台では車輪がいくつあるか）

◆子どもの年齢は"你几岁了？"Nǐ jǐ suì le? とたずねるが，これは"几"の表す意味から，10歳くらいまでが対象で，成人には使えない。大人にも子どもにも使える，一般的な表現は"你多大（岁数）了？"Nǐ duō dà (suìshu) le? である。ただし，南方方言では大人にも"几岁？"を使う。

◆否定文で用いられた"几"と"多少"は不定の数量を表すが，"几"には少量の感じがこめられ，一方，打ち消しの表現ではあるが，"多少"にはある程度の量が感じられる。次の(iii)は(iv)にくらべると謙遜した表現になる。
(iii)**我家里没有几本书。** Wǒ jiāli méi yǒu jǐ běn shū.
　　（私の家には本はいくらもありません）
(iv)**我家里没有多少书。** Wǒ jiāli méi yǒu duōshao shū.
　　（私の家には本はそれほどありません）

140　疑問代詞の非疑問用法

疑問代詞は疑問文に用いるだけでなく，反語文に使う（⇨45）ほか，任意のものすべてを指し示す表現（"任指"）や，不定のものを指し示す表現（"虚指"）にも用いる。前者には，副詞の"都、也"などとともに文を構成する場

合と，同一の疑問代詞を前後呼応させて構成する場合がある（⇨**141**）。後者は，中国語が日本語の「誰」と「誰か」のように疑問と不定の区別を形式に示さないので，文脈によって理解する例が少なくない。以上の，疑問代詞が疑問文以外の表現に用いられる場合を，非疑問用法と呼ぶ。

1 他在哪儿呢？ Tā zài nǎr ne?（彼はどこかしら）
　　——我哪儿知道。Wǒ nǎr zhīdào.（知るものですか）
2 我已经把书给你了。Wǒ yǐjing bǎ shū gěi nǐ le.（もう本をあげたよ）
　　——你哪儿给我了。Nǐ nǎr gěi wǒ le.（私はもらっているものですか）
3 这件事，谁都知道。Zhè jiàn shì, shéi dōu zhīdào.
　　（このことは誰でも知っている）
4 这些人，我谁也不认识。Zhè xiē rén, wǒ shéi yě bú rènshi.
　　（これらの人びとは，私は誰も知りません）
5 无论谁来，也别开门。Wúlùn shéi lái, yě bié kāi mén.
　　（誰が来ようとも，ドアを開けてはいけない）
6 你有什么事吗？ Nǐ yǒu shénme shì ma?（何かご用ですか）
7 我想吃点儿什么。Wǒ xiǎng chī diǎnr shénme.
　　（私は何かちょっと食べたい）
8 这件事好像谁告诉过我。Zhè jiàn shì hǎoxiàng shéi gàosuguo wǒ.
　　（このことは誰かが私に話したことがあるような気がする）
9 你如果有什么问题，可以问王老师。
　　Nǐ rúguǒ yǒu shénme wèntí, kěyǐ wèn Wáng lǎoshī.
　　（君は何か問題があれば王先生に聞くとよい）

1 と **2** の答えの部分は反語表現（⇨**45**）である。"哪儿"は反語文によく使われる。**1** の"哪儿"は"怎么"に置き換えられるが，**2** は置き換えられない。**1** は相手が想定していることに対する否認だが，**2** は相手の発言した事実に対する否認で，一言でいえば"哪儿啊？"（とんでもない）という反語表現（⇨**135**）に相当する。**3**～**5** の表現は，任意のすべてについて例外がないことを表す。副詞の"都、也"を使うが，"都"は肯定文，"也"は否定文で用いることが多いという。**5** のように，接続詞の"无论"wúlùn や"不管"bùguǎn と"都、也"を呼応させて文を組み立てる場合もある。**6**～**9** は，

疑問代詞が不定の人，事物，場所，時間などを指し示す例。**6**では助詞"吗"が疑問文を構成している。"吗"を用いないと"什么"が疑問詞になって，"你有什么事？"（どんなご用ですか）という疑問文になる。**6**，**7**，**9**の"什么"は「何か」という不定の意味で使われている。**9**は"什么"を用いない文にくらべ，婉曲表現になる。**8**は"谁"が「誰か」という不定の意味で使われている。疑問代詞を不定の意味に用いる場合，形式上，とくに標識があるわけではないが，**7**は主語の１人称，**8**は"好像"，**9**は"如果"などが不定の意味にみちびいてくれる。

更上一层楼

STEP UP！

◆疑問文と，疑問代詞を用いた反語文は形式が同じである。"看什么？" Kàn shénme? は「何を見るの」の意味にも，「何を見るというんだ。見る必要はない」の意味にもなる。このように動作行為の対象が想定できる他動詞の場合，「動詞＋"什么"」には二義性がある。同じく，"做什么？" Zuò shénme? にも「何をするの」と「何をするんだ。する必要はない」の２つの意味がある。

同様に，疑問代詞が疑問と不定の双方の意味を同形式で表す場合がある。朱德熙は《语法讲义》の中で，疑問代詞を強く発音すれば疑問文，軽く発音すれば平叙文で，不定の意味になるとしている。"他叫什么绊了一交" tā jiào shénme bànle yì jiāo で，"什么"を強く発音すれば，「彼は何につまずいて転んだのですか」，軽く発音すれば「彼は何かにつまずいて転んだ」という意味になる，という。

◆疑問代詞"什么"の非疑問用法として，ほかに並列連語の前に置いて列挙を表す場合がある。すべてを並べたわけではなく，他にも同類があることを示している。

(i) **什么苹果、橘子、香蕉，样样都有。**
　　Shénme píngguǒ、júzi、xiāngjiāo、yàngyàng dōu yǒu.
　　（リンゴ，オレンジ，バナナなど，何でもある）

文末に"什么的"を助詞として加える表現もある（⇨**241**）。

(ii) **桌子上放满了苹果、橘子、香蕉什么的。**
　　Zhuōzishang fàngmǎnle píngguǒ、júzi、xiāngjiāo shénmede.
　　（机にリンゴ，オレンジ，バナナなどが山のようにある）

141　同一疑問代詞の呼応用法

　疑問代詞が疑問文以外の表現に用いられる場合を，非疑問用法（⇨140）と呼ぶ。そのなかで任意のものすべてを指し示す用法の１つに，同一の疑問代詞を前後呼応させて構成する表現がある。複文の前後２つの句に同一の疑問代詞をそれぞれ置いて呼応させる形式で，前の疑問代詞が任意のものすべてを示し，後の疑問代詞はそれによって枠付けされたものを示す。前後の句を結ぶため，後の句に副詞"就"を置くこともある。

　この形式に組み立てられた文には，前後２つの疑問代詞がともに同一の人，事物，方式，時間，場所である場合と，異なる人，事物，方式，時間，場所である場合とがある。

❶ 你喜欢吃什么就吃什么。Nǐ xǐhuan chī shénme jiù chī shénme.
　（君は何でも好きなものを食べなさい）
❷ 什么便宜就买什么。Shénme piányi jiù mǎi shénme.
　（何でも安いものを買う）
❸ 谁想去，谁就去。Shéi xiǎng qù, shéi jiù qù.（誰でも行きたい人が行く）
❹ 哪儿风景好，我就去哪儿。Nǎr fēngjǐng hǎo, wǒ jiù qù nǎr.
　（どこでも景色のよい所に行く）
❺ 你要多少就给你多少。Nǐ yào duōshao jiù gěi nǐ duōshao.
　（いくらでも君がほしいだけ君にあげます）
❻ 他们俩，谁也不让谁。Tāmen liǎ, shéi yě bú ràng shéi.
　（彼ら２人は〔どちらであろうと〕たがいに譲ろうとしない）

　❶〜❺の例は前後２つの疑問代詞が同じものを指す。例えば❶と❷なら，「君は何を食べるのが好きか，その〔好きな〕何かを食べなさい」，「何が安いか，その〔安い〕何かを買う」という組み立てで，「何でも…」の意味になる。❸では「誰でも」，❹では「どこでも」，❺では「いくらでも」という意味になる。複文の前後は副詞"就"でつなぐ例が多いが，省略もあり得る。副詞"就"は主語の後に置く。❸と❹では"就"の位置を誤りやすい。例えば❸の後半を×"就谁去。"としてはいけない。❻は前後２つの疑問代詞がそれぞれ異なったものを指している。この表現は否定文に多い。

> **更上一层楼**
> **STEP UP !**
> ◆前後2つの疑問代詞が"谁"の場合，後の"谁"を"他"に換えて"谁…他…"の形式にすることがある。
> （i）**谁**弄坏的就让**他**赔。Shéi nònghuài de jiù ràng tā péi.
> （誰でも壊した人は，〔誰であろうと〕その人に弁償させる）

142 | 位数詞と係数詞

数詞には大別すると，位数詞と係数詞がある。位数詞とは"十、百、千、万、亿" shí、bǎi、qiān、wàn、yì のように位取りを示す数詞である。位取りは"万"以下は十進法，"万"を越えると，いわば万進法（"万"の万倍で"亿"になる。したがって"亿"を"万万" wànwàn ともいう。"一万万"="一亿"）である。係数詞とは位数詞の前に置かれ，具体的な数を表す数詞で，"一、二、三、四、五、六、七、八、九、十、两" yī、èr、sān、sì、wǔ、liù、qī、bā、jiǔ、shí、liǎng のそれぞれを指す。"十"は位数詞と係数詞の双方の働きをする。

1けたの数は位数詞を用いないが，2けた以上の数は「係数詞＋位数詞」の組み立てで表される。「係数詞＋位数詞」の構造は，数学的には相乗関係，文法的には修飾関係の組み立てになる（"二十"＝2×10，"五万"＝5×10,000）。

1 一 yī、二 èr、三 sān、四 sì；一个 yí ge、**两个** liǎng ge、三个 sān ge、四个 sì ge

（1，2，3，4；1個，2個，3個，4個）

2 十一 shíyī、一百一十一 yìbǎi yīshíyī；二百 èrbǎi、**两千** liǎngqiān；十万 shíwàn、一百万 yìbǎiwàn

（11，111；200，2,000；100,000，1,000,000）

係数詞は1けたの数を示す場合は単用するが，2けた以上の数を示す場合は位数詞に組み合わせて使う。ただし，係数詞は"一"から"十"の数を示したり，数を数えたてる場合以外，単用には制約がある。例えば，30歳を"三十"といえるが，3歳を"三"とだけいうことはできない。年齢の単位である量詞"岁" suì を加え"三岁"という。したがって，1けたの数に"个位"

（1の位）を示す位数詞として，**1**に掲げたように，例えば，量詞"个"を想定すると，1けたの数も「係数詞＋位数詞」の組み立てになる。もちろん，現実には"一个，两个"は「1個，2個」と数量を表し，1けたの数を示す場合は係数詞を単用すればよい。なお，数量の場合，「2個」は×"二个"ではなく"两个"という。

　"十、百、千、万、亿"などの位数詞は単用できず，必ず係数詞の"一"を加える。ただし，"十"から"十九"までの数は"一"を加えない。したがって，"十万"も"一"を加えない。"十"は位数詞であるが，"十万"では係数詞に用いられていることになる。"十"が位数詞であることは，**2**に掲げる"一百一十一"のように，100以上の数に組み込まれる場合，"百、千、万、亿"の前と同様に，"十"の前の"一"を省略しない事実で理解できる。なお，**2**に示すように，2を係数とする場合，"十、百"の前では"二"，"千、万"の前では"两"を使う。

更上一层楼

STEP UP !

◆"十"は"十万"では係数詞，"三十"では位数詞ということになるが，"十万"の"十"は"一十"が省略されたもの，として係数詞から除外できないであろうか。実は，"十万"以外にも，"十"に係数詞としての用法があることは，他の例でも示すことができる。例えば，数量詞に"多"duō（…あまり）を加えて概数を示す場合，度量衡の単位である量詞を用いると，"多"を量詞の前に置くか，後に置くかによって，意味が大きく異なる。すなわち，"十多里" shí duō lǐ と"十里多"はともに「10里あまり」と訳せるが，ふつう前者は数量詞が位数詞（"一百多里"なども）で「11～19里」，後者は係数詞（"三里多"なども）の用いられる形式で「11里未満」となる。"十"が位数詞と係数詞の双方の働きをすることがわかる（⇨**146**）。なお，度量衡以外の量詞では，係数詞を用いた「…あまり」の表現は成立しない。例えば，"十多个人"はいえるが，"十个多人"はいえない。

◆漢数字では"一、二、三、四、五、六、七、八、九、十"を"壹、贰、叁、肆、伍、陆、柒、捌、玖、拾"と表記することがある。これを"大写"（大文字）と呼び，領収書などで用いる。

143 | 数の数え方，"〇"と"零"

1から99までの数の表し方は，中国語も日本語と同じであるが，2を位数詞の前に置く場合，"二"と"両"の使い分けがあり，100以上の数え方では位数詞の省略をしたり，空位に"零"を置くなど，表し方が日本語と異なる。

■1 二十 èrshí；二十二 èrshi'èr；二百 èrbǎi；**两千** liǎngqiān；**两万** liǎngwàn；
两亿 liǎngyì
（20；22；200；2,000；20,000；200,000,000）

■2 一百 yìbǎi；一百零二 yìbǎi líng èr；一百二(十) yìbǎi èr(shí)
（100；102；120）

■3 一千 yìqiān；一千零二 yìqiān líng èr；一千零二十 yìqiān líng èrshí；
一千二(百) yìqiān èr(bǎi)
（1,000；1,002；1,020；1,200）

■4 **两千** liǎngqiān；**两万零二** liǎngwàn líng èr；
两万二(千) liǎngwàn èr(qiān)；**两亿二(千万)** liǎngyì èr(qiānwàn)
（2,000；20,002；22,000；220,000,000）

■5 ①**房号是三〇五**。Fánghào shì sān líng wǔ.（ルームナンバーは305です）
②**我住九号**。Wǒ zhù jiǔ hào.（私は9号に住んでいる）
③**八一〇路公共汽车** bāyāolíng lù gōnggòngqìchē（810番系統のバス）

■6 ①**一九五四年** yī jiǔ wǔ sì nián（1954年）
②**二〇〇八年** èr líng líng bā nián（2008年）
③**电话号码是二八－三〇一一**。Diànhuà hàomǎ shì èr bā -sān líng yāo yāo.
（電話番号は28-3011です）

■1に示すように，2を位数詞の前に置く場合，"十、百"の前では"二"，"千、万、亿"の前ではふつう"两"を用いる。"百"の前では"二"が広く使われるが，"两百"ということもある。■2と■3の例は，100以上の数において，"十、百、千…"などの位数詞は"一十、一百、一千…"と係数詞"一"が加わり（"一"は"十"の前では声調変化をしない），101や1,020などのように，中間の位を欠く場合，その位置に"零"を補うことを示している。もしも，中間に"零"が入らず，下位が0の場合は，"一千二"のように末

尾の位数詞を省略できる。中間に"零"が入れば省略できない。また，"一百二十个"のように，量詞をともなう場合も省略できない。**4**では，"千、万、亿"の前の係数詞2はふつう"两"を使うが，22,000のように，下位にも係数詞に2が続く場合は，後続の"百、千、万"に"两"を使わず，"二"を用いることを示している。また，20,002のように，空位が連続している場合，0がいくつ並んでも"零"は1つでよい。**5**と**6**は番号や西暦の場合に，"十、百、千…"などの位数詞を用いず，数詞を1つずつ粒読みすることを示している。粒読みでは"一"の声調変化はない。3けた以上の番号では"一"をyāoという習慣がある。"一"と"七"の聞き違いを防ぐためである。**5**の"九号"のように数が1けたでは単用ができないので，単位となる量詞を加える。なお，番号などで，位数詞を用いない場合には，0を"零"と表記せず，"〇"を用いる。"〇"は1画で書く漢数字である。

更上一层楼

◆番号を表す場合，"九号"のように1けたの数を数詞だけで示すには，数を2けたにして"〇九"という。こうすれば"号"は不要になる。次の例も同様である。

(ⅰ)**那个八号／〇八运动员真棒！** Nàge bā hào／líng bā yùndòngyuán zhēn bàng!
　　（あの背番号8の選手はすばらしい）

西暦は，前後の文脈でわかるなら下2けただけで表し，ふつうは2000年を"〇〇年" líng líng nián，2008年を"〇八年"と省略する。

(ⅱ)**他是九五年大学毕业的**。Tā shì jiǔ wǔ nián dàxué bìyè de.
　　（彼は〔19〕95年に大学を卒業した）

次の例では，下2けただけにはしない。また，粒読みをしないで位数詞を用いることもある。

(ⅲ)**孔子生于公元前五五一／五百五十一年**。
　　Kǒngzǐ shēngyú gōngyuán qián wǔ wǔ yī／wǔbǎi wǔshiyī nián.
　　（孔子は紀元前551年に生まれた）

◆"零"は，"一百零二"などのように空位を示すだけでなく，大きい数にこまかい，半端な数を付け足すという感じで用いる場合がある。

(ⅳ)①**三年零三个月** sān nián líng sān ge yuè （3年と3か月）

　②**两个小时零五分** liǎng ge xiǎoshí líng wǔ fēn （2時間と5分）

144 　数と数量，"二、两"，"半"

　数を表すには数詞を用いるが，数量をはかるには数詞を量詞（⇨**150**）と組み合わせて用いなければならない。しかし，数詞のなかにも"二"と使い分ける"两"や，$\frac{1}{2}$を意味する数詞"半"（半分）などのように，数よりも数量に関わりのある例が見られる。前者についていえば，数を数える場合の「2」は"二"だが，数量をはかる場合の「2つ」には"两"を用いる。

1 ①二月二号，星期二 èryuè èrhào, xīngqī'èr （2月2日，火曜日）
　　②第二页 dì'èr yè（2ページ目）　③第二课 dì'èr kè（第2課）
2 我有两个孩子。Wǒ yǒu liǎng ge háizi.（私は子供が2人いる）
3 ①一共有二斤重。Yígòng yǒu èr jīn zhòng.（合計重さ2斤〔1kg〕ある）
　　②一共有两公斤重。Yígòng yǒu liǎng gōngjīn zhòng.（合計重さ2kgある）
4 现在两点半。Xiànzài liǎng diǎn bàn.（いま2時半です）
5 ①两(个)小时 liǎng (ge) xiǎoshí（2時間）
　　②半(个)小时 bàn (ge) xiǎoshí（30分）
　　③一个半小时 yí ge bàn xiǎoshí（1時間半）　④两天 liǎng tiān（2日間）
　　⑤半年 bàn nián（半年間）

　1のように月日，曜日や序数における2は"二"を用いる。"星期二"は月曜から数えて週の2番目。**2**は「数詞＋量詞」で数量をいう場合。量詞と組み合わせる2は"两"を使う。ただし，**3**のように中国の伝統的な度量衡の単位には"二"を用いることが多い。特に，目方の単位である"两"（1斤の$\frac{1}{10}$，50 g）を量詞に使う場合は"二两"としかいえない。**4**は時刻の表現。時刻は"两点钟" liǎng diǎn zhōng（2時）のように，「数詞＋量詞＋名詞」の組み立てで表す数量表現であるため，量詞の前では"两"を用いなければならない。"钟"は現代語では「時計」を指すが，「鐘」の意味もあり，古代は鐘をついて時を知らせたことに由来する。"钟"を省略して"两点"ともいえる。"半"は「半分」を表し，"两点半(钟)"は「数詞＋量詞＋"半"＋（名詞）」の組み立てになっている。日本語と同様に，「…時30分」を"…点半"ともいう。**5**はすべて時間量の表現。時間量では2に"两"を用いる。"半(个)小时"は「"半"＋（量詞）＋〔時間量の単位となる〕名詞」の組み立て。"半年"も同じ（"年"は量詞が不要）。"一个半小时"は「数詞＋量詞＋"半"

＋名詞」の組み立て。このように「1つと半分」（整数＋$\frac{1}{2}$）の場合は，量詞 "个" は数詞の後に置かれる。"两个半苹果" liǎng ge bàn píngguǒ（リンゴ2つ半）は同様の例になる。一方，"半(个)小时" のように「半分だけ」（整数がなく，$\frac{1}{2}$ だけ）の場合は，量詞 "个" は "半" の後に置かれる。"半(个)小时" は，"小时" が時間量の単位となる名詞のため，"个" を省略できるが，"半个苹果" bàn ge píngguǒ（リンゴ半分）のような一般の名詞では "个" を省略できない。"半年" のように量詞が不要の例は後続の名詞が時間量の単位にもなる場合に限られる。"半天" bàntiān（半日）も同様の例である。

更上一层楼

◆ 22,000 という数を，ふつう "两万两千" としないで，"两万二(千)" とするのは，係数詞に2が続く場合，"两" を連続して使わず，下位には "二" を用いるためである（⇨143）。度量衡の単位で，"斤，两" のような単位が大から小に系統をなしている場合も，"两" の連続を避けて，"两丈二(尺)" liǎng zhàng èr (chǐ)（2丈2尺）のように，下位の係数詞には "二" を用いる。

◆ 序数（⇨145）は，"第二课" のようにすべて接辞の "第" が付いているわけではない。"二年级" èr niánjí（2学年），二楼 èr lóu（2階）などは "第" がない。これらはすでに熟語化している。"二排" èr pái（2列目）も同様の例だが，数詞を換えて "两排" liǎng pái とすれば「2列」の意味で，数量を表すことになる。同様に，"二次大战" èr cì dàzhàn は序数で「第二次大戦」，"两次大战" liǎng cì dàzhàn は数量で「2回の大戦」となる。"二" と "两" の使い分けは，このように数を表す場合と数量をはかる場合の区別につながるが，数量でも "两" を用いず，"二" を用いる例がある。上述のように，伝統的な度量衡の単位には "二" を用いることが多い。そのほかにも，"老师" lǎoshī（先生）や，"客人" kèren（お客様）に対する量詞は敬意のこもる "位" wèi を使い，数詞も文語的なひびきのする "二" を組み合わせ，数量表現であるのに "二位"（お二人）という例がある。

145　序数，分数，百分数，小数，倍数

数詞の用法のうち，序数，分数，百分数，小数，倍数の表し方を以下に示す。

1 ①第一天 dìyī tiān（第1日） ②八月四号 bāyuè sìhào（8月4日）
③二哥 èrgē（2番目の兄） ④头等车 tóuděngchē（1等車）

2 ①二分之一 èr fēn zhī yī（$\frac{1}{2}$） ②三分之二 sān fēn zhī èr（$\frac{2}{3}$）
③四又十二分之五 sì yòu shí'èr fēn zhī wǔ（$4\frac{5}{12}$）

3 ①百分之四十五 bǎi fēn zhī sìshiwǔ（45％）
②百分之百 bǎi fēn zhī bǎi（100％）
③百分之一百零一 bǎi fēn zhī yìbǎi líng yī（101％）

4 ①零点(儿)零零六 líng diǎn(r) líng líng liù（0.006）
②一八九点(儿)一九 yī bā jiǔ diǎn(r) yī jiǔ（189.19）
③我的右眼一点(儿)零。Wǒ de yòuyǎn yī diǎn(r) líng.
（私の右目は1.0です）

5 ①二的两倍是四。Èr de liǎng bèi shì sì.（2の2倍は4だ）
②比去年增加了一倍。Bǐ qùnián zēngjiāle yí bèi.（去年にくらべ倍増した）
③增加到去年的两倍。Zēngjiādào qùnián de liǎng bèi.
（去年の2倍にふえた）

1は序数。"第"は序数のすべてに付加されるわけではない。日付け，番号，兄弟の順序など，慣用的に"第"をつけない例は少なくない。"头"は等級を示す場合，トップを表す序数に用いられる。以下，"二等、三等"と続く。"第一天"は序数なので"一"が変調せず，"yī"と発音する。また，序数における2は"二"を用いる。**2**は分数。$\frac{B}{A}$を"A分之B"という。2は"二"を用いる。**3**は百分数（パーセント）。分数を応用した表現になる。"百分之"の"百"は"一"をつけないでよい（⇨143）。「45％」という表記を"百分之四十五"と読む。**4**は小数。小数点以下は数詞を1つずつ粒読みし，"零"はすべて読む。189.19の場合は"一百八十九点(儿)一九"yìbǎi bāshijiǔ diǎn-(r) yī jiǔ ということもできる。"零点（儿）…"の表記を"〇・…"とすることもある。**5**は倍数。数詞の後に量詞"倍"を置いて表す。倍数における2は"两"を用いる。中国語の倍数表現には日本語と異なるところがある。「2倍になった；2倍に増えた」という場合に，日本語と同じ増えた結果を示す表現以外に，中国語には増えた部分を，いわば差額として示す表現がある。例えば，**5**に掲げた"比去年增加了一倍。"は，「1倍増えた→2倍になった」

と理解すればよいのであるが，一方で同じ倍数に"増加到去年的两倍。"（去年の2倍になった）という表現もあり，中国人でも混乱する場合がある。同じ2倍であるが，5に例示の"比去年增加了一倍。"は増えた部分を示した表現，"增加到去年的两倍。"は増えた結果を示した表現である。

更上一层楼

STEP UP !

◆序数には，"第"以外にも序数を示す前置成分（接頭語）がある。1に例示した"头"はその1つである。日付けの表示で，"八月四号"を陰暦で"八月初四"というが，"…号"あるいは"…日"を陰暦では"初一…初十、十一…"（1日…10日，11日…）のように，1日から10日までに限り，数詞に前置成分"初"chū を加える。この"初"も序数であることを示している。ただし，これらは用法が限定的で，"第"のような普遍性はない。例えば，"他得了第一名／头一名。" Tā déle dìyī míng／tóu yī míng.（彼は第1位になった）の例で"第"と"头"は言い換えられるが，"头三名"は「はじめの〔1位から〕3位まで」を指し，"第三名"（第3位）とは異なることなど，"第"を用いた序数の表現や，慣用的に"第"を用いない，熟語化した序数の表現にくらべると，使い方が難しい。なお，"第"は，"第一、二、三次"（第1，2，3回）のように，いくつかの数詞を並べて使うこともあるため，接頭語あるいは接辞としてあつかわず，前置成分と呼ぶ考え方もある。

146 概数詞と概数表現

概数を表すには，いくつかの形式がある。"两三个"（2，3個）のように，2つの数詞を並べる，簡単な形式から，概数詞の"多"を数詞に加える形式まで，以下に列挙する。概数詞は数詞の下位分類で，"多"は「…あまり」とプラス・アルファーを示す。

1 ①**两三天** liǎng sān tiān（2，3日）　②**八九个人** bā jiǔ ge rén（8，9人）
　③**二三十** èrsānshí（二三十）　　　④**三十一二** sānshiyī'èr（三十一二）

2 ①**三十多岁** sānshí duō suì（30歳あまり）
　②**一百多年** yìbǎi duō nián（100年あまり）
　③**一百二十多万人** yìbǎi èrshí duō wàn rén（120万人あまり）

3 ①**一斤多** yì jīn duō（1斤あまり）　②**两年多** liǎng nián duō（2年あまり）
　③**十二米多** shí'èr mǐ duō（12 m あまり）

4 ① 十多年 shí duō nián（10 数年）　② 十年多 shí nián duō（10 年あまり）
5 这几天／这两天我不大舒服。Zhè jǐ tiān／Zhè liǎng tiān wǒ bú dà shūfu.
（この数日，私はあまり気分がよくない）
6 ① 两点(钟)左右 liǎng diǎn (zhōng) zuǒyòu（2 時ごろ）
② 五十(岁)上下 wǔshí (suì) shàngxià（50 歳ぐらい）
③ 大约一百平方米 dàyuē yìbǎi píngfāngmǐ（約 100m²）

1 は隣り合った係数詞を 2 つ並べる概数表現。"一～九"の係数詞を①，②のように量詞の前，③のように"十，百，千，万"などの位数詞の前，④のように「係数詞＋位数詞」の後，などの位置に置く。**2** は概数詞の"多"（…あまり）を数詞に加える表現。数詞が「係数詞＋位数詞（末項は 0，つまり 1 の位を欠く）」だと，「数詞＋"多"＋量詞」の組み立てになる。**3** は **2** と同様に概数詞"多"を用いた表現。数詞が"一～十"の係数詞だと，「数詞＋量詞＋"多"」という組み立てになる。この形式の場合，量詞は度量衡の単位や，金銭，時間の単位のように，大から小へ系統的に単位が連続するものを用いる。数詞"十"は **2** では位数詞として，**3** では係数詞として用いられている。**4** は，その双方の用法を示している。同じ「10 年あまり」であるが，"十多年"は 10～19 年を，"十年多"は 10 年と数か月を指すところが異なる。**2**～**4** に掲げた"多"の用例では，量詞（量詞の働きをする名詞を含む）の位置が小数点と考えれば，用法と意味がわかりやすい。**5** は疑問代詞の"几"が 10 未満の不定量を表している。数詞の"两"も不定量を表すので，ここでは同じ概数になる。**6** では合成方位詞が時間や年齢の概数表現に用いられる例と，副詞"大约"を用いて，おおよその数量を示す表現を掲げる。なお，"前后"（前後）という方位詞も"春节前后"Chūnjié qiánhòu（旧正月前後）のように，日本語と同様に時間の「…前後」を表す。

> **更上一层楼**
>
> STEP UP !
>
> ◆数詞を 2 つ並べる概数表現には，隣り合った数詞以外に，"三五"や"五七"のように，偶数を省いて奇数だけ連ねる形式もある。ふつう，量詞を加えて"三五个人"（4, 5 人）のように使う。また，位数詞を大から小へ，隣り合ったものを 2 つ並べ，"万千，千百，百十"など，いずれも概数表現として使う。例えば"千百年"は「長い年月」の意味で，"一千一百年"（1,100 年）の意味ではない。
>
> ◆概数詞には，"多"以外に"来"も話しことばでよく用いられる。"来"は

示された数量をやや越えるか，あるいはやや足りないか，というほどの概数を表す。その数量に達していない意味を表す，とする辞書もあるが，おおむね"左右"と同じと考えてよい。用法は"多"とほぼ同様で，数詞が「係数詞＋位数詞（末項は0，つまり1の位を欠く）」の場合，「数詞＋"来"＋量詞」の組み立てになり，数詞が"一～十"の係数詞の場合，「数詞＋量詞＋"来"」の組み立てになる。ただし，"多"は量詞がなくても，"五十多(个)"のようにいえるが，"来"は"五十来个"のように量詞を必要とする。また，"多"は後に名詞がなくてもよいが，"来"はふつう（特に，「数詞＋量詞＋"来"」の場合）後に名詞あるいは形容詞を置き，"三亩来地" sān mǔ lái dì（3ムーほどの畑）"三斤来重" sān jīn lái zhòng（3斤ほどの重さ）のようにいう。数詞"十"が位数詞として用いられた場合と，係数詞として用いられた場合で，表す意味に差異が生ずる点は，"来"についても"多"と同じで，"十来斤米" shí lái jīn mǐ（10斤ほどの米）と"十斤来米"では数量が異なる。

147　数量詞（数量詞連語）と文中の位置

　数詞の多くは単用できるが，量詞は単用できない。ふつう量詞は「数詞＋量詞」に組み合わせて用いる。「数詞＋量詞」を数量詞と呼ぶことが多いが，厳密にいえば数量詞連語である。ただし，数量詞という品詞がないにもかかわらず，数量詞という名にふさわしい"俩" liǎ（＝"两个"）のような語もある（⇨**148**）。"俩"以外，数量詞とは「数詞＋量詞」の数量詞連語であり，「指示代詞＋量詞」の連語をこれに含めて考えることもある。数量詞連語は量詞が名量詞の場合，名詞の前に置く連体修飾語となり，量詞が動量詞の場合，動詞の後に置く補語となる（名量詞と動量詞⇨**151**，動量詞と動作量⇨**156**）。数量詞連語が名詞の修飾語になる場合，文脈によっては名詞を省略し，そのまま名詞に代わり得ることがあり，その点から数量詞連語は名詞性の語句とみなされやすいが，同時に，数量詞連語はそのまま述語にも用いる例があり，述語性も認めなければならない。

1 ①买一本（书）。Mǎi yì běn (shū).（〔本を〕1 冊買う）
　②买本书。Mǎi běn shū.（本を1冊買う）

2 ①一排坐十个(人)。Yì pái zuò shí ge (rén).（1列は10人座る）

　　②一天有二十四小时。Yì tiān yǒu èrshísì xiǎoshí.（1日は24時間ある）

3 ①大的两块，小的一块。Dà de liǎng kuài, xiǎo de yí kuài.

　　（大きいのは2元，小さいのは1元です）

　　②他十岁。Tā shí suì.（彼は10歳だ）

4 ①他已经二十了。Tā yǐjing èrshí le.（彼はもう20歳だ）

　　②他才十岁。Tā cái shí suì.（彼はまだ10歳だ）

5 ①一口就喝光了。Yì kǒu jiù hēguāng le.（ひと口で飲み干した）

　　②我第一次来(中国)的。Wǒ dìyī cì lái (Zhōngguó) de.

　　　（私ははじめて〔中国に〕来た）

6 ①看过一次(京剧)。Kànguo yí cì (Jīngjù).

　　　（1度〔京劇を〕見たことがある）

　　②一次(京剧)也没看过。Yí cì (Jīngjù) yě méi kànguo.

　　　（1度も〔京劇を〕見たことがない）

7 我坐了两个小时(的)(飞机)。Wǒ zuòle liǎng ge xiǎoshí (de) (fēijī).

　　　（私は〔飛行機に〕2時間乗りました）

1の"买一本(书)"は"一本"が"书"の修飾語だが，"书"を省略すれば賓語になる。"一本"は"书"の同格修飾語ということになる。数詞が"一"の場合は数詞を省略することがある。ただし，数量詞"一本"が賓語になる場合は数詞を略せない。**2**は数量詞が主語の位置に置かれた例。"一天有二十四小时"は動詞"有"を省いた場合，その賓語である数量詞が述語に用いられた例になる。量詞はふつう度量衡と，それに準じた単位。**3**は述語になる例。その場合**4**のように副詞や，文末の助詞を併用することが多い。**5**は連用修飾語の例。序数を表す数量詞は連用修飾語によく用いられる。**6**は動量詞を用いて動作量を表す数量詞の用例。①では動詞の後に位置して補語になっているが，これを賓語としてあつかう考え方もある（⇨**97**）。**7**は時間量を表す数量詞が動詞の後に位置して補語になった例だが，時間量の場合は助詞"的"を加え，動詞の後の賓語に対し，見かけ上は修飾語にできる。

更上一层楼

STEP UP！

◆数量詞の，数詞と量詞の結合は比較的固く，中間に助詞"的"を置くことはない。日本語で「1冊の本」と「の」を置くのと対照的である。ただし，量詞が度量衡や，それに準ずる名詞の場合には，"买了五斤的肉" mǎile wǔ jīn de ròu（5斤の肉を買った），"一年的时间"yì nián de shíjiān（1年の時間）などのように，"的"を加えることもできる。

このほかに，数詞と量詞の中間に助詞"的"以外の成分をはさむ，限られた場合として，名詞や動詞から臨時に借用された量詞で，例えば"一大盘苹果"yí dà pán píngguǒ（お皿に山盛りのリンゴ）のように容器から転じた量詞，"一小撮米"yì xiǎo cuō mǐ（ほんのひとつまみの米）のように，関連動作から転じた量詞には形容詞の修飾を受ける例がある。この表現は，対象となる名詞をより具象的に示すものである。ほかに，"一大群人"yí dà qún rén（黒山のような人）のような集合量詞の例もある。個体量詞は形容詞の修飾を受ける例が少ない。"一小块石头"yì xiǎo kuài shítou（1つの小さな石ころ）はそのわずかな用例である。修飾成分となる形容詞もごく限られていて，"大、小、整"dà、xiǎo、zhěng など，いくつかの1音節形容詞にすぎない。

◆数量詞には，重ね型がある。"一张一张的纸"yì zhāng yì zhāng de zhǐ（1枚1枚〔たくさん〕の紙）"一本一本地念"yì běn yì běn de niàn（1冊1冊〔順に〕読む）などのように，数詞は"一"であることが多い。その場合，後の"一"を省略して"一张张(的)纸"，"一本本(地)念"ということができる。

148 　数量詞"俩"

数量詞という品詞が存在しないにもかかわらず，ごく少数ながら，数量詞という名にふさわしい語がある。北京の話しことばで常用する"俩"liǎ は，この1語で「数詞＋量詞」の働きをするので，"两个"と等しく，「2人；2つ」を表す。

■1 他们俩 tāmen liǎ（彼ら2人）＝他们两个(人) tāmen liǎng ge (rén)
■2 俩学生 liǎ xuésheng（2人の学生）＝两个学生 liǎng ge xuésheng
■3 他想借俩钱。Tā xiǎng jiè liǎ qián.（彼はお金を少し借りたがっている）

"俩"は"两个"と同じで，すでに量詞を含んでいることから，量詞"个"と結ばない名詞には使えない。

"俩"は"两个"以外に「少しばかり」の意味に使うことがある。■3はその用例。

> **更上一层楼**
> STEP UP！
>
> ◆ "俩"と同類の数量詞に"三个"と同じ働きをする"仨"sāがある。多くの場合，人を指して使う。
>
> （i）①他有仨孩子。Tā yǒu sā háizi.（彼は子どもが3人いる）
>
> ②他们仨是同学。Tāmen sā shì tóngxué.（彼ら3人は同級生だ）

149 　数量詞連語"一点儿"と"一些"，"一会儿"と"一下"

不定量を表す数量詞連語（「数詞＋量詞」の組み立て）に"一点儿、一些、一会儿、一下"yìdiǎnr、yìxiē、yíhuìr、yíxià がある。"一点儿、一些"の"点儿、些"は不定の数量を示す量詞（不定量詞）である。"一点儿"は「少し」と，わずかな数量を表す。ふつう，数詞"一"と結ぶが，"半点儿"bàndiǎnr という強調表現もある。"一些"は，あるまとまった不定量を表すので，必ずしも少量とは限らず，相当量を示すこともある。数詞は"一"としか結ばない。"一会儿"は「少しの間；しばらくの間」と不定の時間量を示す。品詞分類では"一天、一年"などと同様に，用法から時間名詞とするが，組み立ては数量詞連語である。数詞は"一"としか結ばない。"一下"は「数詞＋動量詞」（⇨156）の組み立てで，動作量を示し，短い，すばやい動きを表す。不定量を表す場合は数詞"一"としか結ばないが，動作の具体的な回数を表す場合には"他敲了两下门。"Tā qiāole liǎng xià mén.（彼はドアを2回ノックした）のように，任意の数詞に結べる。以上の不定量を表す数量詞連語は，概括的にはいずれも「少し」という意味を表しているが，それぞれの文法的性質から，用法上は差異が認められる。

1 ①买（一）些蔬菜。Mǎi (yì)xiē shūcài.（野菜を少し買う）

②买（一）点儿蔬菜。Mǎi (yì)diǎnr shūcài.（野菜を少し買う）

2 有（一）些人 Yǒu (yì)xiē rén.（人が少しいる）。

3 ①这么（一）些菜。Zhème (yì)xiē cài.（こんなにたくさんの料理）

②这么（一）点儿菜。Zhème (yì)diǎnr cài.（これっぽっちの料理）

4 ①（这个比那个）大一些。(Zhège bǐ nàge) dà yìxiē.

（〔これはあれより〕少し大きい）

②（这个比那个）大一点儿。(Zhège bǐ nàge) dà yìdiǎnr.
（〔これはあれより〕少し大きい）

5 ①等一下。Děng yíxià.（ちょっと待つ）

②等一会儿。Děng yíhuìr.（しばらく〔の間〕待つ）

6 粗略地看了一下。Cūlüè de kànle yíxià.（ざっと見た）

1 の"一点儿、一些"はどちらも連体修飾語として名詞の前に置くが，"一点儿"は「わずか」の意味であるのに対し，"一些"は「少量」とは限らず，"一点儿"に比べ量が多めに感じられる。特に 3 のように，前に"这么"あるいは"那么"を加えると，"这么些"は「こんなに（たくさん）」，"这么点儿"は「これっぽっち」と，はっきり意味が分かれる。2 のように，名詞が一つ一つ個数を数えられるものの場合，"一点儿"を使わないので，×"一点儿人"や×"一点儿书"は成立しない。4 は形容詞の後に"一些、一点儿"を置き，比較の結果としての二者の差について，「少し」という量を表す。なお，話しことばでは，"一些、一点儿"を動詞，形容詞の後に置く場合，"一"を省略し，"些、点儿"とすることが多い。5 の"一下"は動作量，"一会儿"は時間量を示す補語として，動作動詞の後に置き，少量を表せるが，×"等一些"，×"等一点儿"はいずれも成立しない。"一些、一点儿"は事物の数量に用いる「少し」であり，動作行為について少量を表すことはできない。6 では，動詞の後に動作量"一下"も，時間量"一会儿"も用い得るのだが，ここでは"粗略地"という連用修飾語の意味から，短く，すばやい動作に見合った"一下"が適している。"看了一会儿"自体は「しばらく見た」の意味で成立するが，×"粗略地看了一会儿"はいえない。

更上一层楼

STEP UP！

◆ "(一)点儿"は，日常の話しことばで，語気をやわらげるためにも用いられる。

(ⅰ)小心点儿，慢一点儿走！Xiǎoxīn diǎnr, màn yìdiǎnr zǒu!
（気をつけてね，少しゆっくり歩きなさい）

(ⅱ)你想吃点儿什么？Nǐ xiǎng chī diǎnr shénme?（何を召し上がりたいですか）

◆ "一下"は「ちょっと…する」という意味で動作量を示すため，動詞の重ね型（⇒178）に近い意味（「ちょっと…する；…してみる」）を表すことになる。例えば 5 に掲げた"等一下"を"等等；等一等"ということができる。動詞の重ね型は"一下"を用いるのにくらべ，親しみの感じられる，ソフト

な表現である。しかし，重ね型を使えない表現（例えば中断やくりかえしのできない動作行為）には"一下"を用いて，「ちょっと…する」と語気をやわらげられる。次の(iii)，(iv)では×"来来"，×"打打针"といえない。

(iii)**你来一下**！Nǐ lái yíxià!（ちょっとおいで）

(iv)**我现在去打一下针**。Wǒ xiànzài qù dǎ yíxià zhēn.
　　（これからちょっと注射に行ってくる）

150 量詞（助数詞）

　日本語では「1冊の本，2枚の紙，3度の食事」と，数量を示す場合に「冊，枚，度」などの助数詞を用いる。中国語でも日本語の助数詞に相当する量詞を数詞の後に置いて，事物や動作の数量を示す。量詞は，ふつう単用することはなく，数詞と結んで数量詞連語を組み立て，名詞の前に置いて事物の数量を示し，動詞の後に置いて動作行為の数量を示す。前者に用いる量詞を名量詞，後者に用いる量詞を動量詞と呼ぶ。数量詞連語を形容詞の後に置き，比較の結果を示す場合もある。

　どの言語でも，数量をはかるには度量衡の単位があり，個体としてはかれないものは容器ではかるなど，なんらかの単位を用いる。しかし，一つ一つ数えられるものには，例えば英語の場合，単位を用いず，数詞と名詞を直結している。中国語には一つ一つ数えられるものにも特定の，単位となる量詞（個体量詞）があり，個体としてはかれないものには容器を表す名詞や，関連動作を表す動詞を臨時に単位とする（借用量詞）。さらに事物を集合体としてはかる単位（集合量詞）や，不定量を示す単位（不定量詞）などもあり，名詞の下位分類（⇨111）がその結びつく量詞にしたがって分けられるほど，名量詞は種類も数も多い。特に，個体量詞は「計量単位」というよりも「形態単位」というべきだ，と指摘されるほど名詞とのつながりが深い（⇨152）。量詞が個体名詞を類別するかのような存在であることから，量詞を類別詞と呼ぶこともある。中国語という言語の文法的な特徴として，量詞の存在を挙げることも多い。

1①**一本书** yì běn shū（1冊の本；本1冊）

　②**两张纸** liǎng zhāng zhǐ（2枚の紙；紙2枚）

③三匹马 sān pǐ mǎ（3頭の馬；馬3頭）

2 ①一斤肉 yì jīn ròu（1斤〔500ｇ〕の肉）

②二里路 èr lǐ lù（2里〔1km〕の道のり）

③三米布 sān mǐ bù（3ｍの布）

3 ①一天 yì tiān（1日間） ②两分钟 liǎng fēn zhōng（2分間）

③三块钱 sān kuài qián（3元）

4 ①一撮盐 yì cuō yán（ひとつまみの塩）

②两杯茶 liǎng bēi chá（2杯のお茶）

③三瓶酒 sān píng jiǔ（3本の酒）

5 ①一套西服 yí tào xīfú（1組の洋服）

②两伙强盗 liǎng huǒ qiángdào（2組の強盗）

③三双袜子 sān shuāng wàzi（3足の靴下）

6 ①一点儿钱 yìdiǎnr qián（わずかなお金） ②一些人 yìxiē rén（若干の人）

7 ①（下）一场雨（xià）yì cháng yǔ（雨が1度〔降る〕）

②（进）两次城（jìn）liǎng cì chéng（市内に2度〔行く〕）

③（吃）三顿饭（chī）sān dùn fàn（3度の食事〔を食べる〕）

1は個体量詞の例。"本"は本や雑誌を，"张"は平たいものを数える量詞。日本語では「1冊の本」とも，「本1冊」ともいえるが，中国語では「数詞＋量詞＋名詞」の順に並べる。また日本語では「1冊の本」のように「の」が入るが，数詞と量詞は直結なので，中間に"的"を挿入しない（度量衡の単位では"的"を用いることがある〔⇒153〕）。×"一本的书"とはいえない。**2**は度量衡の単位が量詞に用いられた例。昔からの伝統的な単位では，2を表す数詞に"两"を使わずに，"二"を使うことが多い。**3**は度量衡の単位に準じた金銭や時間の単位。時間については，"一天"や"一年"のように名詞をそのまま量詞として用いる例と，"两分钟"や"一个月"のように「数詞＋量詞＋名詞」に組み立てる例とがある。**4**は容器を表す名詞や，関連動作を表す動詞を借用した量詞を用いた例。**5**は集合量詞の例。対象となる事物を1つのまとまりをもった集合としてとらえる。示される量が一定しない単位と，"双"のようにペアを示す，量の一定した単位とがある。**6**は不定量を示す不定量詞の例。"点儿、些"は結びつく数詞が限られている。"一点儿、一些"を「数詞＋量詞」の組み立てとは気づかずに使っているかも知れ

211

ない。不定量詞は，"点儿，些"に限られるが，これらを集合量詞に含める考え方もある。**7**は動作行為の回数を示す単位である動量詞（⇨**151**, **156**）の例。動作量は動詞の後に置き，補語として用いる。

> **更上一层楼**
>
> ◆現代中国語では，数量を表す場合に量詞が必要であるが，数詞が名詞に直接結ぶ例がないわけではない。
>
> (1)成語や熟語，慣用句などで，文語的な表現を用いる例：
>
> "九牛一毛"jiǔ niú yì máo（九牛の一毛；大多数のなかのごく少数を表す成語），"一国两制"yì guó liǎng zhì（1国2制度），"另一重要任务"lìng yí zhòngyào rènwù（別の重要任務）など。"另一"は"另一个＜另外一个"の短縮された，書きことばの慣用表現。
>
> (2)位数詞"十，百，千，万，亿"などは量詞と性質が似ているため，名詞に直結することがある。集合名詞の例が多い：
>
> "二十人"èrshí rén（20人），"一百学生"yìbǎi xuésheng（100人の学生），"几十万军队"jǐshíwàn jūnduì（数十万の軍隊）など。
>
> (3)量詞に近い性質を有する名詞には，数詞に直結する例がある：
>
> "一年"yì nián（1年），"一夜"yí yè（1夜），"一季"yí jì（1シーズン）など。
>
> ◆「数詞＋量詞＋名詞」の語順は，話しことばの場合，日本語の「本1冊」と同じ「名詞＋数詞＋量詞」の語順に変えていうことはないが，書きことばでは，記帳や箇条書きの場合に見ることがある。
>
> (i)**白菜三斤，肉一斤**。Báicài sān jīn, ròu yì jīn.（白菜3斤，肉1斤）
>
> ◆量詞は，量をはかる場合だけでなく，事物を指し示す場合に，指示代詞の後に置くことがある。この「指示代詞＋量詞」という連語も，例えば"这个（人）＞这一个（人）"（この〔ひとりの〕人）や"哪条（路）＞哪一条（路）"（どの〔1本の〕道）などのように，指示代詞の後に置かれた数量詞連語のうち，数詞が省略されたものととらえることができる。

151 名量詞と動量詞

量詞は，ふつう数詞と結び，数量詞（数量詞連語）を組み立てて用いる。量詞には大別して，名量詞と動量詞がある。名量詞を用いた数量詞は，名詞の前に置いて事物の数量を示す。動量詞を用いた数量詞は，動詞の後に置い

て動作行為の数量を示す。

　事物の数量を示す名量詞には，個体量詞，度量詞（度量衡の単位），借用量詞（臨時量詞），集合量詞，不定量詞などがある。借用量詞は名詞や動詞から臨時に借用された量詞であるが，このように名詞を臨時に量詞として用いる以外に，名詞が数詞に直結して量詞の働きも兼ねてしまう例があり，これを準量詞と呼ぶことがある。

　動作行為の数量を示す動量詞には，専用の量詞のほかに，名詞や動詞を臨時に借用する量詞がある（動量詞と動作量⇨156，数量詞と文中の位置⇨147）。

1 ①**一条路** yì tiáo lù （1本の道）
　　②**一把／一个椅子** yì bǎ／yí ge yǐzi （1脚／1つのいす）
　　③**一个房间** yí ge fángjiān （1つの部屋）
2 ①**一条蛇** yì tiáo shé （1匹の蛇）　②**一条狗** yì tiáo gǒu （1匹の犬）
　　③**一条命** yì tiáo mìng （1つの命）
3 ①**一条面包** yì tiáo miànbāo （1本のパン）
　　②**一块面包** yí kuài miànbāo （1つのパン）
　　③**一片面包** yí piàn miànbāo （1切れのパン）
4 ①**三斤六（两）（苹果）** sān jīn liù (liǎng) (píngguǒ)
　　　（3斤6両〔＝1.8kg〕〔のリンゴ〕）
　　②**两块二（毛）（钱）** liǎng kuài èr (máo) (qián) （2元2角）
5 ①**一桌（子）菜** yì zhuō (zi) cài （1卓の料理）
　　②**一桌子（的）菜** yì zhuōzi (de) cài （テーブルいっぱいの料理）
　　③**一把花生** yì bǎ huāshēng （ひと握りのピーナッツ）
　　④**一捧花生** yì pěng huāshēng （両手でひとすくいのピーナッツ）
6 ①**一群孩子** yì qún háizi （1群の子ども）
　　②**一批车辆** yì pī chēliàng （1団の車両）
7 ①**有点儿事情** yǒu diǎnr shìqing （ちょっと用事がある）
　　②**有些事情** yǒu xiē shìqing （いくつか用事がある）
　　③**好些（本）书** hǎo xiē (běn) shū （かなりの量の本）
8 ①**一世纪** yí shìjì （1世紀）　②**一年** yì nián （1年）
　　③**四季** sìjì （4シーズン）　④**三校** sān xiào （3校）

⑨①去过一次／一回 qùguo yí cì／yì huí（1度行ったことがある）

②看过一遍 kànguo yí biàn（ひと通り見たことがある）

⑩①下了一阵／一场雨 xiàle yí zhèn／yì cháng yǔ

（ひとしきり／1度雨が降った）

②去了一趟 qùle yí tàng（1度行った）

③骂了一顿 màle yí dùn（1度叱った）

⑪①看一眼 kàn yì yǎn（チラッと見る）

②打一拳 dǎ yì quán（1発ひっぱたく）

③踢一脚 tī yì jiǎo（ポンとひとけりする）

❶個体量詞のなかで最も広範囲に用いられる"个"は，一つ一つ数えられる名詞のすべてに使えるわけではない。"路"のように専用の量詞だけを使う名詞，"椅子"のように専用の量詞以外に"个"も使う名詞，"房間"など"个"だけ使う名詞がある（⇨154）。❷個体量詞の多くは，対象となる事物の外形的な，具体的な特徴により，「平たいもの」，「かたまり状のもの」と，名詞をグループ分けしている。"条"は「細長いもの」を類別する量詞だが，これは習慣にもとづく類別なので，"狗"のように合理性を欠く例もある。❸同一の事物でも，例えば"面包"（パン）に異なる量詞を用いて形状の差異を示せる。❹度量衡や金銭の単位（⇨153）は，位数詞の用法と同様に，単位の省略ができる。❺名詞や動詞を借用した量詞で，場所を表す名詞を借りた数量詞の場合は，例えば"一桌子"が「1卓；卓上いっぱい」の双方の意味にとれる。後者では"的"を挿入できる。❻個体として一つ一つ数えられる名詞でも，集合体としてとらえれば集合量詞を用いて量をはかる。反対に，"夫妻、车辆"のような集合名詞を個体量詞で数えることはない。❼不定量詞の"点儿"は少量を表すが，"些"は少量とは限らない。"好些"はその例。❽名詞からの借用量詞ではなく，名詞が同時に量詞の働きをして，数詞に直結する準量詞の例。準量詞は文語表現の名残りで，日本語でそのまま使われている例が目立つ。

⑨～⑪は動量詞の例。⑨は名量詞で広範囲に用いられる"个"のように，動作行為の回数を示す"次"と"回"の例。"次"は話しことばにも書きことばにも用いる。"回"は北方の話しことばで多く用いられる。"遍"は「(最初から最後まで通して)…遍」という場合の回数を示す。⑩は名量詞におけ

るそれぞれの名詞に専用の量詞と似た，特定の動詞に用いる動量詞の例。"阵、场"は雨，風の回数，"趟"は行き来の回数，"顿"は食事や叱責の回数を数える単位となる。⓫は動作に関連する身体名詞を量詞に借用した例。この形式は数詞が"一、两、几"などに限られ，多くは不定量を表す。擬態語を用いて訳すと，この表現の語感がつかみやすい。

更上一层楼

◆度量詞を用いた数量詞連語は，名詞の前に置いて修飾語とするだけでなく，"一米长"yì mǐ cháng（1 mの長さ）のように，形容詞の前にも置かれる。この用法における量詞を，名量詞，動量詞にならって，形量詞と呼ぶこともある。

◆統計や科学技術の分野では，"秒公方"miǎogōngfāng（毎秒…立方米）のような，2つの異なる量詞を組み合わせ，複合量詞として使うことがある。

　（i）**飞机出动了两千架次以上**。Fēijī chūdòngle liǎngqiān jiàcì yǐshàng.
　　（飛行機は延べ2,000機以上出動した）

"架"は飛行機を数える量詞。量詞には1音節語が多いが，この複合量詞や度量詞にのみ2音節以上の例を見る。

◆1音節の量詞は重ね型を構成することがある。個体の数量をはかる量詞や準量詞を重ねると"每一"měi yī（それぞれの…）という意味が表せる。

　（ii）**本本都有插图**。Běnběn dōu yǒu chātú.（どの1冊にも挿絵がある）
　（iii）**他天天跑步**。Tā tiāntiān pǎobù.（彼は毎日ジョギングをする）

152 計量単位と形態単位

"一米绳子"yì mǐ shéngzi（1 mのひも）の量詞"米"は度量詞（度量衡の単位）であるが，"一条绳子"yì tiáo shéngzi（1本のひも）の量詞"条"は細長いものの量をはかる個体量詞である。"绳子"という，同一の名詞を対象に，"米"はたしかに計量単位として働いている。一方で，"条"は形式上ははかる機能をになっている（実量）ように見えるが，実際には後に続く名詞をグループ分けする機能をになっている（虚量）。一つ一つ個数をはかれる名詞には，対象とする事物などの形状や特性などにもとづいて，意味的につながりのある量詞が使われる。ちなみに，"条"は"柳条"liǔtiáo（柳の枝）という語があるように，もともと"枝条"zhītiáo（細長く伸びた枝）の意味があり，

"绳子"と具体的なイメージが結びつく。このような量詞は，量をはかる機能よりも，事物を類別する機能を果たしている。個体量詞は，最も広く使われる"个"以外は，「計量単位」というより「形態単位」というべき性格を有する。集合量詞についても同様である。これらの量詞が指示代詞と結んで，事物を指し示す場合も計量単位とはいえない。

　量詞という品詞名は，量をはかる機能を重く見たもので，その本質を的確に表しているとはいえない。これまでに，量詞という呼称に代え，類別詞のほか，助数詞，副名詞，範詞，単位詞…と，いくつもの名が与えられたのは，そのためでもある。

❶①一斤二(两) yì jīn èr (liǎng)（1斤2両〔600 g〕）
　　②一米二 yì mǐ èr（1.2 m）
　　③一米零二 yì mǐ líng èr（1.02 m）
❷①两块四毛八(分) liǎng kuài sì máo bā (fēn)（2元4角8分）
　　②三年八个月 sān nián bā ge yuè（3年8か月）
　　③一打铅笔 yì dá qiānbǐ（1ダースの鉛筆）
❸①一块草地、一片草地 yí kuài cǎodì、yí piàn cǎodì
　　　（1つの〔一定の広さの〕草地，一面の草原）
　　②一张表、一只表 yì zhāng biǎo、yì zhī biǎo
　　　（1枚の図表，1つの〔腕〕時計）
❹①一线光明、一片光明 yí xiàn guāngmíng、yí piàn guāngmíng
　　　（ひとすじの光，一面に輝く光）
　　②一线希望 yí xiàn xīwàng（いちるの望み）
❺这篇小说我看了三次了，还没看完一遍。
　　Zhè piān xiǎoshuō wǒ kànle sān cì le, hái méi kànwán yí biàn.
　　（この小説は，私は3度も見たが，まだ1度も読了していない）

　❶と**❷**は計量単位。**❶**の度量衡の単位は大から小へ，単位が系統的に連続するので，2つ以上の単位が並ぶ場合，空位があれば"零"で示し，空位がなければ最後の単位を省略できる点，度量詞は位数詞と同様の用法になる。**❷**は度量衡に準じた単位（金銭，時間ほか）。単位は大から小に連続するが，時間の単位は，"三年"は名詞が量詞を兼ね，"八个月"は量詞を用いるなど，

表現の形式が不ぞろいで，度量衡や金銭の単位とは異なる点がある（⇨153）。**3**で"草地"という名詞に対し，異なる個体量詞によって，芝生と草原とを区別したり，"表"（図表；時計）という同音語を異なる個体量詞によって区別したりできるのは，量詞が形態単位であるからにほかならない。**4**の"光明"に，"一线光明"のような形態単位として働く数量を加えると，"一线光"（ひとすじの光）と同様に，差し込んでくる光を具象的に表すことができる。"线"が「糸」のように細いものをはかる単位に用いられることから，さらには抽象名詞である"希望"にも"一线希望"（いちるの望み）のように形態単位として使うことができる。**5**は動作量の単位である動量詞にも，"次"や"回"のような計量単位として広く用いられる例がある一方，多少なり形態単位として働く例があることを示している。"遍"はたんなる回数でなく，「始めから終わりまで，通して」と，動作行為の具体的な状況をも表す。

更上一层楼

◆会話テキストなどに，果物を買う場面で"论斤卖还是论个儿卖?"Lùn jīn mài háishi lùn gèr mài?（目方で売るのですか，1個ずつ個数で売るのですか）という常用表現を見ることがある。この一句を掲げ，"斤"は計量単位，"个"は形態単位であるから，両者を分けて考えるべきだとして，これらを量詞として一括することに異を唱えたのは，陈望道《论现代汉语中的单位和单位词》である。文化大革命中の72年にグループで執筆され，当時の社会の熱気が感じられる論述だが，計量単位と形態単位を分けることを唱え，黎锦熙《新著国语文法》（1924年）以来の「量詞」という品詞名について，鋭く指摘している。

153 度量衡の単位，金銭の単位，時刻の単位

度量衡の単位や金銭，時刻の単位は，社会における制度として定められている。度量衡の単位は，それぞれの単位の示す量が一定で，しかも大きい単位から小さい単位へ，それらが系統をなしている。現在，中国は日本と同じ"公制"gōngzhì（メートル法）を採用しているが，日常生活では，なお旧来の伝統的な単位も使われている。量詞のなかで，度量衡の単位は度量詞と呼ばれ，それぞれの単位が十進法で系統化しているため，数詞における位数詞と

用法が同じである。金銭の単位も十進法で，位数詞と用法が同じである。ただ，時間の単位には量詞を用いるものと，名詞がそのまま量詞を兼ねるものがあり，しかも十進法ではないので，度量衡や金銭の単位とは用法が異なる。常用する度量詞（長さと重さのみ。(1)はメートル法，(2)は旧来の単位）：

```
長さ：(1)公里 gōnglǐ (km)    公尺 gōngchǐ (m) 〔＝米 mǐ〕
           公分 gōngfēn (cm) 〔＝厘米 límǐ〕
       (2)里 lǐ (500m)    丈 zhàng (約 3.3m)    尺 chǐ    寸 cùn    分 fēn
重さ：(1)吨 dūn (t)    公斤 gōngjīn (kg)    克 kè (g)
       (2)斤 jīn (500 g)    两 liǎng (50 g)    分 fēn (5 g)
金銭の単位：块 kuài (元)    毛 máo (角)    分 fēn (分〔ぶ〕)
時刻の単位：点 diǎn (…時)    刻 kè    分 fēn    秒 miǎo
```

1 ①三斤六(两) sān jīn liù (liǎng)（3斤6両〔＝1.8kg〕）
　　②一米零五 yì mǐ líng wǔ（1.05 m）
2 ①一块二(毛) yí kuài èr (máo)（1元2角〔＝1.2元〕）
　　②三块零五分 sān kuài líng wǔ fēn（3元と5分〔＝3.05元〕）
3 ①一点零二(分) yì diǎn líng èr (fēn)（1時2分）
　　②八点四十(分) bā diǎn sìshí (fēn)（8時40分）
　　③两点一刻 liǎng diǎn yí kè（2時15分）
4 买了二斤的牛肉、三斤的猪肉。Mǎile èr jīn de niúròu, sān jīn de zhūròu.
　　（2斤〔1kg〕の牛肉と3斤〔1.5kg〕の豚肉を買った）

1は度量衡の単位。大から小へ，単位が系統的に連続するので，2つ以上の単位が並ぶ場合，空位があれば"零"で示し，空位がなければ最後の単位を省略できる。"一米零五"の例は"米"がいわば小数点を示し，"零五"は小数としてあつかう。**2**の金銭の単位は用法が度量衡の単位と同じで，いずれも位数詞の用法に準じて用いられる。しかし，**3**の時間の単位は，度量衡や金銭のように十進法でないこと，"零"の用法が空位を示すというより，端数を付け足したという意味合いで使われる（⇨**143**）ことなど，異なる点もある。"刻"は英語の *quarter* の音訳語。"一刻"は15分，"三刻"は45分を表す。**4**の例は，数量詞が名詞の前に置かれて修飾語になる場合，必ず直結するが，度量詞だけは助詞"的"を用いて結ぶことがあることを示す。

対比の表現でよく見られる。

更上一层楼

◆金銭の単位と時間の単位には，上に掲げた話しことばのほかに，書きことばがある。

金銭の単位：話しことば＝块 kuài　毛 máo　分 fēn
　　　　　　書きことば＝元 yuán　角 jiǎo　分 fēn

ただし，紙幣の券面には"元"を"圆"yuán と記してある。

時刻の単位：話しことば＝点 diǎn　分 fēn
　　　　　　書きことば＝时 shí　分 fēn

◆度量衡の単位は，時代あるいは地域によって異なることがある。旧来の単位で現在も使われている，重さの単位"斤、两"は，民国の時期には1斤＝16両で，メートル法換算が600gであった。現在は十進法となり，500gに換算するので不便は解消した。ただし，この事実は"半斤八两"bàn jīn bā liǎng（似たり寄ったり）という慣用句に，いまも生きている。半斤が8両であったころの名残りである。

154　量詞"个"は万能の単位か

　量詞のなかでは"个"が最もよく使われる。個体量詞として，すべての名詞に用いられるような感じさえする。しかし，特定の量詞を選び，"个"が使えない名詞は決して少なくない。ただし，"这（一）个、那（一）个"などのように「指示代詞＋(数詞)＋量詞」の組み立てでは，特定の量詞がある名詞も"个"が使える。

1 ①**一个人** yí ge rén（1人の人）　②**一个朋友** yí ge péngyou（1人の友人）
　　③**一个孩子** yí ge háizi（1人の子ども）

2 ①**一位客人** yí wèi kèren（1人の客）
　　②**一位老师** yí wèi lǎoshī（1人の教師）
　　③**一位大夫** yí wèi dàifu（1人の医師）

3 ①**一个馒头** yí ge mántou（1つの蒸しパン）
　　②**一个口袋** yí ge kǒudai（1つの袋）
　　③**一个句子** yí ge jùzi（1つのセンテンス）

4①一本书 yì běn shū（1冊の本）　②一匹马 yì pǐ mǎ（1頭の馬）

　　③一封信 yì fēng xìn（1通の手紙）

5①一张／一个桌子 yì zhāng／yí ge zhuōzi（1つの机）

　　②一把／一个椅子 yì bǎ／yí ge yǐzi（1つのいす）

　　③一家／一个商店。yì jiā／yí ge shāngdiàn（1つの店）

6①一个〔一片／一盘〕苹果 yí ge〔yí piàn／yì pán〕píngguǒ

　　（1つ〔ひと切れ／1皿〕のリンゴ）

　　②一个〔一套／一间〕房间 yí ge〔yí tào／yì jiān〕fángjiān

　　（1つ〔1組／1間〕の部屋）

7①一个问题 yí ge wèntí（1つの問題）

　　②一个机会 yí ge jīhuì（1つの機会）

　　③一个梦 yí ge mèng（1つの夢）

　"个"は**1**に示すように，広く「人間」を表す名詞に専用の量詞として用いられる。しかし，人を数える場合でも，**2**に示すような敬意を表すべき人，あるいはその場合には，"位"を用いる。人を紹介する場合には，量詞を"位"にして"这位是…"（この方は…）というか，"这是…"（こちらは…）という。"这个是…"とはいわない（⇨**128**）。**3**は，人間以外の事物で，"个"を専用の量詞とする例。特定の量詞の存在しない，多くの名詞に用いる。ただし，**6**でも示すように，例えば"馒头"を個体として数えず，容器に盛ったとしたら，その容器を表す名詞が量詞に借用される。**4**は必ず特定の量詞と結び，"个"を使わない名詞の例。ただし，"这个书、那个书"のように，指示代詞が結ぶ場合は"个"も使える。**5**は特定の量詞も"个"も使える名詞の例。**6**は**3**と同様に"个"を専用の量詞とする例。特定の量詞は存在しないが，リンゴのように，1切れずつ数えたり，大皿に盛ったりすれば，当然その形状を表す量詞を用いることができる。"房间"（〔ホテルなどの〕部屋）を数える量詞を《现代汉语八百词》で"个"とするが，部屋の構造がホテルのスイート・ルームのような形状であれば，数室で1組になることから，セットを示す集合量詞"套"が使える。ふつうの部屋は"一间屋子" yì jiān wūzi（1つの部屋）のように個体量詞"间"を用いて数えるが，《现代汉语八百词》を引用する《汉语知识讲话》では"房间"の個体量詞を"个"に限っている。"房间"の語構成は"车辆、书本" chēliàng, shūběn（車両, 書籍）などと同じ「事物＋量詞」で，この類は事物の総称を示す名詞であるため，"间"のような

特定の量詞と結びにくいことが指摘できる。**7**は抽象名詞の例。形状が具象的に表される名詞と異なり，抽象名詞には形態単位として特定の量詞を使うよりも，はっきりした形態をともなわない"个"が適している。

更上一層楼

◆一つ一つ数えるものを対象とする個体量詞は，形態単位の名が示すように，「平たいもの，細長いもの…」と名詞を類別する。常用する個体量詞は100あまりといわれるが，呂叔湘《现代汉语八百词》（日本語訳は東方書店刊『中国語文法用例辞典』）の付表に，400あまりの名詞について，それぞれに組み合わさる量詞が掲げられている。この表で"人"には"个、帮、伙、口"の4語が並んでいる。"帮"bāng と"伙"huǒ は群れを数える集合量詞で，ほかにも"群"qún を加えることができる。これらは"人"以外の人間を表す名詞にも使うことができる。"口"kǒu は世帯の人数を数える場合などに用いる量詞で，"人"以外の人間を表す名詞には使わない。《八百词》では"计算人口用"（人口の計算に用いる）としている。**2**に例示した，人に対して敬意をこめて使う"位"という量詞は"人"以外の人間を表す名詞に用いるので，×"一位人"とはいえない。"人"以外の人間を表す名詞で，"十名学生"shí míng xuésheng（10名の学生）における量詞"名"は身分や職業をもつ人にしか使えない。また，『水滸伝』に登場する108人の英雄を指して"一百零八条好汉"yìbǎi líng bā tiáo hǎohàn というが，"好汉、大汉"hǎohàn、dàhàn（りっぱな男，大男）などのような名詞に使う量詞として，"条"は「男一匹」といったイメージに結びつくのであろう。人間を表す名詞に関わる量詞を見るだけでも，それらの形態単位（⇨152）という性格を認識できる。同時に，量詞"个"の，いわば中性的な性格を知ることができる。

155 "一个"と"个"

個体量詞"个"は，形態単位でありながら，はっきりした形状や特性を示さないため，特定の量詞と結ぶ名詞の一部にも用いられ，さらに動作量を表したり，補語をみちびくなど，量詞としての範囲を越えて使われるようになった。数詞"一"と結んだ数量詞"一个"は，量をはかる意味が弱い場合，"一个"を"个"と略すことが多い。例えば，「数詞"一"＋量詞＋名詞」の連語が動詞の賓語になる場合は"吃(一)个馒头"chī (yí) ge mántou（蒸しパンを1つ食べる）のように"一"を省略することが多い。

1 两个孩子，一个是男的，一个是女的。
　　Liǎng ge háizi, yí ge shì nán de, yí ge shì nǚ de.
　　（2人の子どもは，1人は男，1人は女です）

2 前面来了(一)个人。Qiánmian láile (yí) ge rén.
　　（前方からだれか〔1人〕やって来た）

3 公园后面有(一)个学校。Gōngyuán hòumian yǒu (yí) ge xuéxiào.
　　（公園の裏に学校がある）

4 ①他是个日本人。Tā shì ge Rìběnrén.（彼こそ，真の日本人だ）
　　②他是个好孩子。Tā shì ge hǎo háizi.（彼はほんとうによい子だ）

5 我打(一)个电话告诉他吧。Wǒ dǎ (yí) ge diànhuà gàosu tā ba.
　　（私はひとつ電話して彼に知らせよう）

6 我洗了(一)个澡就上床睡了。Wǒ xǐle (yí) ge zǎo jiù shàng chuáng shuì le.
　　（私はひと風呂浴びてから床に入って寝た）

7 ①今天喝个痛快。Jīntiān hē ge tòngkuai.（今日はひとつ思いきり飲もう）
　　②昨天我们喝了个痛快。Zuótiān wǒmen hēle ge tòngkuai.
　　（昨日私たちは思う存分飲んだ）

1の数量表現では当然"一"を省略できない。**2**は存現文（⇨75）の組み立てで"人"の位置には不定の意味をもった名詞を置く。数量詞によって不定の意味を示したもの。**3**は数量詞によって名詞に具象性，個別性が生じ，"学校"が具体的な存在として理解できる。英語の不定冠詞に用法が似ている。この表現は道案内などで必要。**4**は，"个"を加えないと，ただ「日本人だ」，「よい子だ」となってしまうが，"个"を加えることで「日本人という範疇に入る1人」，「よい子という範疇に入る1人」の意味が生じ，「文字通り；真の」といった表現となる。この用法では"一个"でなく"个"を用いる。**5**と**6**は動詞と賓語の間に"(一)个"を置いて動作行為の回数（動作量）を示す場合。数詞を用いるにしても"一"に限られ，日本語の「ひとつ…しよう；ちょっと…する」に相当する表現となる。**5**は事実の発生前，**6**は動詞に"了"が加わり，発生後の表現になる。**7**は**5**と形式が似ているが，動詞と賓語ではなく，動詞と補語の間に"个"が置かれている。補語には名詞でなく，形容詞や動詞句が用いられ，程度，状態，結果などを示す。**5**と同様に「ひとつ…しよう」という日本語に相当し，動詞に"了"が加わる場合は

発生後の表現になる。"喝了个痛快"の箇所は，状態補語を接続成分の"得"で動詞に結んだ"喝得痛快"に言い換えられる。

更上一层楼

◆**2**に例示した"前面来了(一)个人。"と同形式の存現文で，"中国出了个毛泽东。"Zhōngguó chūle ge Máo Zédōng.（中国に毛沢東という〔1人の〕人が現れた）は，よく引用される（歌詞の場合は"出了"を chūliǎo という⇨**115**）が，存現文では動詞の後の名詞が不定の意味をもたねばならない。したがって，固有名詞でも"(一)个"という数量詞を加えたものといえる（⇨**115**）。

5と**6**に例示した"打(一)个电话"，"洗(一)个澡"の"(一)个"は動作量を表す。数詞は"一"に限られ，多くの場合「ひとつ…しよう；ちょっと…する」といった意味を表す点は，動詞の重ね型（⇨**178**）を用いた表現に似ている。この"(一)个"が動作量を表す用法は，動詞と賓語の結びつきが比較的固い連語に多く見られ，この形式を2つ並べて「(ちょっと)…したり，…したり」といった表現をすることが少なくない。

　(i) **洗个澡，睡个觉，休息休息**。Xǐ ge zǎo, shuì ge jiào, xiūxixiuxi.
　　（風呂に入ったり，眠ったりして，ひと休みする）

◆**7**の"喝个痛快"のように，動詞の後に"(一)个"を置いて，程度，状態，結果などを示す補語をみちびく組み立ては，状態補語を接続成分の"得"で動詞に結んだ"喝得痛快"に似ている。"喝个痛快"は動作行為の発生前でも使えるが，"喝得痛快"は発生後の表現になるところが異なる。この"喝个痛快"の形式は形容詞を補語とするほかに，"雨下个不停。"Yǔ xià ge bù tíng.（雨がしきりに降る）のように，1つの状態が休まず，止まらず続いていることを表す場合や，"每星期来个一两趟。"Měixīngqī lái ge yì liǎng tàng.（毎週ちょっと1，2回くらいは来る）のように，概数で示す不定量の数量詞などが慣用的によく用いられる。いずれも動作量を表すと同時に，程度，状態，結果なども表すところが，状態補語と異なる。

156　数詞が限定される動量詞

　動作量を示す数量詞連語(数詞＋量詞)は動詞の後に置く。動作量を表すには専用の量詞である動量詞を用いるほか，名詞や動詞から借用された動量詞も用いる（⇨**93**）。動量詞のなかには，限られた数詞とだけ結ぶものがある。とりわけ借用動量詞は，多くの場合，数詞"一"と結んで，不定量を示す。

1 ①下了一阵雨 xiàle yí zhèn yǔ（ひとしきり雨が降った）

　②又调查了一番 yòu diàochále yì fān（また一通り調査した）

2 ①钟打了三下 zhōng dǎle sān xià（時計が3つなった）

　②请等一下 qǐng děng yíxià（ちょっとお待ちください）

3 ①打两仗 dǎ liǎng zhàng（2度戦う）

　②开三枪 kāi sān qiāng（3発銃を撃つ）

4 ①见一面 jiàn yí miàn（1度会う）

　②见了个面 jiànle ge miàn（1度会った）

5 ①大吃一惊 dà chī yì jīng（びっくり仰天した）

　②摔了一交 shuāile yì jiāo（すてんと転んだ）

6 ①看一眼 kàn yì yǎn（一目〔チラッと〕見る）

　②打一拳 dǎ yì quán（〔ポカリと〕一発なぐる）

　③削一刀 xiāo yì dāo（〔スパッと〕ひと削りする）

7 ①看一看 kàn yí kàn（ちょっと見る）

　②笑一笑 xiào yí xiào（ちょっと笑う）

　③想一想 xiǎng yì xiǎng（ちょっと考える）

　1の"阵、番"は動作量を表す専用の量詞(動量詞)であるが，任意の数詞とは結べず，ふつう数詞は"一"に限られる。**2**の"下"は，もともと「打つ；たたく」などの意味を表す動詞に対する専用の動量詞で，その場合は任意の数詞と結ぶ。しかし，時間的に短い動きを表す場合は"一"に限られる。**3**～**5**は熟語性の高い動詞（動賓連語）で，離合動詞（⇨172）の構成になる場合，賓語の位置にある名詞を動量詞に借用する形式。**3**の場合，ふつう数詞は"一、两、三"などに結ぶが，必ずしも不定量でなく，発生した回数も表せる。これらは，"打四次仗"のようにいえば任意の数詞と結ぶ表現ができる。**4**の数詞はふつう"一"で，「1度」の意味を表すが，"见一面"は"见一次面"ともいえる。**5**のような表現では擬態語に訳出すると語感がとらえやすい。**6**は動作に関連する身体部位や，必要な道具などを表す名詞を借用した動量詞の例。数詞はふつう"一、两、三"や"几"などで，不定量を表すが，これらの数詞の範囲で「1度，2度…」と回数を示す場合もある。不定量の場合は擬態語に訳出するとよい。**7**は動詞の表す動作量を，同じ動詞を動量詞に借用して示す形式で，1音節動詞に限られる。動詞によっては

"両、三"などの数詞と結ぶ例もあるが，ふつうは"一"と結び不定量を表す。入門段階の教室では，1音節動詞の重ね型(⇨178)に"一"が挿入された形式とするが，重ね型ではなく「動詞＋数量詞(動作量)」の組み立てである。

STEP UP! 更上一层楼

◆名量詞でも，名詞(器物，場所など)からの借用量詞で，数詞"一"とだけ結ぶ例がある (⇨ 151)。

(i)摆了一桌子／两桌子菜。Bǎile yì zhuōzi／liǎng zhuōzi cài.
　　(1卓の／2卓の料理を並べた)
(ii)①一桌子(的)菜 yì zhuōzi (de) cài (テーブルいっぱいの料理)
　　②一桌子(的)土 yì zhuōzi (de) tǔ (テーブルいっぱいのほこり)

"桌子"を量詞に用いた例で，(i)のように任意の数詞と結べば，テーブルを単位として数えた数量の表示になるが，(ii)のように，数詞"一"を"满"mǎn(いっぱい；全部)，"整"zhěng(まるまる；全部)の意味に用いた場合は，"一"以外の数詞は使えない。(ii)の例は，数量詞と名詞の間に"的"を置くことができる。このほか，"写一笔好字"xiě yì bǐ hǎo zì (上手な字を書く)や"说一口流利的北京话"shuō yì kǒu liúlì de Běijīnghuà (流ちょうな北京語を話す)などの表現も数詞が"一"に限られる。この例は，意味の上で，量詞が後に続く名詞に関わるというより，「動詞＋賓語」の全体に関わっている。

157　形容詞の下位分類

　中国語の形容詞は，英語の形容詞と異なり，動詞の助けを借りずに，そのまま述語になる。このように，形容詞と動詞には共通する文法的性質がある一方，最も大きな差異として，形容詞は「程度副詞"很"hěn(非常に；とても)を前に置くことができるが，同時に賓語を後に置くことができない」。心理活動を表す動詞は"很"hěn を前に置けるが，同時に賓語も後におけ る点で形容詞と異なり，自動詞は賓語を後に置けない上，"很"hěn も前に置けない点が形容詞と異なる。

　形容詞を大別して性質形容詞と状態形容詞に分ける。前者はふつう事物の属性を示すもので，1音節形容詞と2音節形容詞がある。それらのなかに述語に用いることのできないものがあり，これを非述語形容詞と呼んで，別にあつかうことが多い。述語になれない，ということは形容詞の機能を欠くと

して，それらに対し区別詞という別の品詞を設ける考え方もある。ほかに，述語にはなれるが，修飾語にはなれない，という形容詞もあるが，数が限られ，類を分けることはしない。後者の状態形容詞は事物の具体的な状況や状態を表すもので，1音節形容詞の重ね型と2音節形容詞の重ね型を指し，ほかに2音節形容詞で"雪白"xuěbái（雪のように白い；真っ白である）のような修飾型の語構成の類も状態形容詞に含める。性質形容詞と状態形容詞の機能に大きな差異があることから，前者を形容詞，後者を状態詞として品詞を別にする考え方もある。なお，1音節形容詞の"多、少"duō、shǎo（多い，少ない）は属性を表さず，他の形容詞と機能が異なることから，数量形容詞として別の類とする。

1 ①大屋子、小屋子 dà wūzi、xiǎo wūzi（大きい部屋，小さい部屋）
　②大眼睛、小眼睛 dà yǎnjing、xiǎo yǎnjing（大きい目，小さい目）
　③干净衣服、脏衣服 gānjìng yīfu、zāng yīfu（きれいな服，よごれた服）
2 ①这间屋子大，那间不大。Zhè jiān wūzi dà, nà jiān bú dà.
　　（こちらの部屋は大きいが，あちらは大きくない）
　②这间屋子很大。Zhè jiān wūzi hěn dà.（この部屋は大きいです）
　③孩子长大了。Háizi zhǎngdà le.（子どもが大きくなった）
3 ①高山 gāoshān（高い山）　②贵东西 guìdōngxi（高い品物〔高額商品〕）
　③老实人 lǎoshírén（誠実な人〔正直者〕）
4 ①他高，她矮。Tā gāo, tā ǎi.（彼は背が高いが，彼女は背が低い）
　②他个儿真高。Tā gèr zhēn gāo.（彼はほんとうに背が高い）
　③孩子长高了。Háizi zhǎnggāo le.（子どもの背が伸びた）
5 ①男宿舍、女宿舍 nán sùshè、nǚ sùshè（男子寮，女子寮）
　②男的、女的 nánde、nǚde（男，女）
　③金项链 jīn xiàngliàn（金のネックレス）
　④初级课本 chūjí kèběn（初級テキスト）
6 ①雪白的纸 xuěbáide zhǐ（真っ白な紙）
　②老老实实的工人 lǎolaoshíshíde gōngrén（誠実な労働者）
　③他的话老老实实(的)。Tā de huà lǎolaoshíshí(de).
　　（彼の話は誠実だった）

7①**男孩子多，女孩子少**。Nánháizi duō, nǚháizi shǎo.
（男の子が多く，女の子が少ない）

②**来了很多／不少人**。Láile hěn duō／bù shǎo rén.（たくさんの人が来た）

1～**4**は性質形容詞。形容詞の2大機能は述語になることと連体修飾語になることである。しかし，どちらも形容詞が自由にその位置を占められるわけではない。述語の場合は，比較，対照の文脈でないと，性質形容詞をそのまま用いることはできない（⇨**158**）。連体修飾語の場合は，後に置く名詞と固く結びついて，いわば新しい名詞（類名）を構成するものに限られ，任意の組み合わせはできない。ただし，**1**に示すように，相対的にではあるが，"大、小、新、旧……"など，比較的自由に名詞と結ぶ形容詞が若干ある。"干净、脏"などは"大、小"などにくらべ結合の任意度がかなり低くなり，"干净、脏"のペアを対比的に用いるか，"(很)脏的衣服"のようにいうか，熟語として認知されない文脈もあり得る。**2**は**1**に属す形容詞を述語や補語に用いた例。**3**は**1**の形容詞にくらべ，後に置く名詞との結びつきが固定化している。意味上ペアを組む場合でも"高山"に対する×"低山"のように熟語を作らない例がある。②，③の例でも，×"贵手绢儿"（高いハンカチ），×"老实工人"（誠実な労働者）ということはできない。組み合わせの可否は，中国語を母語とする人びとの習慣にしたがわねばならない。この類の固定化した組み合わせには，"白菜"báicài（白菜），"白手"báishǒu（素手；手ぶら）などのように，形容詞が本来の意味から離れ，新しい名詞を構成している例が少なくない。**4**は**3**に属す形容詞を述語や補語に用いた例。形容詞と名詞の組み合わせが，修飾関係では成立しなかった例でも，"手绢儿(很)贵"（ハンカチは高い）のように，主述関係になれば成立する場合が少なくない。**5**は述語になれない形容詞の例（⇨**159**）。この類の形容詞は名詞の前に置くか，助詞"的"を加えてしか使えない。**6**は状態形容詞が修飾語と述語に用いられた例。形容詞の重ね型はすべてこの類に入る（⇨**161**, **162**）。また，修飾型の語構成になる2音節形容詞もこの類に入る（⇨**162**）。**7**は数量形容詞が述語と修飾語に用いられた例。数量形容詞は，その意味からして属性を表さないことから，性質形容詞とは用法が異なる（⇨**163**）。

> 更上一层楼

◆形容詞を簡単形式と複雑形式に分け，双方の機能が大きく異なることを指摘したのは，朱德熙〈現代汉语形容词研究〉である。簡単形式は単純に属性を示す形容詞であり，1音節形容詞と一般的な2音節形容詞のそれぞれ原形を指す。複雑形式は具体的な状況や主観的判断に関連する形容詞であり，重ね型形容詞や，原形に後置成分の加わった形容詞，2音節形容詞で修飾型の語構成になる形容詞などを指し，さらに副詞などの連用修飾語を用いた形容詞連語も含める。朱德熙は，双方の形式の機能をそれぞれの文成分について検証するが，そのうち，形容詞が名詞の修飾語となる場合に，結合が固定した組み合わせに限られることを例示し，名詞が名詞を修飾する場合にくらべ，形容詞と名詞は任意の組み合わせが難しいことを指摘した。組み合わせが固定しているか（熟語化）否かは習慣によるので，外国人が誤りやすいことも付言している。

　その後，吕叔湘が〈单音形容词用法研究〉で個別の形容詞について検証し，大多数の形容詞はそのまま任意に名詞の修飾語とはなれないが，"大、小、新、旧、好、坏、真、假" dà、xiǎo、xīn、jiù、hǎo、huài、zhēn、jiǎ（大きい，小さい，新しい，古い，よい，悪い，ほんとうの，いつわりの）など，限られた若干の形容詞は比較的自由に，数多くの名詞と結んで熟語を作るとした。

◆朱德熙の指摘は，"高山"に対する×"低山"は熟語として存在しないとするものだが，"低的山"のように名詞が名詞を修飾する形式（朱德熙は"低的"を名詞相当の成分とする）か，"很低的山"のように状態形容詞が名詞を修飾する形式にするか，あるいは"高的山"と"低的山"をペアにして用いることで「低い山」を中国語で表現できる。"高的山、低的山"の形式から，中国人の日本語表現で「高いノ山：大きいノ川」という誤用は助詞"的"の直訳に由来することがわかる。

158　形容詞を述語に用いる条件

　教室や教科書の説明では，形容詞が述語になる場合，ふつう形容詞に副詞"很" hěn（非常に；たいへん）を加えるが，その"很"には強調の意味はないという。"很"はどんな機能を果たしているのであろうか。

　中国語の形容詞は動詞と同様に，そのまま述語になる。英語の形容詞のように be 動詞を必要としない。しかし，形容詞だけで述語になるのは，ふつ

う比較，対照の表現か，問いに対する答えとして使う場合だけで，それ以外は副詞の修飾語などが添加される。"这个好。"Zhège hǎo.（これは／がよい）は"那个不好。"Nàge bù hǎo.（あれはよくない）の意味を含み，"这个很好。"といえば"很"を強く発音しないかぎり，「これはよい」という独立した叙述になる。"很"でなくても，例えば副詞"不"を加えた"这个不好。"も独立した叙述になる。"很"以外の副詞でもよいが，ふだん多用される"很"は強調の意味が薄くなっていて，いわば形容詞述語を示す標識の役割をしている。

中国語の形容詞は，文の成分としてどの位置にも現れる働き者であるが，述語以外の補語や修飾語に用いた"很"は，程度の強調に使われたものである。

1 这个孩子聪明。〔那个孩子不大聪明。〕
　　Zhège háizi cōngming.〔Nàge háizi búdà cōngming.〕
　　（この子は賢い。〔あの子はあまり賢くない〕）
2 房间大不大？ Fángjiān dà bu dà?（部屋は大きいですか）
　　——大。Dà.（大きいです）
3 今天冷还是昨天冷？ Jīntiān lěng háishi zuótiān lěng?
　　（今日の方が寒い，それとも昨日の方が寒かった）
　　——今天冷。Jīntiān lěng.（今日が寒い）
4 今天很冷／非常冷／有点儿冷。
　　Jīntiān hěn lěng／fēicháng lěng／yǒudiǎnr lěng.
　　（今日は寒い／非常に寒い／どうも少し寒い）
5 风大了／大极了／大起来了／大一点儿。
　　Fēng dà le／dàjíle／dàqǐlai le／dà yìdiǎnr.
　　（風が強くなった／とても強い／強くなってきた／少し強い）
6 这个孩子是聪明，一点不假。Zhège háizi shì cōngming, yìdiǎn bù jiǎ.
　　（この子はたしかに賢い，〔これは〕少しもうそではない）

1 の形容詞述語文は比較，対照の表現として成立する。後に続く「あの子は…」の部分をいわなくても，言外にその意を含む。あるいは，前段が「賢いが…／ので…」と後段を予定した表現とも理解される。**2** と **3** は形容詞述語が問いに対する答えとして使われた例。**4** の例はいずれも程度副詞を用い

て，具体的な状況を述べる表現となり，そのまま形容詞述語文として成り立つ。"很"は強調の意味が薄いので多用される。5の例は形容詞がそれぞれ助詞や補語の付加によって，4と同様に具体的な状況を述べる表現となり，そのまま形容詞述語文として成り立つ。6は英語の形容詞のように"是"を be 動詞に用いたのであれば誤文となるが，"是"を強く発音して「たしかに」と肯定の判断を示す場合には成立する。この場合の"是"は動詞でなく，副詞の働きをしている。

更上一层楼

STEP UP！

◆かつて，赵元任は1音節形容詞が述語になる場合，"很"が述語を *round out*（"完整化" wánzhěnghuà）させるために用いられると説明し，ドラグノフ（龙果夫）は母語のロシア語の形容詞における長語尾と短語尾の区別から，形容詞をそのまま述語に用いる場合と，"很"などの副詞を加えた場合に分け，おおむね前述のような機能の差異があることを指摘した。その後，朱德熙は形容詞を属性（静態）を示す簡単形式と動態を示す複雑形式に分け，程度副詞の加わった"很好"の類は，その機能が重ね型と同じ複雑形式に属すとした（⇨157）。

◆程度副詞"很"は，たしかに程度の強調に用いる。例えば，成績や評価に使われる5段階表示をことばで表すなら，5は"很好"または"很满意"hěn mǎnyì であり，4は"好"，"满意"である。"满意"は「満足する」の意で，評価が2ならば"不满意"bù mǎnyì，1ならば"很不满意"となる。ちなみに，3は"一般"yìbān（ふつう）という。これらの表現で，"很"は「たいへん；非常に」と程度の強調を表している。しかし，ふつう形容詞が述語になる場合，形容詞に加えられる"很"には強調の意味はないと説明する。形容詞述語における"很"は文を成立させるために用いられたもので，強く発音されなければ強調の意味は表さない，ということになる。"很"が，連用修飾語，連体修飾語などの位置で用いられた形容詞に加えられた場合は，"很快地走到了学校" hěn kuài de zǒudàole xuéxiào（とてもはやく歩いて学校に着いた），"很快的速度" hěn kuài de sùdù（とてもはやいスピード）などのように，ふつう程度副詞としての機能を果たしている。

159 述語になれない形容詞

　形容詞の下位分類で，述語，補語，連用修飾語に用いられず，ただ連体修飾語にだけ用いられる1類がある。述語にならないことから，ふつう"非谓形容詞"（非述語形容詞）と呼んでいるが，中国語の形容詞は述語になる機能があるのに，形容詞としての主要な機能を欠く形容詞とする点を指摘し，区別詞あるいは属性詞という呼び方もある。

　非述語形容詞（区別詞）は次のような文法的性質を有する。(1)直接，名詞を修飾する。(2)大半は助詞"的"をともなって名詞を修飾できる。(3)大半は助詞"的"をともなって動詞"是"の後に置ける。(4)主語や賓語の位置に置けない。(5)述語にならない。(6)程度副詞"很"の修飾を受けない。(7)否定副詞"不"の修飾を受けない。

1 ①**男的、女的** nánde、nǚde（男，女）
　　②**男学生、女学生** nánxuésheng、nǚxuésheng（男の学生，女の学生）
2 ①**单眼皮、双眼皮** dānyǎnpí、shuāngyǎnpí（一重まぶた，二重まぶた）
　　②**黑白片、彩色片** hēibáipiàn、cǎisèpiàn（モノクロ映画，カラー映画）
3 ①**大型／中型／小型／微型汽车**
　　　dàxíng／zhōngxíng／xiǎoxíng／wēixíng qìchē
　　　（大型／中型／小型／軽自動車）
　　②**中式／西式／日式建筑** Zhōngshì／Xīshì／Rìshì jiànzhù
　　　（中国式／西洋式／日本式建築）
4 ①**初级班、〔高级班〕** chūjíbān、〔gāojíbān〕（初級クラス，〔上級クラス〕）
　　②**共同(的)利益** gòngtóng (de) lìyì（共通の利益）
　　③**高速公路** gāosù gōnglù（高速道路）

　非述語形容詞（区別詞）には"男、女、金、银…"のような1音節語の例と，"大型、中型、初级、高速…"のような2音節以上の語があるが，後者が多数を占める。

　1は非述語形容詞（区別詞）の最も特徴的な機能を示している。名詞に直接結んで，連体修飾語となること，そのまま単用はできないが助詞"的"を後に加えること，などがわかる。**2**を見ると，区別詞の名が表すように，分類の基準を示す意味からペアをなす例が多く，さらに**3**ではグループをなす

例があることもわかる。**4**はペアやグループにならない例も少なくないことを示す。特に、"初級"と"高級"はともに区別詞としてペアを組むかのように思えるが、"高級"は副詞"很"の修飾を受け、述語にも使えることから一般の形容詞であることがわかる。区別詞は名詞に直結して新しい類名を作り、"高速公路"のように熟語化しやすいが、"共同(的)利益"などのように、助詞"的"をともなって名詞を修飾する場合もある。

> **更上一层楼**
>
> ◆ "金、银、铜、铁、锡" jīn, yín, tóng, tiě, xī (金、銀、銅、鉄、すず) は一括して"五金" wǔjīn (5つの金属)と呼ばれ、金属の代表として並べられているが、文法的にこの5種の金属を見ると、"金、银"は区別詞であるが、"铜、铁、锡"は名詞である。"这是铁。"Zhè shì tiě. (これは鉄です) とはいえるが、"这是金。"とはいえない。名詞の"铜、铁、锡"にはそれぞれ数量詞の"一块"yí kuài を用いることができる。区別詞"金"は"金的、金笔"jīn de, jīnbǐ (金の、金ペン) などのように使い、「金」を意味する名詞は"金子"jīnzi になる。
>
> ◆ 呂叔湘に「述語になれない形容詞」を論じた〈试论非谓形容词〉があり、非述語形容詞の名の由来も察することができる。これに対し、「述語になれない形容詞」は形容詞ではないとする立場からは、朱徳熙のように区別詞という品詞名が使われる。呂叔湘《汉语语法分析问题》では、非述語形容詞の文法的性質を列記した上で、その品詞体系における位置が非常に特殊で、名詞からも述詞からも距離があること、すなわち、名詞の主要な特徴（主語、賓語になる）をそなえていないこと、動詞と形容詞の主要な特徴（述語になる）もそなえていないことを指摘している。形容詞に帰属させるのはきわめて無理であるが、独立した別の品詞を立てないのであれば、非述語形容詞の名を与えて、一般の形容詞と区別しやすくしようと述べている。

160 修飾語になれない形容詞

形容詞の下位分類に、連体修飾語にだけ用いられ、述語になれない"非谓形容词"(非述語形容詞)があることと対照的に、述語にだけ用いられ、連体修飾語になれない"非定形容词"(非修飾語形容詞)について指摘することがある。ただし、その数が限られているので、類を分けることはしていない。

日常の話しことばでは、修飾語になれない形容詞の例に"行"と"对"がある。

なお，形容詞の主要な機能の1つが，連体修飾語になることだが，任意に，名詞に直結で修飾語となる形容詞はない。比較的自由に結びつくものから，ほとんど，あるいは全く結びつかないまで，性質形容詞が名詞の連体修飾語になることは，多かれ少なかれ，限定的，固定的である。その制約を解除する1つの手段が，形容詞に助詞"的"を加え，名詞相当語が名詞の修飾語となる形式である（⇨**157**）。

1 你又得了第一名，真行！ Nǐ yòu déle dìyī míng, zhēn xíng!
（また1番をとって，君はほんとうにたいしたものだ）

2 我可以回家吗？ Wǒ kěyǐ huí jiā ma?（帰宅してもいいですか）
——行／不行。Xíng／Bù xíng.（よろしい／いけません）

3 你提的意见都对。Nǐ tí de yìjiàn dōu duì.（君の出した意見はみな正しい）

4 明天是他的生日吗？ Míngtiān shì tā de shēngrì ma?
（明日は彼の誕生日ですか）
——对，明天是他的生日。Duì, míngtiān shì tā de shēngrì.
（その通り，明日は彼の誕生日です）

5 有什么错的地方，请改一改。Yǒu shénme cuò de dìfang, qǐng gǎi yì gǎi.
（何かまちがっている箇所があれば，直してください）

"行"は「能力がある」の意味で述語になり，**1**のように程度の強調を表す副詞の修飾を受けることもできる。**2**のように，「よろしい；ＯＫ」という応答にもよく用いられる。助動詞"可以"（…してよろしい）のように，後に動詞（句）の賓語を置くことはできず，単用する。くりかえしていうこともある。"对"は「合っている；正しい」の意味で述語になり，"很对"のように程度の強調を表す副詞の修飾を受けることもできる。**4**のように，相手の発言を受け，「その通り」という応答によく用いられる。単用するだけでなく，数回くりかえしていうこともある。**5**は名詞に対する連体修飾語になりにくい形容詞の例。"错字"cuòzì（誤字）という熟語はあるが，"错"は任意の名詞に結べず，助詞"的"を加えて名詞の修飾語としなければならない。"对"も"对的地方"という表現をするが，どちらも助詞"的"を省略できない。

> **更上一层楼**

◆呂叔湘が個々の1音節形容詞について検証した〈単音形容詞用法研究〉では，名詞を修飾することに制約があり，さらには全く名詞を修飾できないものもある，という項目に14語を掲げているが，"行"と"对"が含まれている。別項157で，"贵东西"（高額商品）という熟語があっても，形容詞と名詞が任意に組み合わさった×"贵手绢儿"（高いハンカチ）はいえない，とした例示の"贵"も含まれている。呂叔湘は，さらに《汉语语法分析问题》で，"非谓形容词"（非述語形容詞）と対照的な"唯谓形容词"（述語にだけなる形容詞）があるのではないか，として，"难、容易、多、少、对、错" nán、róngyì、duō、shǎo、duì、cuò などの語を例示している。どれも属性を表す形容詞とはいえない例で，名詞の修飾語には用いにくい。数量形容詞"多、少"はその典型的な例といえる（⇨163）。

161　形容詞の重ね型

　形容詞には性質形容詞と状態形容詞がある。前者はふつう事物の属性を示し，1音節形容詞と2音節形容詞に分けられる。後者は事物の具体的な状況や状態を表すもので，1音節形容詞の重ね型と2音節形容詞の重ね型を指し，後置成分を付加した形容詞や，2音節形容詞で修飾型の語構成になるものも後者に含める。

　性質形容詞（形容詞の原形）と状態形容詞（形容詞の重ね型）の用法については次項162（状態形容詞）であつかい，ここでは重ね型の形式について記す。

1 ①〔大〕〔dà〕→**大大的眼睛** dàdàde yǎnjing（大きく見開いた目）

　②〔好〕〔hǎo〕→**好好儿(地)商量商量**。
　　　　Hǎohāor(de) shāngliangshangliang（十分よく相談する）

2 ①〔明白〕〔míngbai〕→**明明白白的事情** míngmingbáibáide shìqing
　　（はっきりと明白なこと）

　②〔高兴〕〔gāoxìng〕→**高高兴兴地回家去**。Gāogaoxìngxìngde huí jiā qù.
　　（愉快に楽しく帰宅する）

3 ①**热咖啡** rè kāfēi（ホットコーヒー）

　②**热热的咖啡** rèrède kāfēi（熱いコーヒー）

③热乎乎的咖啡 rèhūhūde kāfēi （〔湯気の立つような〕熱いコーヒー）

4 ①黑发 hēifà （黒髪）　②黑黑的头发 hēihēide tóufa （真っ黒な髪）
③黑油油的头发 hēiyōuyōude tóufa （〔色つやのよい〕緑の黒髪）

5 ①〔雪白〕〔xuěbái〕→雪白雪白的裙子 xuěbáixuěbáide qúnzi
（〔雪のように〕真っ白なスカート）

②〔冰凉〕〔bīngliáng〕→冰凉冰凉的手脚 bīngliángbīngliángde shǒujiǎo
（〔氷のように〕ひんやり冷たい手足）

　1音節形容詞の重ね型は，原形を「A」とすると，「AA」，または「AA＋"儿"」になる。1 はその例。前者の場合，動詞の重ね型とは異なり，第2音節が軽声にならない。後者の場合，"好好儿" hǎohāor のように第2音節がr化し，第一声に変わることが多い。もしもr化しなければ"好好先生" hǎohǎo xiānsheng（お人よし）のように第一声には変えない。2 は2音節形容詞の例。原形を「AB」とすると，重ね型は「AABB」となる。日本語でも「明白」を重ねると「明明白白」の同形式である。「AABB」の後のAは軽く発音される。"明白"のように原形で軽声の音節があっても，重ねると本来の声調になる。"干干净净"（さっぱりときれいな）が gāngānjìngjìng のほかに，gāngānjīngjīng と，「BB」が第一声になるような例もある。修飾語として用いる場合，助詞"的"（連体修飾語），あるいは"地" de（連用修飾語）をともなうことがある（⇨162）。

　形容詞の重ね型は，状態形容詞として，具体的な状況や状態を表し，程度副詞に修飾された形容詞よりも描写性が強い。3 と 4 に例示した，重ね型の後置成分を置く形容詞「Abb」は，原形「A」に対し，「bb」が日本語の擬態語などに似た語感を与える形式である。"热乎乎"の"乎乎"や"黑油油"の"油油"は当て字で，字面と意味は関連しない。5 は"雪白、冰凉"のような，修飾型の語構成になる2音節形容詞の重ね型で，原形を「BA」とすれば，「BABA」の形式になる。以上の 3 〜 5 に示した「Abb」型と「BABA」型は，感覚や色彩に関連する形容詞に多く見られる。

　なお，形容詞の重ね型は"很、不"などの副詞の修飾を受けることができない。×"很大大(的)"，×"不明明白白(的)"などとはいわない。

更上一层楼

STEP UP！

◆形容詞の重ね型には，ほかに次のような組み立てになるものがある。
　2音節形容詞"糊涂"hútu が"糊里糊涂"húlihútu（愚かだ）となるように，

「ＡＢ」→「Ａ"里"ＡＢ」の形式は，一部の，好ましくない意味を表す形容詞だけの重ね型である。嫌悪感が原形よりも強く感じられる。同様の例で，"马虎" mǎhu は，"马里马虎" mǎlimǎhu（いい加減だ）となる。

162 性質形容詞と状態形容詞

　形容詞の原形は事物の属性，性質を表し（性質形容詞），形容詞の重ね型は事物の具体的な状況，状態を表す（状態形容詞）。後者には，後置成分を付加した重ね型形容詞や，2音節で修飾型の語構成になる形容詞も含まれる。また，「程度副詞＋形容詞」の連語も，機能的には，状態形容詞に相当するものとしてあつかう。文法的な性質を一言でいえば，性質形容詞と状態形容詞の差異は，前者が静態を示し，後者が動態を示すことである。ここでは，その点をふまえて，主に状態形容詞が文成分として，どのような働きをするのか，用例を掲げる。

1 ①白纸 báizhǐ（白紙）　②白的纸 bái de zhǐ（白い紙）
　③一张白的 yì zhāng bái de（1枚の白いもの）
　④雪白的纸 xuěbái de zhǐ（真っ白な紙）
　⑤很白的纸 hěn bái de zhǐ（とても白い紙）

2 ①这张纸是白的。Zhè zhāng zhǐ shì bái de.（この紙は白いです）
　②这张纸雪白的。Zhè zhāng zhǐ xuěbáide.（この紙は真っ白だ）
　③这些纸都雪白的。Zhè xiē zhǐ dōu xuěbáide.
　　（これらの紙はみな真っ白だ）

3 ①屋子里很安静。Wūzili hěn ānjìng.（部屋の中は静かです）
　②屋子里安安静静的。Wūzili ān'anjìngjìngde.（部屋の中は静かだ）
　③屋子里静悄悄的。Wūzili jìngqiāoqiāode.
　　（部屋の中はひっそりしている）

4 ①他长(得)高了。Tā zhǎng(de) gāo le.（彼は背が高くなった）
　②他长得高高的。Tā zhǎngde gāogāode.（彼は背がとても高い）
　③他长得胖。Tā zhǎngde pàng.（彼は太っている）
　④他长得胖乎乎的。Tā zhǎngde pànghūhūde.（彼はまるまる太っている）

⑤①衣服洗干净了。Yīfu xǐgānjìng le.（服は洗ってきれいになった）
　②洗得干净 xǐde gānjìng（きれいに洗ってある）
　③洗得干净的 xǐde gānjìng de（きれいに洗ったもの）
　④洗得干干净净的。Xǐde gānganjìngjìngde.
　　（さっぱりときれいに洗ってある）
⑥①小心轻放 xiǎoxīn qīngfàng（気をつけてそっと置く→取り扱い注意）
　②轻轻地搁 qīngqīngde gē（そっと置く）
　③早一点儿交了卷 zǎo yìdiǎnr jiāole juàn（はやめに答案を出した）
　④很早地交了卷 hěn zǎo de jiāole juàn（とてもはやく答案を出した）
⑦①很大方地说 hěn dàfāng de shuō（落ち着いて話す）
　②大大方方地说 dàdafāngfāngde shuō（ゆったり落ち着いて話す）
　③认真(地)研究 rènzhēn (de) yánjiū（真剣に研究する）
　④满意地说 mǎnyì de shuō（満足げに話す）
　⑤积极(地)干 jījí (de) gàn（積極的にやる）
⑧①叶子绿油油的 Yèzi lǜyōuyōude.（葉が青くつやつやしている）
　②绿茵茵的草地 lǜyīnyīnde cǎodi（青々と茂った芝生〔草原〕）
　③绿绿的叶子／草地 lǜlǜde yèzi／cǎodì（青々した葉／芝生〔草原〕）
⑨①手绢儿雪白雪白的。Shǒujuànr xuěbáixuěbáide.
　　（ハンカチが雪のように真っ白だ）
　②冰凉冰凉的水 bīngliángbīngliángde shuǐ（氷のように冷たい水）
　③红红绿绿的衣服 hónghónglǜlǜde yīfu（色とりどりの服）

　①は形容詞を連体修飾語に用いる場合。"白纸"は「性質形容詞＋名詞」の連語（白い紙）というより，熟語化した類名（白紙）である。形容詞を任意の名詞と結ぶには"白的纸"のように名詞性の修飾語とする。"一张白的"は"白的"（白いもの）が数量詞の修飾を受ける名詞相当の連語であることを示す。"雪白的纸"は状態形容詞が修飾語になっていて，"的"をともなう。"很白的纸"は状態形容詞相当の連語"很白"が修飾語になっている。②と③は形容詞を述語として用いる場合。"这张纸(很)白"（この紙は白い）のほか，"这张纸是白的"といえば"是"の助けを借りて"白的"が述語に組み込まれるが，"这张纸雪白的"のように状態形容詞では"是"の助けを借りないでよい。"雪白的"自身が述語性であることは，"这些纸都雪白的"の例で副詞"都"の修飾を受けていることでわかる。③は2音節形容詞の連語や，

重ね型形容詞が状態形容詞として述語に用いられた例。"安安静静的；静悄悄的"のように，"的"をともなうことが多い（⇨224）。**4**は１音節形容詞を補語に用いる場合。"高高的；胖乎乎的"など状態形容詞は"的"をともなうことが多い（⇨224）。**5**は２音節形容詞を補語に用いる場合。"洗得干净的"（きれいに洗ってあるもの）の組み立ては"洗得干净"＋"的"であり，状態形容詞"干干净净的"が補語となった"洗得干干净净的"とは異なる。状態形容詞は"的"をともなうことが多い（⇨224, 226）。**6**と**7**は形容詞を連用修飾語に用いる場合。**6**は１音節形容詞の例。連体修飾語における制約と同じように，固定化した表現が一般的で，例えば"小心轻放"の"轻放"を同義の動詞に入れ換え"轻搁"ということはできない。任意の組み合わせを作るには重ね型にして，"轻轻地搁"のように状態形容詞を用いる。また，比較的自由に，動詞との組み合わせを作るには"早一点儿"，"很早地"など，状態形容詞の働きに相当する表現にする。**7**は２音節形容詞を連用修飾語に用いる場合。一般的に連用修飾語には状態形容詞を使うが，"认真(地)研究；积极(地)干"など，性質形容詞で，話しことばの場合に慣用的な組み合わせを比較的多く用いる例がある。その場合，助詞"地"を省略することが多い。また，書きことばでは助詞"地"をともなうことにより，"满意地说"のような，文章表現的な用法も見られる。**8**は，後置成分の差異によって同じ「緑」でも，組み合わさる名詞が異なる場合のあることを示す。後置成分を付加した状態形容詞は，いわば感覚的な表現で，擬態語などが訳語にふさわしい。"绿绿的"のような，ふつうの重ね型は，特に名詞を選ぶことはない。**9**は"雪白雪白的；冰凉冰凉的"など，「雪のように…；氷のように…」と修飾成分を含む形容詞で，重ね型が２音節形容詞の「ＡＢ」→「ＡＡＢＢ」と異なり，「ＡＢ」→「ＡＢＡＢ」となる。一方，"红红绿绿的"は"红红"と"绿绿"の２つの重ね型が並列された組み立てで，「ＡＡＢＢ」型，「ＡＢＡＢ」型のいずれでもない。

更上一层楼

STEP UP！
◆状態形容詞は，ふつう"的"をともなって使われることが多い。しかし，２音節形容詞の重ね型，修飾型の語構成の２音節形容詞，後置成分を付加した形容詞などは"的"を必要としないことがある。例えば，"干干净净"が連用修飾語，述語，補語になる場合，必ずしも"的"をともなわない。また"通红"tōnghóng（真っ赤だ）が述語になる場合，必ずしも"的"をともなわない。一

方，1音節形容詞の重ね型，程度副詞の修飾語を加えた形容詞連語などが状態形容詞として用いられる場合は，必ず"的"をともなう。"慢慢儿"，"好好儿"などが，例えば"好好儿(地)干"（ちゃんとやる）のように連用修飾語として用いられる場合は"的"をともなわずに使えるが，状態形容詞として例えば"干得好好儿的"（ちゃんとやってある）のように用いるならば必ず"的"をともなう。なお，書きことばでは連用修飾語の位置に用いられた"的"を"地"と表記する（⇨**227**）。

◆1音節形容詞をそのまま原形で連用修飾語に用いるのは，述語に用いる場合と同様に，一般的には固定化した組み合わせに限られるが，"白头发" báitóufa（白髪）と"白说" bái shuō（むだに話す）のように，連体修飾語と連用修飾語で意味が大きく異なる例がある。"光脚" guāngjiǎo（はだし）と"光说不做" guāng shuō bú zuò（口でいうだけでやらない）の例も同様である。字面では同じように見えるが，それぞれ名詞の前に置かれた場合と，動詞の前に置かれた場合とで働きが異なっている。辞書でも，前者は形容詞，後者は副詞と分けたり，同音語として別項目にする例が多い。これらの，形容詞として名詞の前に用いられた場合(連体修飾語)の意味が，動詞の前に用いられた場合(連用修飾語)でも表せるようにするには，相応の状態形容詞に形式を改めればよい。"白"であれば"白白地长满了一下巴。" Báibáide zhǎngmǎnle yí xiàba.（あごいっぱい，白くひげが伸びていた），"光"であれば"光溜溜地剃了个头" guāngliūliūde tīle ge tóu（つるつるに頭を剃った）などは，それらを連用修飾語とした例である。

163 数量形容詞

形容詞のなかで数量を表す"多、少"は他の形容詞と異なるところがある。連用修飾語，述語，補語にはなれるが，そのままでは連体修飾語になれない。これらが，ふつう数量を表すもので，事物の性質を表さないためである。

1①**很多(的)人** hěn duō (de) rén（たくさんの人）
　②**不少(的)人** bù shǎo (de) rén（少なからぬ人）
2①**买了很多(书)** mǎile hěn duō (shū)（たくさん〔の本を〕買った）
　②**买了不少(书)** mǎile bù shǎo (shū)（少なからぬ量〔の本〕を買った）
　③**买了一本(书)** mǎile yì běn (shū)　（1冊〔の本を〕買った）

3 ①男的多，女的少。Nánde duō, nǚde shǎo.（男は多いが，女は少ない）

②知道的人很多／不多／很少／不少。

　　　Zhīdào de rén hěn duō／bù duō／hěn shǎo／bù shǎo.

　　（知っている人は多い／多くない／少ない／少なくない）

4 ①多民族 duōmínzú（多民族）　②多媒体 duōméitǐ（マルチメディア）

③多年 duōnián（多年）　④多次 duōcì（たびたび）

⑤多种 duōzhǒng（多種）

5 ①应该多听，多说。Yīnggāi duō tīng, duō shuō.

　　（たくさん聞き，たくさん話すべきだ）

②多看些书。Duō kàn xiē shū.（よりたくさん本を読む）

③少喝点儿酒。Shǎo hē diǎnr jiǔ.（少し控えめに酒を飲む）

6 ①他最近瘦多了。Tā zuìjìn shòuduō le.（彼は最近かなりやせた）

②饭做少了，不够吃。Fàn zuòshǎo le, bú gòu chī.

　　（ご飯を少なく作ってしまい，食べるのに足りない）

1 のように，"多、少"が名詞を修飾する場合，"很"や"不"などの副詞を加え，"很多、不少"など，状態形容詞の形式にする。"多、少"だけで×"多(的)人"，×"少(的)人"とはいえない。修飾語の後には"的"があってもなくてもよい。一般の形容詞が副詞の修飾語をともなう場合は，名詞と結ぶのに"的"が必要であり，例えば，×"很好书"とはいわない。この点，数量詞が名詞と結ぶ場合，中間に"的"を置かず，直結する組み立てとなるのに似ている。なお，4 に掲げるように，少数の例ではあるが，"多"は名詞，量詞に直接結び，熟語化する。2 の例は，文脈により，名詞を省略し，"很多、不少"などだけで数量詞と同じように，動詞の賓語の位置に置けることを示す。3 は述語となる場合。他の形容詞と同様に，"多、少"を単用するのは比較，対照の場合で，ふつうは"很"や"不"などの副詞を加える。4 に掲げる例は，"多"が名詞や量詞にそのまま結んで熟語となっている。これらの場合，"多"がいわば区別詞（⇨157, 159）のような働きをしている。5 は"多、少"がそのまま連用修飾語になる場合。6 は"多、少"がそのまま他の形容詞の補語になる場合。"瘦多了"のように，「形容詞+"多了"」で差の大きいことを示す。動詞の後の"少了"は結果として量が少なかったことを示す。

更上一层楼

◆ "很多、不少"は名詞に直接結ぶが，"不多"は名詞に直接結ぶことがない。"很少"が名詞を修飾する場合は"很少人知道。"Hěn shǎo rén zhīdào.（わずかな人が知っている→知っている人は少ない）のように，ふつう主語の位置で修飾語に使われ，×"我有很少朋友"のような用法はない。また，"很少"は連用修飾語として，"很少去"hěn shǎo qù（めったに行かない）や，"很少说话"hěn shǎo shuō huà（ほとんど話をしない）などのように動詞を修飾することができるが，"很多、不少"は動詞を修飾できない。なお，"不多"と"很少"は，数量詞とともに名詞の修飾語になり，"还有不多(的)几个钱"hái yǒu bù duō (de) jǐ ge qián（あとわずかな金がある），"只有很少(的)几户人家"zhǐ yǒu hěn shǎo (de) jǐ hù rénjiā（わずか数戸の家があるだけだ）などのように用いることがある。

164　形容詞の他動詞用法

本来，後に賓語を置くことのない自動詞（⇨170）や形容詞が，他動詞のように賓語をとることがある。これは古典語からすでに見られる用法で，「…を…させる」と使役の意味が生じる。現代語の辞書では，一部の形容詞について，このように賓語を後に置いた場合，動詞としてあつかっていることが多い（⇨166）。

1 ①厚古薄今 hòu gǔ bó jīn（古い時代を重視し，現代を軽視する）
　　②自己动手，丰衣足食。Zìjǐ dòng shǒu, fēng yī zú shí.
　　（自分で手を使えば，衣食を満ち足りたものにする）

2 ①我热饭去。Wǒ rè fàn qù.（私はご飯を温めに行く）
　　②我把饭热一热。Wǒ bǎ fàn rè yí rè.（私はご飯をちょっと温める）

3 ①他红着脸说。Tā hóngzhe liǎn shuō.（彼は顔を赤らめて話した）
　　②见了她，就红了脸。Jiànle tā, jiù hóngle liǎn.
　　（彼女に会うと顔を赤くした）

4 ①团结群众 tuánjié qúnzhòng（大衆を団結させる）
　　②丰富农民的生活。Fēngfù nóngmín de shēnghuó.
　　（農民の生活を豊かにする）

1は古典語の名残りとして、よく用いられる書きことばの例。"厚、薄、丰、足"は形容詞の他動詞用法。**2**は"热饭"が「形容詞＋名詞」のように見えるが、「動詞＋賓語」の組み立て。**3**の"红脸"は、本来「赤い顔」という修飾型の名詞である。形容詞"红"に"着、了"など、動詞としての動作態助詞が加わっている。**4**の"团结、丰富"は本来いずれも程度副詞"很"の修飾を受けられる形容詞であるが、後に賓語を置いた場合は、形容詞としての性質を失っているので、"很"は加えられない。同様に**2**、**3**の例も、×"很热饭、很红脸"とはいえない。

更上一层楼

◆上に掲げた**3**"红脸"のような、「形容詞＋名詞」の組み立ての熟語に見えて、実は「動詞＋賓語」として働く例は少なくない。"请宽宽心。"Qǐng kuān-kuan xīn.（ご安心ください）の"宽心" kuān xīn（気を楽にする）をはじめ、"松手" sōng shǒu（手をゆるめる）、"坏事" huài shì（ことをこわす）などはその例で、呂叔湘〈单音形容词用法研究〉に指摘がある。

◆**4**のような、日常のことばというより、書きことばが似つかわしい用例では、形容詞の後に置く名詞が任意に選べない場合もある。"方便"（便利だ）という形容詞の場合、"方便顾客" fāngbiàn gùkè（客の便宜をはかる）、"方便乘客" fāngbiàn chéngkè（乗客の便宜をはかる）などはいえるが、"方便学生" fāngbiàn xuésheng（学生の便宜をはかる）とはいわない。

165 　動作態助詞と形容詞

中国語の形容詞はそのまま述語に用いられる、という点で動詞と変わりない。動詞との差異は、形容詞の表す意味が属性や状態であり、程度副詞の修飾を受けると同時に、後に賓語を置くことがない、という点である。形容詞も、このような機能の範囲で、形容詞の性質を失わずに、動詞の後に加える動作態助詞を用いることがある。動作態助詞（⇨**180, 230〜232**）としては、完成態"了"、持続態"着"、経験態"过"などがある。

1①红了脸。Hóngle liǎn. 　（顔を赤らめた）
　②红着脸。Hóngzhe liǎn. 　（顔を赤らめている）
　③红过脸。Hóngguo liǎn. 　（顔を赤らめたことがある）

2 这双鞋稍微大了一点儿／大了不少。

　　Zhè shuāng xié shāowēi dàle yìdiǎnr／dàle bù shǎo.

　　（この靴は少し大きい／かなり大きい）

3 ①我比他大着十岁（呢）。Wǒ bǐ tā dàzhe shí suì (ne).

　　（私は彼より10歳大きい）

　　②快着点儿！Kuàizhe diǎnr!（はやくしろ）

4 ①这间屋子一直没干净过。Zhè jiān wūzi yìzhí méi gānjìngguo.

　　（この部屋はずっときれいだったことがない）

　　②他从来没胖过。Tā cónglái méi pàngguo.

　　（彼はこれまで太っていたことがない）

1 は，形容詞にはあるはずのない賓語をともなっている。「形容詞＋賓語」の組み立ては「…を…させる」と使役の意味が生じ，このような場合，動詞の用法としてあつかうのが一般的である（⇨**164**）。したがって，この例における動作態助詞"了、着、过"は動詞に後置されたものとする。**2** のように形容詞に完成態"了"を加える場合は，その後に数量詞か"很多、好多、不少"hěn duō、hǎo duō、bù shǎo などの補語をともなう。この表現は，靴をはいてみてサイズが大きかった，という場面である。もしも"大一点儿"といえば「大きくして」の意味で，サイズが小さかった場面にもなる。**3** のように形容詞に持続態"着"を加える例は，その後に数量詞の補語をともなった比較の表現によく見られる。なお，"着"をともなった形容詞の後に"（一）点儿"を置いた表現は命令や要求を表す。**4** は形容詞に経験態"过"を加えた例。この場合，"一直、从来"などの時間に関する副詞をともなったり，また例えば，"他小时候胖过，后来瘦下来了。"Tā xiǎoshíhou pàngguo, hòulái shòuxiàlai le.（小さいころは太っていたが，その後やせてきた）のように比較の文脈で用いたりすることが多い。以上の **2** ～ **4** における形容詞は **1** と異なり，いずれも賓語をともなっていない。

更上一层楼

◆ "天还黑着呢。" Tiān hái hēizhe ne.（空はまだ暗いですよ）という表現は形容詞の持続態"黑着"の後に語気助詞"呢"が加わった組み立てで，持続態本来の状態を表している。これと同形式に見えるが異なる組み立てで，形容詞の後に置き，程度の高いことを表す文末助詞"着呢"がある。例えば"外面(的)雨大着呢。" Wàimian (de) yǔ dàzhene.（外は雨がとてもひどい）はその

1例。北方の話しことばで，誇張の語気を含む。この表現には，さらに程度副詞を加えることができない。

166　形容詞と動詞の兼類

ある1つの語が2つ以上の品詞の文法的性質をそなえていることがある。"脸很红"（顔が赤い）の"红"は形容詞であるが，"红了脸"（顔を赤らめた）の"红"は動詞である。

この"红"は2つの品詞を兼ねているので，兼類語という。その根拠は，ただ「赤い；赤らめる」という意味によって認めるものではなく，前者は程度副詞の修飾を受けるが，賓語をとることなく，後者は程度副詞の修飾を受けることなく，賓語をとるといった，それぞれの文法的な機能によって形容詞と動詞の双方に属する兼類語とする。

品詞分類をする以上，兼類のあつかいはできるだけ少なくすべきだが，形容詞と動詞の双方に属する兼類語は少ないとはいえない。形容詞で，後に賓語を置くことができたり，動詞の重ね型と同形式の重ね型ができる語は，動詞との兼類語と考えられる。

1 ①我高兴极了。Wǒ gāoxìng jíle.（私はとてもうれしい）
　②他高高兴兴地笑了。Tā gāogaoxìngxìngde xiào le.
　　（彼はうれしそうに笑った）
2 ①他高兴起来了。Tā gāoxìngqǐlai le.（彼はうれしくなった）
　②把这个消息告诉大家，让他们高兴高兴吧。
　　Bǎ zhège xiāoxi gàosu dàjiā, ràng tāmen gāoxìnggaoxìng ba.
　　（このニュースをみんなに知らせて，彼らを喜ばせなさい）
3 ①品行很端正。Pǐnxíng hěn duānzhèng.（品行方正である）
　②桌子上的东西放得端端正正的。
　　Zhuōzishang de dōngxi fàngde duānduanzhèngzhèngde.
　　（テーブルの上の品はきちんと置いてある）
4 ①端正学习态度。Duānzhèng xuéxí tàidu.（学習態度を正す）

②你的工作态度应该认真端正端正。

　　Nǐ de gōngzuò tàidu yīnggāi rènzhēn duānzhèngduanzheng.

（君の勤務態度はきちんと正さねばならない）

　"高兴、端正"はいずれも形容詞と動詞の兼類語である。"高兴"には，**1**のように「うれしい；愉快だ」という形容詞用法と，**2**のように「喜ぶ；うれしくなる」という動詞用法がある。意味に大きなへだたりはないが，用法は明らかに異なる。**1**の2音節形容詞の重ね型は「ＡＢ」→「ＡＡＢＢ」，**2**の2音節動詞の重ね型は「ＡＢ」→「ＡＢＡＢ」となる。"端正"には，**3**のように「きちんとしている；正しい」という形容詞用法と，**4**のように「きちんとさせる；正す」という動詞用法がある。それぞれの重ね型に，形容詞と動詞のちがいが表れている。

更上一层楼

◆劉月華，潘文娯，故辦《实用现代汉语语法》では，形容詞は賓語をとることができるか，動詞の重ね型で重ねられれば，動詞との兼類になる，として以下の5類を掲げる。ただし，例えば「形容詞の他動詞用法」（⇨**164**）で取り上げた"方便"が見当たらず，形容詞と名詞の兼類（⇨**167**）として記載があるなど，この説明には検討を要する点がある。

(1) 賓語をとることができて，動詞の重ね型と形容詞の重ね型の双方ともできるもの。

(2) 賓語をとることができて，動詞の重ね型はできるが，形容詞の重ね型はないもの。

(3) 賓語をとることができて，動詞の重ね型はできないが，形容詞の重ね型はできるもの。

(4) 賓語をとることはできるが，重ね型はできないもの。

(5) 賓語をとることができないが，動詞の重ね型と形容詞の重ね型の双方ともできるもの。

167　形容詞と名詞の兼類

　ある1つの語が2つ以上の品詞の文法的性質をそなえている場合，その機能に応じ，2つの品詞を兼ねている語だとして，兼類語と呼んでいる。兼類語の認定には，その表す意味も関連がないわけではない。もし意味に関連が

あるとすれば，その１つの語が２つの品詞に属す兼類語となる。しかし，両者の意味にへだたりがあり，かりに語源は同じでも現在の意味は関連がないとすれば，これは２つの語であって，別個の同音語となる。その語の意味のとらえ方で，判断が異なってくる(⇨168)のだが，形容詞と名詞の兼類語においては，この点のあつかいが問題になる。

1 ①科学(的)研究 kēxué (de) yánjiū（科学〔の〕研究）
②这种方法不科学。Zhè zhǒng fāngfǎ bù kēxué.
（この種の方法は科学的でない）
2 ①实现自己的理想。Shíxiàn zìjǐ de lǐxiǎng.（自分の夢を実現する）
②这次考试成绩不太理想。Zhè cì kǎoshì chéngjì bú tài lǐxiǎng.
（今度の試験は成績があまり思わしくない）
3 ①那个地方很危险。Nàge dìfang hěn wēixiǎn.（その場所は危険だ）
②当时我们的生活很困难。Dāngshí wǒmen de shēnghuó hěn kùnnan.
（そのころ私たちの生活は困難だった）
4 他们不怕困难，也不怕危险。Tāmen bú pà kùnnan, yě bú pà wēixiǎn.
（彼らは困難を恐れず，危険も恐れない）

1の"科学"は形容詞と名詞の兼類語。名詞は副詞の修飾を受けないが，形容詞には程度副詞"很"や，否定副詞"不"を加え，「(とても)科学的だ，科学的でない」といえる。同様に，**2**の"理想"も形容詞と名詞の兼類語。名詞としては「理想；夢」，形容詞としては「理想的である；満足である」という意味で，形容詞の場合は副詞を加えられる。**1**，**2**とも用法の差異が意味にも反映している。一方，"危险"や"困难"は**3**のように形容詞としても，また**4**のように名詞としても用いられるが，"理想"の「理想；夢」と「理想的だ」にくらべ，"危险"の「危険」と「危険だ」は用法の差異が意味にそれほど反映していないと認め，兼類のあつかいをしない考え方(名形詞)もある。"困难"も同様である。

> **更上一层楼**
>
> **STEP UP!** ◆朱德熙《语法讲义》では，"危险、困难"に"矛盾"máodùn（矛盾；矛盾している）を加えた３語を挙げ，"理想"の類の兼類語（形容詞と名詞）とは異なるあつかいをする。例えば"危险"について"很危险"（形容詞的用法）と"有(很大)危险"（名詞的用法）の語彙的意味に区別といえるほどのものは

ない，として，これらの語に対し，形容詞に「名形詞」という下位分類を設け，名動詞（⇨**181**）と同様に，名詞の性質を兼ねそなえた"谓词"（述詞）だとしている。この例のような，意味という主観的な判断基準はあつかいが難しい。

◆前項でも取り上げた，刘月华，潘文娱，故斛《实用现代汉语语法》では，形容詞と名詞の兼類語の項に13語を掲げる，"理想"と同類の兼類語と考えられる"规矩"guīju（規則，きちんとしている）も，また《语法讲义》で名形詞とされた"困难"も区別せず，一様に兼類としている。さらに，例示には，「形容詞の他動詞用法」（⇨**164**）で取り上げた"方便"が掲げられるなど，検討を要する点がある。

168 形容詞と副詞の兼類

　形容詞と副詞の兼類語として，"轻放"qīngfàng（そっと置く）のような，形容詞が動詞と固く結んで熟語化した例は，形容詞"轻"が副詞の働きをしているとは考えない。また，"白跑了一趟"bái pǎole yí tàng（1度むだ足をした）における"白"のように，動詞と比較的自由に結びつくが，名詞に結ぶ場合の意味と動詞に結ぶ場合の意味にへだたりがある例では，兼類語のあつかいをせず，一方は形容詞，一方は副詞の，別個の同音語とする考え方と，意味のへだたりは双方の文法的機能の対立とも関連がある（前者の意味では後者の位置に用いられず，後者の意味では前者の位置に用いられない）として，兼類語のあつかいをする考え方があり，意味のとらえ方で，判断が異なってくる。これに対し，形容詞が任意の動詞と結びつく例でも，"快走"kuài zǒu（はやく歩く）における"快"などは，それらの形容詞が名詞に結ぶ場合と意味のへだたりが感じられない。その数は限られているが，このような形容詞は副詞との兼類語と考える。

1 快上课了，快点儿！Kuài shàng kè le, kuài diǎnr!
　（すぐに授業が始まるよ。急いで）
2 他真能干。我这是真话。Tā zhēn nénggàn. Wǒ zhè shì zhēnhuà.
　（彼はほんとうに仕事ができる。これはほんとうの話です）
3 ①他交了白卷儿。Tā jiāole báijuànr.（彼は白紙の答案を出した）

②白等了他半天。Bái děngle tā bàntiān.（彼をむだに長い間待った）

4 ①你多吃点儿。Nǐ duō chī diǎnr.（たくさん食べてください）

②少抽点儿烟。Shǎo chōu diǎnr yān.（タバコを少し控えて）

1と2は形容詞と副詞の兼類語で，双方の意味のへだたりがほとんど感じられない例。1の"快点儿！"は「形容詞+"点儿"」の組み立てが命令や要求を表す。3は双方の意味にへだたりがある例で，別個の同音語とするか，兼類語とするか，判断は分かれる。4の"多、少"は，ふつう連体修飾語にはならないが，連用修飾語としては多用される（⇨163）。"多"は「よけいに」，"少"は「控えめに」の意味で，形容詞と副詞の兼類語としてあつかう。

更上一层楼

◆前項でも取り上げた，刘月华，潘文娱，故韡《实用现代汉语语法》では，形容詞が他の動詞や形容詞を修飾する場合，意味がいくらか変わっても文法的機能が副詞と同じであれば副詞，という立場で，上に例示した"白"のほか，"直"zhí（まっすぐ；しきりに），"光"guāng（つるつるして，なめらか；ただ…だけ），"老"lǎo（古い；いつまでも），"死"sǐ（動かない；あくまでも）などが掲げられている。

◆1音節形容詞で，比較的自由に動詞と結び，副詞との兼類語とされるものはそれほど多くない。上の例示にある"快"などはかなり自由に結べるが，この反義語の"慢"は限られた動詞としか結ばない。しかし，直結はできなくても，例えば"快点儿、慢点儿"の形式にすれば，かなり自由に動詞と結ぶことができる。2音節形容詞では，"积极"jījí（積極的である），"努力"nǔlì（必死である），"仔细"zǐxì（念入りである）などは比較的多くの2音節動詞と結びつくが，1音節形容詞の場合と同じように，慣用の定まった組み合わせが少なくない。

169　形容詞と動詞の区別

中国語の形容詞と動詞は文法的性質に多くの共通点がある。双方ともそのまま述語になり，"不"を用いて否定され，"来不来？"，"好不好？"の形式で問いを発することができる。しかし，動詞の多くは"没(有)"で打ち消せるが，形容詞では限定されること，動作態助詞"了、着、过"などは形容詞にも加えられるが，賓語があれば動詞の用法になる（⇨165）ことなど，異

なる点もある。特に2音節語では，動詞と形容詞の重ね型が異なる。ただし重ね型の作れる語は限られている。そこで，ふつう次のような区別をする。

	動詞あるいは形容詞の例	賓語をとる	"很"がつく
A	吃　喝　看　学习　研究	○	×
B	大　小　快　慢　干净　认真	×	○
C	想　喜欢	○	○
D	病　休息　游泳	×	×

この表は賓語をとれるか，程度副詞"很"がつけられるかの2点で，動詞と形容詞の区別を示している。AとBは○×が対立する。Aは動詞で，Bは形容詞である。Cは"很"がつくが賓語をとれるので動詞，Dは賓語をとれないし，"很"がつかないので動詞である。この表から，動詞と形容詞は次のように区別できる。

　動　詞："很"を前に置くことができないか，または，賓語を後に置けるもの。
　形容詞："很"を前に置くことができて，その上，賓語を後に置かないもの。
　例えば，"热饭"rè fàn（ごはんを温める）という場合の"热"は動詞である。"热"の後に賓語があり，この例では程度副詞"很"の修飾を受けることができない（⇨**164**）。

次に，動詞の重ね型と形容詞の重ね型の差異を，以下の表に示す。

	1音節（A）	2音節（AB）
動　詞	A→AA 看→看看	AB→ABAB 休息→休息休息
形容詞	A→AA(的)、AAㄦ(的) 大　大大(的)、好好ㄦ(的)	AB→AABB(的)※ 干净　干干净净(的)

※ "雪白"のような修飾型の語構成の状態形容詞はABABのように重ねるので，"雪白雪白(的)"となる。

　動詞の重ね型「AA」，「ABAB」では，それぞれ後の「A」，「AB」が軽声になる。
　形容詞重ね型の「AAㄦ(的)」は後の「A」が第一声になる。また，「AABB(的)」は後の「A」が軽声になり，さらに一部の例では「BB」が第一声になる。

更上一层楼

STEP UP!

◆上表で，D項は賓語も"很"もつかない，ということから自動詞を抽出したことになるが，この「賓語もとれない，"很"もつかない」という標識では"雪白"のような状態形容詞や，"带头" dài tóu（先頭に立つ）のような，すでに賓語をともなっている動詞が，両項目とも××となり，両者の区別ができない。そのため，さらに否定副詞"没(有)"を判定のための標識に加える考え方もある。その場合，"没(有)"は"雪白"に対して×，"带头"に対しては○となる。

170 　自動詞と他動詞

　動詞と形容詞はそのまま述語になれるが，両者を見分ける際に，賓語を後に置けるか，程度副詞"很"を前に置けるか，という2つの条件を挙げた（⇨169）。この2条件は，動詞と形容詞の区分だけでなく，動詞の下位分類にも有効であった。すなわち，動詞は賓語をとれるものと，とれないものに分けられる。前者を"及物动词"（他動詞），後者を"不及物动词"（自動詞）と呼ぶ。賓語をとる他動詞については，どのような賓語をとるか，といった点からさらに動詞の下位分類を掘り下げていくことができる。

　中国語における賓語とは動作行為の対象とは限らず，動作行為に関連する事物を広く指していう。賓語，および賓語のある動詞述語文，賓語のない動詞述語文に関しては別項でもあつかっている（⇨**23**, **57**, **58**）。

1 ①我们胜利了。Wǒmen shènglì le.（我々は勝利した）
　②朋友们给我送行。Péngyoumen gěi wǒ sòngxíng.
　　（友人たちが私を見送ってくれる）
2 ①我躺了一会儿 Wǒ tǎngle yíhuìr.（私はしばらく横になった）
　②休息十分钟。Xiūxi shí fēn zhōng.（10分間休憩する）
3 ①**病** bìng（病気になる）　②**醉** zuì（酔う）
　③**工作** gōngzuò（仕事する）　④**合作** hézuò（協力する）
　⑤**生活** shēnghuó（生活する）　⑥**出发** chūfā（出発する）
　⑦**咳嗽** késou（せきをする）　⑧**游泳** yóuyǒng（泳ぐ）
　⑨**结婚** jiéhūn（結婚する）

4 ①他笑起来了。Tā xiàoqǐlai le.（彼は笑いだした）

②你别笑他。Nǐ bié xiào tā.（彼を笑ってはいけない）

5 你看见(他)了吗？Nǐ kànjian (tā) le ma?（君は〔彼を〕見かけましたか）

——看见了。Kànjian le.（見ました）

6 ①他姓李。Tā xìng Lǐ.（彼の姓は李です）

②我叫大海。Wǒ jiào Dàhǎi.（私の名は大海です）

③她成为了电影演员。Tā chéngwéile diànyǐng yǎnyuán.

（彼女は映画俳優になった）

　自動詞は後に賓語を置かない。そのなかでも，後にまったくどんな成分も置かない動詞はそれほど多くない。**1** はそのような例。賓語を置く場合は別の動詞にする。例えば，"胜了中国队" shèngle Zhōngguó duì（中国チームに勝った），"送客人" sòng kèren（客を見送る）。自動詞の多くは，賓語をとることはできなくても，後に数量補語を置く例が少なくない。**2** と **3** はそのような例。なかには"病了三个人" bìngle sān ge rén（3人病気になった）のように，数量詞をともなう賓語に限って置くことができる例もある。なお，賓語の位置を占める数量補語を準賓語（⇨**97**）としてあつかう考え方がある。**3** の⑦以下は離合動詞の例。**4** の"笑"は自動詞としても他動詞としても用いる動詞の例。賓語をとれる動詞(他動詞)がいつでも賓語をとるとは限らない。文脈によっては省略される。**5** はその1例。他動詞のなかには，後に賓語をとらないと述語を構成できない動詞もある（⇨**58**）。**6** はその例である。

更上一层楼

STEP UP !

◆自動詞のなかに，数は多くないが，他動詞としても用いるものがある。上に例示した **4** のように1音節動詞が多く，自動詞と他動詞で意味に異なるところがある（⇨**57**）。

（i）①红队败了。Hóngduì bài le.（赤〔チーム〕は負けた）

②红队败了蓝队。Hóngduì bàile lánduì.（赤は青を破った）

（ii）①车来了。Chē lái le.（車が来た）

②来一瓶啤酒。Lái yì píng píjiǔ.（ビールを1本持って来てください）

◆動詞の後に置かれる動作量，時間量や，形容詞の後に置かれる比較の結果を表す数量などを賓語としてあつかい，準賓語と呼ぶことがある（この場合，一般の賓語を真賓語と呼ぶ）。ガイドラインも含め，ふつうはこれらを数量補語としてあつかっている（⇨**97**）。

251

171　動詞に対する賓語の位置

　賓語は文法的には動詞の後に置かれる。中国語における賓語とは，動作行為に関連する事物を広く指していうが（⇨**23**, **55**），動詞によっては，動作行為の対象者（相手方）である「賓語」を動詞の後に置かず，介詞の賓語として動詞の前に置くものもある。例えば，「彼にたずねる」という場合，動詞"问"wèn を使えば，"骂他"mà tā（彼をののしる）などと同じように賓語を動詞の後に置き，"问他"wèn tā というが，類義語の"打听"を使えば"跟他打听"gēn tā dǎtīng のように「賓語」を動詞の前に置く。ちなみに，"打听他"は「彼のことをたずねる」という意味になってしまう（⇨**58**）。

1①我喝咖啡。Wǒ hē kāfēi.（私はコーヒーを飲む）
　②我想喝咖啡。Wǒ xiǎng hē kāfēi.（私はコーヒーを飲みたい）
2①我给他一本书。Wǒ gěi tā yì běn shū.（私は彼に本を1冊あげる）
　②我告诉你一件事。Wǒ gàosu nǐ yí jiàn shì.（私は君にあることを話す）
3①我借给你这本书。Wǒ jiègěi nǐ zhè běn shū.
　　（私は君にこの本を貸してあげる）
　②我把这本书借给你。Wǒ bǎ zhè běn shū jiègěi nǐ.
　　（私は君にこの本を貸してあげる）
　③这本书我借给你。Zhè běn shū wǒ jiègěi nǐ.
　　（この本を私は君に貸してあげる）
4①我跟他结婚。Wǒ gēn tā jiéhūn.（私は彼と結婚する）
　②我跟他商量这件事。Wǒ gēn tā shāngliang zhè jiàn shì.
　　（私は彼とこの事を相談する）
5①我帮他的忙。Wǒ bāng tā de máng.（私は彼を手伝う）
　②我生他的气。Wǒ shēng tā de qì.（私は彼に腹を立てる）
　③他开我的玩笑。Tā kāi wǒ de wánxiào.（彼は私をからかう）

　下線部が動詞の賓語。**1**で，賓語が"咖啡"と名詞だけの例と，賓語が"喝＋咖啡"と動賓連語の例を示す。**2**は賓語を2つとる（二重賓語⇨**64**）動詞の例。英語と同じように，「…に」という対象者を示す間接賓語を先に，「…を」という直接賓語を後に並べる。二重賓語をとる動詞は限られている。また，"给"は間接賓語と直接賓語のどちらか一方でもよいが，"告诉"は間接賓語

を欠くことはできない（⇨**64**）。**3**は直接賓語の"这本书"を，介詞"把"（…を）を使って動詞の前に移すことができる。"这本书"のように指示代詞を含む賓語は主語の位置に移して話題とすることも多い。"借给"は「"借"＋"给"」の複合動詞で，後に必ず間接賓語を置く。**4**では動作行為の対象者を介詞"跟"（…と／に）の賓語として介詞句を組み立て，動詞に前置している。動詞"结婚"は「"结"＋"婚"」（「動詞＋賓語」）という語構成（⇨**172**）のため，さらに別の賓語をとることはできない。×"结他婚；结婚他"。"商量"の賓語"这件事"は，介詞"把"や"关于"guānyú（…について）を用いて，"我把这件事跟他商量一下"（私はこの件を彼とちょっと相談する），"关于这件事我跟他商量一下"（この件に関し私は彼とちょっと相談する）のようにいうこともできる。**3**の"这本书"と同様に，指示代詞を含む賓語は動詞に前置し，話題とする方が自然である。**5**は**4**の"结婚"に似た「動詞＋賓語」の連語（句）で，対象者を後置できないため，形式上，人称代詞（およびそれに相当する疑問代詞）や人を表す名詞を，本来の賓語の前に連体修飾語として加える組み立てをする例。"帮他的忙"は"帮他忙"，"给他帮忙"ということもできる。

更上一层楼

◆動詞によっては，その賓語を後に置くことも，介詞句の賓語にして動詞の前に置くこともできる例がある。例えば，"祝贺"は"祝贺你们"zhùhè nǐmen（君たちおめでとう）とも，"向你们祝贺"xiàng nǐmen zhùhè（あなた方をお祝い申し上げます）ともいえるが，ふつう介詞句の形式の方が改まった表現になる。"请教您"（あなたに教えてもらう）と"向您请教"xiàng nín qǐngjiào（あなたに教えていただく）の関係も同様である。

◆賓語が動詞の後に位置しない例として，朱德熙のいう（⇨**58**）"结婚"のような対称性動詞（"说"や，さらには"打听"なども含まれる）や，"帮忙"のような動賓連語について，その動作行為の対象を表す形式に注意する必要がある。前者は介詞句を用いて動詞に前置させるが，後者は，例えば"帮忙"の対象者を，(1)修飾語で示す："帮他的忙"，(2)二重賓語の組み立てで示す："帮他忙"，(3)介詞句を用いて示す："给他帮忙"など，いくつかの方式がある。ただし(2)と(3)は一部の動賓連語に限られる。なお，"帮忙"と同義であっても，"帮助"は連語でなく，動賓型の語構成でもないため，"帮助你"bāngzhù nǐ（君を手伝う）のように，対象者は動詞の後に置く。

172 離合動詞(離合詞)

動詞のなかに，語彙的には「動詞＋賓語」の語構成の，動賓型複合語のように見えて，文法的には動詞と賓語を切り離しても用いるものがある。例えば"结婚"jiéhūn（結婚する），"吵架"chǎojià（口論する），"睡觉"shuìjiào（眠る）などは，訳語からしても1語のように見えるが，"结了婚"jiéle hūn（結婚した），"结过婚"jiéguo hūn（結婚したことがある），"结两次婚"jié liǎng cì hūn（2度結婚する）などのように，動詞と賓語の間に他の成分が入り，連語と同じになる。このような動詞を離合動詞（離合詞）と呼んでいる。

1〔散步〕①散散步。Sànsan bù.（ちょっと散歩する）
　　　　　②散了一会儿步。Sànle yíhuìr bù.（しばらく散歩した）
2〔见面〕①见见面。Jiànjian miàn.（ちょっと会う）
　　　　　②跟他见面。Gēn tā jiàn miàn.（彼と会う）
　　　　　③见他的面。Jiàn tā de miàn.（彼と会う）
　　　　　④见了一(次)面。Jiànle yí (cì) miàn.（1回会った）
3〔跳舞〕①跳跳舞。Tiàotiao wǔ.（ちょっと踊る）
　　　　　②他跳舞跳了一个晚上。Tā tiàowǔ tiàole yí ge wǎnshang.
　　　　　　（彼は踊りをひと晩じゅう踊った）
　　　　　③她跳舞跳得很好。Tā tiàowǔ tiàode hěn hǎo.
　　　　　　（彼女は踊り〔を踊るの〕が上手だ）
4〔点头〕①点了点头。Diǎnle diǎn tóu.（ちょっとうなずいた）
　　　　　②他点着头同意了。Tā diǎnzhe tóu tóngyì le.
　　　　　　（彼はうなずいて賛成した）
5〔理发〕①理理发。Lǐli fà.（ちょっと髪を刈る）
　　　　　②半个月理了一次发。Bàn ge yuè lǐle yí cì fà.
　　　　　　（半月に1度散髪する）
　　　　　③发理了吗？Fà lǐle ma?（髪は刈りましたか）
　　　　　　——理了。Lǐ le.（刈りました）

いずれも「動詞＋賓語」の組み立ての離合動詞。各例の見出しに掲げた語形では1語のように見えるが，後に続く用例では「動詞＋賓語」の連語にほ

かならない。**1**の"散步"は日本語の「散歩」と同形だが，重ね型は動詞の部分だけを重ねる。中国語では「動詞＋賓語」の中間に動作態助詞や動作量まで入る。動作量は動詞の後に置くので"散步一会儿"とはいえない。①の重ね型にも注意。**2**の"见面"の場合，「彼」という対象者の位置については前項 171 を参照。動作量である回数は動量詞を用いなくても，賓語の名詞を借用量詞にできる。×"见面他；见面一次"。**3**でも動作態助詞が動詞の部分についているほか，状態補語（⇨**98, 99**）をみちびく助詞"得"も動詞につくので，×"他跳舞得…"とはいえない。離合動詞は動賓を合わせて１つの動詞と見て，このような誤りを犯しやすい。**4**も動作態助詞が動詞の部分につくことに注意。**5**は，離合動詞のなかで，いわば最も活発な用法を示す例。賓語の部分が動詞と離れても用いられている。

更上一层楼

STEP UP !

◆動賓型の語構成の動詞に対しては，一般的に「動詞＋賓語」の動詞が生きていることを忘れてはならない。「動詞＋賓語」がまとまって１つの動詞にも働くため，その語構成まで注意が届きにくい。特に，日本語の訳語にひきずられたり，同形語が日本語にもあると，次の例を，それぞれ×"洗澡孩子"とか×"握手了握手"などと誤りやすい。

(ⅰ)**妈妈给孩子洗澡**。Māma gěi háizi xǐzǎo.
（お母さんは子どもをお風呂に入れる）

(ⅱ)**他们握了握手**。Tāmen wòle wò shǒu. （彼らはちょっと握手した）

◆中国人の意識では，動詞以外の語でも，また動賓型以外の動詞でも，離合動詞に似た表現を活用する。例えば，"着什么急" zháo shénme jí（何をあわてているのだ）は前者，"旅过行了" lǚguo xíng le（旅行した）は後者の例で，話しことばで多用される。また，近年は，離合動詞でありながら，必ずしも動賓が分離せずに用いられる例も見られる。例えば，"起草一篇文章" qǐcǎo yì piān wénzhāng（１篇の文章を起草する）における"起草"には，本来"起了个草" qǐle ge cǎo（草稿を作った）のように離合動詞としての使い方がある。

173 | 助動詞

動詞の後に賓語を置く場合，その多くは名詞性の語句であるが，動詞のなかには，述語性の語句も賓語にとるものがあり，さらに述語性の語句だけを

賓語にとるものがある。他動詞は，このような，後に置くことのできる賓語の性質によって，名詞性の賓語のみとる"体宾动词"（体詞性賓語動詞）と，述語性賓語をとる"谓宾动词"（述詞性賓語動詞）に分けられる。後者はさらに名詞性，述語性の双方がとれるものと，ただ述語性賓語のみとれるものに分けられる。他動詞の大半は"体宾动词"である。

　助動詞は"谓宾动词"の一種で，可能，願望などを表すものが多いため，能願動詞と呼ぶこともある（⇨**63**）。助動詞は動詞ではあるが，重ね型はなく，動作態動詞"了、着、过"はつかない。一方，動詞と同様に"不"で打ち消すことができ，"Ｖ不Ｖ"（肯定＋否定）の疑問文がつくれる（Ｖは動詞，助動詞を表す）。助動詞を用いた文は，「（主語）＋助動詞＋動詞（句）」と組み立て，助動詞と動詞（句）は「動詞＋賓語」の動賓連語になる。

1 ①你在想什么？ Nǐ zài xiǎng shénme？（君は何を考えているの）
　②我很想上大学。Wǒ hěn xiǎng shàng dàxué.
　　（私は大学にぜひとも入りたい）
2 ①他会汉语。Tā huì Hànyǔ.（彼は中国語ができる）
　②他会说汉语吗？ Tā huì shuō Hànyǔ ma？（彼は中国語が話せますか）
　　——不会说。Bú huì shuō.（話せません）
3 ①今天你应该去。Jīntiān nǐ yīnggāi qù.（今日は君は行くべきだ）
　②今天应该你去。Jīntiān yīnggāi nǐ qù.（今日は君が行くべきだ）
4 ①我想将来当大夫。Wǒ xiǎng jiānglái dāng dàifu.
　　（私は将来医者になりたい）
　②我曾经希望过当大夫。Wǒ céngjīng xīwàngguo dāng dàifu.
　　（私はかつて医者になりたいと願ったことがある）

　主要な助動詞の，個々の用法は後述する（⇨**175〜177**）。ここでは，助動詞の文法的な性質を概観する。助動詞のなかには，動詞としても用いる例がある。**1**は"想"を動詞（「思う」）に用いた例と，願望を表す助動詞（「…したい」）に用いた例。助動詞の場合は動賓連語が後に続き，程度副詞"很"の修飾も受けられる。**2**は可能（「できる」）の意味を表す"会"を動詞に用いた例と，助動詞に用いた例。動詞の場合は名詞の賓語が続き，助動詞の場合は動賓連語が後に続く。助動詞の打ち消しは"不"を用いる。"没"を使う助動詞は限られている（⇨**175**）。**3**は当然を表す助動詞"应该"（「…すべ

きだ」）の用例。"应该"には名詞の賓語を後に置く動詞用法がない。助動詞は，動賓連語だけでなく，主述連語を後に置く場合がある。"应该你去"の組み立ては「君が行く」ことについて「すべきだ」と判断している。それに対し，"你应该去"は「行く」ことについてだけ「すべきだ」と判断している。助動詞の位置によって意味が異なる。助動詞は一般の動詞のように動作態助詞"了、着、过"を加えられないが，4では助動詞"想"と動詞"希望"の例で差異を示す。"希望"は述語性の賓語をとれるが，"希望过"のように動作態助詞を加えられるので，助動詞ではない。

更上一层楼

◆朱德熙《语法讲义》では，他動詞を名詞性の賓語のみとる"体宾动词"（体詞性賓語動詞）と，述語性賓語をとる"谓宾动词"（述詞性賓語動詞）に分ける。後者には"希望"や，"打算"dǎsuàn など，表す意味が助動詞とまぎらわしいものも含まれている。"他打算(着)年底回老家。"Tā dǎsuàn(zhe) niándǐ huí lǎojiā.（彼は年末に実家に帰るつもりでいます）はその１例であるが，これらは，前述の動作態助詞"了、着、过"が加えられるか，重ね型があるか，などの点で助動詞とは区別されるが，述語性賓語だけとる動詞という点では，助動詞と同類になる。

◆"来得及"láidejí（間に合う）と"来不及"láibují（間に合わない）のペアになる動詞は，どちらも"刚到这里，来不及去旅游。"Gāng dào zhèli, láibují qù lǚyóu.（当地に来たばかりで，観光する間もない）のように，後に賓語として動詞(句)だけを置けるので，助動詞のあつかいをすることがある。

174　助動詞と副詞

　助動詞と動詞の主たる差異は，助動詞には重ね型がなく，動作態助詞"了、着、过"がとれないことである。一方，助動詞は動詞と同様に"不"で打ち消すことができ，"V不V"（肯定＋否定）の疑問文がつくれるが，この疑問文組み立ての可否は，主として副詞との差異を示している。副詞の機能は動詞や形容詞の前に置かれ，連用修飾語となることである。動詞の前に置くという点で助動詞とよく似ているが，副詞と動詞の結びつきは修飾連語，助動詞と動詞の結びつきは動賓連語である。ただ，意味からすると，可能性や当然を表す助動詞は副詞にも類似の語が多く，境界がはっきりしない点もある。

1 ①应该参加。Yīnggāi cānjiā.（参加すべきだ）

②应(该)不应该参加？Yīng(gāi) bu yīnggāi cānjiā?（参加すべきですか）

③必须参加。Bìxū cānjiā.（参加しなければいけない）

2 ①这次会你得参加。Zhè cì huì nǐ děi cānjiā.

（今度の会に君は参加しなければいけない）

②你不用参加。Nǐ búyòng cānjiā.（君は参加する必要はない）

3 ①今天天气不错，不可能下雨。Jīntiān tiānqì búcuò, bù kěnéng xià yǔ.

（今日は天気がいいので，雨が降ることはあるまい）

②可能要下雨了。Kěnéng yào xià yǔ le.（もうすぐ雨が降るかもしれない）

4 ①日语好不好学？Rìyǔ hǎo bu hǎo xué?（日本語は学びやすいですか）

——好学。Hǎo xué.（学びやすいです）

②人多了，好商量。Rén duō le, hǎo shāngliang.

（人が多ければ相談しやすい）

1の"应该"は助動詞，"必须"は副詞。意味は似ているが，副詞は「肯定＋否定」の疑問文を組み立てられない。×"必须不必须参加？"。"应该不应该"は"应不应该"と短縮形にできる。助動詞で同種の短縮形に"可(以)不可以"（してよろしい）がある。"应该"と"必须"は意味が近いが，前者は提案，後者は命令あるいは決定の語気を表す。**2**の"得"はふつう必要を表す助動詞とされるが，否定形の"不得"bù děi が成立せず，単用もできないので，副詞とする考え方もある。打ち消しは"不用"を用いる。なお，助動詞"得"dé の否定形である"不得"bù dé（…してはならない）は「許されない」という意味になる。**3**の"可能"はふつう助動詞としてあつかうが，副詞とする辞書もある。"可能要下雨了"のように，助動詞の前に置かれた例などは副詞という説明がわかりやすい。可能性を表す"可能"は同じく可能性を表す"会"よりも肯定の度合いは低いという。**4**の"好学"，"不好学"における"好"は，動詞の前に置いて「…しやすい」という意味を表し，ふつう形容詞としている。形容詞が連用修飾語に使われていることになるが，否定形があるので，副詞とはできない。"容易" róngyì（…しやすい）や"难" nán（…しにくい）も動詞の前に置かれ，同様に形容詞としているが，これらは実質的には助動詞に類似の用法といえる。朱德熙《语法讲义》ではすべて助動詞として説明する。これと別に，辞書が助動詞としてあつかう"好"

は，後続の動詞（句）の前に置き「…するのに都合がよい」という意味を表す用法だが，共通語ではこの用法で「肯定＋否定」の疑問文にすることはできない。「"好不好"＋動詞」の，「肯定＋否定」の疑問文は「…しやすいですか」の意味に用いられる。

更上一层楼

◆朱德熙《语法讲义》では，上に掲げて検討した例のほか，助動詞として分類する語が少なくない。そのうち，"别"bié，"甭"béng など禁止や阻止を表すものを，動詞（句）に前置されること，単用できることなどから助動詞としているが，これらは多くの辞書と同様に，否定の副詞とした方がわかりやすい。

◆吕叔湘《汉语语法分析问题》では，助動詞と副詞を並列している例をよく見かける，として"他是参加了那个会的。应该知道，必定知道。" Tā shì cānjiāle nàge huì de, yīnggāi zhīdào, bìdìng zhīdào.（彼はその会に参加したのだから，知っていなければいけないし，きっと知っているはずだ）などの例を掲げ，助動詞と副詞の境界を分けるのは容易でないとする。

175 "能"，"会"，"可以"

助動詞は他動詞のうち，述語性賓語をとる動詞の一種で，後に動詞（句）など述語性の成分しか置けない。意味の上からは，可能，当然，必要，願望などを表すものが多く，能願動詞と呼ぶこともある（⇨**63**）。

助動詞のうち，"能、会、可以"は可能を表す助動詞として，能力，可能性，許可などの表現に用いられる。

1 ①他会游泳。Tā huì yóuyǒng.（彼は泳げる）

②他很会／能游泳。Tā hěn huì／néng yóuyǒng.（彼は泳ぐのが上手だ）

③他能游一百米。Tā néng yóu yìbǎi mǐ.（彼は100 m泳げる）

2 ①他一小时能／可以写三百个字。Tā yì xiǎoshí néng／kěyǐ xiě sānbǎi ge zì.

（彼は1時間に300字書ける）

②这种药能／可以治肝炎。Zhè zhǒng yào néng／kěyǐ zhì gānyán.

（こういう薬は肝炎を治せる）

3 **能不能／可不可以**进去？ Néng bu néng／Kě bu kěyǐ jìnqu?
　（入って行っていいですか）
　　——**不能／不可以**进去。Bù néng／Bù kěyǐ jìnqu.
　（入って行ってはいけません）
4 ①我**不会**开车。Wǒ bú huì kāi chē. （私は車を運転できない）
　②我喝酒了，今天**不能**开车了。Wǒ hē jiǔ le, jīntiān bù néng kāi chē le.
　　（私は酒を飲んだので今日は運転できなくなった）
5 天这么晚了，他还**会／能**来吗？ Tiān zhème wǎn le, tā hái huì／néng lái ma?
　（時間がこんなに遅くなって，彼はまだ来られるのか）
6 明天**一定／也许会**下雨。Míngtiān yídìng／yěxǔ huì xià yǔ.
　（明日はきっと／もしかしたら雨が降るだろう）

　可能の助動詞は，"能"の使用範囲と頻度が最も大きく，"…するだけの能力がある"｢(条件，都合で)…できる｣といった意味を表す。助動詞は一般に"不"で打ち消しをするが，"能"の場合"不能"のほかに"没能"ともいう。"会"は｢(語学，運転，スポーツなどの技術を習得した結果)…できる｣という会得の意味に用いるほか，｢きっと…する；…するかもしれない｣と可能性を表す用法がある。"可以"は｢…してさしつかえない；支障なくできる｣という許可，許容の意味を表す。"可以"の否定形"不可以"は動詞(句)をともなう。"不能"も動詞(句)をともない｢…してはいけない｣という禁止の意味で使われることが多い。これらの3語の用法は，例示のように重なる部分がある。

　1は能力の表現。練習によって｢泳げる｣のは"会"に限る。しかし，｢100 m泳げる｣のように能力のレベルや程度を表すには"能"を用いる。｢上手にできる｣場合は"很，真"などの修飾語を加え"能，会"の双方とも使えるが，"能"は時間や距離など量的な面，"会"は技巧の面に表現の重点がある。2の｢字が書ける｣は能力の表現だが，例えば｢1時間｣という一定の条件下で｢できる｣という場合，"能，可以"の双方とも使える。｢薬が治せる｣の場合，用途や効能に関しては"能，可以"の双方とも使えるが，打ち消しは"不能"に限る。3は許可の表現。許可を求める場合"能，可以"の双方とも使える。許可しない場合，"不可以"は必ず動詞(句)をともなう。"不行" bù xíng（いけません）と答えてもよい。4は｢できない｣の意味が"不会"は会得していないため，"不能"は条件が許さないため，と表現を2

つに分ける。**5**は可能性の表現。"会"は彼という行為者の可能性，"能"は客観的条件による可能性に，それぞれ傾きがある。**6**も可能性の表現だが，修飾語に選んだ副詞の差異によって，可能性の度合いを分けている。

更上一层楼

◆**3**に例示した，"能"の否定形"不能"を「してはならない」の意味で用いる"不能进去"bù néng jìnqu と，いわゆる可能補語の組み立てである"进不去"jìnbuqù はともに可能表現の否定形であるが，両者にどのような差異があるのだろうか（⇨**89**）。"不能进去"は明らかに不許可の表現になるが，"进不去"は，入りたくても，かりに許可があったとしても，例えば，ドアが開かない，混雑しているなどの支障があって，「入る手立てがない，入ることが実現できない」という意味の「入って行けない」であり，前者の「入ってはならない」とは異なる。肯定形の"能"を用いた"能进去吗？"という表現も「入っていいですか」と許可を求める意味になり，可能補語の組み立てである"进得去吗？"の「入る手立てがあるか；入って行けるか」とは異なる。助動詞"能"を能力の表現に用いた"能听懂"néng tīngdǒng と"听得懂"tīngdedǒng はともに「聞いてわかる」の意味で大きな差異はないが，許可，不許可の表現では差異が生ずる。

176 "愿意"，"想"，"要"

助動詞は他動詞のうち，述語性賓語をとれる動詞の一種で，後に動詞（句）など述語性の成分しか置けない。意味の上からは，可能，当然，必要，願望などを表すものが多く，能願動詞と呼ぶこともある（⇨**63**）。

助動詞のうち，"愿意、想、要"は願望を表す助動詞として，願い，望み，心づもり，意志などの表現に用いられる。

1①**我愿意／想／要学汉语**。Wǒ yuànyi／xiǎng／yào xué Hànyǔ.
（私は中国語を学びたい）

②**我不愿意／不想学汉语**。Wǒ bú yuànyi／bù xiǎng xué Hànyǔ.
（私は中国語を学びたくない）

③**我不(要)学汉语**。Wǒ bú(yào) xué Hànyǔ.
（私は中国語を学びたくない）

2 ①他很愿意／想去中国。Wǒ hěn yuànyi／xiǎng qù Zhōngguó.
（彼は中国に行きたがっている）
②我一定要去中国。Wǒ yídìng yào qù Zhōngguó.
（私はぜひとも中国に行きたい）
3 ①老师，我想请您帮帮忙。Lǎoshī, wǒ xiǎng qǐng nín bāngbang máng.
（先生，少々手伝っていただきたいのですが）
②小林，我要请你帮帮忙。Xiǎo Lín, wǒ yào qǐng nǐ bāngbang máng.
（林君，少し手伝ってほしいのだけど）
4 ①我要买一本日汉词典。Wǒ yào mǎi yì běn Rì-Hàn cídiǎn.
（私は日中辞典を１冊買いたい／買わなくてはならない）
②不想买词典。Bù xiǎng mǎi cídiǎn.（辞典を買いたくない）
③不用买词典。Búyòng mǎi cídiǎn.（辞典を買うまでもない）

　"愿意、想、要"はいずれも「…したい」という意味を表すが，願望を示す語気の強弱に差がある。"愿意"は「…することを願う；喜んで…する」という意味で語気がソフトである。"想"は「…したいと考えている」という意味で語気はややソフト，"要"は「…したい」と語気がきっぱり強く，願望から決意，決心まで含む。したがって，"愿意、想"を用いた表現は丁寧な感じになり，"要"を用いた表現はストレートな感じになる。そのため **2** で示すように前者は副詞の"很"を加えることが多く，後者は"一定" yídìng（きっと；必ず）を加えることが多い。否定形の「…したくない」は"不"で打ち消し，"不愿意、不想"を使う。"不要"は「…してはいけない」という禁止を表す副詞になるので使えない（⇨209）。**1** は，語気の差があるものの，「…したい」と「…したくない」の表現。否定形は"不要"が使えないので"不愿意、不想"を使うが，主語が１人称であれば"不要"でも成立する。あるいは助動詞なしで，"不"だけを動詞に加え，きっぱり打ち消してもよい。**2** は，"愿意、想"には程度副詞"很、非常"などを加えられるが，"要"には加えられず，語気に見合った"一定"は加えられることを示す。"愿意、想"に"一定"は加えられない。**3** は"想"と"要"の語気の差を示す例。他人にお願いをする場合には"想"のやわらかい語気が丁寧な感じを与え，一方，"要"の語気は直接的で，気軽な感じを与えるため，友人には使っても先生には使えない。**4** の例は，"要"の表す意味が「…したい」という願望にとどまらず，「…する」というきっぱりした意志が含ま

れ，前後の文脈により「…しなければならない」という必要，義務の意味も表す（⇨**177**）ことを示す。願望の表現であれば否定形は"不想…"となり，必要の表現であれば否定形は"不用…"となる。**4**の訳に見られるように"要"は使用範囲が広く，意味は賓語や前後の文脈から判断しなくてはならない。

更上一层楼

◆呂叔湘《现代汉语八百词》では，"愿意"の品詞を動詞とし，用法は助動詞に類似，と説明している。これは"愿意"が主述連語を賓語にして"你愿意大家都去吗？"Nǐ yuànyi dàjiā dōu qù ma?（君はみんなに行ってほしいですか）という組み立てができる点で，動詞"希望"（希望する）が，助動詞に似ているものの，"我希望下雨。"Wǒ xīwàng xià yǔ.（私は雨が降ってほしい）のような文（"下雨"の主体が"我"ではない。⇨**63**）を組み立てることと平行している。

◆願望を表す助動詞として，"敢"gǎn（…する勇気がある）と"肯"kěn（こころよく…する）を加えることが多い。

　（i）**她不敢走那条小路**。Tā bù gǎn zǒu nà tiáo xiǎolù.

　　（彼女はあの小道を歩く勇気がない）

　（ii）**那个学生很肯用功**。Nà ge xuésheng hěn kěn yònggōng.

　　（あの学生は進んで勉強する）

177 "应该"，"得"，"要"

　助動詞は他動詞のうち，述語性賓語をとれる動詞の一種で，後に動詞（句）など述語性の成分しか置けない。意味の上からは，可能，当然，必要，願望などを表すものが多く，能願動詞と呼ぶこともある（⇨**63**）。

　助動詞のうち，"应该、得、要"は当然を表す助動詞として，当然，必要，義務，必然などの表現に用いられる。

1①**你应该去**。Nǐ yīnggāi qù.（君は〔当然〕行くべきだ）

　②**你不应该去**。Nǐ bù yīnggāi qù.（君は行くべきでない）

　③**你应该不去**。Nǐ yīnggāi bú qù.（君は行かないで当然だ）

2①**明天的会，你得／要参加**。Míngtiān de huì, nǐ děi／yào cānjiā.

　　（明日の会に，君は参加しなければならない）

②你不用参加。Nǐ búyòng cānjiā.（君は参加するまでもない）

3 这次应该／得你自己参加。Zhè cì yīnggāi／děi nǐ zìjǐ cānjiā.
（今回は君自身が行くべきだ／行かなくてはならない）

4 这件事他应该知道。Zhè jiàn shì tā yīnggāi zhīdào.
（この事は，彼は〔当然〕知っているはずだ）

5 看样子，晚上一定要下雨。Kàn yàngzi, wǎnshang yídìng yào xià yǔ.
（このぶんでは，夜はきっと雨が降る）

6 快点儿！我们得迟到了！Kuài diǎnr! Wǒmen děi chídào le!
（急いで！私たちきっと遅刻するよ）

7 天不早了，我该走了。Tiān bù zǎo le, wǒ gāi zǒu le.
（時間が遅くなった，私はもう行かなければなりません）

　大別すると，"应该"は道理や常識からして当然すべきである，"得、要"は必要あるいは義務としてすべきである，と二分される。"应该"は"应当"yīngdāng，"该"などに換えることもある。"得"は話しことばで常用され，おおむね"要"に換えることができる。"得、要"とも否定副詞"不"で打ち消すことができず，否定には"不用"を用いる。なお，"不要"は「…してはいけない」という禁止の命令を表す副詞になってしまう。"应该、得、要"は，ほかに「当然…のはずである；きっと…する」と推測や推理を表す用法がある。

　1の"应该"は"应当"yīngdāng，"该"などに換えることもある。"该"は話しことばで多く使われる。道理や本分という視点で提案する表現。"应该"を"必须"にすると命令の語気になる。打ち消しは"不应该去"。"应该不去"は"不去"であるべきだ，という意味。2は「する必要がある」という表現。打ち消しには"不用"を用いる。3は，主述連語を賓語にとれることを示す。4～7は，"应该、得、要"が推測や推理を表す場合。"得"は話しことばで使われる。"要"を用いた場合，"一定"に換えて助動詞"会"を置き，文末に助詞"的"を加える表現（"…会要下雨的"）がある。"该…了"は「もう…すべきだ；もう…するはず」という意味の慣用表現。

更上一层楼

STEP UP!　◆助動詞"要"は，すでに「…したい」（願望）と「…しなければならない」（当然）の双方の用法で例示されているが，ほかにも「もうすぐ…する」（趨勢），「（きっと）…するはずだ」（推測）など，用途が多岐にわたっている。前後の

文脈や，結びつく語の意味から，どの用法にあたるのか，判断を求められることが多い。

　(i)**我要喝一杯咖啡**。Wǒ yào hē yì bēi kāfēi. （私はコーヒーを1杯飲みたい）

　(ii)**你要多动动脑子！** Nǐ yào duō dòngdong nǎozi!
　（君はもっと頭を働かせなければいけない）

　(iii)**快上车！火车就要开了**。Kuài shàng chē! Huǒchē jiù yào kāi le.
　（はやく乗りなさい。列車はもうすぐ発車するよ）

　(iv)**不穿大衣就出去要生病的**。Bù chuān dàyī jiù chūqu yào shēng bìng de.
　（コートを着ないで出かけたら，きっと病気になります）

178　動詞の重ね型

　動詞には，その動詞を2度くりかえし，重ねて使う用法をするものがある。この，動詞の重ね型は，動作行為の回数が少ない，持続時間が短い，など「少量」を示し，「ちょっと…する」という意味を表す。また，文脈によっては不定量を示し，「…してみる；…したりする」という意味を表すこともある。重ね型ができる動詞は，重ね型が動作量や時間量の表現であることからわかるように，動作行為を持続したり，くりかえし行える意味を有する動作動詞である。したがって，例えば"死"sǐ（死ぬ）のような，1回きりの，くりかえしのない動作行為は重ね型はつくりにくい。また，"丢"diū（なくす）のような，行為者が意識的にコントロールできない動作行為も重ねにくい。一般的に，重ね型のできる動詞としては，話しことばで常用する1音節動詞が多く，書きことばでは用例そのものがあまり多くない。

　重ね型の形式は，1音節動詞を「Ａ」，2音節動詞を「ＡＢ」とするとそれぞれ，「Ａ」→「ＡＡ」，「ＡＢ」→「ＡＢＡＢ」となる。いずれも後の「Ａ」あるいは「ＡＢ」は軽声になる。

1 ①**看** kàn →**看看**。Kànkan.（ちょっと見る）
　②**看书** kàn shū →**看看书**。Kànkan shū.（ちょっと本を読む）
　③**想** xiǎng →**想想**。Xiǎngxiang.（考えてみる）
　④**想办法** xiǎng bànfǎ →**想想办法**。Xiǎngxiang bànfǎ.（方法を考えてみる）

2 ①**跳舞** tiàowǔ →**跳跳舞**。Tiàotiao wǔ.（ちょっと踊る）

②散步 sànbù →散散步。Sànsan bù.（ちょっと散歩する）

③帮忙 bāngmáng →帮帮忙。Bāngbang máng.（ちょっと手伝う）

3 ①休息 xiūxi →休息休息。Xiūxixiuxi.（ちょっと休む）

②修理自行车 xiūlǐ zìxíngchē →**修理修理自行车**。Xiūlǐxiuli zìxíngchē.
（ちょっと自転車を修理する）

4 ①**试了试这件衣服，太大了**。Shìle shì zhè jiàn yīfu, tài dà le.
（この服を試してみたら大きすぎた）

②**今天星期日，我收拾了收拾房间**。
Jīntiān xīngqīrì, wǒ shōushile shōushi fángjiān.
（今日は日曜で，私は部屋の片付けをちょっとした）

5 ①**他不好意思地笑(了)笑**。Tā bùhǎoyìsi de xiào (le) xiào.
（彼はきまり悪そうにちょっと笑った）

②**我在公园里照了照相**。Wǒ zài gōngyuánli zhàole zhào xiàng.
（私は公園でちょっと写真をとった）

6 ①**我们休息休息吧**！Wǒmen xiūxixiuxi ba!（ちょっと休もう）

②**请你先敲敲门**。Qǐng nǐ xiān qiāoqiao mén.
（先にドアをちょっとノックしてください）

7 **早晨起来跑跑步、做做操，对身体有好处**。
Zǎochén qǐlái pǎopao bù, zuòzuo cāo, duì shēntǐ yǒu hǎochù.
（朝起きてジョギングしたり，体操したりするのは，体によい）

8 ①**你们好好儿谈谈吧**！Nǐmen hǎohāor tántan ba!
（君たちは十分に話し合いなさい）

②**你太累了，今天你得多睡睡**。Nǐ tài lèi le, jīntiān nǐ duō shuìshui.
（君は疲れているから，今日はゆっくり眠りなさい）

9 ①**你好好儿看一看**。Nǐ hǎohāor kàn yí kàn.（君はよく見てみなさい）

②**我数了一数，一共二百块钱**。Wǒ shǔle yì shǔ, yígòng èrbǎi kuài qián.
（私が数えてみると，合計200元だった）

1は1音節動詞の重ね型。"看看书"のように，賓語がある場合は動詞を重ねた後に置く。**2**は離合動詞の重ね型。"散步"のような動賓型の離合動詞は動詞の部分だけを重ねる（⇨172）。**3**は2音節動詞の重ね型。賓語がある場合は動詞を重ねた後に置く。**4**は動作態助詞"了"が加わる場合。前の動詞に加える。**5**は動作行為がすでに実現している場合で，量は確認できる

ので，ふつう「少量」を示す。前の動詞に"了"を置くことが多い。**6**はこれから動作行為が行われる場合。まだ実現していないので，ふつう「不定量」を示す。重ね型が「ちょっと」と婉曲表現の軽い語気を表すことから，自分の願望，要求を他人に伝えたり，相手に「…なさい；…しましょう」などと働きかける場面で多く使われる。**7**のように重ね型をいくつか並べることで「…したり，…したりする」という意味が表せる。この例は習慣的な行為に用いられたもので，「不定量」を表す。**8**の例はいずれもこれから実現する動作行為で，重ね型は「少量」ではなく，「不定量」を示すが，"好好儿"や"多"などの連用修飾語が加わっているので，くりかえし行う意味に傾きがある。**9**の"看一看"は1音節動詞の重ね型の間に"一"が挿入されたように見えるが，実際には動詞の後に，その動詞を量詞に借用した動作量を置く表現（⇨**156**）で，数詞は"一"に限られ，「不定量」を示す。表す意味は重ね型と大差ない。"一"を省略してもよい。2音節動詞にはこの用法がない。したがって，×"休息一休息"は成立しない。2音節動詞では動詞の後に"一下"を置いて"休息一下""收拾了一下"などのようにいえばよい。1音節動詞では，前の動詞に動作態助詞"了"が加わることがある。

更上一层楼

STEP UP！

◆文の成分として，動詞の重ね型は当然，述語に用いられるが，ほかに"看看不要紧"kànkan búyàojǐn（ちょっと見るのはかまいません），"他总喜欢多看看"tā zǒng xǐhuan duō kànkan（彼はいつもたくさん見たがる）などのように，主語と賓語の位置に置くこともある。修飾語や補語にはなりにくい。

◆「…してみる；…してごらん」のように，これから結果が出ることについて「試みる」という場合，重ね型動詞の後に"吃吃看"chīchi kàn（食べてみる；食べてごらん），"试试看"shìshi kàn（試してみる；試してごらん）などのように"看"（…してみる）を置くことがある。

◆ふつう，重ね型がない動詞としては，
(1)心理活動を表す動詞："怕"pà，"喜欢"xǐhuan など，
(2)発展，変化を表す動詞："发展"fāzhǎn，"开始"kāishǐ など，
(3)存在，変化，状態を表す動詞："在"zài，"有"yǒu，"是"shì など，
(4)移動を表す動詞："起"qǐ，"出"chū，"回"huí など

がある。

179 類義並立複合動詞

意味の近い，あるいはほぼ同じ，2つの類義動詞を並べた並列型の複合語（⇨15）で，構成要素である個々の動詞に共通する意味を一体化し，1つの概括的，抽象的な意味を表す動詞がある。例えば，"使用"shǐyòng（使用〔する〕）は"使"と"用"，"学习"xuéxí（学習〔する〕）は"学"と"习"から構成されている。中国語におけるこの語構成は，日本語にも伝えられている。そのため，多くの場合，前者であれば「使用する」「使う」「用いる」のように，日本語の目で，3者それぞれ字面だけの理解になりやすい。また，中国語を母語とする者は，例えば"使用"と"运用"yùnyòng（運用する）の区別には注意を向けても，日常語である"使"と"用"の差異に説明を要しない。外国人学習者は，この種の複合動詞に対し，その構成要素である個々の動詞の用法にも目を向ける要がある。用法とは，語義の差異だけでなく，語法上の差異をも重視することにほかならない。"使用"の場合，"使"と"用"は語法上それぞれ単用はせず，例えば賓語をともなうとして，賓語から語義の区別を知ることもできる。

1 ①借你的钢笔使一使／用一用。Jiè nǐ de gāngbǐ shǐ yi shǐ／yòng yi yòng.
（君のペンを貸して使わせてください）
②学会使马刀。Xuéhuì shǐ mǎdāo.（騎兵の軍刀の使い方を習得する）
③这是我们用的厕所。Zhè shì wǒmen yòng de cèsuǒ.
（これは私たちの使っているトイレです）
④使用资金。Shǐyòng zījīn.（資金を使用する）

2 ①学汉语。Xué Hànyǔ.（中国語を学ぶ）
②学好汉语。Xuéhǎo Hànyǔ.（中国語を習得する）
③学不好汉语。Xuébuhǎo Hànyǔ.（中国語を習得できない）
④学老太太说话。Xué lǎotàitai shuō huà.
（おばあさんの話し方をまねする）
⑤白天工作，晚上学习。Báitiān gōngzuò, wǎnshang xuéxí.
（昼は仕事，夜は学習）
⑥天天习字。Tiāntiān xí zì.（日々字の練習）

3①演员都挑／选／挑选好了。Yǎnyuán dōu tiāo／xuǎn／tiāoxuǎn hǎo le.
（俳優はみんな選んだ／選んだ／選抜した）
②挑苹果／衣服。Tiāo píngguǒ／yīfu.（リンゴ／服を選ぶ）
③挑缺点。Tiāo quēdiǎn.（欠点を指摘する）
④选他当代表。Xuǎn tā dāng dàibiǎo.（彼を代表に選ぶ）
⑤挑选人才／图书。Tiāoxuǎn réncái／túshū.（人材／図書を選り抜く）

　1の"使、用"と"使用"の関係は，日本語の「使う」と「使用」の関係になる。前者は日常的な話しことばであり，後者は同様に話しことばでもあるが，「使う」ことを概括的，抽象的に表すことになり，"禁止使用"jìnzhǐ shǐyòng（使用禁止）のような書きことばに用いる点，日本語との対応でわかりやすい。しかし，ともに具体的な動作行為に用いる"使"と"用"の差異は，日本語からの推量がきかない。そこで，それぞれ後に置く賓語をくらべてみると，上に掲げた例で示すように，"使"は「道具や機器などを使いこなす」，"用"は「利用する」という点に差異が感じられる。ペンを使う場合は双方とも使えるが，武器やトイレを使う場合は一方しか選べない。ただ，北方の人は"使"，南方の人は"用"というように，使い分けに地域的な要素が入る場合もある。**2**の"学习"は，現代語で"学"は常用の動詞だが，"习"は"习字"のような，わずかな熟語に見られるだけで，日本語の「習う」のように日常的に使うことはない。もともと，『論語』の冒頭の1句に"学而时习之，不亦说乎."Xué ér shí xí zhī, bú yì yuè hū.（学んではおさらいをするのは楽しいことではないか）とあるように，"学"と"习"は「学ぶ」と「（くりかえし）おさらいする」の区別があったが，現代語としては"学"と"学习"の差異を知ればよい。例えば，「中国語を学ぶ」は"学汉语"とも"学习汉语"ともいえるが，前者は日常的な話しことばで常用する動詞であり，後者は同様に話しことばでも使うが，"学习"は「学ぶ」ことを概括的，抽象的に表すので，"汉语学习"（中国語学習）のような，動作性の薄い，名詞的な使い方ができる。一方，"学"は具象性のある動詞ではあるが，賓語を置かずに単用はしにくいものの，"学好；学不好"のような補語を加える形式を組み立てられる。また，"学"は原義でもある「まねをする」意味でも使えるが，「学ぶ」ことの概括的意味を表す"学习"にこの用法はない。なお，中国語では語句の組み立てで音節数の均衡をとることも重要で，例示にある"工作"に対応する動詞は"学习"であり，1音節語の"学"は使えない。

❸の"挑、选"はどちらも「選ぶ；よる」という意味だが，"挑"は人や物を，好みにしたがってより分ける意味で，特に品物を「よる」場合は，話しことばで"挑"に限る。"挑"の「よる」意味は「あらさがしをする」という動詞としても使われる。"选"は時間，場所や作品，人材などを基準にしたがって選ぶ場合に使う。"挑选"は「選ぶ」という2つの動詞に共通する意味を概括的に表す複合動詞になる。このような類義並列型複合動詞は具象性，動作性が薄く，"听从祖国的挑选" tīngcóng zǔguó de tiāoxuǎn（祖国の選抜にしたがう）のような名詞的な使い方ができる。

更上一层楼

STEP UP !

◆中国で字典の規範とされる《新华字典》で上掲の動詞"挑、选"の項を見ると，㊥を付して，"挑"には"挑选、挑拣"，"选"には"挑选、选择"という複合動詞がそれぞれ提示されている。《新华字典》における㊥は，その字をそれと意味が同じ，あるいは意味の近い字と並列させれば，おおよそ同義の語を構成する，という表示に使われている。このマークにより，類義並列型複合動詞を容易に見つけられるだけでなく，構成要素である個々の動詞の意味の広がりも知ることができる。例えば，"挑"は"挑选"のほかに"挑拣"の存在から「よいものを拾い取る→選ぶ」，"选"は"挑选"のほかに"选择"の存在から「選択する」意味がより明確になる。同様に，例えば"等" děng（待つ）の項には㊥を付した"等候、等待"があるので，"等、候、待"に共通する意味のあることがわかる。このマークは随所に提示がある。

180 動作態助詞と動詞

動詞の後に動作態助詞を加えて，その動作がどんな状態に置かれているかを示すことがある。動作態助詞には完成態"了"，持続態"着"，経験態"过"（⇨230～232）などがある。これらは英語などにおける時制とは異なり，現在，過去，未来を問わず用いられる。例えば，経験態"过"はその意味からしても過去の出来事に使うことが多いが，"你看过以后借我看一下。" Nǐ kànguò yǐhòu jiè wǒ kàn yíxià.（君が見てから貸してください）のような使い方ができる。また，中国語の文法でよく見られることであるが，動作の完成を必ず完成態で表すというわけではない。"做完（了）作业，就去锻炼。" Zuòwán (le) zuòyè, jiù qù duànliàn.（宿題をしたらすぐ運動しに行きます）のように結果

補語などがあれば，"了"を用いなくても，動作の完成の意味が理解できるためである。

1 ①我看了一本杂志／那本书。Wǒ kànle yì běn zázhì／nà běn shū.
（私は1冊の雑誌／その本を見た）
②你吃了药再去睡吧。Nǐ chīle yào zài qù shuì ba.
（君は薬を飲んでから寝なさい）

2 ①他轻轻地走进卧室。Tā qīngqīngde zǒujìn wòshì.
（彼はそっと寝室に入った）
②他从前常常得病。Tā cóngqián chángcháng dé bìng.
（彼は以前よく病気をした）

3 ①这本书我正看着呢，别拿走。Zhè běn shū wǒ zhèng kànzhe ne, bié názǒu.
（この本は私がいま見ているところだから，持って行かないで）
②桌子上放着一本书。Zhuōzishang fàngzhe yì běn shū.
（机に本が1冊おいてある）

4 ①他吃(着)饭呢。Tā chī(zhe) fàn ne.（彼はご飯を食べている）
②我正吃饭，他就来了。Wǒ zhèng chī fàn, tā jiù lái le.
（私が食事しているところへ彼が来た）
③他们正在吃饭。Tāmen zhèngzài chī fàn.（彼らはいま食事中です）

5 ①我看过这本书。Wǒ kànguo zhè běn shū.（私はこの本を見たことがある）
②你吃过饭再来吧。Nǐ chīguò fàn zài lái ba.（ご飯がすんでから来なさい）

完成態"了"，持続態"着"，経験態"过"など，個々の動作態助詞の用法は，それぞれ別項で詳説する（⇨230～232）。

"了"は動作の完成，実現を，"着"は持続を，"过"は経験を表す。それぞれ否定形は否定副詞"没(有)"を用いる。完成態は"看了"に対し"没(有)看"，持続態は"看着"に対し"没(有)看着"，経験態は"看过"に対し"没(有)看过"と，"了"の否定は"没(有)"だけで"了"が消え，"着、过"の否定は"着、过"が残る。

すべての動詞に動作態助詞を加えられるわけではなく，例えば，完成態のない主な動詞として，"是、像、在、以为、认为" shì, xiàng, zài, yǐwéi, rènwéi など，持続態のない主な動詞としてそれ自身が持続の意味を含む"喜欢、知道、相信" xǐhuan, zhīdào, xiāngxìn や，"丢、破" diū, pò など持続を表さない

動詞など，経験態のつくれない主な動詞として，動作性の乏しい"在、知道"zài, zhīdào などがある。また助動詞には"了、着、过"のすべてが加えられない。ただし，個別的に見ると，同じように心理や意志に関わる，動作性のない動詞でも，"希望"に"了"は加えられないが"着、过"を加えられ，"知道"は"着、过"は加えられないが"了"は加えられる，といった，ひとくくりにしにくい点がある。

　上に掲げた例示の**1**と**2**は"了"の用法に関する要点。「…した」というすでに実現している場合だけでなく，「…してから；…したら」という，これから実現することにも用いる。**2**のように，過ぎ去ったことでも，恒常的に行われる場合や，動詞に修飾語や補語がついて状況描写に表現の重点があると，"了"は用いないので，完成態が一律に使われるわけではないところが，かえって難しい。**3**と**4**は"着"の用法に関する要点。持続態の"着"は，動作行為の持続にも，状態の持続にも用いる。持続態の表現では，文末に助詞"呢"を置くことが多い。動詞自身の表す動作行為に持続の意味が含まれていれば，必ずしも"着"を加えないでよい。"吃(着)饭呢"はその1例。ただし，持続の意味をもたない"坐"zuò（座る）は"坐着"（座っている）としなければ，座った後の状態が持続している意味を表せない。持続と混同しやすい表現が進行態で，副詞"正(在)"などを動詞の前に置いて表す（⇨**192**）。"正"は「ちょうど…」，"正在"は「(目下) …中；…している最中」という意味を表す。持続態と併用することもある。**5**は"过"の用法に関する要点。経験態と名付けているが，"吃过(了)晚饭"chīguò (le) wǎnfàn（夕食がすんだ）のように，日常，習慣的に行う行為の場合は「…をすませる」の意味で使われる。"吃过法国菜"chīguo Fǎguócài（フランス料理を食べたことがある）といえば，「…したことがある」という経験態の例である。

更上一层楼

◆動作態助詞のなかで，"了"は「終了」，"着"は「付着」の意味が原義か，と字面から推量できるが，これらは現代語でそのまま動詞として使うこともなく，もはや文法的な標識になっている，と見てよい。しかし，"过"の場合は，現に「通る；経る」という動詞に使っている。"吃过晚饭"における「…をすませる」の意味は，"走过"zǒuguò（通り過ぎる）の空間的な意味が時間的な意味に転じたもの，と理解できる。「経過」の意味では，いまなお動詞としての意味が感じられ，標識化はしていない。しかし，"吃过法国菜"におけ

る「…したことがある」の意味は，すでに標識化したもの，としてよい。

◆ "过"に似て，空間的な意味から時間的な意味に転じた例は，助詞ではないが，動作態のなかに，類例がある。別項の複合方向補語の派生義で取り上げた"起来"（起きる），"下去"（下りる）はそれにあたる（⇨**88**）。前者は「開始」を表し，"哭起来"kūqǐlai（泣き出す），後者は「継続」を表し，"住下去"zhùxiàqu（住み続ける）のように，動詞に後置して用いられる。

181 動詞と名詞の兼類（名動詞）

"没有调查就没有发言权。"Méi yǒu diàochá jiù méi yǒu fāyánquán. という毛沢東のことばは，実は二義性の表現で，「調査なくして発言権なし」のほかに「調査せずば発言権なし」とも読める。前者は"没/有/调查"を「動詞＋名詞」の動賓連語に，後者は"没有/调查"を「否定副詞＋動詞」の修飾連語にとらえるもので，"没有"は動詞なら古典語の"无"wú（ない）に，副詞なら古典語の"未"wèi（していない）に相当する。"调查"は日本語のサ変動詞に似て，「調査する」という動詞にも，「調査」という名詞にも用いられる。

中国語では，このような，ある1つの語に2つ以上の品詞の文法的性質がある場合，2つの品詞を兼ねている語（兼類語）としてあつかうことが多い。しかし，品詞分類をする以上，1つの語に複数の品詞を認めることは，できるだけ少なくすべきである。

動詞と名詞の間には，例えば"锁门"suǒ mén（ドアに錠をかける）と"锁和钥匙"suǒ hé yàoshi（錠と鍵）における"锁"のように，意味の上で関連は認められても，文法的な機能が異なることから，一方は動詞，もう一方は名詞の，別個の語（同音語）だとしてあつかう例がある。もちろん，これを兼類語としてあつかう考え方もあり得るが，安易に兼類語とすることもできない。意味という主観的な判断基準も関わることであり，あつかいは難しい。

そこで，兼類語や同音語とは別のあつかいとして，1つの語に2つ以上の品詞の文法的性質が認められる場合，1つの品詞のなかの下位分類と見ることが考えられる。例えば形容詞と名詞の兼類で，"很危险"（形容詞的用法）と"有（很大）危险"（名詞的用法）の"危险"に対し，形容詞の下位分類として「名形詞」を設けている（⇨**167**）。これと同様に，動詞の下位分類とし

て名動詞を設けることができる。

1 ①调查舆论。Diàochá yúlùn.（世論を調査する）
　②有调查。Yǒu diàochá.（調査がある）
　③调查方法。Diàochá fāngfǎ.（調査方法）
　④人口调查。Rénkǒu diàochá.（人口調査）

2 ①分析原因。Fēnxī yuányīn.（原因を分析する）
　②有分析。Yǒu fēnxī.（分析がある）
　③分析理论。Fēnxī lǐlùn.（分析理論）
　④阶级分析。Jiējí fēnxī.（階級分析）

3 ①研究文学。Yánjiū wénxué.（文学を研究する）
　②有研究。Yǒu yánjiū.（研究がある）
　③研究方向。Yánjiū fāngxiàng.（研究方向）
　④语言研究。Yǔyán yánjiū.（言語研究）

朱德熙《语法讲义》では，2音節動詞で，a）動詞"有"の賓語になれる，b）助詞"的"をともなわずに直接，名詞を修飾したり，c）あるいは名詞に修飾されたり，d）数量詞に修飾されたりする，などの文法的性質が認められるものを「名動詞」としている。名動詞とは，名詞の性質を一部そなえた動詞のことである。

　1～**3**はいずれも名動詞の特徴を示す。それぞれ①は後に賓語を置き，動詞として用いた場合。②～④は上に掲げた名詞的な用法a）～c）を順に例示する。b）に挙げる形式は，"调查方法"が修飾連語（「調査の方法」）としてだけでなく，動賓連語（「方法を調査する」）に読める可能性がある。

更上一层楼

STEP UP！

◆中国語においては，文中で名詞や代詞ばかりでなく，動詞や形容詞が主語や賓語の位置を占め得ることから，このように用いられた動詞を，「名詞として使われた」とか，「名詞化された」と説明することがある。例えば"这本书的出版是有重要意义的。"Zhè běn shū de chūbǎn shì yǒu zhòngyào yìyì de.（この本の出版は重要な意義を有することだ）の"出版"を，動詞が名詞化したもので，"这本书(的)"という連体修飾語が加わっている，というが，実は"这本书的迟迟不出版是有原因的。"Zhè běn shū de chíchí bù chūbǎn shì yǒu yuányīn de.（この本が遅々として出版されないのは原因のあることなのだ）のように，"迟迟"や"不"などの連用修飾語も加えられるから，"出版"が名詞になっ

たとする説明はあたらない。動詞や形容詞が主語や賓語になっても，その文法的な性質は失われない。上に掲げた，最初の例は"出版这本书是有重要意义的。"（この本を出版するのは重要な意義を有することだ）のように，動詞である"出版"が賓語をとって，動賓連語を主語にすることもできる。動詞が主語の位置を占めるというだけで，名詞に用いられたとはいえないのである。以上の指摘も，名動詞を唱える朱徳熙による。

182 動詞の述語性

　形態変化（いわゆる活用）のない中国語では，動詞が動詞らしい外形を見せていないことがある。前項の名動詞はその1例で，"工作"gōngzuòという1語を見たり，聞いたりしても，これだけでは「働く」なのか，「職業」なのか不明である。明らかに動作動詞である"包"bāoや"笑"xiàoにしても，「包む」か「包み」か，「笑う」か「笑い」か，動詞がこのように，動詞1つだけで単用されたとしたら，その動作性は希薄である。一般的に，動詞を単用するのは，命令文や問いかけに対する返事の場合であり，述語としての機能を発揮させるには，あたかも形容詞述語に副詞"很"hěnなどを加えるように，動作性を示す形態をとる必要がある。それには，賓語を置いたり，補語を加えたり，動詞らしい外形にすることである。とりわけ，補語として数量詞を付加することは，自動詞，他動詞の別なく可能であり，また表現に具象性が付与されて，いかにも動詞述語らしくなる。

1 ①**包一包**。Bāo yì bāo.（ちょっと包む）
　②**包一下**。Bāo yíxià.（ちょっと包む）
　③**包(了)一次**。Bāo(le) yí cì.（1回包む〔包んだ〕）
　④**包(了)一会儿**。Bāo(le) yíhuìr.（しばらく包む〔包んだ〕）

2 ①**包饺子**。Bāo jiǎozi.（ギョーザを包む）
　②**包报纸**。Bāo bàozhǐ.（新聞紙で包む）
　③**包好(衣服)**。Bāohǎo(yīfu).（〔衣類を〕ちゃんと包む）
　④**包上(茶叶)**。Bāoshàng(cháyè).（〔お茶の葉を〕包装する）

3 ①**包了(两层)**。Bāole(liǎng céng).（〔二重に〕包んだ）
　②**包着(书皮)**。Bāozhe(shūpí).（〔本のカバーで〕包んでいる）

③包过(饺子)。Bāoguo (jiǎozi). (〔ギョーザを〕包んだことがある)

4 ①工作半个小时。Gōngzuò bàn ge xiǎoshí. (30分間働く)

②休息十分钟。Xiūxi shí fēn zhōng. (10分間休憩する)

③认为有利。Rènwéi yǒulì. (有利だと思う)

④是你(呀)。Shì nǐ (ya). (君だったの)

1～**3**に示す"包"はいわば動詞の原形で，実際の表現に用いる場合は，例えば以下に示すような「活用形」にならないと動作性が表れない。**1**は動詞の後に動作量や時間量などを表す数量詞をともなっている。**2**は動詞の後に賓語や補語をともなっている。補語の後に，さらに賓語が置かれる（かっこの部分）。**3**は動詞に動作態助詞"了、着、过"が加えられている。その後に補語や賓語が置かれる（かっこの部分）。**4**の"工作、休息"のような賓語をともなうことのない自動詞は，数量詞などをともなって，はじめて動詞用法であることがわかる。動詞のなかには"认为、是"のような賓語を欠くことのできない他動詞があり，これらの動詞は動詞だけでは機能しない。

更上一层楼

STEP UP!

◆呂叔湘《现代汉语八百词》では，冒頭の〈语法要点〉において，「動詞と動詞句」の項に，中国語には「態」の区別があるとして，持続態，完成態，経験態，短時態（＝重ね型），可能態（＝可能補語）を列記し，さらに賓語，補語，連用修飾語などの連帯成分をともなって動詞句が組み立てられることを述べている。動詞句のうち，方向補語と可能補語，結果補語については，具体的な形式や用法も提示されている。これは上述した，動詞の，いわば「活用形」を記述したもの，といえる。

183 | 介詞か，前置詞か

介詞は，後に賓語を置いて介詞連語を組み立て，その後に続く動詞に関わる対象，場所，時間などをみちびく。介詞は単用できない。介詞連語もふつう単用できない。例えば，"他从北京来。"Tā cóng Běijīng lái. (彼は北京から来る) における介詞"从"も，介詞連語"从北京"も，それだけで用いることがない。もし文中の介詞連語の部分を単用できるなら，それは介詞連語ではなく，動賓連語である。例えば，"我在这儿吃饭。"Wǒ zài zhèr chī fàn. (私はここで食事する) における介詞連語"在这儿"（ここにいる）は動賓連語

として単用できる。後者の"在"は動詞と兼類になる介詞である（⇨**185**）。

　介詞は，英語の前置詞が，名詞や代名詞の前に置かれて，その語と文中の他の語との関係を示す点がよく似ていることと，原語のまま介詞と呼ぶのはなじみにくいこともあり，前置詞と訳される場合が多い。しかし，英語の前置詞と介詞は文法的性質が異なり，前置詞と呼ぶことで，かえって用法を誤りやすい。文中の介詞連語の位置，介詞連語を用いた文における否定副詞の位置（⇨**189**）などは，英語や日本語に引きずられ誤用が起こる。その点を重視し，ガイドラインでは"介词"をそのまま「介詞」と呼ぶ。

1 我把这本书还给你。Wǒ bǎ zhè běn shū huángěi nǐ.
　（私はこの本を君に返す）
2 我在黑板上写字。Wǒ zài hēibǎnshang xiě zì. （私は黒板に字を書く）
3 他不用筷子吃饭。Tā bú yòng kuàizi chī fàn. （彼はお箸でご飯を食べない）

　2と**3**は動詞との兼類になる介詞の例。**1**の"把"も原義は動詞。介詞としては動作の対象（受け手）を示す。介詞連語は動作を表す動詞の前に置き，動詞に対する連用修飾語とする。**2**の"在"は動作行為の行われる場所を示し「…で」と訳す。場所を表す介詞連語は英語にならって，文末に置く誤りを犯しやすい。×"我写字在黑板上。"**3**の"用"は道具を示し，「…で」と訳す。「食べない」という日本語に引きずられ，×"他用筷子不吃饭"とする誤りが多い。"用"は動詞との兼類になる介詞だが，一般的に動詞性の認められる介詞の場合，介詞連語から打ち消す。**1**と**2**の例文の否定形も介詞の前に"不"を置く。

更上一层楼

STEP UP!　◆丁声树《现代汉语语法讲话》では，介詞に相当する品詞名を次動詞としている。「次動詞も動詞の一種であるが，一般の動詞とは異なる」とした上で，次動詞（連語）が述語のなかで主要成分にならない（単用できない）こと，次動詞には動詞にも用いるものがあること，後に必ず賓語（ふつうは名詞性賓語）を置くこと（"被"と"给"は例外）などを挙げ，賓語をとる点は動詞だが，述語のなかで主要成分にならないので次動詞と呼ぶとし，助動詞が名詞性賓語をとらないが，述語のなかで主要成分になることと対比している。なお，中国の英語テキスト類は前置詞の呼称を用いず，介詞と呼んでいる。

184 　動詞と兼類にならない介詞

現在，介詞として使われている語は，
(1)古典語における介詞を引き継ぐもの
(2)もともと動詞であった語の動詞性が弱まり，現代語ではもっぱら介詞として用いるようになったもの
(3)現代語でなお動詞としても使うもの(兼類)
に分けられる。

ここでは(1)と(2)の，動詞と兼類にならない介詞について取り上げる。(1)は"自、于、以、将、当、为…" zì, yú, yǐ, jiāng, dāng, wèi や，いわばそれらから派生する"自从、由于、对于、关于、为了、为着、除了…" zìcóng, yóuyú, duìyú, guānyú, wèile, wèizhe, chúle などで，現代語ではふつう書きことばで使われる。(2)は"把、被、从、(往、朝、向)…" bǎ, bèi, cóng, (wǎng, cháo, xiàng) などで，かつては動詞に用いられたが，動詞としての実質的意味の弱化により，文法的な働きをするようになった(虚詞化)ものである。介詞は，単独に用いることができない。ふつうは動詞と同様に，後に賓語を置き，介詞連語を組み立てる。介詞連語は単独に用いることができず，連用修飾語や連体修飾語にしかなれない(補語になる場合の制約については⇨85)。しかし，(2)の"往、朝、向"などは，後に名詞や代名詞の賓語を置いて，時に述語となることがあり，動詞性をなおとどめている(⇨187)といえるが，主たる用法は介詞と見てよい。

1 ①引自《人民日报》。Yǐnzì《Rénmínrìbào》.(『人民日報』から引用)
　　②自你走后，… Zì nǐ zǒu hòu, …（君が去ってから…）
　　③自从他回国以后，… Zìcóng tā huí guó yǐhòu, …（彼が帰国した後…）

2 ①当我回来的时候，… Dāng wǒ huílai de shíhou, …
　　　（私が家に帰ったとき…）
　　②在那时候，我还十几岁。Zài nà shíhou, wǒ hái shíjǐ suì.
　　　（そのとき，私はまだ10数歳だった）

3 ①为大家的健康，干杯！ Wèi dàjiā de jiànkāng, gān bēi！
　　　（みなさんの健康のために乾杯）
　　②为人民服务。Wèi rénmín fúwù.（人民に奉仕する）

③为(了)生活，每天去打工。Wèi (le) shēnghuó, měitiān qù dǎgōng.
　　（生活のために，毎日アルバイトに行く）

4 ①我把钱包忘在家里了。Wǒ bǎ qiánbāo wàngzài jiāli le.
　　（私は財布を家に忘れてしまった）

②将这篇小说改编为剧本。Jiāng zhè piān xiǎoshuō gǎibiānwéi jùběn.
　　（この小説をシナリオに改編する）

5 ①这个试验结果已经被大家公认。
　　Zhège shìyàn jiéguǒ yǐjing bèi dàjiā gōngrèn.
　　（この実験結果はすでにみんなに公認されている）

②老虎被捉住了。Lǎohǔ bèi zhuōzhù le.（トラはつかまえられた）

1の"自"は場所，時間の起点を示す介詞。書きことばで用いる。話しことばの"从"にあたるが，"引自…"のように介詞を動詞の後に置く用法は"自"など書きことばに限られる。"自从"は同様に書きことば。過去の時間を起点とする場合にだけ使う。2の"当"は事柄の起きる場所や時間を示す介詞。例示のような時間を示す場合は，話しことばの"在"に相当するが，後に時間詞だけを置くことはできない。3の"为"は介詞として，対象（受益者）を示す場合と原因，目的を示す場合があり，後者は"为了"，"为着"ともいう。4の"把"は「…を」という動作の対象を表す。4の表現は"把"を用いないと賓語を置くことができない（⇨76）。話しことばにも書きことばにも使うが，"将"は"把"に相当する書きことば。5の"被"は受動文で行為者をみちびく介詞。①は"被"を用いることによって，書きことばの改まった感じになる。介詞を"叫、让"に換えると日常的な話しことばになる。②は"被"が，文脈によって，後に置くべき賓語を略す場合（⇨77）。介詞が後の動詞に直結するのは"被、给"だけである。

更上一层楼

STEP UP !
◆"为"は古典語における介詞を引き継ぐものであるが，目的を示す場合に使える"为了"と"为着"は，いわば"为"の現代語化した形式であり，"了、着"には動作態助詞としての意味はない。古典語から現代語に引き継がれたものや，動詞から介詞化したものには，このような実質的意味のない"了、着"をともなう介詞が少なくない。例えば，"除了"chúle（…を除いて），"沿着"yánzhe（…に沿って），"顺着"shùnzhe（…にしたがって），"随着"suízhe（…につれて）など。

185 動詞と兼類になる介詞

　介詞の多くは動詞がその性質を失ったり，弱めたりしたものである。現代語にはもっぱら介詞として使われる介詞だけでなく，なお動詞としても使う介詞（動詞との兼類）が存在する。

　介詞は単用できないし，その後に賓語を置いた介詞連語も単用できない。もし文中の介詞連語の部分が単用できるなら，それは介詞連語ではなく，動賓連語になる。動詞と兼類になる介詞の場合は，介詞として用いているのか，動詞として用いているのか，文の組み立てで判断することになる。

　ふつう，現代語で動詞との兼類とされる，主な介詞は，
"在" zài，"给" gěi，"让" ràng，"叫" jiào，"对" duì，"跟" gēn，"比" bǐ，"连" lián，"当" dāng，"朝" cháo，"向" xiàng，"离" lí，"往" wǎng，"到" dào，"用" yòng，"拿" ná…

などである。しかし，これらのなかには，動詞との兼類ではなく，動詞そのものとしてあつかわれることの多い例もある。例えば"离、往、到、拿"などを辞書で動詞としてのみ表示されることもある。その場合は，介詞連語が後の動詞（句）に対し連用修飾語となる組み立てではなく，連動連語の組み立てとしてとらえることになる（⇨**25**）。

1 ① 他现在在礼堂。Tā xiànzài zài lǐtáng.（彼はいま講堂にいる）
　　② 他现在在礼堂看电影。Tā xiànzài zài lǐtáng kàn diànyǐng.
　　　（彼はいま講堂で映画を見ている）
2 ① 他给了我一本书。Tā gěile wǒ yì běn shū.（彼は私に本を1冊くれた）
　　② 他给我翻译。Tā gěi wǒ fānyì.（彼は私に通訳してくれる）
3 ① 你比比看，哪个大？。Nǐ bǐbi kàn, nǎge dà?
　　　（どれが大きいか，君はくらべてみてごらん）
　　② 这个比那个大。Zhège bǐ nàge dà.（これはあれより大きい）
4 ① 我们都会用电脑。Wǒmen dōu huì yòng diànnǎo.
　　　（私たちはみなパソコンが使える）
　　② 你可以用电脑写稿子。Nǐ kěyǐ yòng diànnǎo xiě gǎozi.
　　　（君はパソコンで原稿を作ってよい）

5 ①**他听广播学汉语**。Tā tīng guǎngbō xué Hànyǔ.
　　（彼はラジオで中国語を学ぶ）
　②**我打电话跟她说话**。Wǒ dǎ diànhuà gēn tā shuō huà.
　　（私は電話で彼女と話す）

1～**4**はそれぞれ①は動詞，②は介詞の例。動詞の場合は**2**のように動作態助詞を加えたり，**3**のように重ね型にもなるが，介詞ではできない。**4**は"用"を動詞に使った例と介詞に使った例。介詞の"用"は道具や手段を示すが，日本語でそれに相当する助詞「…で」にすべて対応するわけではない。**5**は2例とも動詞(句)が連続する連動文（⇨**69**）で，①は前置の動詞句"听广播"が後置の動詞句"学汉语"の方式を表している。「ラジオで」を×"用广播"とするのは誤り。このように，用いられる名詞に見合った動作動詞が用いられることがあり，その意味で介詞の"用"は万能ではない。②の"打电话"も同様である。連動連語で前置の動詞(句)が後置の動詞(句)の方式などを表す組み立ては，「介詞＋賓語」が動詞(句)の前に置かれるのと似ている。介詞には，このように動詞(句)に前置された「動詞＋賓語」における動詞が動作性を薄め，虚詞化して生まれたものがある。"用"はその1例。

更上一层楼

◆テキスト類で介詞とはしていない動詞でも，連動連語の第一の動詞句に用いられ，介詞用法と考えたい例が少なくない。例えば，"经过这次会议，大家的看法一致了。" Jīngguò zhè cì huìyì, dàjiā de kànfǎ yízhì le.（今回の会議を経て，みんなの見方が一致した）における"经过"などはその1つで，北京大学中文系《现代汉语虚词例释》は，なお論議があると注釈しつつ，介詞としている。
◆介詞連語を補語として動詞の後に置く用法は，ガイドラインでは古典語を引き継ぐ書きことばの用法に限り認め，"在、到、给"などを用いた介詞連語が補語に用いられるとする考え方はしていない（⇨**26**）。朱德熙《语法讲义》では，介詞連語が連用修飾語と補語の位置に置かれるとする考え方に対し，前者は後に続く述語性成分と連動連語を組み立てたもの（＝介詞連語が連動連語の第一の成分となる），後者は前にある動詞"在、到、给"と連動連語を組み立てたもの（＝介詞連語が連動連語の第二の成分となる）としている。このように考えれば，介詞は連動連語のなかでのみ用いる，ということができる。

186 "从"と"离"

　介詞"从"と"离"はどちらも「…から」という日本語に対応するため，用法を誤りやすい。"从"は空間，時間の起点を示す介詞で，終点を示す"到"とセットで使うことが多い。"离"は空間，時間とも基準や目標からのへだたりを表す場合に，その基準や目標を示す介詞として用いる。"从"は動詞用法のない介詞だが，"离"は「離れる」という動詞にも使うので，動詞として使うつもりであれば，混同を避けられる。ちなみに，"从A…"は「Aから…」，"从A到B…"は「AからBまで…」，"离A…"は「Aを離れること…；Aから…」，"B离A…"は「BはAを離れること…；BはAから…」となる。

1 我家离车站不远／有一公里。Wǒ jiā lí chēzhàn bù yuǎn／yǒu yì gōnglǐ.
　（私の家は駅から遠くない／1キロある）
2 (今天)离暑假还有一个星期。(Jīntiān) lí shǔjià hái yǒu yí ge xīngqī.
　（〔今日は〕夏休みまであと1週間ある）
3 这里离着上海只有五十公里。Zhèli lízhe Shànghǎi zhǐ yǒu wǔshí gōnglǐ.
　（ここは上海からわずか50キロしかない）
4 他从上海坐船回来。Tā cóng Shànghǎi zuò chuán huílai.
　（彼は上海から船で帰って来る）
5 展览会从明天开始。Zhǎnlǎnhuì cóng míngtiān kāishǐ.
　（展覧会は明日から始まる）
6 他从操场穿过去了。Tā cóng cāochǎng chuānguòqu le.
　（彼は運動場を通りぬけていった）
7 从我家到车站不远／有一公里。
　Cóng wǒ jiā dào chēzhàn bù yuǎn／yǒu yì gōnglǐ.
　（私の家から駅までは，遠くない／1キロある）

　1は"离"を用い基準点からの空間的距離を示す例。**2**は同様に時間的距離を示す例。時間的な場合は，基準がこれから先のことで「…まで」という日本語に訳すことになる。**3**は"离"を動詞として用いているが，動作態助詞"着"を略せば，そのまま介詞としての用法となる。**4**〜**6**は"从"の用例。**4**は空間的な起点，**5**は時間的な起点を示す。**6**のように経由する場所

を示す用法は，賓語として場所を表す語句を使うことになり，介詞を誤って"在"にしやすい。**7**は距離の表現と考えて"离"を使いやすいが，起点と終点を提示するには"从…到…"を用いる。

更上一层楼

◆上掲の**7**に関連して，「ここからどれくらい距離があるか」という場合，×"从这儿有多远？"Cóng zhèr yǒu duō yuǎn? は誤りで，"离"を使わなければならない。しかし，"从这儿到那儿有多远？"Cóng zhèr dào nàr yǒu duō yuǎn? とすれば，起点を示す"从"が使える。×"从这儿的距离是多少？"Cóng zhèr de jùlí shì duōshao? は誤用となるが，"从这儿到那儿的距离是多少？"Cóng zhèr dào nàr de jùlí shì duōshao? は起点を示す"从"が使える。

◆"从…到…"が起点と終点を示すことで，一定の範囲を表す表現ができる。例えば，"从头到尾"cóng tóu dào wěi（始めから終わりまで），"从早忙到晚"cóng zǎo mángdào wǎn（朝から晩まで忙しい）など。後の例では"忙"の位置に注意。"到晚"が"忙"の到達点を示す組み立てになる。

187 "朝"，"往"，"向"

介詞"朝、往、向"は動作の向かう方向を示す介詞であるが，原義にしたがって用法に差異がある。字面に引きずられ，日本語の語感で誤用する場合もある。"向"は動作の方向や対象を示すが，目指す目標をいう場合にふさわしい。"朝"は"向"にくらべ口語的で動作の方向を示すが，人や物が向いている向きをいう場合にふさわしい。"往"も動作の方向を示すが，移動する方向をいう場合にふさわしい。

1 你朝／往／向前走。Nǐ cháo／wǎng／xiàng qián zǒu.
（君は前に向かって歩きなさい）

2 校门朝／向南开。Xiàomén cháo／xiàng nán kāi.
（校門は南に向いて〔開いて〕いる）

3 往／向西一拐，就到他家了。Wǎng／xiàng xī yì guǎi, jiù dào tā jiā le.
（西へ向かってまがると彼の家に着いた）

4 他朝／向我招了招手。Tā cháo／xiàng wǒ zhāole zhāo shǒu.
（彼は私のほうに手招きした）

5 **我向您表示感谢**。Wǒ xiàng nín biǎoshì gǎnxiè.
　（私はあなたに感謝申し上げる）

6 **我们都要向他学习**。Wǒmen dōu yào xiàng tā xuéxí.
　（私たちはみな彼に学ぶべきだ）

1のように，ある方向に向かう，という場合，"朝、往、向"のどれも使えるが，"朝"は「向き」，"往"は「移動先」，"向"は「目標」を示す点に表現のちがいがある。2のように，ある方向を向いているだけで移動をともなわない場合には，"往"は使えない。3のように移動の方向を示すには"朝"は使えない。4の例は，"往"の賓語は方向や場所でなければならないが，"朝、向"は方向，場所以外に，対象とする人や物を賓語にできることを示す。ただし，人を賓語にできるといっても，"朝"を使う場合は具体的な動きをともなう動作になる。5や6のように抽象的な動作行為の場合は"向"しか使えない。4〜6の例は"向"が動作の方向ではなく，対象を表す場合である。

更上一层楼

◆"往"と"向"は，書きことばに用いられた場合，古典語の介詞である"自、于"などが，後に場所や時間を示す語句を置いた介詞連語を組み立て，動詞の後に置く用法と同じ使い方ができる（⇨26）。話しことばの"朝"にはこの用法がない。

　(i) **这些货物是运往农村的**。Zhè xiē huòwù shì yùnwǎng nóngcūn de.
　　（これらの貨物は農村に運ぶものだ）

　(ii) **这条路通向宾馆**。Zhè tiáo lù tōngxiàng bīnguǎn.
　　（この道はホテルに通じている）

◆介詞"往"には，形容詞を賓語として，"往好里想"wǎng hǎoli xiǎng（よい方に考える）や，"往少里说"wǎng shǎoli shuō（少なめにいうと）などのように，動作の行われる方面，ないしは程度を表す慣用表現がある。形容詞の後に方位詞の"里"をともなう。話しことばで多用され"往"を wàng ともいう。

188　介詞連語と動賓連語

介詞は単用できない。介詞の後に賓語を置いた介詞連語も単用できない。もし述語から介詞連語の部分を切り離して単用できるなら，それは介詞連語

ではなく，動賓連語になる。"在"zài，"给"gěi，"让"ràng，"叫"jiào，"拿"ná，"替"tì，"比"bǐ など動詞と兼類になる介詞を用いた介詞連語は，文中で述語となる連動連語(⇨**25**)の第一の述語性成分に相当する，ともいえる。実際，介詞と動詞との境界は明確でなく，とりわけ，動作の方式，手段などの意味を表す動詞に，例えば"用"yòng，"靠"kào などのような，まぎらわしいものがある。辞書の品詞分類が動詞でも，述語における意味から見た役割としては介詞連語に相当する例もある。ただし，これは介詞連語が連用修飾語として動詞句の前に置かれた場合のことで，連体修飾語や賓語の位置に置かれた場合は，動詞性を欠く介詞が多用されることもあり，介詞連語を動賓連語に対比することはない。

❶他每天在家里看中文报。Tā měitiān zài jiāli kàn Zhōngwénbào.
（彼は毎日家で中国語の新聞を読む）

❷①一家人全靠他生活。Yì jiā rén quán kào tā shēnghuó.
（一家の者はみな彼に頼って暮らす）
②靠努力，取得了好成绩。Kào nǔlì, qǔdéle hǎo chéngjì.
（努力によって，好成績を得た）

❸他在原则问题上，决不让步。Tā zài yuánzé wèntishang, jué bú ràngbù.
（彼は原則的な問題では決して譲らない）

❹为了她的生日，母亲买了不少东西。
Wèile tā de shēngrì, mǔqin mǎile bù shǎo dōngxi.
（彼女の誕生日のために，母はたくさん買い物をした）

❺对他的意见，大家提了不少。Duì tā de yìjiàn, dàjiā tíle bù shǎo.
（彼に対する意見を，みんなはたくさん出した）

❻对他的意见，大家提了不少意见。Duì tā de yìjiàn, dàjiā tíle bù shǎo yìjiàn.
（彼の意見に対して，みんなはたくさんの意見を出した）

❼我初次见到您是在一次招待会上。
Wǒ chūcì jiàndào nín shì zài yí cì zhāodàihuìshang.
（私があなたにはじめてお会いしたのはあるレセプションででした）

❶の"在家里"と"看中文报"はそれぞれ動賓連語であり，単用できるが，この文においては"在家里"が介詞連語として連用修飾語になっている。ただし，動賓連語をつないだ連動文と考えることもできる。**❷**の"靠"は介詞

として用いられているが,「よりかかる；たよる」という動詞としても理解できる。"一家人全靠他生活"を"一家人的生活全靠他"と組み換えれば"靠"は動詞になる。介詞と動詞の境界線上にあるが，兼類のあつかいになる。**3**の例は**1**と同じ"在"を介詞とするが，"在…上／下／中"などのような範囲を表す場合は動賓連語の問題は生じない。**4**は主語の前に置かれる介詞連語があることを示す。"自从"zìcóng，"当"dāng，"对于"duìyú，"由于"yóuyú，"为了"wèile，"除了"chúle などの介詞にはこの用法が多く見られる。特に"关于、至于"guānyú, zhìyú を用いた介詞連語はほとんどこの位置に限られる。この組み立てにおいては動賓連語の問題は生じない。**5**は介詞連語"对他"が"意见"に対する連体修飾語に用いられた例。**6**は**5**と組み立てが異なり，"对他的意见"全体が介詞連語で，**4**と同様に主語の前に置かれたもの。"对他的意见"は二義性の句である。**7**は介詞連語が賓語に用いられた例。動詞は"是"であることが多い。**5**～**7**も動賓連語の問題は生じない。

更上一层楼

STEP UP!

◆介詞連語で介詞が省略される場合があるが，話しことばにおける慣用的な語句に限られる。(i)ではそれぞれ"在"，(ii)では"用"と"从"が略されている。(iii)の「左折（する）」は，きちんとした表現では介詞"向"を略さない。"禁止左拐"は書きことば。

(i)①**北京见**。Běijīng jiàn. （北京で会いましょう）
　　②**屋里坐**。Wūli zuò. （部屋の中へどうぞ）
(ii)①**这是塑料做的**。Zhè shì sùliào zuò de.
　　　（これはプラスチックで作ったものです）
　　②**他是中国来的**。Tā shì Zhōngguó lái de. （彼は中国から来たのです）
(iii)①**左拐**。Zuǒguǎi. （左折〔する〕）
　　②**禁止左拐**。Jìnzhǐ zuǒguǎi. （左折禁止）
　　③**请你向左拐**。Qǐng nǐ xiàng zuǒ guǎi. （左にまがってください）

189 　介詞連語と否定副詞の位置

否定副詞は文中の位置によって，否定される範囲が異なる（⇨**35**）。述語

に介詞連語が含まれている場合，ふつう否定副詞は介詞の前に置くが，介詞連語に続く動詞の前に置く例もある。動詞と兼類になるような，動詞性の強い介詞の場合は，介詞連語が動賓連語と変わりなく，否定副詞は後の動詞だけでなく，介詞から打ち消さなければならない。日本語に引きずられ，すべて動詞の前に置く誤りが生じやすい。

1 我不在家里吃饭。Wǒ bú zài jiāli chī fàn.（私は家で食事をしない）

2 你在家里吃饭吗？ Nǐ zài jiāli chī fàn ma?（君は家でご飯を食べるの）
——我在家里不吃饭。Wǒ zài jiāli bù chī fàn.
（私は家でご飯を食べません）

3 ①我不跟他说话。Wǒ bù gēn tā shuō huà.（私は彼と話さない）
②我跟他不说话。Wǒ gēn tā bù shuō huà.（私は彼と話をしない）

4 我跟小李没吵嘴，只不过讨论了一下。
Wǒ gēn Xiǎo Lǐ méi chǎo zuǐ, zhǐ búguò tǎolùnle yíxià.
（私は李君と口論はしてないが，ただちょっとだけ議論した）

5 我没跟小李吵嘴，跟小王吵了一下。
Wǒ méi gēn Xiǎo Lǐ chǎo zuǐ, gēn Xiǎo Wáng chǎole yíxià.
（私は李君とは口論しなかったが，王君とちょっと口論した）

6 我的意见跟他不一样。（私の意見は彼と違う）
Wǒ de yìjiàn gēn tā bù yíyàng.

7 他对小王不满意／不客气。Tā duì Xiǎo Wáng bù mǎnyì／bú kèqi.
（彼は王君に不満だ／無遠慮だ）

8 我不比他高多少。Wǒ bù bǐ tā gāo duōshao.
（私は彼にくらべ身長がそれほど変わらない）

9 你别把土豆放到冰箱里。Nǐ bié bǎ tǔdòu fàngdào bīngxiāngli.
（ジャガイモを冷蔵庫に入れてはいけない）

1 のように，ふつう否定副詞は介詞連語の前に置かれるが，**2** のような問いに対し答える場合は，"不"を動詞の前に置くのが自然。**1** と **2** を区別をするなら，**1** の否定形は意志や習慣の表現，**2** の否定形は事実の表現といえる。**3** では"不"の位置によって，**2** と同じ差異が表れている。**4** と **5** は否定副詞"没"の位置が異なるが，"没"は介詞の前でも動詞の前でも，事実を述べることに変わりない。否定副詞の後に続く語句にだけ否定の範囲が及

ぶと考えればよい。その点では、"我们都不是学生。"Wǒmen dōu bú shì xuésheng.（私たちはみな学生ではない〔全部を否定〕）と"我们不都是学生。"Wǒmen bù dōu shì xuésheng.（私たちはみながみな学生というわけではない〔部分否定〕）の差異が参考になる。**4**は相手が"小李"であることに変わりないが、特に"吵嘴"を否定するために"没"を動詞の前に置いた例。**5**は特に相手が誰なのかを問題にしているため、"没吵嘴"とはいえない。**6**や**7**のように、介詞連語の後に否定副詞をともなった"不…"という形式の熟語を置く場合は、"不"を介詞の前に移せない。

一般的には、**1**〜**3**の"在、跟"の例のように、動詞との兼類になる介詞では、文脈などで否定副詞の位置が動く例があるものの、**8**のように動詞性の強い介詞や、**9**のように動詞に由来する介詞の場合、否定副詞は介詞連語の前に置く。一方、例えば"关于、为了…"などのように、介詞連語を主語の前に置けるような（⇨188）、いわゆる前置詞的な介詞の場合は否定副詞を介詞連語の前に置くことはない。

更上一层楼

◆**9**のように、禁止や制止を示す副詞も介詞連語の前に置く。
　(i)**别拿我当外人**。Bié ná wǒ dàng wàirén.（私を赤の他人としないで）
この例の、対象を示す介詞"拿"は"把"に入れ換えられる。"拿"は道具や手段を示す場合以外、"用"とは入れ換えられない。

190　単用できる副詞

副詞は、文の成分としては連用修飾語になるだけで、動詞、形容詞および時間詞、方位詞、数量詞連語などの前に置かれる。必ず修飾語として使い、単用することはない。"你也来吗？" Nǐ yě lái ma?（君も来るの）とたずねられた場合、日本語に引きずられ、×"我也。"と答える誤用が少なくないが、正しくは"也来。"あるいは"来。"である。大多数の副詞は単用できないが、対話や問いかけ、呼びかけなど、限られた場面では、単独に使える副詞がある。否定を示す"不、没(有)"のほか、制止を示す"别"、さらに2音節副詞で"大概" dàgài、"也许" yěxǔ、"大约" dàyuē、"一定" yídìng などは多用される。後に文末助詞をともなうことも多い。

❶**你下午走？** Nǐ xiàwǔ zǒu?（君は午後行くの）
　——**不，马上。** Bù, mǎshàng.（いや，すぐだ）
❷**他走了吗？** Tā zǒule ma?（彼は出かけましたか）
　——**没有。** Méiyou.（いいえ）
❸**他来吗？** Tā lái ma?（彼は来ますか）
　——**也许吧。** Yěxǔ ba.（もしかしたらね）
❹**我不想去了。** Wǒ bù xiǎng qù le.（私は行きたくなくなった）
　——**别，别！你也去吧！** Bié, bié! Nǐ yě qù ba!
（だめ，だめ，君も行きなさい）
❺**大约呢？** Dàyuē ne?（おおよそでは）
　——**大约一千块钱。** Dàyuē yì qiān kuài qián.（おおよそ千元です）

❶の"不"と❷の"没有"は単用の最も多い副詞。❹の制止を示す"别"は，ふつうくりかえしている。❸と❺のように，文末助詞と併用する例も多い。

更上一层楼

◆話しことばでは，副詞だけを並列して単用する例もある。
　（i）**你去旅行吗？** Nǐ qù lǚxíng ma?（君は旅行に行くの）
　　——**也许不。** Yěxǔ bù.（行かないかもね）

◆品詞分類で，中国語の単語はまず実詞と虚詞に大別される（⇨**108**）。副詞は連用修飾語に用いるので文の成分にはなれるが，修飾語は文の主成分ではない。また，単用できる副詞があるといっても，ほとんどは他の実詞と組み合わせて使われる。ということから，副詞は実詞か虚詞か分けにくく，半実半虚という考え方もある。ふつうは副詞の機能として連用修飾語になるだけで，つねに付加的な位置を占める，という点から虚詞に分類されている。副詞には形容詞との兼類となるものがある（⇨**168**）。形容詞には連用修飾語になる機能があることから，副詞とまぎらわしいものが少なくない。例えば"偶然发现"ǒurán fāxiàn（偶然に発見する）の"偶然"は連用修飾語に用いられているが，"偶然事故"ǒurán shìgù（偶然の事故）や"这件事太偶然了。"Zhè jiàn shì tài ǒurán le.（このことはたいへん偶然であった）のように連体修飾語や述語にもなるので，副詞ではなく，形容詞であることがわかる。2音節形容詞には，"突然"tūrán（突然に），"勉强"miǎnqiǎng（無理に）など，同種の例が多い。ほかに，時間詞と副詞との間にも，"刚才"gāngcái（さっき）と"刚

剛"gānggāng（いま…したばかり）のように，まぎらわしいものがある（⇨191）。

　副詞は機能が限られているので，文法的な性質から下位分類をすることが難しい。ふつうは，その表す意味によって区分する。ガイドラインでは，時間副詞（⇨191），程度副詞（⇨195），範囲副詞（⇨198），関連副詞（⇨202），語気副詞（⇨206），否定副詞（⇨208, 209）に大別しているが，例えば"还"hái，"也"yě，"就"jiù，"都"dōu，"再zài"などのように複数の意味を有する副詞は，当然複数のグループに属している。

191　時間副詞

　副詞は意味によって下位分類をする（⇨190）。そのうち，時間副詞は時間に関わる副詞である。中国語における時制は，英語と異なり，時間名詞（⇨117）と時間副詞により時間を示すことで，表される。時間名詞は連体修飾語，連用修飾語，主語，賓語などになれるが，副詞は連用修飾語にしかなれない。意味からでは両者の区別がつきにくくても，その用法をたしかめれば容易に見分けられる。例えば，"刚才"gāngcái（ついさっき）と"刚"gāng（ちょうど…したばかり）は，前者が連体修飾語などになれるのに対し，後者は連用修飾語にしかなれないので，両者の文法的性質の異なることがわかる。

1 他已经大学毕业了。Tā yǐjing dàxué bìyè le.（彼はもう大学を卒業した）
2 ①他已经十八岁了。Tā yǐjing shíbā suì le.（彼はもう18歳だ）
　　②花儿已经红了。Huār yǐjing hóng le.（花はもう赤くなった）
3 ①他刚上大学。Tā gāng shàng dàxué.（彼は大学に入ったばかりだ）
　　②他刚十八岁。Tā gāng shíbā suì.（彼は18歳になったばかりだ）
4 你来呀！Nǐ lái ya!（来いよ）
　　——就来，就来。Jiù lái, jiù lái.（すぐ行くよ）
5 飞机(已经)快起飞了。Fēijī (yǐjing) kuài qǐfēi le.
　　（飛行機は〔もう〕間もなく離陸します）
6 那个地方老不下雨。Nàge dìfang lǎo bú xià yǔ.
　　（あそこはずっと雨が降らない）

副詞は文中で連用修飾語にだけ用いられる。**1**は時間副詞が動詞句を修飾する例。"毕业"は動賓型の動詞なので後に"大学"を賓語として置けない。ここでは介詞連語"从大学"の介詞が略されている（⇨**188**）。**2**は時間副詞が数量詞や形容詞を修飾する例。**1**と**2**の時間副詞"已经"は，ふつう文末助詞の"了"と呼応して用いられる。**3**の時間副詞"刚"は「…したばかり」の意味，動詞句と数量詞を修飾する例。**4**の"就"は「すぐに」という意味の時間副詞。中国語では誰かに呼ばれて応じる場合，"来"を相手に近づく意味で使う。**5**の時間副詞"快"は「もうすぐ」の意味で，文末助詞の"了"と呼応して用いられる。"快要…了"ともいうが，その場合は助動詞"要"を修飾する組み立て。**6**の時間副詞"老"は「いつも；長い間」の意味。

更上一层楼

◆時間副詞を，それが表す時間の点から大別すると，次の8種に分けられる。常用するものを例示する。

(1) すでに起こったことを示す：
　　"已经" yǐjing（すでに）；"早就" zǎojiù（とっくに）
(2) ちょうどいま起こったことを示す：
　　"刚" gāng（ちょうど）；"才" cái（いまさっき）
(3) 進行中であることを示す：
　　"正在" zhèngzài；"正" zhèng；"在" zài（…している最中）
(4) まさに起きようとしていることを示す：
　　"快" kuài（もうすぐ）；"就要" jiùyào（すぐ）
(5) すぐにすることを示す：
　　"马上" mǎshàng（すぐ）；"立刻" lìkè（すぐ）；"就" jiù（すぐ）
(6) 前後関係を示す：
　　"先" xiān（まず）；"再" zài（それから）；"终于" zhōngyú（ついに）
(7) 継続，反復を示す：
　　"一直" yìzhí（ずっと）；"常常" chángcháng（常に）；"老" lǎo（いつも）
(8) その他：
　　"忽然" hūrán（突然）；"渐渐" jiànjiàn（次第に）

192　"正"，"在"，"正在"

　時間副詞"正、在、正在"は動作行為の進行を表す。"正、正在"は状態

の持続も表すので，動作態助詞の"着"と混同しやすいが，"着"の持続態（⇨ **180, 231**）に対し，"正、在、正在"はいわば進行態で，表現の意図は異なるが，両者が併用される場合もある。"正"は「ちょうど（その時）…」，"在"は「…している（ところ）」，"正在"は「（目下）…中；…している最中」という意味を表す。意味の差異は用法にも反映している。

❶他正／在／正在吃饭(呢)。Tā zhèng／zài／zhèngzài chī fàn (ne).
（彼はいまちょうどご飯を食べています）

❷他回来的时候，我正在洗澡(呢)。
Tā huílai de shíhou, wǒ zhèngzài xǐ zǎo (ne).
（彼が帰って来た時，私はちょうど入浴中だった）

❸他回来的时候，我还在洗澡(呢)。Tā huílai de shíhou, wǒ hái zài xǐ zǎo (ne).
（彼が帰って来た時，私はまだ入浴中だった）

❹他正休息呢／在休息／正在休息。
Tā zhèng xiūxi ne／zài xiūxi／zhèngzài xiūxi. （彼はちょうど休憩中です）

❺正说着，外面有人敲门。Zhèng shuōzhe, wàimian yǒu rén qiāo mén.
（ちょうど話をしていると，外でだれかがドアをノックした）

❻他正在(在)屋子里看电视(呢)。Tā zhèngzài (zài) wūzili kàn diànshì (ne).
（彼はいま部屋でテレビを見ているところです）

文末助詞"呢"を併用することが多い。"呢"だけでも進行態に相当する意味を表せる。例えば"下雨呢。"Xià yǔ ne.（雨が降っている）で"在下雨"の意味になる（⇨**237**）。**❶**は進行態を表す副詞が，それぞれ動詞(句)の前に置かれることを示す。**❷**と**❸**では，**❷**で"在"を略し，"正"だけでいえるが，**❸**で"在"を"正"に言い換え，×"还正…"とすることはできない。"在"は比較的長い時間その動作行為が進行あるいは持続していることを示せるのに対し，"正"は**❺**の例が示すように「ちょうどその時」と時間が限られ，ほかの副詞と組み合わせて使うことができない。さらに，**❹**，**❺**で示すように"在、正在"は後に動詞を単独に置くだけでもよいが"正"は後が動詞だけでは使えない。**❹**で"正"を用いるには，文末に"呢"が必要となる。**❺**では動詞単独ではなく，動作態助詞の"着"を加えている。**❻**は文中に動作行為の場所を表す「介詞"在"＋場所」がある。このような場合，副詞の"在"をさらに加えることなく，介詞と副詞の"在"を1つの"在"で表す。"正在"

を用いることもできるが，同様に，"正在在屋子里"を"正在屋子里"と略して，"在"は1つにまとめられる。本来，文中に動作行為の場所を表す"在这里、在那里"などがあれば進行態の表現に相当し，時間副詞"正、在、正在"は特に加える必要がない。

更上一层楼

◆進行態というと，英語の動詞の進行形を連想するが，"正、在、正在"は形態変化のような文法的な標識ではなく，語彙的な表現法にしかすぎない。この表現は，もともと"在这里、在那里"などに由来するとされる。日本語で「…している」となるため，持続態の助詞"着"と混同しやすいが，例えば"想着什么"は状態の持続で，何か思い続けている場合であり，"在想什么"は動作行為が進行中で，何か考え中だという場合になる。語彙的な表現は，文法的な標識よりかえって運用に習熟しない傾向もある。"你在干什么？" Nǐ zài gàn shénme?（いま何をしている〔最中な〕の）は"你干什么？"（何をするの）と明らかにへだたりがある。後者は"你长大了干什么？" Nǐ zhǎngdàle gàn shénme?（大きくなったら何をするの）という表現には適している。

◆日本語で「休憩中」という場合の「…中」は，中国語で"正在休息"となり，"休息中"とはいえない。"…中"は"发展中国家" fāzhǎnzhōng guójiā（発展途上国）のような限られた熟語にだけ使われ，日本語の「営業中」がそのまま"营业中" yíngyèzhōng と借用されて掲示などに使われるほかは，ふつう「…中」が"正在…（中）"という表現になる。

193 "就"と"才"

"就"は「間もなく；すぐに」，"才"は「ようやく；やっと」という意味で，両者は時間副詞のなかで対照的な関係にある。一般的に，"就"は前に置かれた語句を十分条件として示し，"才"は前に置かれた語句を必要条件として示す。

❶**他每天早上五点就起床**。Tā měitiān zǎoshang wǔ diǎn jiù qǐchuáng.
　（彼は毎日朝5時にはもう起きる）

❷**他每天上午十点才起床**。Tā měitiān shàngwǔ shí diǎn cái qǐchuáng.
　（彼は毎日午前10時にやっと起きる）

3 那篇文章，他十分钟就念完了。

Nà piān wénzhāng, tā shí fēn zhōng jiù niànwán le.

（その文章を，彼は10分間ですぐ読み終えた）

4 那篇文章，他半个小时才念完。

Nà piān wénzhāng, tā bàn ge xiǎoshí cái niànwán.

（その文章を，彼は30分間でやっと読み終えた）

5 找了一会儿，就找到了。Zhǎole yíhuìr, jiù zhǎodào le.

（しばらく探してすぐ見つけた）

6 找了好半天，才找到。Zhǎole hǎo bàntiān, cái zhǎodào.

（だいぶ長い間探してようやく見つけた）

どの例も時間を表す語句を受けて，"就"あるいは"才"が動詞（句）の前に置かれている。"就"は時間がかからず，順調にことが進んだ気分を表し，"才"は時間がかかり，順調にことが進まない気分を表す。**1**と**2**では，起きる時刻として話し手がはやいと思う場合は"就"を，遅いと思う場合は"才"を使っている。**3**と**4**では文章を音読し終わる時間がはやかった場合は"就"，遅かった場合は"才"を使っている。"才"を用いた場合は文末助詞"了"を加えないでよい。×"才念完了"は誤り。**5**と**6**も同様に，探して見つけるまでに要した時間が短い場合は"就"，長かった場合は"才"を使っている。"才"の場合には文末助詞"了"は不要。×"才找到了"は誤り。

> **更上一层楼**
>
> ◆時間副詞の"就"と"才"を前後に呼応させた慣用文型がある。この場合の"才"は「…したばかり」という意味を表す。
>
> （i）**你怎么才来就要走？** Nǐ zěnme cái lái jiù yào zǒu?
>
> （君はなぜ来るなりすぐ帰ろうとするのか）
>
> ◆"就"が前に置かれた語句を十分条件として示し，"才"が前に置かれた語句を必要条件として示す働きは，時間に限らず，条件と結果の関係について，前置の接続詞などと呼応して構成される慣用文型（⇒**220**, **221**）でも見られる。
>
> （ii）**只要你请他来，他就来**。Zhǐyào nǐ qǐng tā lái, tā jiù lái.
>
> （君が彼を招きさえすれば，彼はすぐ来る）
>
> （iii）**只有你请他来，他才来**。Zhǐyǒu nǐ qǐng tā lái, tā cái lái.
>
> （君が彼を招いてこそ，彼はようやく来る；君が招かないと彼は来ない）

"就"と"才"は時間副詞として用いる以外に，数量を表す語句を前に置いて，"就"は数量が多いと感じた場合，"才"は数量が少ないと感じた場合に

も使われる。
　(ⅳ)一顿饭就吃了三大碗。Yí dùn fàn jiù chīle sān dà wǎn.
　　（1度の食事にどんぶり3杯も食べた）
　(ⅴ)一顿饭才吃半碗。Yí dùn fàn cái chī bàn wǎn.
　　（1度の食事にやっと半杯だけ食べた）

194 "已经"と"早就"

　時間副詞"已经"は「すでに」，"早就"は「とっくに」という日本語の定訳がありながら，中国の辞書にはふつう"早就"が単語として取り上げられていない。これは，"早就"が副詞の"早"と"就"を組み合わせた構成なので連語のあつかいをしたものであろう。よく見る形式で"很早就…"（はやいうちにもう…）という，前置の条件を受け時間副詞の"就"が後の動詞（句）につなぎ，「はやくから…」の意味を表す例もある。同様の例に，"早"と"已"が組み合わさった"早已"（はやくからすでに）がある。書きことばで使われる。"早就、早已"はある動作行為や事象が起こってから現在まで時間のへだたりが大きいことを表す。

1①他已经走了。Tā yǐjing zǒu le.（彼はもう出かけた）
　②他已经知道(了)。Tā yǐjing zhīdào (le).（彼はすでにもう知っている）
2①我早知道了。Wǒ zǎo zhīdào le.（私ははやくに知っている）
　②我早就知道了。Wǒ zǎojiù zhīdào le.（私はとっくに知っている）
　③我很早就知道了。Wǒ hěn zǎo jiù zhīdào le.
　　（私はとうの昔に知っている）
3他前几天已经回国了。Tā qián jǐ tiān yǐjing huí guó le.
　（彼は数日前にすでに帰国している）
4已经十点了，我该走了。Yǐjing shí diǎn le, wǒ gāi zǒu le.
　（もう10時になった，私は行かなければ）

　"已经"は文末助詞の"了"と呼応して使われる。**1**で示すように，1音節動詞や形容詞には"了"を欠かせないが，2音節動詞などの場合は略されることもある。**2**は副詞の"早、早就"と"很早"を受けて副詞"就"を用いた組み立ての3種の表現を並べる。**3**の"已经"は"早就"に換えることが

できない。"早就"は「"早"+"就"」の組み立てで，**3**では"前几天"がすでに"早"の位置を占めているため，"早就"を置いたまま，その前に特定の時点を示す語を置き，×"前几天早就…"とはいえない。また，"已经"は**4**のように時刻や数量を示す語句の前に置けるが，"早就"にはこの用法がないので，×"早就十点了"ということはできない。

更上一层楼

STEP UP !

◆ "已经"と対比される時間副詞に"曾经"céngjīng（かつて）がある。どちらもすでに起こったことに用いられるが，"已经"はそれほど昔のことではなく，現在にも継続している場合があるが，"曾经"はかなり以前のことで，現在にはつながっていない。そのため"已经"は助詞"了"と呼応するが，"曾经"はふつう経験態の助詞"过"と呼応する。

(i) **我曾经在北京住过一年**。Wǒ céngjīng zài Běijīng zhùguo yì nián.

（私はかつて北京に1年住んだことがある）

◆「いままで；これまで」と，以前からずっとそうであることを表す副詞に"从来"cónglái がある。否定文で使われることが多く，1音節の動詞や形容詞は助詞"过"をともなう。肯定文は習慣的あるいは恒常的なことに使われ，"早就"に似て"从来就…"の形式になることが多い。

(ii) **我从来没听说过**。Wǒ cónglái méi tīngshuōguo.

（私はこれまで耳にしたことがない）

(iii) **我从来就喜欢踢足球**。Wǒ cónglái jiù xǐhuan tī zúqiú.

（私は以前からずっとサッカーをするのが好きだ）

195 程度副詞

副詞は意味によって下位分類をする（⇨190）。そのうち，程度副詞は程度を表す副詞である。程度副詞は形容詞を修飾するほか，心理活動を表す動詞も修飾する。程度の強調に用いる副詞は，いわば刺激を求めて，時代と社会を反映した新しい語彙が生まれやすい。しかし，万人が常用するものは限られている。外国人にとってわかりにくいのは，それぞれの強弱の度合いや，感覚的な色合いの問題である。

1 ①这个很贵。Zhège hěn guì.（これは値段が高い）
　②我很喜欢打棒球。Wǒ hěn xǐhuan dǎ bàngqiú.
　　（私は野球をするのが大好きだ）
　③他很会买东西。Tā hěn huì mǎi dōngxi.（彼は買い物が上手だ）
2 ①这个太贵，买不起。Zhège tài guì, mǎibuqǐ.
　　（これは値段が高すぎて，買えない）
　②太贵了，便宜一点儿吧。Tài guì le, piányi yìdiǎnr ba.
　　（高いですね，少し安くしてください）
3 ①实在太感激你了。Shízài tài gǎnjī nǐ le.
　　（ほんとうに大変感謝しています）
　②这是最好的办法。Zhè shì zuì hǎo de bànfǎ.（これは最もよい方法だ）
　③非常感谢。Fēicháng gǎnxiè.（非常に感謝している）
4 ①真对不起。Zhēn duìbuqǐ.（ほんとうにすみません）
　②这件衣服真／多／好漂亮(啊)! Zhè jiàn yīfu zhēn／duō／hǎo piàoliang(a)!
　　（この服はなんときれいなことだろう）
5 ①他的文章写得比较好。Tā de wénzhāng xiěde bǐjiào hǎo.
　　（彼の文章は割合よく書けている）
　②他夜里工作，挺累的。Tā yèli gōngzuò, tǐng lèi de.
　　（彼は夜中に働いて，かなり疲れている）

　1は形容詞や動詞(句)の前に程度副詞"很"を置く例。"很"は程度の強調に最もよく用いられるが，形容詞述語に加えられた"很"は，強調の意味が薄れ，強く読まなければ「とても」という強めの意味にならない（⇨**158**）。"很"のような副詞をともなわずに，形容詞だけで述語を構成すると，比較，対照の意味を表すことになる。述語以外の形容詞や，動詞(句)に用いられた"很"は，ふつう本来の「とても」という意味になる。**2**は「…すぎる」という主観的な強い評価をする"太"と，詠嘆の気持ちをこめて「ほんとうに…だ」と強調する"太…了"の用例。**3**は"太…了"の強調表現に，さらに程度副詞の"实在"を加えている（⇨**196**）。"实在"は他の程度副詞と同じく，"实在对不起"（まことに申し訳ない）のようにも使える。"最"や"非常"は日本語でも用いるが，後者は若干固い表現となる。**4**は話し手の主観的な判断が強く表れる程度副詞"真"の用例。実感を誇張する感じか

ら，感嘆文に使われる。文末に助詞"啊"を置くことが多い。"真"の代わりに同じく程度副詞の"好"や"多(么)"でも感嘆文を構成できる。5は程度がそれほど高くはない"比較"と，話しことばで"很"と同じようによく使われる"挺"の用例。"挺"は助詞の"的"と呼応して用いることが多い。前後の状況により，程度が高いことも，それほど高くないことも表し，「けっこう…だ」といった感じで使われる。

更上一层楼

◆副詞は，連用修飾語にしかなれない，という単純明快な文法的性質をよりどころとする品詞だが，下位分類はほとんど意味だけにたよるほかなく，吕叔湘は《汉语语法分析问题》においてこの点を，副詞の内部は分類する必要があるものの，"大杂烩"dàzáhuì（ごった煮；寄せ集め）なのですっきりとは分けられない，といっている。程度副詞については，朱德熙が《语法讲义》において，副詞としてはめずらしくそれぞれの機能の差異からグループ分けができる，といっている。それによると，「程度副詞＋形容詞」の後に助詞"的"を加えると，"最大的"zuì dà de（最も大きいもの），"更大的"gèng dà de（さらに大きいもの），"特别大的"tèbié dà de（特に大きいもの）などは名詞相当の成分となるのに，"很"hěn，"挺"tǐng，"怪"guài（ばかに；やけに）などの程度副詞で同様の形式を組み立てると述語，連用修飾語，補語に用いられる状態形容詞相当の成分になり，例えば，前者は"最便宜的卖掉了。"Zuì piányi de màidiào le.（最も安いものは売り払った），後者は"挺便宜的卖掉了。"Tǐng piányide màidiào le.（とても安く売り払った）のように用法が異なって，機能の差異のあることがわかるという。さらに，感嘆文を構成する"真、好、多"などの程度副詞は，例えば"真漂亮！"Zhēn piàoliang!（ほんとうにきれいだ）のような感嘆文を埋め込んで，×"我觉得这件衣服真漂亮。"とはいえないし，×"买了一件真漂亮的衣服。"ともいえないが，これらの程度副詞を"很、挺、非常"などに換えれば成立する，として，程度副詞間の機能の差異から分類し得ることを示唆している。

196 副詞による強調と後置成分による強調

程度を強調するには，"真漂亮"zhēn piàoliang（ほんとうにきれいだ）のように，形容詞の前に程度副詞を置くか，"漂亮极了"piàoliang jíle（とてもきれいだ）のように形容詞の後に後置成分を置いて表現する（⇨91）。ほか

に接続成分の"得"を用いた状態補語のうちにも強調の表現となるものがある（⇨**100**）。

　後置成分(程度補語)による強調は一種の誇張表現である。"极"jí，"死"sǐ，"坏"huài，"透"tòu などの後に助詞"了"を加えた形式で，数は多くない。これらの補語のなかで，"极"以外は結果補語としても用いるので，意味のまぎらわしいことも起こる（⇨**91**）。

　状態補語で程度を強調する表現は，「形容詞／動詞＋"得"＋補語(程度を強める語句)」の組み立てになる。

1①**太舒服了**。Tài shūfu le.（とてもいい気持ち）
　②**真舒服**。Zhēn shūfu.（ほんとうにいい気持ち）
　③**好舒服**。Hǎo shūfu.（すごくいい気持ち）
　④**多(么)舒服**。Duō(me) shūfu.（なんていい気持ち）

2①**好极了**。Hǎo jíle.（とてもすばらしい）
　②**冷极了**。Lěng jíle.（とても寒い）
　③**喜欢极了**。Xǐhuan jíle.（とてもうれしい）

3①**饿死了**。È sǐle.（ひどくお腹がすいた）
　②**高兴死了**。Gāoxìng sǐle.（とても楽しい）

4①**饿坏了**。È huàile.（ひどくお腹がすいた）
　②**累坏了**。Lèi huàile.（ひどく疲れた）

5①**饿透了**。È tòule.（ひどくお腹がすいた）
　②**麻烦透了**。Máfan tòule.（ひどく面倒だ）

6①**非常(之)复杂**。Fēicháng (zhī) fùzá.（非常に複雑）
　②**极(为)高兴**。Jí (wéi) gāoxìng.（極めて上機嫌）
　③**极不高兴**。Jí bù gāoxìng.（極めて不機嫌）

7①**好得很**。Hǎode hěn.（たいへんよろしい）
　②**热闹得很**。Rènaode hěn.（たいへんにぎやかである）

　1は程度の強調を示す程度副詞を使った感嘆，詠嘆の表現。感嘆文の形式としては④の例を挙げることが多いが，話しことばとしては①〜③が自然。**2**〜**5**は後置成分(程度補語)による強調，誇張の表現。この形式は話しことばとして自然。"极了"は話し手にとって好ましいことにも，好ましくないことにも使えるが，"死了、坏了、透了"は好ましくない，望ましくないこ

とに使う。ただし，"死了"には"高兴死了"，"坏了"には"乐坏了"lè huàile（うれしくてたまらない）のような例外もある。**6**は強調を表す程度副詞のなかで，やや固い表現となるもの。"非常"は書きことばに近いが，"之"を加えれば文章語。固い話しことばであれば助詞"地"deを加えてもよい。"极"は後置成分の"极了"と異なり，書きことばになる。修辞的に4字句が安定するため，この例の場合は"为"を加えるとよい。**7**は状態補語の形式で程度の強調を表す例。"很"は副詞のなかで，例外的に単独で補語の位置に置くことができる。"…得很"の形式はやや大げさな表現に聞こえる。

更上一层楼

◆程度を強調する副詞を用いた場合，さらに強調を強めるため，副詞を重ねる例がある。このうち，"实在"（たしかに）と"真"（ほんとうに）は確認の気持ちを表している。

(i) **演出非常非常精彩**。Yǎnchū fēicháng fēicháng jīngcǎi.
　　（公演は非常にすばらしかった）
(ii) **他待我实在太好了**。Tā dài wǒ shízài tài hǎo le.
　　（彼は私にほんとうによくしてくれる）
(iii) **这件衣服很便宜**。Zhè jiàn yīfu hěn piányi.（この服は安いよ）
　　——**真很便宜吗？** Zhēn hěn piányi ma?（ほんとうに安いの）

197 "有点儿"

　程度副詞"有点儿"は「ちょっと；どうも少し…」という意味で，ふつう好ましくないことや，望ましくない場合に用いる。形容詞や動詞（句）の前に置いて話し手の気持ちを表す。形容詞の後に置く"一点儿"（少し）は意味は似ているが，比較を表す（⇨**149**）。

1 这双鞋有点儿大。Zhè shuāng xié yǒudiǎnr dà.
　　（この靴はどうも少し大きい）
2 这双鞋大了一点儿。Zhè shuāng xié dà le yìdiǎnr.（この靴は少し大きいね）
3 这双鞋比那双鞋大一点儿。Zhè shuāng xié bǐ nà shuāng xié dà yìdiǎnr.
　　（この靴はあの靴より少し大きい）

❹这个有点儿贵，我不想买了。Zhège yǒudiǎnr guì, wǒ bù xiǎng mǎi le.
　（これは少々〔値段が〕高いから，買いたくない）
❺他有点儿后悔这件事。Tā yǒudiǎnr hòuhuǐ zhè jiàn shì.
　（彼はこのことを少し後悔している）
❻今天他有点儿不高兴。Jīntiān tā yǒudiǎnr bù gāoxìng.
　（今日，彼は少し不機嫌だ）
❼你累不累？Nǐ lèi bu lèi?（君は疲れましたか）
　——有点儿。Yǒudiǎnr.（少しだけ）
❽听到这个消息，我有些担心。Tīngdào zhège xiāoxi, wǒ yǒuxiē dānxīn.
　（このニュースを聞いて，私はいささか心配している）
❾今天有(一)点儿／(一)些事。Jīntiān yǒu (yì)diǎnr／(yì)xiē shì.
　（今日はちょっと／少し用事がある）

　"有点儿"はふつう話し手が望ましくないと思う場合に用いる。❶はサイズが少し大きくて不満の気持ちを表す。❷の「形容詞＋"了"＋"(一)点儿"」は要求や基準に合致しないことを表す。この例は靴のサイズを合わせてみて大きかった場合。話し手の気持ちは❶に近い。❸の"一点儿"は比較した結果，その差を示す。❹は"有点儿"を使うことで話し手の不満が伝わるが，"贵(一)点儿"と言い換えた場合は比較の表現にとどまる。❺は"有点儿"を動詞(句)の前に置いた例。"有点儿"は好ましくない意味の形容詞や動詞に結びつきやすい。❻のように好ましく思われる形容詞や動詞でも"不"などをともない，否定形になれば"有点儿"に結びつきやすい。❼は，"有点儿"が問いに対する答えの場合などに単用できることを示す。"有点儿"はふつう話しことばで使い，書きことばでは❽のように"有些"を使う。やや固い感じになり，程度もやや高めである。❾は"有点儿"の後に形容詞ではなく，名詞が置かれている。この"有点儿"は動詞"有"と数量詞"(一)点儿"を組み合わせた連語。"一"を略すことが多く，形式上，程度副詞の"有点儿"とまぎらわしくなるが，後に名詞が置かれていることで，形容詞を後に置く程度副詞とは区別がつく。"有(一)点儿事"の"一点儿"は少量というより語気をやわらげる感じになり，"有(一)些事"の"一些"は少量というより不定量で，いくつか用事があることを示す傾きがある。

> 更上一层楼

◆程度副詞の"有点儿"と動詞句の"有(一)点儿"は同じ形式だが,機能と意味が異なる。これに似た例が,副詞の"差点儿"(もう少しで)にも見られる。(i)のように,望まないことが実現しそうになった場合,(ii)のように,望んでいたことが実現しそうになかったのに実現した場合,(iii)のように,望んでいたことが実現しそうになりながら実現しなかった場合に用いる。"差点儿"の後の動詞が(i)では肯定形でも否定形でも同じ意味,(ii)では動詞が否定形,(iii)では動詞が肯定形となる。

　　(i) 差点儿迟到／没迟到。Chàdiǎnr chídào／méi chídào.
　　　(もう少しで遅刻するところだった)
　　(ii) 差点儿没买到。Chàdiǎnr méi mǎidào. (もう少しで買えないところだった)
　　(iii) 差点儿(就)买到了。Chàdiǎnr (jiù) mǎidào le.
　　　(もう少しで買えたのに買えなかった)

なお,これと外形は同じであるが,「"差"＋"(一)点儿"」の組み立ての動詞句"差点儿"(少し足りない)と,形容詞句"差点儿"(少し劣る)がある。例えば,後者を述語に用いるなら"他成绩差点儿。"Tā chéngjì chà diǎnr.(彼は成績が少し悪い)となる。

198　範囲副詞

　副詞は意味によって下位分類をする(⇨190)。そのうち,範囲副詞は範囲を表す副詞である。範囲副詞には,大別して"都、全、总、一共、一起、一块儿"dōu、quán、zǒng、yígòng、yìqǐ、yíkuàir などの,範囲をくくる(総括)ものと,"就、只、只好"jiù、zhǐ、zhǐhǎo などの,範囲をしぼる(制限)ものがある。それぞれ,総括の対象や,制限の範囲を正しくとらえることが求められる。

1 他们都／全是北京人。Tāmen dōu／quán shì Běijīngrén.
　(彼らはみな／すべて北京の人たちです)

2 这些地方我们都去过。Zhè xiē dìfang wǒmen dōu qùguo.
　(これらの場所は,我々はみな行ったことがある)

3 你家里都有什么人？Nǐ jiāli dōu yǒu shénme rén?
　(君の家にはどんな人たちがいますか〔家族構成を問う〕)

4 我只／就想看看，不想自己做。Wǒ zhǐ／jiù xiǎng kànkan, bù xiǎng zìjǐ zuò.
（私は見てみたいだけで，自分でやりたくはない）

5 他们家只／就两间屋子。Tāmen jiā zhǐ／jiù liǎng jiān wūzi.
（彼らの家はただ／たった２部屋だけだ）

6 我不会英语，只好请他翻译。Wǒ bú huì Yīngyǔ, zhǐhǎo qǐng tā fānyì.
（私は英語ができないので，彼に訳してもらうほかない）

"都"はふつうその前に置かれたものを総括する。1 では"他们"を受けて，「それぞれみな」という意味を表す。"全"は 3 のような疑問文を除いて，おおむね"都"の位置に置けるが，「例外なく：すべてみな」という意味を表すので，"人人都喜欢…。"Rénrén dōu xǐhuan…（だれもかれも，みな…が好き）のような「それぞれみな」という意味の文脈では使えない。2 では"都"の前に総括の対象となる，複数を示す語句が２つあり，どちらを受けるのか，双方とも受けるのか明確にできない。3 のように疑問文の場合は，"都"はふつう後に置かれた疑問詞の求める答えが１つにとどまらないことを前提に，それらを総括する。例えば，旅行から戻った人に"你都去哪儿了？"Nǐ dōu qù nǎr le? とたずねる場合は「どことどこに行ったのか」という意味を表す。ただし，その答えに×"我都去了…"と"都"を用いるのは誤り。一方，4 の"只"は範囲を限定し，それ以外のものを排除する。"只"はふつう後に置かれた語句にかかり，「ただ…だけ」という意味を表し，4 では動詞"看看"にかかる。5 では数量詞をともなった名詞に直接結んでいるが，これは動詞が略された表現になっている。4 と 5 の例では"只"よりずっと口語的な"就"も範囲の限定に用いることができる。6 の"只好"は「…するほかない」と，その方法をとるしかないことを表す。

更上一层楼

STEP UP !

◆範囲副詞として範囲を限定する"就"は，話しことばでよく用いられ，おおむね"只"に置き換えられるが，次の例のように，主語の位置では，"就"は"只"よりも"只有"に置き換えた方がよい。

(i) 他们都是上海人，就我是北京人。
Tāmen dōu shì Shànghǎirén, jiù wǒ shì Běijīngrén.
（彼らはみな上海人で，私だけ北京だ）

ただし，数量詞をともなうと，名詞や代詞が直接結ぶ組み立てにできるが，次のような例では"只"の後に動詞"有"がかくされていると考えられる。

(ii)**只你一个人去，行吗？** Zhǐ nǐ yí ge rén qù, xíng ma?

（君だけ１人で行っていいの）

◆範囲を限定し，「ただ…だけ：…してばかり」の意味を表す副詞は，"就"や"只"のほか，話しことばで"光说不做。"Guāng shuō bú zuò.（いうだけでやらない）の"光"や，"他净吃菜，不吃饭。" Tā jìng chī cài, bù chī fàn.（彼はおかずだけ食べて，ご飯を食べない）の"净"などもよく使われる。また，"净"には"桌子上净是书。"Zhuōzishang jìng shì shū.（机の上は本ばかりだ）のように"都"あるいは"全"に置き換えられる用法がある。この"净是…"の形式は動詞の"是"を略して"桌子上净书。"のようにいうことがある。さらに，"这孩子净哭。" Zhè háizi jìng kū.（この子はいつも泣いてばかりいる）のように"总(是)" zǒng (shì)（いつも）に置き換えられる用法もあり，"净"は話しことばでは多用される。

199 "都"と"一共"

"都"（それぞれみな）と"一共"（合計で）は，ともに範囲副詞であるが，双方に「すべて」という意味が共通しているため，用法を誤りやすい。

1 这些东西都是五十块钱(一个)。

Zhè xiē dōngxi dōu shì wǔshí kuài qián (yí ge).

（これらの品は全部〔１つ〕50元です）

2 这些东西一共五十块钱。

Zhè xiē dōngxi yígòng wǔshí kuài qián.

（これらの品物は全部で50元です）

3 我们都买了一个。 Wǒmen dōu mǎile yí ge.

（私たちは〔それぞれ〕みな１つ買った）

4 我一共买了十个。 Wǒ yígòng mǎile shí ge.（私は合計10個買った）

"都"はその前の語句を受けて「それぞれみな」とくくる働きをするが，"一共"は「合わせると；合計して」と合計額を後に示す働きをしている。**1**，**2**はどちらも主語が複数なのでまぎらわしいが，**3**の例は"一个"が"一共"と相容れないこと，**4**の例は主語が単数の"我"であるから，"都"とは相容れないことで，用いるべき副詞は選択できる。**4**の場合，もしも主語が複

数の"我们"であると，"我们一共买了十个"で「私たちは合わせて10個買った」，"我们都买了十个"で「私たちはそれぞれみな10個買った」となり，意味の異なる2つの文が成立するので混同が起こり得る。

更上一层楼

STEP UP!

◆"一共"は同義語の"总共"とともに単用できる副詞だとされる（陆俭明〈现代汉语副词独用刍议〉）。陆の挙例に，おしどり作家に対してそれぞれの年間執筆量が多いことを指摘すると，作家が"你搞错了，我们一共。"Nǐ gǎocuò le, wǒmen yígòng.（君はまちがっている。我々合わせてだ）と答える用例がある。この例は質問に対する答えとはいえ，"一共"があたかも動詞のように使われている。ちなみに，"都"は陆の論文で単用できる副詞とされていない。

◆中国語には，例えば英語などのように，主語と述語を人称や数によって文法的に呼応させることはしない。しかし，表現としては文中に"每"měi（それぞれ），"各"gè（それぞれ），"所有"suǒyǒu（すべての），"一切"yíqiè（すべての），"到处"dàochù（いたるところ），"任何"rènhé（いかなる）など，また①と②の例にある"这些"のような語句，あるいは"人人"rénrén（だれもかれも），"个个"gègè（それぞれみな）など名詞や量詞の重ね型を用いた場合は，それらを受ける形式で"都"と呼応させることが多い。日本語の表現にしたがうとこの"都"を忘れやすい。

(i) 我每天都去公园散步。Wǒ měitiān dōu qù gōngyuán sànbù.
（私は毎日〔すべて；かかさず〕公園に散歩に行く）

200 "总"と"老"

副詞の"总"（いつも；どうしても）と"老"（いつも；ずっと）は，「いつも；きまって」という意味が共通しているため，日本語の訳語に引きずられて混同しやすい。しかし，"总"は範囲副詞で「例外なく，すべて」，"老"は時間副詞で「長い間；常に」の意味が根底にあり，用法もそれにしたがう。

❶他最近总／老迟到。Tā zuìjìn zǒng／lǎo chídào.
（彼は最近きまって遅刻する）

❷这个孩子总／老不听大人的话。Zhège háizi zǒng／lǎo bù tīng dàren de huà.
（この子はいつも大人のいうことを聞かない）

3 每天学一点儿，总可以学会(的)。
　　Měitiān xué yìdiǎnr, zǒng kěyǐ xuéhuì (de).
　　(毎日少し勉強すれば，必ずマスターできる)

4 国会总(是)这时开会。Guóhuì zǒng (shì) zhèshí kāi huì.
　　(国会は必ずこの時期開会する)

5 你别让他老等着。Nǐ bié ràng tā lǎo děngzhe.
　　(君は彼を長いこと待たせておかないように)

6 老没见你，你去哪儿了？Lǎo méi jiàn nǐ, nǐ qù nǎr le?
　　(長い間お会いしていませんが，どこに行っていたのですか)

1と**2**の例では，"总、老"とも肯定，否定に関わらず使える。ただし，"总"には「例外なく；どうしても」，"老"には「常に；ずっと」という意味の傾きがある。その傾きから，**3**と**4**においては"总"を用いることになる。**3**は"总"が助動詞を用いた動詞句を修飾し，判断の語気を表すため文末に助詞"的"をともなっている。「結局…するものだ」といった気持ちがこめられる。一般的に書きことばに近くなると，話しことばで使うことの多い"老"はマッチしなくなる。**5**と**6**は「長い間」を意味する"老"しか使えない。

> **更上一层楼**
>
> STEP UP！
>
> ◆ "老"だけの用法として，程度の高いことを示す場合がある。ふつう一部の1音節形容詞としか結ばないが，"老半天"lǎobàntiān（長い間）のような熟語もある。
>
> 　(i) 今天我老早就起来了。Jīntiān wǒ lǎo zǎo jiù qǐlái le.
> 　　(今日はずいぶん早くから起きた)

201　"一起"と"一块儿"

　副詞の"一起"と"一块儿"はどちらも「一緒に」という意味を表すが，"一起"は書きことばと話しことばの双方に用いるのに対し，"一块儿"は話しことばで用いる。また，"一起"は介詞句の"跟…"の後に置き，"跟…一起"（…と一緒に）の組み立てで使われることが多い。

1 我们一起／一块儿去吧！　Wǒmen yìqǐ／yíkuàir qù ba!

（私たちは一緒に行こう）

2 你的雨伞和雨衣，我一起／一块儿带来了。

Nǐ de yǔsǎn hé yǔyī, wǒ yìqǐ／yíkuàir dàilai le.

（君の傘とレインコートは私が一緒に持って来ました）

3 我不跟他们一起／一块儿走。Wǒ bù gēn tāmen yìqǐ／yíkuàir zǒu.

（私は彼らと一緒に行きません）

1，**2** のように連用修飾語として単用するほか，**3** のように "跟…一起"（…と一緒に）の組み立てで使うこともある。"跟" を "和" hé に置き換えてもよい。

更上一层楼 STEP UP!

◆ガイドラインでは "一起" と "一块儿" を範囲副詞とするが，副詞は意味によって下位分類をするため，異なる分け方もあり，《现代汉语八百词》は "情态副词" と呼んでいる。なお，"一起" と "一块儿" は，ともに「同じところ」という意味で名詞としても用いられる。"他们俩在一起／一块儿（住）。" Tāmen liǎ zài yìqǐ／yíkuàir (zhù).（彼ら2人は同じ場所に〔住んで〕いる）はその1例である。

◆"一起" と "一块儿" は意味や用法が同じであるばかりか，使われる頻度も各種の語彙表でおおむね同じようなランクに位置している。例えば，中国の外国人留学生用の《教学大纲》ではともに最常用の764語に含まれ，小中学校の国語教科書の使用語彙だけを調べた《常用字和常用词》では "一起" が1,000位以内，"一块儿" が2,000位以内に入っている。共通語普及の目的で編まれた《普通话三千常用词表》でも双方ともに入っている。

◆"一起" と "一块儿" はともに単用できる副詞だとして，陆俭明〈现代汉语副词独用刍议〉に指摘がある。陆は文中で，「君たちは別行動なのか」とたずねられ，"不，我们一块儿。" Bù, wǒmen yíkuàir!（いや，私たちは一緒です）のように，問いに対する答えとして，単独で述語に用いた例を挙げている。

202　関連副詞

副詞は意味によって下位分類をする（⇨**190**）。そのうち，関連副詞は重複，連続，並列などを表す。"也、又、还、再" yě、yòu、hái、zài など常用する副

詞が多い。副詞は意味によって下位分類をするため，"也"を範囲副詞とする考え方もある。関連副詞は単独で連用修飾語に用いるほか，同一の副詞を前後呼応させて用いる例もある（⇨**203**）。

❶ 他学汉语，我也学汉语。Tā xué Hànyǔ, wǒ yě xué Hànyǔ.
（彼は中国語を学び，私も〔同様に〕中国語を学ぶ）
❷ 他想学汉语，也／还想学法语。Tā xiǎng xué Hànyǔ, yě／hái xiǎng xué Fǎyǔ.
（彼は中国語も学びたいし，同様に／その上フランス語も学びたい）
❸ 他买了衣服，又买了领带。Tā mǎile yīfu, yòu mǎile lǐngdài.
（彼は服も買ったし，またネクタイも買った）
❹ 去也可以，不去也可以。Qù yě kěyǐ, bú qù yě kěyǐ.
（行ってもいいし，行かなくてもいい）
❺ 鸡也飞了，蛋也打了。Jī yě fēi le, dàn yě dǎ le.
（ニワトリも〔飛んで〕逃げたし，卵も割れた；アブハチ取らず〔諺〕）

"也"は2つの事柄が同じであることを指す。**❶**は"学汉语"という述語が同じで，主語が異なっている場合。**❷**は主語は同じだが，述語（この例では動詞の賓語だけ）が異なる場合。**❷**で"也"を用いた場合には，事柄を横並びに並べただけであるが，"还"に変えると「さらに；ほかにまた」とさらに付け加える感じになる。**❸**はすでに実現している事柄について，「その上また」と積み重ねた表現になっている。**❹**は**❶**と同じように述語が同じで，主語が異なる場合。この例では主語を対比させるため，"也…也…"と前後呼応させた組み立てにしている。**❺**も同じ組み立ての例。**❶**や**❹**と異なり，述語は同じでないが，内容的に類似の表現が用いられる。

更上一层楼

STEP UP !

◆ "也"には語気をやわらげ，婉曲な表現にする用法がある。次の例で"也"を略しても文は成立するが，ストレートな表現になってしまう。

(i) 你也不是外人，我都告诉你吧。Nǐ yě bú shì wàirén, wǒ dōu gàosu nǐ ba.
（君も他人ではないから，私はみな君に話すとしよう）

慣用句にも，"也"を用いた婉曲表現が少なくない。"也好。"Yě hǎo.（まあ，いいでしょう）はやむを得ず承認した気持ちを表し，"也快。"Yě kuài.（もうすぐですよ）は実現がそう遠くない気持ちを示す。

203 "也"と"又"

　関連副詞の"也"と"又"は2つの状態や動作が同時に存在している場合に用いられ，ともに「…も」と訳せるため，用法を混同しやすい。それぞれの副詞を前後呼応させた"也…也…"と"又…又…"の組み立てにも使い分けがある。

1 小王来了，小李也来了。Xiǎo Wáng lái le, Xiǎo Lǐ yě lái le.
　（王君が来て，李君も〔同様に〕来た）

2 小王上星期来过，他今天又来了。
　Xiǎo Wáng shàngxīngqī láiguo, tā jīntiān yòu lái le.
　（王君は先週来たのに，今日もまた〔重ねて〕来た）

3 小王也去，小李也去。Xiǎo Wáng yě qù, Xiǎo Lǐ yě qù.
　（王君も行き，李君も〔同様に〕行く）

4 我们也划船，也游泳。Wǒmen yě huá chuán, yě yóuyǒng.
　（私たちはボートをこいだり，泳いだりする）

5 这件毛衣又好又便宜。Zhè jiàn máoyī yòu hǎo yòu piányi.
　（このセーターは品物がよくて，その上値段が安い）

6 他也／又会汉语，也／又会法语。Tā yě／yòu huì Hànyǔ, yě／yòu huì Fǎyǔ.
　（彼は中国語もできるし，フランス語もできる）

　"也"は2つの事柄が同じことを表す。特に**1**のように主語が異なっていて動作行為が同じ場合に用いることが多い（主語が同じ場合⇨202）。"又"は**2**のように主語が同じで，同一の動作行為をくりかえした場合に用いる。**3**のように前後2つの句にそれぞれ"也"を置くこともあるし，**1**のように後の句だけのこともある。もしも**3**で前の句に"也"を置かないと，この文は二義性が生じ，「王君も行き，李君も行く」という前後句並列の複文とも，「王君が行くなら，李君も行く」という前句が条件の複文ともなる。**1**の例のように句末に"了"を置けば並列複文としてのみ成立する。**4**は，"也…也…"と"也"を前後呼応させ，2種類の動作，状態が同時に存在することを表す。**5**は"又…又…"と"又"を前後呼応させ，2種類の動作，状態が累加されることを表す。"也…也…"は平面的に横並びの感じだが，"又…又…"は立体的に積み重ねた感じになる。ふつうは，**4**のように動詞(句)を組み合

わせるならば"也…也…"，**5**のように形容詞を組み合わせるならば"又…又…"を使う。"又好又便宜"は商店で顧客に商品をすすめるときの常用表現。主語が同じ場合，動詞(句)ならば**6**のようにどちらの組み立ても使えるが，ふつうは"又…又…"を用いる。

> **更上一层楼**
>
> ◆"也"は2つの事柄を並べて用いるが，主語にせよ，述語にせよ，関わりあう2つの事柄がはっきり示されない場合や，どれと関わりをもつのか不明の場合もある。前項でふれた"也"の婉曲表現もその一種だが，次の例（魯迅《吶喊》自序の冒頭の1文）は，何について「も」といいたいのか，形式から判断するのは難しい。
>
> (i)我在年青时候也曾经做过许多梦，…
> 　　Wǒ zài niánqīng shíhou yě céngjīng zuòguo xǔduō mèng, …（私も若いころは，たくさん夢を見たものである／私は若いころにも…／私は夢をみたことも…）
>
> ◆"又"が，"…了又…"（…しては，また…する）の組み立てで，同一の動作行為を何度もくりかえす場合や，2つの異なる動作行為を交互にくりかえす場合に用いる慣用的な表現がある。
>
> (ii)他想了又想，终于想起来了。Tā xiǎngle yòu xiǎng, zhōngyú xiǎngqǐlai le.
> 　　（彼は考えに考えて，とうとう思い出した）
>
> (iii)他写起来，总是写了又擦，擦了又写，很费时间。
> 　　Tā xiěqǐlai, zǒng shì xiěle yòu cā, cāle yòu xiě, hěn fèi shíjiān.
> 　　（彼は書きはじめると，書いては消し，消しては書き，とても時間がかかる）

204　副詞を用いた強調表現

"也"と"都"を「…でさえも」という意味で使い，強調の表現ができる。介詞の"连"liánと呼応させた"连…都／也"の組み立てや，数詞"一"を含む数量詞と呼応させた"一…都／也"はよく用いられる強調表現である。

1 ①我都知道。Wǒ dōu zhīdào.（私はみんな知っている）
　②我都知道。Wǒ dōu zhīdào.（私でさえ知っている）

2 这件事连我也／都知道。Zhè jiàn shì lián wǒ yě／dōu zhīdào.
　（このことは私でさえ知っている）

3 ①连他也／都没去过长城。Lián tā yě／dōu méi qùguo Chángchéng.
　（彼さえ万里の長城に行ったことがない）

②他连长城也／都没去过。Tā lián Chángchéng yě／dōu méi qùguo.

（彼は万里の長城にさえ行ったことがない）

４今天一个人也／都没有来。Jīntiān yí ge rén yě／dōu méiyou lái.

（今日は1人も来なかった）

５她一句话也／都不说，只是笑。Tā yí jù huà yě／dōu bù shuō, zhǐ shì xiào.

（彼女は一言もしゃべらず，笑うだけだった）

６这件事他一点儿也／都不知道。Zhè jiàn shì tā yìdiǎnr yě／dōu bù zhīdào.

（このことは，彼は少しも知らない）

１は形式上，二義性の文になるが，"都"を強く発音すれば①，軽く発音すれば②と区別できる。②は２の"连…也／都…"（…でさえも…）の"连"が略された形式といえる。２の組み立ては"连…也／都"の間に極端な例を置いて強調し，まして他のものは論外だという表現になっている。"连"は介詞で，「…を含めて」という意味を表す。２は"连我也／都不知道。"Lián wǒ yě／dōu bù zhīdào.（私でさえ知らない）のように，否定の表現でも"也／都"の双方が使える。３で示すように，"连…也／都"の間に入れて強調するのは主語でも賓語でもよい。４〜６は「一…也／都」＋否定」の形式で，「少しも〔1つも〕…ない」と否定の強調表現になっている。"都"の用例もあるが，ふつうは"也"が呼応する。４と５は"一…也／都"の組み立てで数量詞を修飾語とする名詞，６は数量詞だけが強調されている

更上一层楼

◆疑問代詞の非疑問用法（⇨**140**）でも，"也"と"都"が「…でも」と，強調の表現に用いられる。「疑問詞＋"都"＋肯定」，「疑問詞＋"也／都"＋否定」の組み立てで，"也"はふつう否定の表現に多く使われる。"都"を使えば本義の「みな；のこらず」という意味が感じられる。

(ⅰ)他什么事都知道。Tā shénme shì dōu zhīdào.

（彼はどんなことでも知っている）

(ⅱ)他什么事也／都不知道。Tā shénme shì yě／dōu bù zhīdào.

（彼は何事も知らない）

(ⅲ)这件衣服怎么洗也／都洗不干净。Zhè jiàn yīfu zěnme xǐ yě／dōu xǐbugānjìng.

（この服はいくら洗ってもきれいにできない）

比較文でも疑問詞と"都"を用いた強調の表現がある。

(ⅳ)这儿的风景比哪儿都好看。Zhèr de fēngjǐng bǐ nǎr dōu hǎokàn.

（ここの景色はどこよりもきれいだ）

205 "还","又","再"

"还、又、再"は重複，連続などを表す副詞として意味の似ているところがある。"又、再"は動作や状態がくりかえし起こることを表すが，前者はすでに実現している場合，後者はまだ実現していない場合に用いる。"还"も"再"と同じように，これから実現する場合に用いるが，"还"には，なお引き続いてする，という意味がある。

❶ 他昨天来过，今天又来了。Tā zuótiān láiguo, jīntiān yòu lái le.
　（彼は昨日来たのに，今日もまた来た）

❷ 已经下班了，你明天再来一次。Yǐjing xià bān le, nǐ míngtiān zài lái yí cì.
　（もう仕事は終えたので，君は明日もう1度来なさい）

❸ 他都七十了，还在那家商店工作。
　Tā dōu qīshí le, hái zài nà jiā shāngdiàn gōngzuò.
　（彼は70にもなるのに，なおあの店で働いている）

❹ 你明天还来吗？ Nǐ míngtiān hái lái ma?（君は明日また来ますか）
　——我明天还想来。Wǒ míngtiān hái xiǎng lái.（私は明日また来たいです）

❺ 你明天能不能再来一次？ Nǐ míngtiān néng bu néng zài lái yí cì?
　（君は明日もう1度来ることができますか）

❻ 看来明天又要下大雨。Kànlái míngtiān yòu yào xià dàyǔ.
　（見たところ明日また大雨が降りそうだ）

同じ動作行為をくりかえし行った場合は❶のように"又"を用いる。後に続く動詞はふつう助詞"了"をともなう。❷のようにこれから行われる場合は"再"を用いる。❸の"还"は動作行為や状態がなお引き続き行われることを表す。"都…了"（もう…だ）は"已经…了"の意味を強調や意外な気持ちをこめていう表現。❹のように，これから実現する場合で，疑問文には"还"を用いる。また助動詞を用いる文でも"还"を使い，"再"を用いる場合は❺のように動詞の前に置く。くりかえしで追加される具体的な数量，時間量，回数などを示す場合には，"我想再看一遍。"Wǒ xiǎng zài kàn yí biàn.（私はもう1度見ようと思う）のように"再"を用いる。ただし，助動詞を用いて「もう1度見たい」というには"我还想看一遍。"Wǒ hái xiǎng kàn yí biàn. としなければならない。❻は，これからくりかえされる場合であるの

に"再"を用いず，"又"を使っているが，必ず実現するのであれば，"又"に助動詞などを併用して用いることがある。このような表現では，"听说他又要结婚了。"Tīngshuō tā yòu yào jiéhūn le.（彼はまた結婚するそうだ）のように，"要…了"（…しそうだ）の組み立てにすることが多い。

更上一层楼

◆ "又"を，まだ実現していない事柄に用いるには，それが必ず起こることや，周期的に起こることであればよい。

(i) **明天又是星期日了**。Míngtiān yòu shì xīngqīrì le.（明日はまた日曜日だ）

"还"は「その上なお…」という意味で介詞"比"を用いた比較文に使われる。

(ii) **这件衣服比那件还大**。Zhè jiàn yīfu bǐ nà jiàn hái dà.

（この服はあれよりもっと大きい）

比較文の"还"を"更"（いっそう）にすると，程度の差がさらに強調される。

(iii) **这件衣服比那件更大**。Zhè jiàn yīfu bǐ nà jiàn gèng dà.

（この服はあれよりずっと大きい）

もしも，もう1つ上のサイズの服が希望の場合は"再"を用いて，次のようにいう。この用例の"再"は"再吃点儿"zài chī diǎnr（もっと食べなさい）などと同様に，すでに実現している動作行為や状態と同じことを重ねて，追加する意味を示す。

(iv) **请给我拿一件比这件再大一号的**。

Qǐng gěi wǒ ná yí jiàn bǐ zhè jiàn zài dà yī hào de.

（もう1つ上のサイズのを出してください）

なお，程度を示す場合の"还"には，"还好"hái hǎo（まあまあです），"还可以"hái kěyǐ（まあいい方だ）といった，好ましい意味の語句に加え，程度を弱める婉曲表現もある。

206 | 語気副詞

副詞は意味によって下位分類をする（⇨**190**）。そのうち，語気副詞には推測，断定をはじめ，主観的な認定や判断などを表すものが含まれる。副詞は，もともと話し手の判断を表すものが多く，語気副詞の内容は従来の文法書でも多様であるが，ガイドラインでは，主として推測や認定を示す常用語を取り上げている。

語気副詞には1音節語もあるが，2音節語が多数を占め，2音節語には単

用できる例や文頭に位置を動かせる例も多い。

1 你可不能粗心大意啊！Nǐ kě bù néng cūxīn dàyi a!
（君は決して気を抜いてはいけない）

2 我不让他去，他偏要去。Wǒ bú ràng tā qù, tā piān yào qù.
（私が彼を行かせないようにしても，彼はあくまで行こうとする）

3 难道你没看见墙上写的字吗？Nándào nǐ méi kànjian qiángshang xiě de zì ma?
（まさか君は壁の文字を見なかったのではないだろうね）

4 你到底／究竟去不去？Nǐ dàodǐ／jiūjìng qù bu qù?
（君は結局／一体行くの行かないの）

5 我以为是我妹妹回来的，原来是你呀！
Wǒ yǐwéi shì wǒ mèimei huílai de, yuánlái shì nǐ ya!
（妹が帰って来たのだと思ったら，なんと君だったのか）

6 回国后，我一定常给你们写信。
Huíguóhòu, wǒ yídìng cháng gěi nǐmen xiě xìn.
（帰国後，私はしじゅう君たちに手紙を書きます）

7 明天你必须／一定要参加会议。Míngtiān nǐ bìxū／yídìng yào cānjiā huìyì.
（明日，君は必ず／きっと会議に参加しなければならない）

"可"は一言でいえば強めの働きをするが，どのような文に用いられるかによって，表す気持ちに多少の差異がある。**1**のような命令あるいは願望の文脈では「必ず；ぜひとも」の意。**2**の"偏"は相手の要求や周りの状況にわざと逆らって，「どうしても；あくまでもする」場合は"偏要…"，「どうしてもしない」場合は"偏不…"という表現をする。**3**の"难道"は反語文で語気を強める働きをする（⇨**45**）。定訳は「まさか…ではあるまい」だが，「…とでもいうのか」という気持ちを表す。**4**の"到底"は「とうとう；ついに」の意味で"终于"zhōngyú と同じように用いるほか，疑問文では，「一体全体；結局のところ」と問いただす語気を表す。"吗"を用いた当否疑問文では使えないが，反復疑問文，選択疑問文，疑問詞疑問文で使用する。"究竟"は，多くは書きことばだが"到底"と同様の疑問文で用いられる。**5**の"原来"は「なんと…だったのか」といままで気づかなかったことに気づいた意味を表す。"他原来姓王。" Tā yuánlái xìng Wáng.（彼はもともと王という姓だった）のように「もともと；もとは」という意味で用いる場合は"本来"

běnlái に換えることができる。6 の"一定"は「たしかに；きっと」の意味で，"一定(会)下雨" yídìng (huì) xià yǔ（きっと雨が降る）のように助動詞の"会"を併用することもある。打ち消しは"不一定下雨"（雨が降るとは限らない）となる。一方，7 の"一定"は「必ず；どうしても」と強い意志を表し，助動詞の"要"を併用して「…しなければならない」という表現にもなる。この場合，同じ副詞の"必须"に置き換えられる。

　副詞はふつう連用修飾語として動詞や形容詞の前に置くが，2音節の語気副詞では，文頭に置いて文全体にかかる連用修飾語としても用いるものが多い。例えば，4 の"到底"，5 の"原来"は文頭に置くこともある。7 の"你必须参加会议。"の語順を変えて"必须你参加会议。"ともいえるが，この場合は意味が変わり，後者は「君が参加しなければならない」となる。このように位置によって意味に差の出る場合もある。

更上一层楼

◆ 1音節の語気副詞には，気持ちや気分を表す働きをする例が多く，意味を十分に訳出できなかったり，自在に使いこなせない場合がある。例示の"可"や"偏"もそのような副詞である。"可"の表す強めの働きは文脈に応じて訳語もやや異なってくる。例えば，同じ平叙文でも，"他可热情了。"Tā kě rèqíng le.（彼はほんとうに親切だ），"你可来了！"Nǐ kě lái le!（とうとう来ましたね），"我可不是开玩笑。"Wǒ kě bú shì kāi wánxiào.（私は決して冗談をいっているのではない）など，話しことばで多用されるが，学習者にとって，実はどのような強めなのか，場面が結び付かないとわかりにくい。

　類似の例として，同じく語気副詞の"并"bìng は，辞書で否定を強める，と説明されたり，「決して」という訳語を与えられたりするが，ふつう否定副詞の"不"や"没(有)"の前に置かれて，実際の状況は異なると釈明したり，時には反駁したりする語気を示す。例えば，"听说问题已经解决了，实际上并不是这样。"Tīngshuō wèntí yǐjing jiějué le, shíjìshang bìng bú shì zhèyàng.（問題はすでに解決したというが，実際にはそうであるわけではない）のように使う。

207　"大概"，"也许"，"恐怕"

　語気副詞のなかに，"大概"，"也许"，"恐怕"など，推測，推量や予測，見積も

りを表すものがある。この3語には意味の似通った点があり，置き換えられる例もあるが，重点の置き所に差があり，それぞれ「多分」，「あるいは」，「おそらく」という訳語があたる。

1 明天**大概**／**也许**／**恐怕**要下雨。Míngtiān dàgài／yěxǔ／kǒngpà yào xià yǔ.
（明日はたぶん／もしかすると／おそらく雨が降る）

2 小王今天没来，他**大概病了**。／**大概他病了**。
Xiǎo Wáng jīntiān méi lái, tā dàgài bìng le.／dàgài tā bìng le.
（王君は今日来なかったが，彼はたぶん病気だろう／たぶん彼は病気だろう）

3 ①他**也许**有事。Tā yěxǔ yǒu shì.
（彼はあるいは用事があるのかもしれない）
②**也许**他有事。Yěxǔ tā yǒu shì.
（あるいは彼は用事があるのかもしれない）

4 ①时间**恐怕**不够(了)。Shíjiān kǒngpà bú gòu (le).
（時間がおそらく〔もう〕足りません）
②**恐怕**时间不够(了)。Kǒngpà shíjiān bú gòu (le).
（おそらく時間が〔もう〕足りません）

5 他现在该到家了吧？Tā xiànzài gāi dào jiā le ba?
（彼はいま家に着いていることでしょう）
——大概吧。Dàgài ba.（たぶんね）

6 他考上研究生了吗？Tā kǎoshàng yánjiūshēng le ma?
（彼は大学院に合格しましたか）
①——**也许**(考上了)。Yěxǔ (kǎoshàng le)（〔合格〕したかもしれない）
②——**也许**吧。Yěxǔ ba.（したかもね）

7 石油还要涨价吧？Shíyóu hái yào zhǎng jià ba?
（石油はまだ値上がりするでしょうね）
①——**恐怕**要涨。Kǒngpà yào zhǎng.（おそらく上がるでしょう）
②——**恐怕**是。Kǒngpà shì.（おそらくそうです）

1では3語が同じ文で用いられているが，意味の上で重点がやや異なる。"大概"は可能性が高いという判断，"也许"は可能性があるという判断になる。"也许"には"也许他来，也许他弟弟来。"Yěxǔ tā lái, yěxǔ tā dìdi lái.（あ

るいは彼が来るかもしれないし，弟が来るかもしれない）のように，推測の不確かさも感じられる。"恐怕"は推測で，時には心配する，恐れがあるといった意味になる。"大概、也许"は助動詞の"会、要"などを併用することが多い。"恐怕"は同義の副詞"怕"も話しことばで使われる。❷〜❹の例では，これら3語が連用修飾語として動詞や形容詞の前に置かれるだけでなく，文頭にも置けることを示す。❺〜❼はこれらの2音節副詞が単用される例で，"大概、也许"はそのなかでも多用され（⇨190），ふつうは助詞"吧"をともなう。"恐怕"は動詞"是"も加えて用いる。これらはいずれも問いに対する答えとして使う。

更上一层楼

◆ "大概"は数量詞を修飾して，「おおよそ；大体」と数量を見積もる場合にも用いられる。数量に関しては同義の"大约"dàyuē もよく使われる。

（i）**我在北京大概／大约要呆一个月。**
　　Wǒ zài Běijīng dàgài／dàyuē yào dāi yí ge yuè.
　　（私は北京に約1か月滞在します）

なお，"大概"のこの用法で，相手が明確な数字を答えない場合は，"大概呢？"（大体は〔どれくらい〕）と"大概"を単用してたずねることがある。"大约"も同様に使える。

◆ "大概"を，その字面から推量して，日本語の「大概」と混同し，誤用を起こしやすい。「（大概の；大体の；大部分の）学生」であれば，"大部分学生" dàbùfēn xuésheng あるいは"差不多的学生" chàbuduō de xuésheng という。"差不多"は「たいてい；ほとんど」という意味の副詞で，"大概"と置き換えられることも多い。"产量差不多／大概增加了一倍。" Chǎnliàng chàbuduō／dàgài zēngjiāle yí bèi.（生産量は大体倍増した）のように数量を見積もる表現ではどちらも使えるが，"差不多"はその数字に近いことを示し，"大概"はおおよその見積もりを示す点に差異がある。また，"他大概病了。"（彼はたぶん病気だろう）のように可能性をいう場合に"差不多"は使えない。

208 否定副詞"不"と"没(有)"

打ち消しの働きをする副詞には"不"と"没(有)"がある。"不"は否認を示し，動作動詞の前に置いて，意志や習慣に関する否定を表し，また非動作動詞の前に置いて，否認の気持ちを示す。形容詞の前に置く場合は性質，

状態に対する否認を示す。一方，"没(有)"は動詞の前に置き，動作行為の発生あるいは完成を否定し，まだ事実として存在しないことを表す。"没(有)"を形容詞の前に置く場合は，性質，状態の変化を否定し，まだ事実として存在しないことを表す。一般的に，学習者は"不"と"没(有)"を現在，未来と過去の区別に対応させる誤りを犯しやすい（否定文⇨**35**）。

1 ①今天他不来。Jīntiān tā bù lái.（今日彼は来ない）
　②今天他没(有)来。Jīntiān tā méi(you) lái.
　　（今日彼は来なかった〔来ていない〕）
2 今年暑假，我不回国／不回国了。
　Jīnnián shǔjià, wǒ bù huí guó／bù huí guó le.
　　（今年の夏休みに，私は帰国しない／帰国しないことにした）
3 他不抽烟，也不喝酒。Tā bù chōu yān, yě bù hē jiǔ.
　　（彼はタバコも吸わないし，酒も飲まない）
4 去年我还不是大学生。Qùnián wǒ hái bú shì dàxuéshēng.
　　（去年私はまだ大学生ではなかった）
5 ①今天我不能去。Jīntiān wǒ bù néng qù.（今日私は行けない）
　②昨天我没能去。Zuótiān wǒ méi néng qù.（昨日私は行けなかった）
6 ①昨天不冷。Zuótiān bù lěng.（昨日は寒くなかった）
　②天气还没(有)暖和。Tiānqì hái méi(you) nuǎnhuo.
　　（気候はまだ暖かくなってない）
7 ①我没有电子词典。Wǒ méi yǒu diànzǐ cídiǎn.
　　（私は電子辞書を持っていない）
　②这附近没有邮局。Zhè fùjìn méi yǒu yóujú.
　　（このあたりには郵便局がない）

"不"は意志，習慣の否定，"没"は事実の否定である。**1**の"他不来"は，彼を待っていても来るはずはなく，"他没(有)来"は待っていれば来たのかもしれない，という状況をふまえている。"还没(有)来"とすれば「まだなお来ていない」という意味になり，来るのを待っている感じがする。**2**の"不回国"も意志の否定。"不回国了"は文末の助詞"了"によって，帰国しないことにした，という状況の変化を述べる。"不"は動作動詞の前に置かれた場合「…するつもりがない」という意味を含んでいる。**3**は習慣の否定，

過去の習慣的な動作についても"不"で打ち消す。**4**のように"是"をはじめ，動作性のない動詞は，いつのことでも必ず"不"を用いる。**5**は助動詞の例で，"不"はすべての助動詞の否定に使えるが，"没"で否定できるものは"能，肯"など少数に限られる。**6**の"昨天不冷"は昨日の状況であるが，形容詞の否定にはふつう"不"を用いる。しかし，性質や状態の変化を表し，それがまだ事実になってないという場合は"没(有)"で打ち消す。"没(有)暖和"は"暖和了"（暖かくなった）に対する否定。"还"は「まだなお…」という意味。**7**は動詞"有"に対する否定で，必ず"没"を用いる。所有や存在を否認する"没(有)"（ない；いない）は，動作動詞の打ち消しをする"没(有)"（…していない）と形式は同じであるが，組み立ては異なる。前者は「否定副詞"没"＋動詞"有"」で，古典語の"无"wúに相当し，後者は「否定副詞"没(有)"」で，古典語の"未"wèiに相当する（⇨**35**）。どちらも文末に置いたり，単用しない限り，文中では"有"を略し，"没"だけでもよい。

更上一层楼

◆否定副詞の"不"と"没(有)"は，副詞のなかで，単用することが最も多い。主として問いに対する答えとして用いるが，(ⅲ)と(ⅳ)のように述語になる場合もある。

(ⅰ)他知道吗？Tā zhīdào ma?（彼は知っていますか）
　　——不，他不知道。Bù, tā bù zhīdào.（いいえ，彼は知りません）
(ⅱ)他走了吗？Tā zǒu le ma?（彼は出かけましたか）
　　——没有。Méiyou.（いいえ）
(ⅲ)把铅笔借给他，好吗？Bǎ qiānbǐ jiègěi tā, hǎo ma?
　　（鉛筆を彼に貸してあげていいでしょう）
　　——我不。Wǒ bù.（私はいやです）
(ⅳ)昨天你们都去看电影了？Zuótiān nǐmen dōu qù kàn diànyǐng le?
　　（昨日君たちはみな映画を見に行ったの）
　　——他去了，我没有。Tā qù le, wǒ méiyou.
　　（彼は行ったけれど，私は行ってない）

◆否定の形式で提出された問いに答える場合，中国語の表現法は次のようになる。

(ⅴ)你不是王先生吗？Nǐ bú shì Wáng xiānsheng ma?
　　（あなたは王さんではないですか）
　　——是／对，我是王强。Shì／Duì, wǒ shì Wáng Qiáng.（そうです，王強です）

(vi) 你不是李科长吗？Nǐ bú shì Lǐ kēzhǎng ma?

　　（あなたは李課長ではないですか）

　　①——不，你认错人了。Bù, nǐ rèncuò rén le.（いいえ，人違いです）

　　②——不是，我姓王。Bú shì, wǒ xìng Wáng.（違います，私は王です）

(vii) 你没买到那本书吗？Nǐ méi mǎidào nà běn shū ma?

　　（君はその本を買えなかったの）

　　①——不，买到了。Bù, mǎidào le.（いいえ，買えました）

　　②——是的，没买到。Shì de, méi mǎidào.（はい，買えませんでした）

◆2つの否定副詞を重ねて用いる二重否定の表現法は，中国語でも多用される。"没有人不 méi yǒu rén bù…"（…しない者はない），"不能不 bù néng bù…；不得不 bù dé bù…"（…しないわけにはいかない）など，定型化した例もある。

(viii) 我并不是不想去。Wǒ bìng bú shì bù xiǎng qù.

　　（私は別に行きたくないわけではない）

209　"不要"，"别"，"不用"

"不要"，"别"，"不用"はいずれも否定副詞で，禁止や制止を表す命令文に用いられる。"不要、别"は「…してはいけない；…するな」，"不用"は"不必" búbì と同義で，「…する必要はない」という意味を表す。

1 ①别／不要着急！Bié／Búyào zháojí!（慌てないで）

　　②你别／不要去！Nǐ bié／búyào qù!（君は行ってはいけない）

2 ①不用／不必担心！Búyòng／Búbì dānxīn!（心配するには及ばない）

　　②你不用／不必去！Nǐ búyòng／búbì qù!（君は行く必要はない）

3 ①不要客气！Búyào kèqi!（遠慮しないで）

　　②别客气！Bié kèqi!（遠慮しないで）

　　③不用客气！Búyòng kèqi!（遠慮しないで）

4 我不去。Wǒ bú qù.（私は行きません）

　　——别，别，你也一块儿去吧！Bié, bié, nǐ yě yíkuàir qù ba!

　　（だめ，だめ，君も一緒に行こう）

5 不用你担心，这次我自己去吧。Búyòng nǐ dānxīn, zhè cì wǒ zìjǐ qù ba.

　　（君が心配しないでよい。今回は私が自分で行こう）

6 我帮你拿行李吧！　Wǒ bāng nǐ ná xíngli ba!（荷物をお持ちしましょう）

――不用了／不必了，谢谢！　Búyòng le／Búbì le, xièxie!

（結構です，ありがとう）

7 你喝了不少，别喝了！　Nǐ hēle bù shǎo, bié hē le!

（君はかなり飲んだから，もう〔これ以上〕飲むな）

　"别"は"不要"と同じく禁止の命令を表し，1 のように動詞(句)や形容詞の前に置く。命令文では２人称代詞を主語として加えることも多い。"别"は文脈により「…しないでよい」と，"不用"の意味で使われることもある。2 の"不用"は日常の話しことば，"不必"は書きことばに用いることが多い。1 と同様に２人称代詞を主語として加えることも多い。3 はあいさつ語の常用表現。この慣用表現では，"不要、别、不用"に取り立てて大きな差異はない。"不要"も"不用"の意味に通じる。"请不要…"のように"请"を加えれば，お願いをする語気になり，ていねいな表現になる。4 のように"别"は単用できるが"不要"は単用できない。5 の例で，"不用"の位置が動詞(句)の前ではなく，主述連語の前に置かれている。"别"や"不要"にこの用法はない。6 は"不用了"の用例。「いいから，かまわないで」と，相手が何かすることをこばむ場合で，"不必了"はややていねいな感じになる。どちらも"了"は略せるが，"了"を加えると語気がやわらかくなる。7 の"别…了"は，いましていることを，もうそれ以上しないように，やめさせる表現になる。

【更上一层楼】

◆上の例示 4 に"别"の単用例がある。この例のように，くりかえして用いるほか，"别"の単用や，"你别！"（君，やめて）のように述語としても用いられる。後にこばむ理由や原因を付け加えることも多い。"不要"は単用できない。6 で示したように，"不用(了)、不必(了)"は単用する。

◆"不用了、不必了"と同じ形式ではあるが，"不要了"は禁止の表現ではない。この"不要"は副詞ではなく，動詞"要"を"不"で打ち消し，「ほしくない」という意味に用いている。例えば，"你还要吗？"Nǐ hái yào ma?（あなたはまだほしいですか）とたずねられ，"不要了。"Bú yào le.（結構です：もう〔これ以上〕いりません）と答える場合などに使う。

◆上の例示 7 の"别喝了"と同じ形式であるが，組み立ての異なる例がある。"别喝了"は"别…了"（もう〔これ以上〕…しないで）と，いわば中止を求める表現であるが，"别忘了。"Bié wàngle. といった場合は，"忘了"（忘れてし

まう）が１つの動詞で，この"了"は結果補語の"掉"diào（落ちる；失う）に近い意味を表している。一部の動詞は"扔了"rēngle（捨ててしまう）のように結果補語相当の"了"をともなって用いられるため，"別…了"の表現とまぎらわしい。"別扔了。"（捨てるな）は「"別"+"扔了"」の組み立てである。

210 述語における副詞の位置

副詞はふつう動詞や形容詞の前に置かれる。しかし，語気副詞には文頭に置いて文全体にかかる修飾語として働く例があり，置かれる位置によって意味が変わることがある。また否定副詞は，文中の位置によってその打ち消す範囲が異なり，意味も変わることとなる。

1 ①你必须去。Nǐ bìxū qù.（君は行かねばならない）
　②必须你去。Bìxū nǐ qù.（君が行かねばならない）

2 ①你到底来不来？Nǐ dàodǐ lái bu lái?（君は一体来るの来ないの）
　②到底你来不来？Dàodǐ nǐ lái bu lái?（一体君は来るの来ないの）
　③到底谁来？Dàodǐ shéi lái?（一体誰が来るの）

3 ①你怎么下午又看电影？Nǐ zěnme xiàwǔ yòu kàn diànyǐng?
　　（君はなぜ午後もまた映画を見たのか）
　②你怎么又下午看电影？Nǐ zěnme yòu xiàwǔ kàn diànyǐng?
　　（君はなんでまた午後映画を見たのか）

4 ①他的态度太不好。Tā de tàidu tài bù hǎo.
　　（彼の態度はあまりにもよくない）
　②他的态度不太好。Tā de tàidu bú tài hǎo.
　　（彼の態度はあまりよくない）

5 ①我们都没参加。Wǒmen dōu méi cānjiā.
　　（私たちは全員参加しなかった）
　②我们没都参加。Wǒmen méi dōu cānjiā.
　　（私たちは全員が参加したわけではない）

6 ①我再不喝酒了。Wǒ zài bù hē jiǔ le.
　　（私は２度と酒を飲まないことにした）
　②我不再喝酒了。Wǒ bú zài hē jiǔ le.（私は再び酒を飲むことはなかった）

■1 "必須"は動詞の前だけでなく，文頭に置くことができるが，意味は異なる。①は"必須"が"去"にかかるが，②は"你去"全体にかかる。"必須"を助動詞の"应该"yīnggāi（…すべきである）などに換えても同様である。■2の"到底"も動詞の前だけでなく文頭に置くことができるが，①，②では「来るかどうか」がポイントであるため，意味は特に変わらない。③のように動作の主体（行為者）が問題となる場合は，文頭にしか置けない。■3の①は「（午前に見て）午後またくりかえして」という場合。②は「（午後は見るなというのに）なんで午後見るのか」という反語の表現で，"又"と疑問詞が併用される。■4〜■6は否定副詞がどこまでかかるか，否定の範囲の問題。置かれた位置より後にあるものを打ち消す。■4では①が「"太"＋"不"」で全面否定，②が「"不"＋"太"」で部分否定になる。"很不…"と"不很…"の関係も同じ。■5も同様に，①では「"都"＋"没"」で「みな…しなかった」という全面否定，②では「"没"＋"都"」で「みながみな…したわけではない」と部分否定になる。■6では①の"再不…"が「決して２度としない」という決心や，誓いにも似た強い語気を表し，②の"不再…"が「もう…をくりかえさない」と，おだやかに重複や継続を打ち消す。前者はさらに語気を強め，"再也不…"ということもある。

更上一层楼

STEP UP！

◆ "很不好"（とてもよくない）と"不很好"（あまりよくない）は例示の■4と同じで，表現が全面否定と部分否定の関係になっている。この表現法に関して，呂叔湘〈很不…〉には，"很不小"といえるが，"很不大"とはいえず，同様に"很不早"といえるが，"很不晚"とはいえない，と指摘がある。"小"の場合は消極的な意味の形容詞で成立し，"早"の場合は積極的な意味の形容詞で成立することになる。前者には１音節形容詞が多く，後者には２音節形容詞が多い，とも指摘している。また，このようにペアになる形容詞でも双方が成立するもの，双方とも成立しないものがあり，"很不好、很不坏"のようにペアで成立する例は数が少ないともいう。呂叔湘はさらに，ペアにならない形容詞の場合についても，"很不…"の成立と不成立にふれているが，この問題は形容詞の表す意味に関わる点で，なお説明に困難があることも述べている。

211 副詞の連用と配列

　文頭にも置ける副詞以外の，ふつう動詞や形容詞の前にしか置けない副詞が文中でいくつか連用されることがある。否定副詞については，その配列によって否定の範囲が異なることを説明した（⇨**210**）が，その他の，特に1音節形容詞が連用される場合，並べる順序に関わる個別の規則は明示が難しく，特に範囲副詞と関連副詞などの連用は自然な慣用にしたがわざるを得ない。以下に"也"の使用状況の一端を示す。

1 我也只去过一次。Wǒ yě zhǐ qùguo yí cì.
　（私も1度だけ行ったことがある）
2 他们也都唱得很好。Tāmen yě dōu chàngde hěn hǎo.
　（彼らもみな上手に歌った）
3 工资也就是这么多了。Gōngzī yě jiù shì zhème duō le.
　（月給もまあこの位のものだ）
4 音量也就这样了。Yīnliàng yě jiù zhèyàng le.（音量はこんなものだ）
5 这事儿也只好由他了。Zhè shìr yě zhǐhǎo yóu tā le.
　（このことはまあ彼に任せるほかない）
6 说了好几遍，总也不明白。Shuōle hǎojǐ biàn, zǒng yě bù míngbai.
　（何べんも話したが，どうしてもわからない）
7 他老也找不到工作。Tā lǎo yě zhǎobudào gōngzuò.
　（彼はいつまでも仕事が見つからない）

　1と**2**は［関連副詞"也"＋範囲副詞"只、都"］の順に並べている。"只"は後の数量詞にかかる。**2**で"都也"という語順は成立しない。**3**～**5**は関連副詞"也"を用いた婉曲表現。"也就(是)"は「まあ…でしょう」という意味。"也"は「…も同様に」と暗に同類があることをほのめかすことから，婉曲な言い回しに使われる。**3**～**5**とも"也"を取り去ると，ストレートな表現になってしまう。**6**～**7**は「範囲副詞"总／老"＋関連副詞"也"」の順で，それぞれ「どうしても；いつまでも」と否定文の組み立ての強調表現になっている。文意は"怎么…也…"（どんなに…しても…）の形式でも表すこともできる。

> **STEP UP! 更上一层楼**
>
> ◆副詞の配列については，おおよその目安として，「語気副詞＋関連副詞＋（範囲副詞）＋時間副詞＋（範囲副詞）＋程度副詞」のような規則を示すことができる。しかし，副詞そのものの下位分類に諸説あり，さらに複数の下位分類にまたがる語や，同類でも差異があるなど，簡明な記述を妨げる要素が少なくない。研究論文としては，袁毓林〈多項副詞共現的語序原則及其認知解釈〉をはじめ，いくつかの論考がある。

212 句の連接（接続詞と副詞）

接続詞は語と語や，複文を構成する句と句，あるいは文と文を結ぶものである。しかし，中国語では接続詞だけでなく，副詞が句と句の連接，誘導のはたらきもする。

複文は，句と句を結ぶ接続成分を用いない場合（⇨**34**）と，接続成分を用いて前後の関係を明示する場合（⇨**33**, **215**）がある。接続成分としては接続詞や副詞を用いる。

1 他不但会说英语，而且还会说德语。
　Tā búdàn huì shuō Yīngyǔ, érqiě hái huì shuō Déyǔ.
　（彼は英語を話せるだけでなく，〔その上〕ドイツ語も話せる）

2 不但他会说汉语，而且他妹妹也会说汉语。
　Búdàn tā huì shuō Hànyǔ, érqiě tā mèimei yě huì shuō Hànyǔ.
　（彼が中国語を話せるだけでなく，〔その上〕彼の妹も中国語を話せる）

3 不论我怎么请求，她也不答应。Búlùn wǒ zěnme qǐngqiú, tā yě bù dāying.
　（私がどんなに頼んでも，彼女は承知しない）

4 这种书包既便宜又结实。Zhè zhǒng shūbāo jì piányi yòu jiēshi.
　（この種のカバンは安くて丈夫だ）

5 我一看就知道是假的。Wǒ yí kàn jiù zhīdào shì jiǎ de.
　（私はちょっと見てすぐ偽物とわかった）

6 刚下课，他就来找我了。Gāng xià kè, tā jiù lái zhǎo wǒ le.
　（授業が終わるとすぐ，彼は私をたずねて来た）

7 他越说我越不明白。Tā yuè shuō wǒ yuè bù míngbai.
（彼が話すほど私はわからなくなる）

8 他一边听广播，一边打扫屋子。Tā yìbiān tīng guǎngbō, yìbiān dǎsǎo wūzi.
（彼はラジオを聞きながら部屋を掃除している）

1と2は複文の前後の句に接続詞同士をそれぞれ呼応させて用いた例（⇨ 216〜218）。"不但…而且…"（…ばかりでなく，その上…）は，"不但"を省略しても同じ意味を表すことができる。また，"而且"を"也、还"などの副詞と併用したり，"而且"を省略して副詞"也、还"などだけでもよい（⇨ 218）。この"不但…而且…"は前後の句の主語が1のように同一であれば，"不但"を主語の後に置き，主語が異なる場合は"不但"を主語の前に置く。3は接続詞と副詞を前後呼応させた例。"不论"は"无论"wúlùn に換えてもよい。話しことばでは"不管"bùguǎn を使う。副詞"也"は"都"でもよい。4〜8は前後に副詞を呼応させた例。接続詞だけでなく，副詞が複文の句と句を結ぶ働きをする。これらの副詞は接続詞と混同しやすいが，両者の位置に注意する必要がある。副詞は動詞や形容詞の前にしか置けないため，6と7の例では後の句の主語を副詞の前に置かなければならない。例えば7で×"越说越我不明白"とするのは誤り。接続詞は主語の前に置くものが多いが，主語の後に置く場合もある。4の"既…又…"は"又…又…"（⇨ 203）と同じ。"既…也…"という組み立てもある。5〜8の"一…就…"（…すると…），"刚…就…"（…したかと思うと…），"越…越…"（…であればあるほどますます…），"一边…一边…"（…しながら…する）はいずれも副詞だけで句と句を結ぶ慣用文型でもある。"一边…一边…"は"一面 yímiàn…一面…"ともいう。

更上一层楼

◆中国語では，副詞による句の連接（"关联作用"と呼ぶ）は接続詞よりも重要な働きをしている。次のような，一見すると同形式だが，実は異なる組み立ての例もある。(i)の例は，意味の相反する1音節語を用いて「…もなければ…もない（＝ちょうどよい）；…でもなければ…でもない（＝どっちつかず）」という意味を表し，(ii)の例は，意味の同じ，あるいは似た1音節語を用いて「…もしなければ…もしない」と否定の強調をする。また，(iii)の例は，意味の相反する動詞(句)を用いて「…でなければ…でない」という意味を表す。

(i)①**不多不少**。Bù duō bù shǎo.（多からず少なからず）

②**不清不白**。Bù qīng bù bái.（はっきりしない）

(ii)**不吃不喝**。Bù chī bù hē.（食べもしないし，飲みもしない）

(iii)**不见不散**。Bú jiàn bú sàn.

（会うまで待つ〔＝会わなければ約束の場所を離れない〕）

否定副詞による句の連接で，次のような二重否定の慣用文型もある。"非…不可"の中間には名詞，代詞，動詞(句)や主述連語も置くことができる。

(iv)①**非去不可**。Fēi qù bùkě.（行かなければだめだ）

②**非你去不可**。Fēi nǐ qù bùkě.（君が行かなければいけない）

213 "和"と"跟"（接続詞と介詞）

接続詞は語と語や，複文を構成する句と句，あるいは文と文を結ぶ働きをする。介詞は名詞や代詞などを賓語として介詞連語を構成し，文の成分としては修飾語になるが，接続詞はただ語句と語句を結ぶ働きをするだけである。両者の文法的な性質にはこのような差異があるのに，"和、跟"（…と）など，接続詞と介詞の双方に用いる例がある。例えば，"我和他谈了不少话。" Wǒ hé tā tánle bù shǎo huà. という文は，「私は彼といろいろ話した」と訳せば"和"が介詞であり，「私と彼はいろいろ話した」と訳せば"和"が接続詞である。このような兼類語の数は多くはないが，二義性のある文に注意しなければならない。

1 他会 英语、法语和汉语 。Tā huì Yīngyǔ、Fǎyǔ hé Hànyǔ.

（彼は英語，フランス語と中国語ができる）

2 我和小王 都借了一本书。Wǒ hé Xiǎo Wáng dōu jièle yì běn shū.

（私と王君はそれぞれ本を1冊借りた）

3 我和／跟小王借了一本书。Wǒ hé／gēn Xiǎo Wáng jièle yì běn shū.

（私は王君に本を1冊借りた）

4 我想和／跟小王借一本书。Wǒ xiǎng hé／gēn Xiǎo Wáng jiè yì běn shū.

（私は王君に本を1冊借りたい）

5 ①他经常和／跟小王谈话。Tā jīngcháng hé／gēn Xiǎo Wáng tán huà.

（彼はいつも王君と話をする）

②他和／跟小王经常谈话。Tā hé／gēn Xiǎo Wáng jīngcháng tán huà.
（彼と王君はいつも話をする）

6 大会讨论和／并通过了这个决议。
Dàhuì tǎolùn hé／bìng tōngguòle zhège juéyì.
（大会はその決議を討論し，そして採択した）

1は賓語の位置，**2**は主語の位置に，接続詞で結んだ語が並んでいる。並べられた語を前後入れ換え，例えば**2**で"小王和我"としても意味は変わらない。並列された語と語を結ぶには，接続詞"和"を用いるほか，接続詞を用いずそのまま並べることもある。その場合，書きことばでは並列を表す読点"、"（顿号 dùnhào）で並べる（⇨**30**）。3つ以上の語の場合は"和"は，最後の2つの成分の中間に置く。話しことばでは語の並列に"和"のほか，"跟"もよく使われるが，一般的には，"跟"は接続詞として使うより，介詞として用いる場合が多い。ガイドラインの語彙表では介詞だけ挙げている。**3**と**4**は"和"あるいは"跟"を介詞として用いた場合。**3**の例で"我和／跟小王"が主語だと誤認すると"和、跟"が接続詞ということになるが，この意味であるならば，"我和／跟小王"の後に複数の主語を受けて副詞"都"（それぞれみな）が入る。**4**は主語の後に助動詞"想"があり，"和／跟小王"は介詞連語であることがわかる。**1**と**2**の例では，接続詞"和"の前に副詞や助動詞など他の成分を置くことはできない。**5**は副詞"经常"が①の位置ならば"和、跟"は介詞，②の位置ならば"和、跟"は接続詞になる。**6**は"和"が2音節動詞を並べた例。"我很注意听和说。"Wǒ hěn zhùyì tīng hé shuō.〔外国語の勉強で〕私は聞くことと話すことに気をつけている）のような1音節動詞を"和"で並べる例は少ない。**6**のような並列連語の述語は，並べられたそれぞれの成分に共通する賓語，補語あるいは修飾語などがないと成立しない。2音節動詞を並べる場合，"跟"を用いることはない。書きことばでは"和"のほかに"并"あるいは"并且"bìngqiě も使われる。

更上一层楼 STEP UP！

◆吕叔湘《现代汉语八百词》では，"和、跟"などの使い分けについて，「介詞に用いる場合，話しことばでは常に"跟"を使い，書きことばでは現在"同" tóng の使用に傾きがある。接続詞に用いる場合，一般的には"和"の使用に傾きがあり，"跟"を用いることは比較的少なく，"同"はさらに少ない」と述べている。

(i) 一九七八年八月日本同中国缔结了和平友好条约。
　　Yī jiǔ qī bā nián bāyuè Rìběn tóng Zhōngguó dìjiéle hépíng yǒuhǎo tiáoyuē.
　　(1978年8月日本と中国は平和友好条約を締結した)

接続詞には大別して，次の3種がある。
(1) 主として単語や連語を結ぶもの：和、跟、同、与、及 jí、或 huò。
(2) 主として複文を構成する句と句や，あるいは文と文を結ぶもの。これらは，さらに複文の先行する句において用いられるものと，後続する句において用いられるものに分かれる：因为、所以（その他の例示⇨**215**）。
(3) 単語や連語，複文を構成する句と句や，あるいは文と文を結ぶもの：并（その他の例示⇨**215**）。

接続詞によって結ばれる語句と語句の関係には，それぞれが対等に並ぶ並列関係と，一方が他方に従属する主従関係がある。上に挙げた"和、跟、并"などは前者である。

214　"还是"と"或者"

"还是"と"或者"は前後に置かれた語句からいずれかを選択する意味を表す。"还是"は，いずれを選択するのかわからない場合に，選択疑問文で使われる（⇨**41**）。"或者"はいくつかの選択肢があることを伝える場合に，平叙文で用いる。疑問文では使えない。

❶ 你(是)明天去还是后天去？Nǐ (shì) míngtiān qù háishi hòutiān qù?
　（君は明日行きますか，それとも明後日行きますか）
❷ 我明天或者后天去。Wǒ míngtiān huòzhě hòutiān qù.
　（私は明日かあるいは明後日行きます）
❸ 你明天去或者后天去都行。Nǐ míngtiān qù huòzhě hòutiān qù dōu xíng.
　（君は明日行くかあるいは明後日行くか，どちらでもよい）
❹ 我不知道他喜欢喝红茶还是喜欢喝咖啡。
　Wǒ bù zhīdào tā xǐhuan hē hóngchá háishi xǐhuan hē kāfēi.
　（彼が紅茶〔を飲むの〕が好きなのかそれともコーヒーが好きなのか私は知らない）

5 去美国还是去加拿大，我还没决定。

Qù Měiguó háishi qù Jiānádà, wǒ hái méi juédìng.

（アメリカに行くかそれともカナダに行くか，私はまだ決めていない）

6 我想去美国或者去加拿大，现在还没决定。

Wǒ xiǎng qù Měiguó huòzhě qù Jiānádà, xiànzài hái méi juédìng.

（私はアメリカに行くかあるいはカナダに行きたいが，いままだ決めていない）

7 无论／不管你去还是／或者他去，都得早点儿去。

Wúlùn／Bùguǎn nǐ qù háishi／huòzhě tā qù, dōu děi zǎo diǎnr qù.

（君が行くか彼が行くかに関わらず，はやめに行かなければならない）

8 你(是)喝红茶还是喝咖啡？Nǐ (shì) hē hóngchá háishi hē kāfēi?

（君は紅茶を飲む，それともコーヒーを飲む）

——还是喝咖啡吧。Háishi hē kāfēi ba.（やはりコーヒーを飲もう）

1 のように，"还是" は "(是) A 还是 B ?"（A それとも B）という選択疑問文を組み立てる（⇨41）。**2** と **3** のように "或者" は平叙文で選択を表す。**4** "还是" を用いた選択疑問文が，動詞 "知道" の賓語として埋め込まれた場合には，平叙文でも "还是" を使う。**5** の "还是" は，いずれを選択するのかわからない場合，**6** の "或者" はいくつかの選択肢があることを伝える場合で，両者の差異がよくわかる。**7** は "无论／不管 A 还是／或者 B，都／也…"（A か B かに関わらず，〔どちらの場合でも〕…）の組み立てで，接続詞と副詞で前後呼応させた複文になっている。この場合は "还是、或者" のどちらも使うことができる。**8** で，問いの "还是" は接続詞であるが，答えの "还是" は副詞としての用例で，比較や考慮の結果を示す。文末に助詞 "吧" を置いて呼応させることが多い。

> **更上一层楼**
>
> STEP UP!
>
> ◆選択肢のそれぞれに "或者" が用いられた "或者…或者…" という組み立てもある。(ii)は主語の異なる主述連語の選択肢を並べる場合である。
>
> (i) **或者**去海边**或者**去山区，都可以。
>
> Huòzhě qù hǎibiān huòzhě qù shānqū, dōu kěyǐ.
>
> （海に行っても山に行っても，どちらでもよい）
>
> (ii) **或者**他去**或者**你去都行。Huòzhě tā qù huòzhě nǐ qù dōu xíng.
>
> （彼が行っても君が行っても，どちらでもよい）

◆書きことばでは，"或"が用いられる。"或多或少"huò duō huò shǎo（多かれ少なかれ）のような"或…或…"という慣用の4字句もよく使われる。
　(iii)**毕业后从事教学或研究，还没有决定。**
　　　Bìyèhòu, cóngshì jiàoxué huò yánjiū, hái méiyou juédìng.
　　　（卒業後，教職につくか研究かまだ決めてない）
◆二者択一（…でなければ…だ）の選択を表す"不是A就是B"は，「Aでなければ B，Bでなければ A」という意味になる。
　(iv)**他不喜欢学习，每天不是看电视，就是听音乐。**
　　　Tā bù xǐhuan xuéxí, měitiān bú shì kàn diànshì, jiù shì tīng yīnyuè.
　　　（彼は勉強が嫌いで，毎日テレビを見なければ音楽を聴いている）

215　複文を構成する接続詞

　複文における句と句の連接には，接続成分を用いない場合（⇨34）と，接続成分を用いて前後の関係を明示する場合（⇨33）がある。接続成分としては接続詞や副詞が意味上の関連を示すために用いられる（⇨212）。接続詞は句と句を結ぶだけで，句（連語）を構成する成分ではない。この点は副詞と異なる。

　複文が2つの句から構成されている場合，接続詞には前の句にだけ置かれるもの（前置接続詞）と，後の句にだけ置かれるもの（後置接続詞）がある。前置接続詞は後の句があることを前提とし，後置接続詞は前の句があることを前提としている。ただし，前置接続詞は，時に後の句に使うことがある。また，文と文を結ぶために後置接続詞を用いる場合がある。

前置接続詞の例：
　　"虽然"suīrán（…ではあるけれども），"因为"yīnwèi（なぜなら），"要是"yàoshi（もしも），"如果"rúguǒ（もしも），"不但"búdàn（…であるばかりでなく），"无论"wúlùn（…であろうとなかろうと），"不管"bùguǎn（…にかかわらず），"只要"zhǐyào（…でありさえすれば），"只有"zhǐyǒu（…であってこそ）

後置接続詞の例：
　　"但是"dànshi（しかし），"可是"kěshì（しかし），"不过"búguò（だが），"所以"suǒyǐ（だから），"而且"érqiě（しかも），"并且"bìngqiě

(その上)，"那么"nàme (それなら)

前置接続詞と後置接続詞は，それぞれ意味上ペアをなすものを組み合わせて用いる（⇨216～218）。前置接続詞のなかには，後の句に副詞を置き，それと関連をもたせるものもある（⇨219～221）。後置接続詞は前置接続詞との関連なく用いる例もある（⇨222）。

1 他已经决定在这里学汉语，一来他喜欢这里的气候，二来还想学方言。

Tā yǐjing juédìng zài zhèli xué Hànyǔ, yīlái tā xǐhuan zhèli de qìhòu, èrlái hái xiǎng xué fāngyán. (彼はすでにここで中国語を学ぶことにした。1つには彼はここの気候が好きだから，2つには方言も学びたいから)

2 要是不下雨的话，我明天一定来。

Yàoshi bú xià yǔ dehuà, wǒ míngtiān yídìng lái.

(もしも雨が降らなかったならば，私は明日必ず来ます)

3 我明天一定来，要是不下雨的话。

Wǒ míngtiān yídìng lái, yàoshi bú xià yǔ dehuà.

(私は明日必ず来ます，もしも雨が降らなかったならば)

1の"一来…二来…"は2つの原因あるいは目的を列挙する接続詞を用いた複文。当然，前置の接続詞と後置の接続詞が呼応しなければならない。後の句ではさらに副詞"还"（なおその上）も用いているが，不可欠の成分ではない。後半を"二来想学点儿方言"などとしてもよい。**2**は接続詞"要是"と副詞"一定"を呼応させた複文。ここでは接続詞"要是"を受け，仮定を表す助詞"的话"dehuà を用いているが，"要是"だけでもよい。話しことばでは"的话"を文末に置くだけの例も多い。接続詞"要是"と呼応して後の句に置かれる副詞は，多くの場合"就"であるが，この例の"一定"のように，これに代わる他の副詞でもよい。**3**は**2**と前後の句が入れ換わり，前置の接続詞"要是"を用いた句が複文の後の句に使われている。この例では，仮定の部分を後から思いついて付け足した表現になっているが，時にこのように前置接続詞が後の句に使われることがある。

更上一层楼

STEP UP!

◆文と文を結ぶために後置接続詞を用いた場合として，次のような例がある。

(i) 中国历来只是地主有文化，农民没有文化。可是地主的文化是由农民造成的。
Zhōngguó lìlái zhǐshì dìzhǔ yǒu wénhuà, nóngmín méi yǒu wénhuà. Kěshì dìzhǔ de wénhuà shì yóu nóngmín zàochéng de.

（中国はこれまで地主だけが文化を有し，農民には文化がなかった。しかし，地主の文化は農民が作ったものなのだ）

この例で"可是"は前の文を受けているのであり，複文に用いられたものではない。

216　"因为…所以…"

複文の前後の句を結ぶ場合，前置接続詞と後置接続詞は，それぞれ意味上ペアをなすものを組み合わせて用いる。複文の前後の意味関係には，大別して，並列，連続，累加，選択，逆接，因果，仮定，条件などがある。ここでは，因果関係（原因・理由＋その結果）を表す"因为…所以…" Yīnwèi…suǒyǐ（…は〔なぜなら〕…なので，〔だから〕…である）を取り上げる。前後の句の主語が異なる場合は"因为"を文頭（主語の前）に置き，前後の句の主語が同じ場合は"因为"を主語の前に置いても後に置いてもよい。

1 因为他很想去，所以我不去。Yīnwèi tā hěn xiǎng qù, suǒyǐ wǒ bú qù.
（彼が行きたがっているから，私は行かない）

2 ①因为我不想看他，所以不去。Yīnwèi wǒ bù xiǎng kàn tā, suǒyǐ bú qù.
（私は彼に会いたくないので，行かない）

②我因为不想看他，所以不去。Wǒ yīnwèi bù xiǎng kàn tā, suǒyǐ bú qù.
（私は彼に会いたくないので，行かない）

③因为不想看他，所以我不去。Yīnwèi bù xiǎng kàn tā, suǒyǐ wǒ bú qù.
（彼に会いたくないので，私は行かない）

3 （因为）路上车太多，（所以）现在才到。
(Yīnwèi) lùshang chē tài duō, (suǒyǐ) xiànzài cái dào.
（途中，車がとても多くて，いまやっと着いた）

4我不去，(是)因为我不想看他。Wǒ bú qù, (shì) yīnwèi wǒ bù xiǎng kàn tā.
（私は行かない，私は彼に会いたくないから〔だ〕）

特に話しことばの比較的短い文では，"因为…所以…"をあまり形式ばって使わないので，**1**と**2**の①，②では"因为"を省略した方が自然である。**1**は前後の主語が異なるので×"他因为很想去，所以我不去。"とはいえない。主語が同じ場合，"因为"は**2**の①，②のように主語の前にも後にも置ける。③は前半の主語を略している。"所以"は必ず主語の前に置き，×"我所以…"とはいわない。**3**は日常的な短めの表現で，"因为"あるいは"所以"のどちらかを使えばよいが，後の句には副詞の"才"があるので，"因为"との呼応はこの副詞で成立する。**4**は"因为"を後の句に用いた例で，前の句で結論を述べ，後から理由を付け足す表現になる。この場合，前の句に"所以"は使わない。ただ，書きことばでは，"所以我不去，(是)因为…"（私が行かないわけは…だからである）のような表現ができる。

更上一层楼

◆ "因为"には後に名詞性の語句を置いた介詞としての用法がある。原因や理由を示す。

(i) 因为工作的关系，我不能参加比赛了。
　　Yīnwèi gōngzuò de guānxi, wǒ bù néng cānjiā bǐsài le.
　　（仕事の関係で試合に出られなくなった）

"因为"と同じように，因果関係の複文で前の句に使われる接続詞に"由于"yóuyú がある。"因为"は話しことばにも書きことばにも用いるが，"由于"はふつう書きことばに用いる。

(ii) 因为／由于路上车太多，所以我迟到了。
　　Yīnwèi／Yóuyú lùshang chē tài duō, suǒyǐ wǒ chídào le.
　　（途中，車がとても多くて私は遅刻しました）

"由于"に呼応する後置接続詞として"所以"のほか"因此"yīncǐ（それで）も用いる。

(iii) 由于没有向导，因此／所以迷了路。
　　Yóuyú méi yǒu xiàngdǎo, yīncǐ／suǒyǐ míle lù.
　　（ガイドがいなかったため，道に迷った）

217　"虽然…可是…"

　　複文の前後の句を結ぶ場合，前置接続詞と後置接続詞は，それぞれ意味上ペアをなすものを組み合わせて用いる。複文の前後の意味関係には，大別して，並列，連続，累加，選択，逆接，因果，仮定，条件などがある。"虽然…可是／但是…" Suīrán…kěshì／dànshì…は「…ではあるけれども，しかし…」という逆接の関係を表す。呼応する後置接続詞の"可是"は話しことばで多く用いられ，"但是"は話しことばにも書きことばにも用いられる。

1 我虽然／虽然我很想去，可是没有机会。
　　Wǒ suīrán／Suīrán wǒ hěn xiǎng qù, kěshì méi yǒu jīhuì.
　　（私はとても行きたいのだが，機会がない）

2 虽然我／我虽然很想去，可是我妈妈不让我去。
　　Suīrán wǒ／Wǒ suīrán hěn xiǎng qù, kěshì wǒ māma bú ràng wǒ qù.
　　（私はとても行きたいのだが，お母さんが私を行かせてくれない）

3 他虽然喜欢唱歌，可是却唱得不那么好。
　　Tā suīrán xǐhuan chàng gē, kěshì què chàngde bú nàme hǎo.
　　（彼は歌を歌うのが好きだが，それほど上手ではない）

4 虽然跑了好几遍，事情却／可没办成。
　　Suīrán pǎole hǎojǐ biàn, shìqing què／kě méi bànchéng.
　　（何べんも足を運んだけれども，事はいまだ成就していない）

5 计划已经订了，虽然还没有落实。
　　Jìhuà yǐjing dìng le, suīrán hái méiyou luòshí.
　　（計画はすでに立てた，まだ具体化していないが）

　　"虽然"は文頭にも，主語の後にも置くが，**1**のように前後の主語が同じ場合は主語の後に，**2**のように主語が異なる場合は文頭に置くことが多い。また，話しことばの比較的短い文では，"虽然…可是／但是…"をあまり形式ばって使わず，"虽然"を略し，"可是"だけで逆接を表すことが多い。"可是"は日常の話しことばでソフトだが，"但是"は"可是"にくらべ，逆接の意味が強くなる。"可是、但是"の代わりに，"却" què（…なのに；ところが），"可" kě（…なのに；だが），"还(是)"（やはり；なお）などの副詞と呼応したり，"却"などを併用することもある。**3**のように"可是、但是"

と組み合わせたり，また**4**のように副詞だけでもよい。副詞の"却"や"可"は主語の後に置く。**5**は前置接続詞"虽然"を後の句に用いた例。後から付け足して，補足説明をした表現になる。この場合の"虽然"は必ず後の句の最初に置き，主語の後に置くことはできない。また，前の句に"可是、但是"を用いることはできない。

更上一层楼

STEP UP！

◆話しことばでよく用いられる"不过"búguò（ただ；ただし）は"可是、但是"と同様の，逆接を示す接続詞であるが，前の句で述べたことに対する補足や修正の説明をする。"但是"などの，予期したことや道理とは反する，といった強い語気はない。逆接を表す，この3語の語気の強さは"但是＞可是＞不过"の順になる。

(i) **他身体一直不好，不过现在好多了。**
　　Tā shēntǐ yìzhí bù hǎo, búguò xiànzài hǎo duō le.
　　（彼は身体がずっと悪かったが，いまはだいぶよくなった）

(ii) **他们俩虽然结了婚，但是感情不大好。**
　　Tāmen liǎ suīrán jiéle hūn, dànshì gǎnqíng bú dà hǎo.
　　（彼ら2人は結婚したものの，仲があまりよくない）

218　"不但…而且…"

複文の前後の句を結ぶ場合，前置接続詞と後置接続詞は，それぞれ意味上ペアをなすものを組み合わせて用いる。複文の前後の意味関係には，大別して，並列，連続，累加，選択，逆接，因果，仮定，条件などがある。"不但…而且…" búdàn…érqiě…は「…であるだけでなく，その上（また；さらに）…でもある」という累加の関係を表す。"不但"は話しことばにも書きことばにも用いる。書きことばでは"不仅"bùjǐn もよく使われる。前後の句の主語が異なる場合は"不但"を文頭(主語の前)に置き，前後の句の主語が同じ場合は"不但"を主語の後に置く。

1 不但我知道，而且他也知道。 Búdàn wǒ zhīdào, érqiě tā yě zhīdào.
　（私が知っているばかりか，〔その上〕彼も知っている）

2 他不但知道，而且知道得很详细。

Tā búdàn zhīdào, érqiě zhīdàode hěn xiángxì.

（彼は知っているばかりか，〔その上〕詳しく知っている）

3 她（不但）很聪明而且（也）很漂亮。

Tā (búdàn) hěn cōngming érqiě (yě) hěn piàoliang.

（彼女は頭がよい上に，器量もよい）

1のように前後で主語が異なる場合はふつう"不但"を文頭（主語の前）に置くので，×"我不但知道"とはいわない。**2**のように前後の主語が同じ場合は，主語の後に置くので，×"不但他知道"とはいわない。**3**の例で前置接続詞"不但"がなくてもよい。"不但…而且…"の組み立ては"不但"を略すことが多い。後置接続詞"而且"に加えて副詞"也、还"などの副詞を同時に用いることができる。"而且"を使わずに，"不但…也／还…"と組み立てる場合もある。"不但"だけを用いることはできない。

［更上一层楼］

◆"不但不／不但没…反倒 fǎndào…"は後の句が「かえって…」と逆接になる。

(i) 天不但没晴，反倒下起雨来。Tiān búdàn méi qíng, fǎndào xiàqǐ yǔ lai.

（空が晴れなかったばかりか，反対に雨が降りだした）

後の句を副詞"甚至"で呼応させると，極端な事例を挙げた強調ができる。

(ii) 这件事不但我知道，甚至小王还知道。

Zhè jiàn shì búdàn wǒ zhīdào, shènzhì Xiǎo Wáng hái zhīdào.

（このことは私が知っているだけでなく，王君さえも知っている）

◆"而且"は並列を表す接続詞としても多用される。書きことばでは"而"も使う。双方とも「その上」という意味で使うが，(iv)のように程度副詞"很"などが加わった例は"而且"しか使えない。(v)の例は前後の意味が対比あるいは相反する場合で"而"しか使えない。

(iii) 苹果大而／而且甜。Píngguǒ dà ér／érqiě tián.（リンゴは大きくて甘い）

(iv) 苹果很大而且很甜。Píngguǒ hěn dà érqiě hěn tián.

（リンゴは大きくて，その上甘い）

(v) 苹果大而不甜。Píngguǒ dà ér bù tián.（リンゴは大きいが甘くない）

219 "要是…就…"

複文の前後の句を結ぶ場合，前の句に置く接続詞と後の句に置く副詞は，それぞれ意味上なんらかの呼応をするものが組み合わさる。複文の前後の意味関係には，大別して，並列，連続，累加，選択，逆接，因果，仮定，条件などがある。"要是…就…" Yàoshi…jiù…は「もしも…ならば，〔その場合には〕…」という仮定とその結果の関係を表す。書きことばでは"如果…就…" Rúguǒ…jiù…が使われる。話しことばでは前置接続詞の"要是"を受け，仮定を表す助詞"的话" dehuà を用いることもある。"的话"を文末に置くだけの例も多い。"要是"と呼応して後の句に置かれる副詞は，多くの場合"就"であるが，これに代わる他の副詞でもよい（⇨215）。

1 要是／如果明天下雨，我就不去了。
　　Yàoshi／Rúguǒ míngtiān xià yǔ, wǒ jiù bú qù le.
　　（〔もしも〕明日雨ならば私は行かないことにする）
2 要是你也参加，他一定会高兴。Yàoshi nǐ yě cānjiā, tā yídìng huì gāoxìng.
　　（〔もしも〕君も参加すれば，彼はきっと喜ぶだろう）
3 要是／如果您方便的话，我打算拜访您。
　　Yàoshi／Rúguǒ nín fāngbiàn dehuà, wǒ dǎsuàn bàifǎng nín.
　　（もしもご都合がよければ，私はあなたをお訪ねするつもりです）
4 咱们一起去吧，要是你有兴趣的话。
　　Zánmen yìqǐ qù ba, yàoshi nǐ yǒu xìngqù dehuà.
　　（私たちは一緒に行こう，もしも君に興味があるならば）
5 我明天再来，如果你现在有事（的话）。
　　Wǒ míngtiān zài lái, rúguǒ nǐ xiànzài yǒu shì (dehuà).
　　（私は明日また来ます，もしも君がいま仕事があるなら）

"要是"は話しことばであるが，"如果"は話しことばと書きことばのどちらにも使う。ふつう後の句は副詞"就"を置くが，**2** のようにほかの副詞や助動詞（この例では"一定"や"会"）が"就"に代わることもある。また，後の句に接続詞"那么" nàme （それなら）を置いたり，"那么"と"就"を組み合わせて使うこともある（⇨222）。いずれにせよ，後の句には前置接続詞と呼応するものが何かしら必要である。"要是"は省略できるが，"就"な

ど後の接続成分は省略できない。**3**の"要是／如果…的话"（もしも…ならば）は，**4**と**5**のように，後の句に移し，後から思いついて付け足す感じを表すことができる。ふつう文末助詞"的话"をともなうが，**5**のように"如果"と組み合わさる場合は略す例もある。

更上一层楼

STEP UP !

◆前置接続詞の"要是"と"如果"は，それぞれ"要"と"如"だけで仮定の意味を表せる。"要"は話しことば，"如"は書きことばで使う。

(ⅰ)**要不是下雨，我早就出门了**。Yào bú shì xià yǔ, wǒ zǎojiù chū mén le.
　（もしも雨でなければ，私はとっくに出かけていたのに）

◆仮定の表現の一種として，"就是／即使…也…" jiùshì／jíshǐ…yě…（たとえ…でも…）という仮定の譲歩を表す複文がある。"就是"は話しことば，"即使"は書きことばで用いられる。

(ⅱ)**就是／即使下雨，我也要去**。Jiùshì／Jíshǐ xià yǔ, wǒ yě yào qù.
　（たとえ雨が降っても私は行かねばならない）

220　"只要…就…"

複文の前後の句を結ぶ場合，前の句に置く接続詞と後の句に置く副詞は，それぞれ意味上なんらかの呼応をするものが組み合わさる。複文の前後の意味関係には，大別して，並列，連続，累加，選択，逆接，因果，仮定，条件などがある。"只要…就…" Zhǐyào…jiù…（…でさえあれば，〔それですぐ〕…）は，これだけの条件があればよいという，必要条件を表す。条件を示す複文には，このほか次項**221**に，欠くことのできない唯一の条件を表す"只有…才…" Zhǐyǒu…cái…（…してはじめて…）という組み立てがある。この2つの複文は混同しやすい。

1 只要你请他来，他就来。Zhǐyào nǐ qǐng tā lái, tā jiù lái.
　（君が彼を招きさえすれば，彼は〔すぐ〕来る）

2 只要你爸爸同意，你就可以去旅行。
　Zhǐyào nǐ bàba tóngyì, nǐ jiù kěyǐ qù lǚxíng.
　（お父さんが賛成しさえすれば，君は旅行に行ってもいい）

1では「君が招く」という条件，**2**では「お父さんが賛成する」という条

件さえ満たせば、ほかの条件はととのわなくてもかまわない。提示された条件からすぐに結果が得られることを副詞"就"が示す（⇨**193**）。前項 219 の仮定を表す"要是…就…"では、前置接続詞"要是"が略されても意味は通るが、"只要…就…"の前置接続詞"只要"を略すと、単なる仮定の条件になってしまい、「…でさえあれば」の意味は表せない。

更上一层楼

STEP UP !

◆必要条件を提示する、前半の"只要…"（…でさえあれば）を後の句に移し、後から説明を付け足す感じを表すこともできる。

　　(i)他会同意的，只要你把道理讲清楚。
　　　Tā huì tóngyì de, zhǐyào nǐ bǎ dàolǐ jiǎngqīngchu.
　　　（彼はきっと賛成します、君がわけをはっきり話しさえすれば）

221　"只有…才…"

複文の前後の句を結ぶ場合、前の句に置く接続詞と後の句に置く副詞は、それぞれ意味上なんらかの呼応をするものが組み合わさる。複文の前後の意味関係には、大別して、並列、連続、累加、選択、逆接、因果、仮定、条件などがある。"只有…才…" Zhǐyǒu…cái…（ただ…してこそ…）は欠くことのできない唯一の条件を示し、前項 220 の"只要…就…"が必要条件を表すのに対し、十分条件を表す。日本語に移す場合、「…しないと…しない；…しない限り…しない」と二重否定にすると、この表現の表す意味がよくわかる。

❶只有你请他来，他才来。Zhǐyǒu nǐ qǐng tā lái, tā cái lái.
　（君が招いてはじめて、彼は来る＝君が招かないと彼は来ない）
❷只有你爸爸同意，你才能去旅行。
　Zhǐyǒu nǐ bàba tóngyì, nǐ cái néng qù lǚxíng.
　（お父さんが賛成してはじめて、君は旅行に行くことができる＝お父さんが賛成しないと君は旅行に行けない）

前項 220 の"只要…就…"（ただ…しさえすれば…）と混同しやすいが、"只有…才…"は、ほかの条件は一切有効でなく、結果を得るためには、❶では「君が招く」こと、❷では「お父さんが賛成する」ことが、それぞれただ 1

つの条件で，必ず満たさなければならないという意味を表す。提示された条件が満たされないと結果が得られないことを強調するため，副詞"才"が用いられる（⇨**193**）。

STEP UP! 更上一层楼

◆前半の"只有…"（ただ…してこそ）を後の句に移し，後から唯一の条件であることを示す表現もある。この場合，前に移した句に副詞"才"は使わない。

(ⅰ)**要学好外语，只有多听、多说**。Yào xuéhǎo wàiyǔ, zhǐyǒu duō tīng, duō shuō.
（外国語をマスターするには，たくさん聞き，たくさん話すだけだ）

◆接続詞の"只有"のほかに，副詞にも同形の"只有"がある。"只好" zhǐhǎo（…するよりしかたがない）とほぼ同じであるが，"只有"は「…するしかない」という意味に使う。

(ⅱ)**你只有采取这个办法了**。Nǐ zhǐyǒu cǎiqǔ zhège bànfǎ le.
（君はもうこの方法をとるしかない）

なお，"你只有一个办法了。"Nǐ zhǐ yǒu yí ge bànfǎ le.（君にはもうただ1つの方法があるだけだ）の例における"只有"は「副詞"只"＋動詞"有"」で，(ⅱ)に例示した副詞の"只有"とは組み立てが異なる。

222 "…，那么…"

複文の前後の句を結ぶ場合，接続成分を用いて前後の関係を明らかにする（⇨**33**）。接続成分としては接続詞や副詞を使う（⇨**212**）。複文の前後の意味関係には，大別して，並列，連続，累加，選択，逆接，因果，仮定，条件などがある。"…，那么…" nàme（…〔なら；なので〕，それでは…）は，前の句に示された事実や仮定，条件を受け，主張や判断，推断などを表す。

1 既然他不能去，那么你就替他去吧！
Jìrán tā bù néng qù, nàme nǐ jiù tì tā qù ba!
（彼が行けない以上，君は彼の代わりに行きなさい）

2 要是他不能去，那么你就替他去吧！
Yàoshi tā bù néng qù, nàme nǐ jiù tì tā qù ba!
（もしも彼が行けない場合は，君は彼の代わりに行きなさい）

3 那么，我们这样办吧！　Nàme, wǒmen zhèyàng bàn ba!
　（それでは，私たちはこのようにしましょう）

　"那么"は前置接続詞"既然"（…である以上；…したからには）や"要是"（もしも…ならば）などと呼応し，複文の後の句に用いて，主張や判断を示すことが多い。**1**，**2**の例は文頭の前置接続詞を略しても成立する。略した場合，前の句が同じになってしまうが，すでに事実になっていることを前提にしていれば"既然"，仮定のことを前提としていれば"要是"が補えるので，これらの接続詞がなくても文脈から判断できる。"那么"は後に副詞"就"をともなうことが多いが，後の句に主語があれば，さらにその後に置く。**3**は，"那么"を文頭に使っているが，その前の文などを受けて用いたものである。

> 更上一层楼
>
> ◆接続詞の"那么"は"那"（それなら）と略しても用いる。
> 　(i) 你既然病了，那就不要去上课了。Nǐ jìrán bìng le, nà jiù búyào qù shàng kè le.
> 　　（君は病気である以上，もう授業に出ないように）
> ◆"既然…就…"はよく用いられる複文の1つで，前の句にすでに実現したり，確実になった事実を述べ，後の句でそれにもとづく結論を示す。後の句の副詞は"就"に代わるものでもよい。
> 　(ii) 既然他不来，我们先开会吧。Jìrán tā bù lái, wǒmen xiān kāi huì ba.
> 　　（彼が来ないからには，私たちは先に会を始めよう）

223　助詞の下位分類

　辞書や文法書で助詞とされる語は，その範囲がそれぞれの考え方によって異なり，その下位分類にも差異がある。これは助詞が，いわば他の品詞に入りきれなかった語もかかえこんだ結果である。広く行われている下位分類では，助詞をその働きから，構造助詞（⇨**224**〜**228**），動作態助詞（⇨**229**〜**232**），文末助詞（⇨**233**〜**241**）の3種に分ける。ガイドラインもこの分類にしたがう。助詞の文法的性質は，単独で使えないこと，文法的な意味を有するだけで，語彙的な意味を表さないことなど，最も虚詞らしい虚詞といえる。機能的には単語（実詞）や連語に付加して用いられる。構造助詞は語句を連接して文法の意味を示し，動作態助詞は動詞の後に付加して，その動作がどん

な状態に置かれているかを文法的に示し，文末助詞は文末に置いて，話し手の語気を示したり，例えば"…的话"（〔…ならば〕⇒219）などのように特定の意味を付加したりする。文末助詞のうち，話し手の語気を示す語だけ取り出して「語気助詞」とする考え方もある。

1 ①聪明的孩子 cōngming de háizi （頭のよい子）
　②仔细地看。Zǐxì de kàn. （念入りに見る）
　③跑得很快。Pǎode hěn kuài. （走るのがはやい）
2 ①吃的 chī de （食べるもの）
　②便宜的 piányi de （安いもの）
　③我写的 wǒ xiě de （私が書いたもの）
3 ①吃了一顿饭。Chīle yí dùn fàn. （1度食事をした）
　②站着吃。Zhànzhe chī. （立ったままで食べる）
　③吃过中国菜。Chīguo Zhōngguócài. （中華料理を食べたことがある）
4 ①吃饭了。Chī fàn le. （食事をした/ごはんですよ）
　②真好吃啊！ Zhēn hǎochī a! （ほんとうにおいしいなあ）
　③你也来吧！ Nǐ yě lái ba! （君も来なさい）

1は構造助詞"的、地、得"の用例。順に連体修飾語，連用修飾語，補語をみちびく動詞の後置成分の例，**2**は"的"連語の用例。それぞれ動詞，形容詞，主述連語に付加して，これらの述語性成分を名詞相当語に変えている。**3**は動作態助詞"了、着、过"の例。動詞に付加し，完成（実現），持続，経験などを示す。**4**は文末助詞（語気助詞）"了、啊、吧"の例。文末に置き，それぞれ事態の確認，感嘆，命令の語気を表している。

更上一层楼

◆品詞分類で，助詞は最後に近い配置となることもあり，いわば分類の剰余とでもいうべき，余りものを集めた内容になりやすい。朱徳熙《语法讲义》では，動作態助詞の"了、着、过"を助詞からはずし，動詞の後置成分として動詞の項に移し，また，語気助詞も助詞からはずし，語気詞という1つの品詞に独立させている。その結果，助詞とは，後に残った構造助詞を指すことになる。"了、着、过"を排除するのは，主としてこれらが単語として認定し難い点にある。"大会讨论并通过了…" Dàhuì tǎolùn bìng tōngguò le… （大会は…を討論し採択した）の例では"了"が連語の後にも用いられている。こ

のような見地に立つと，構造助詞でも単語と見るより，一種の接辞（後置成分）として関連する品詞の項に移せる例がないとはいえない。ガイドラインではこのような考え方も考慮しつつ，助詞に従来の3種の下位分類を設け，朱徳熙が助詞として独立させた構造助詞のうち，"似的" shìde などのような文末に置く助詞を文末助詞に移した。その上で，文末助詞のうち語気を表すものは，説明の便宜上，語気助詞という呼称も使い，"似的"の類と区別できるようにした。なお，助詞として分類される語には，考え方によって異同がある。1例を挙げると，陆俭明《现代汉语基础》では，概数を表す"来、左右" lái, zuǒyòu などを数量助詞の呼称で下位分類に掲げ，"等等" děngděng など，"似的"と同じ類としてよい例も含めている。この考え方は北京大学中文系《现代汉语虚词例释》によるもので，この《虚词例释》では助詞の範囲がかなり広げられている。

◆吕叔湘《现代汉语八百词》の品詞分類は，ガイドラインと同じ3種の下位分類を設け，"似的"などは語気助詞に含めている。語気助詞には語助詞という別名も示されている。吕叔湘は助詞について，独立性の最も劣る品詞で，その働きは部分的に他の言語における語形変化に相当する，といっている。

224　構造助詞

助詞をその働きから，構造助詞，動作態助詞，文末助詞の3種に分ける。助詞は，単独に使うことなく，文法的な働きをするだけで，語彙的な意味は表さない。機能的には単語や連語に付加して用いられる。構造助詞"的、地、得"の3種は語句を連接して文法的意味を示す。"的"は連体修飾語と被修飾語を，"地"は連用修飾語と被修飾語を，"得"は動詞や形容詞と補語を結ぶ。この3語は，書きことばでは機能にしたがって書き分けているが，ピンイン表記は"de"で，音声的には差異がない。

構造助詞の"的"を述語性の成分(単語や連語)の後に付加すると名詞相当語に変わる。また，この"的"は述語性の成分だけでなく，名詞性の成分にも付加する。このような"的"をともなう連語を「"的"連語」と呼ぶ。"的"連語の文法的性質は名詞に等しい。

1 ①我(的)弟弟 wǒ (de) dìdi （私の弟）
　②老师的弟弟 lǎoshī de dìdi （先生の弟）

③**我的词典** wǒ de cídiǎn（私の辞書）

④**老师的词典** lǎoshī de cídiǎn（先生の辞書）

2①**大声(地)喊**。Dàshēng (de) hǎn.（大声で叫ぶ）

②**仔细地研究**。Zǐxì de yánjiū.（綿密に研究する）

③**很认真地学习**。Hěn rènzhēn de xuéxí.（真剣に学ぶ）

④**清清楚楚地记得**。Qīngqingchǔchude jìde.（はっきり覚えている）

3①**跑得很快**。Pǎode hěn kuài.（走るのがはやい）

②**笑得肚子都疼了**。Xiàode dùzi dōu téng le.（笑ってお腹まで痛くなった）

4①**买的** mǎi de（買った／買うもの）

②**好的** hǎo de（よいもの）

③**从中国来的** cóng Zhōngguó lái de（中国から来たもの）

④**木头的** mùtou de（木〔製〕のもの）

1は構造助詞"的"の用例。連体修飾語と被修飾語を結ぶ。①のように"的"を省略できる例もある（⇨**102**, **103**）。後の被修飾語を省略して用いた場合は**4**の「"的"連語」としての用法となる（⇨**226**）。**2**は"地"の用例。連用修飾語と被修飾語を結ぶ。①のように"地"を省略できる例もある（⇨**104**, **105**）。②の"仔细地研究"を"仔细的研究"と書き記せば「綿密な研究」の意味に変わり、"的"と"地"の書き分けは連体修飾語と連用修飾語の区別に必要であることがわかる。しかし，時に書き分けをしない人や場合もある。③は連語，④は形容詞の重ね型(状態形容詞)がそれぞれ連用修飾語になっている。**3**は補語を後にみちびく"得"の例。動詞や形容詞を補語に結ぶ場合，結果補語，方向補語のように"得"を使わないものもある。"得"を接続成分として使うのは状態補語に限られる（⇨**83**, **98**～**100**）。"看得见" kàndejiàn（見える），"看得出来" kàndechūlai（見てわかる）など，可能補語の肯定形で動詞，形容詞と補語の中間に入る"得"を構造助詞としてあつかう場合もある。**4**は"的"連語の用例。①は動詞，②は形容詞，③は介詞連語が名詞相当の働きをする語に変わっている。「もの」は「物」でも「者」でもある。④は名詞が"的"連語の形式になっている。この場合，名詞は名詞のまま文法的機能は変わらないが，意味は「木」に対し「木のもの」となり，同じではない（⇨**226**）。

更上一层楼

◆ガイドラインでは，可能補語の肯定形で動詞，形容詞と補語の中間に入る"得"は補語をみちびく構造助詞としてあつかうが，接辞(接中辞)とする考え方もある。なお，助詞と考える場合，例えば"看得见"は kànde/jiàn という組み立ての単語形式の連語になる。

◆朱德熙には〈说"的"〉をはじめ，"的"に関する一連の優れた論考がある。朱德熙によると，"的"はその前に置かれた成分に応じ，形式は同じでも3種の異なる機能を示すという。1つは"渐渐的" jiànjiànde（だんだんと），"三天两头的" sāntiānliǎngtóude（3日にあげず）などのような副詞の後置成分，また1つは"慢慢儿的" mànmānrde（のろのろした），"清清楚楚的" qīngqingchǔchǔde（はっきりした）などのような状態形容詞の後置成分で，さらに1つが"铁的" tiě de（鉄のもの），"小的" xiǎo de（小さいもの），"买的" mǎi de（買うもの）などのような助詞である，という。言い換えれば"的"は副詞性成分，状態形容詞性成分，名詞性成分における，それぞれ語尾の働きをしていることになる。

225 構造助詞"的"

構造助詞"的、地、得"は語句を連接して文法的意味を示す。そのうち"的"は連体修飾語と被修飾語を結ぶ働きをする。「連体修飾語＋被修飾語」の組み合わせで問題になるのは，いわば連体修飾語の語尾にあたる"的"の用法（用いる場合と用いない場合の文法的な規則）であり（⇨102, 103），連体修飾語と連用修飾語の区別（被修飾語の名詞性と述語性だけで分けられるか）である（⇨101）。関連項目の記述をふまえて，以下に要点を掲げる。

1 ①我的钱包 wǒ de qiánbāo（私の財布）
 ②我(的)弟弟 wǒ (de) dìdi（私の弟）
 ③小李的弟弟 Xiǎo Lǐ de dìdi（李君の弟）
 ④买一公斤(的)苹果。Mǎi yì gōngjīn (de) píngguǒ.
  （1kgのリンゴを買う）

2 ①买的东西 mǎi de dōngxi（買った品物）
 ②漂亮的房子 piàoliang de fángzi（きれいな建物）
 ③很大的镜子 hěn dà de jìngzi（とても大きな鏡）

④**干干净净的衣服** gānganjìngjìngde yīfu（こざっぱりした服）

3 ①**吃饭的时候** chī fàn de shíhou（ご飯を食べる時）

　　②**还没成功的事业** hái méi chénggōng de shìyè（まだ成功していない事業）

　　③**对他的看法** duì tā de kànfǎ（彼に対する見方）

4 ①**他的到来使大家十分高兴**。Tā de dàolái shǐ dàjiā shífēn gāoxìng.
（彼の来たことはみんなを大いに喜ばせた）

　　②**大家都称赞小王的勇敢**。Dàjiā dōu chēngzàn Xiǎo Wáng de yǒnggǎn.
（みなは王君の勇敢さをほめたたえた）

　1は修飾語が名詞性の語句。②の人称代詞が親族名詞や所属先（学校，会社など）を表す名詞に結ぶ場合には"的"を略すことが多い。③は修飾語が人名で，"的"を略せない。④は数量詞が修飾語の場合，名詞に直結しなければならないが，量詞が度量衡の単位であると"的"を用いることがある。特に対比や区別の意味を表したい場合に使う。**2**は修飾語が述語性の語句。①で"的"を略すと「品物を買う」という動賓連語になってしまう。動詞や形容詞は熟語でない限り"的"が必要。"很"などの程度を表す修飾語がついた形容詞句（連語）の場合も"的"が必要。④は修飾語が「状態形容詞＋語尾」の例。**3**は連語が修飾語の場合。必ず"的"を用いる。**4**の例は述語性の被修飾語に代詞や名詞の連体修飾語が用いられている。動詞や形容詞などの述語性成分の前に置かれた修飾語でも，このように連用修飾語でない場合がある。この種の用例は「連体修飾語＋"的"＋動詞／形容詞」を主語あるいは賓語の位置で見ることが多い。助詞の表記は"的"が正しい。

更上一层楼

◆呂叔湘は〈現代汉语单双音节问题初探〉において，中国語では連語を組み立てる場合，音節数が語句の安定性に関与することを多くの用例で明らかにしているが，そのなかで"的"が音節数の調整に関わる事実を述べている。例えば，2音節語同士を結ぶ場合，「名詞＋名詞」の例で，"塑料鞋底"sùliào xiédǐ（ビニールの靴底）は連語であるはずだが，"的"で修飾語を結ばず，また「形容詞＋名詞」で"详细(的)计划"xiángxì de jìhuà（詳しい計画）は同様に連語であるはずだが，"的"を使うことも使わないこともあり，一方，同じ形容詞"详细"でも1音節の名詞に結ぶ場合は，"详细的图"xiángxì de tú（詳しい図）のように必ず"的"を使うという。この他にも規則性が見出しにくい面があることを実証的に指摘している。

226 述語性成分を名詞相当語にする"的"

構造助詞"的、地、得"は語句を連接して文法的意味を示す。"的"は述語性の成分(単語や連語)の後に付加して名詞相当語(…のもの〔者・物〕)に変える。このような"的"をともなう連語を「"的"連語」(⇨27)と呼ぶ。"的"連語の文法的性質は名詞に等しい。この"的"は述語性の成分だけでなく，名詞性の成分にも付加する。その場合，名詞性という文法的な性質は変わらないが，表す意味は同じではない。

1 小李的分数高，小王的低一点儿。

　　Xiǎo Lǐ de fēnshù gāo, Xiǎo Wáng de dī yìdiǎnr.

　　(李君の点数は高いが，王君の〔点数〕は少し低い)

2 我要买便宜一点儿的(东西)。Wǒ yào mǎi piányi yìdiǎnr de (dōngxi).

　　(私は少し安いもの〔品物〕を買いたい)

3 ①知道的(人)不多。Zhīdào de (rén) bù duō.（知っている者は多くない）

　　②知道的(事)不多。Zhīdào de (shì) bù duō.（知っていることは多くない）

4 ①一件洗干净的(衣服)。Yí jiàn xǐgānjìng de (yīfu).

　　(1枚のきれいに洗ったもの〔服〕)

　　②洗干净的不多。Xǐgānjìng de bù duō.

　　(洗ってきれいにしたのは多くない)

　　③挑洗干净的。Tiāo xǐgānjìng de.（洗ってきれいにしたのを選ぶ）

5 ①我摘了一朵红的(花儿)。Wǒ zhāile yì duǒ hóng de (huār).

　　(私は赤い〔の／花〕を1本つんだ)

　　②我摘了一朵红红的花儿。Wǒ zhāile yì duǒ hónghóngde huār.

　　(私は赤い花を1本つんだ)

1 は"小王的"が名詞を用いた"的"連語。前半の句から，"的"の後に略されている語はわかる。**2** は「形容詞＋数量詞」の連語を用いた"的"連語。"的"の後に略されている語は文脈により買い物の対象となる品の範囲で補える。**3** は動詞を用いた"的"連語。"的"の後に略されている語は動詞の表す動作行為の送り手(行為者)か受け手(対象)のいずれかになる。この例ではかっこで補った通り，「者」か「物」になる。**4** のそれぞれの例は補足連語"洗干净"を用いた"的"連語が名詞と同じように働くことを示す。

①は名詞と同様に数量詞の修飾を受けること，②は主語になること，③は賓語になることを示している。**5**では①の"红的"が形容詞を用いた"的"連語であるのに対し，形式は似ているが，②の"红红的"は形容詞の重ね型（状態形容詞）に状態形容詞の語尾である"的"が付加したもので，"的"連語ではない。したがって名詞の代わりをすることができず，②では①のように"花儿"を略せない。

更上一层楼

◆状態形容詞は助詞の"的"と結ばない。例えば，"屋子里静悄悄的。"Wūzili jìngqiāoqiāode.（部屋の中はひっそりしていた）の例における述語は"的"連語ではなく，状態形容詞に語尾"的"を付加した組み立てとなっている。ただし，"那红红的是什么？"Nà hónghóngde shì shénme?（あの真っ赤なものは何ですか）のように，指示代詞を加え主語の位置に用いた場合など，事物を指す意味となり，"的"連語と同じ用法を示す例がある。

◆"的"連語は名詞相当語であるから，名詞と同様に副詞の修飾を受けない。したがって，"最小／的"zuì xiǎo de（最も小さいもの）は"最／小的"という組み立てではなく，"不看戏／的"bú kàn xì de（芝居を見ないもの）は"不／看戏的"という組み立てではない。

◆自動車の運転手を"司机"sījī というが，くだけたことばでは（一種の差別語で）"开车的"kāichēde ともいう。"…的"の形式は他にも職業や職務を表す数多くの例がある。教師を指す"教书的"jiāoshūde，郵便の配達員を指す"送信的"sòngxìnde など，いずれも"…的"の後には"人"が略されている。"开车的是谁？"Kāi chē de shì shéi?（車を運転するのは誰ですか）はその用例であるが，この"开车的"は名詞相当語で，"的"連語にほかならない。動詞だけを用いた"的"連語にすれば"开的"となるが，この表現では後に"人"が略されているだけとは限らない。"（我）开的（车）是德国车。"(Wǒ) kāi de (chē) shì Déguóchē.（〔私の〕運転する〔の／車〕はドイツ車です）の例では，"的"連語の後は"车"が略されている。"开的"という"的"連語は動詞"开"の行為者でも，その対象でもよいが，「…するもの（者・物）」を指す。"开车的"も人を指し，"开车的技术"kāi chē de jìshù（運転の技術）や"开车的时间"kāi chē de shíjiān（運転の時間）といった意味を引き出すことはできない。この２例における"开车的"は"的"連語を構成せず，助詞"的"をともなった連体修飾語として働いていることになる。

227 　構造助詞"地"

　構造助詞"的、地、得"は語句を連接して文法的意味を示す。そのうち"地"は連用修飾語と被修飾語を結ぶ働きをする。「連用修飾語＋被修飾語」の組み合わせで問題になるのは，いわば連用修飾語の語尾にあたる"地"の用法（用いる場合と用いない場合の文法的な規則）である（⇨**104, 105**）。関連項目の記述をふまえて，以下に要点を掲げる。

1 ①他今天格外(地)高兴。Tā jīntiān géwài(de) gāoxìng.
　　（彼は今日とりわけ喜んでいる）
　②这里不时(地)听到窗外的车声。
　　Zhèli bùshí(de) tīngdào chuāngwài de chēshēng.
　　（ここは窓の外の車の音がたえず聞こえる）

2 ①他热心(地)照顾病人。Tā rèxīn(de) zhàogù bìngrén.
　　（彼はすすんで病人の世話をする）
　②非常热心地为大家服务。Fēicháng rèxīnde wèi dàjiā fúwù.
　　（非常に積極的にみんなのために尽くす）

3 ①部分地改变了方式。Bùfende gǎibiànle fāngshì.
　　（部分的に方式を変更した）
　②官僚主义地对待这个问题。Guānliáozhǔyìde duìdài zhège wèntí.
　　（官僚主義的にこの問題に対処する）

4 ①一视同仁地招待他们。Yíshìtóngrénde zhāodài tāmen.
　　（分け隔てなく彼らをもてなす）
　②退休后他自由自在地过日子。Tuìxiū hòu tā zìyóuzìzàide guò rìzi.
　　（定年後彼は気ままに暮らしている）

　連用修飾語の，いわば標識でもある"地"は，その用法を明示することが難しい。文法的な機能として連用修飾語にしかなれない副詞の場合，ふつう1音節語には付加しないが，重ね型の副詞を含め，2音節語では付加する例がある。しかし**1**の副詞のように"地"が不要であるのに付加する例は，やはり文体（書きことば）など，表現の問題であり，文法では明確に律しきれない。**2**は形容詞の例であるが，2音節語では修飾語と被修飾語の組み合わせが慣用句なみに固定しているかどうか，といったことでも"地"の要不要

が左右される。極論すれば個々の２音節形容詞の用法にしたがう以外ない（⇨104）。**2**の"热心"は組み合わせによって"地"が必要となる。②のように程度を表す修飾語をともない連語になった場合は"地"を必要とする。連用修飾語の標識"地"を必ず付加するのは、**3**に示す名詞のような、ふつう連用修飾語にならない成分を用いたり、**2**の②に示した修飾連語を含め、長短各種の連語(句)や、**4**のような4字成語を含む慣用句や固定表現を連用修飾語に用いる場合である。

更上一层楼

STEP UP !

◆ "地"を必要とする連用修飾語は、一般的に、被修飾語に対し、限定的な修飾をするものでなく、描写的な修飾をするものである、ともいう。次の例は状態形容詞が連用修飾語に用いられているが、意味上、連用修飾語は後の動詞と直接の関係がなく、むしろ動詞の賓語の描写になっている。表現の問題であるが、状態形容詞を擬態語に訳すのがふさわしく、活写という感じがする。

（i）①**热乎乎地端上来一盘菜**。Rèhūhūde duānshànglai yì pán cài.
　　　（あつあつで、料理を1皿運んで来た）
　　②**酽酽地沏了一杯茶**。Yànyànde qīle yì bēi chá.（お茶を1杯、濃くいれた）

228　構造助詞"得"

構造助詞"的、地、得"は語句を連接して文法的意味を示す。"得"は動詞や形容詞と補語を結ぶ働きをする。状態補語をみちびく補語は形容詞1つのこともあり、主述連語のこともあり、それぞれその組み立ての把握が難しい例もある。なお、可能補語の肯定形で、動詞、形容詞と補語の中間に入る"得"も補語をみちびく構造助詞としてあつかう。関連項目（⇨**98～100**）の記述をふまえて、以下に要点を掲げる。

1 ①**好的多，坏的少**。Hǎo de duō, huài de shǎo.
　　　（よいものは多く、わるいものは少ない）
　　②**这个比那个好得多**。Zhège bǐ nàge hǎode duō.
　　　（これはあれよりずっとよい）

2 ①字写得清楚不清楚？ Zì xiědeqīngchu bu qīngchu?

（字ははっきり書いてありますか）

②字写得清楚写不清楚？ Zì xiědeqīngchu xiěbuqīngchu?

（字ははっきり書けますか）

3 气得他直哆嗦。Qìde tā zhí dǎ duōsuo.

＝他气得直哆嗦。Tā qìde zhí dǎ duōsuo.

（怒って彼はしきりに身体をふるわせた＝彼は怒って…）

4 打得孩子直哭。Dǎde háizi zhí kū.

＝孩子打得直哭。Háizi dǎde zhí kū.

（たたかれて子どもはしきりに泣いた＝子どもはたたかれて…）

5 追得我直喘气。Zhuīde wǒ zhí chuǎn qì.

（私は追いかけてしきりにあえいだ）

＝我追得直喘气。Wǒ zhuīde zhí chuǎn qì.

（私は追いかけられてしきりにあえいだ）

1 "好的多"と"好得多"は音声的には hǎo de duō で，同じ形式であるが，文法的には前者が主述連語，後者が補足連語で，組み立てが異なる。"好得多"は形容詞と状態補語を"得"が結んでいる。**2** は補語が形容詞1つの場合に起こり得る，状態補語と可能補語の肯定形を区別できる反復疑問文を示す。"写得清楚"だけでは状態補語か可能補語か不明だが，①は状態補語の補語の部分で「肯定＋否定」を並べた疑問文，②は可能補語自体で「肯定＋否定」を並べた疑問文となり，異なることがわかる。**3**～**5** は状態補語の補語の位置に主述連語が置かれた例である。いずれも等号の後に示したように，補語の部分の主語を動詞の前に移すことができる。また，例えば **4** を"把孩子打得直哭。"と書き換えられるが，**3**，**5** もこのように介詞"把"bǎ を用いた形式にできる。それぞれの例の表す意味は，**3** では，主語"他"は動詞"气"に対して動作の送り手であり，**4** では，主語"孩子"は動詞"打"に対して動作の受け手であり，**5** では，主語"我"が動詞"追"に対して動作の送り手にも受け手にもなる。したがって **5** は二義性の文になる。しかし，状態補語の補語の位置に主述連語の置かれた，すべての例がこれらと同じではない。例えば，"笑得肚子都疼了。"Xiàode dùzi dōu téng le.（笑ってお腹まで痛くなった）は形式は似ているが，主語を動詞の前には移せず，書き換えもできないので，組み立ての異なることがわかる。

更上一层楼

◆可能補語の肯定形で動詞，形容詞と補語の中間に入る"得"は補語をみちびく構造助詞としてあつかう。例えば"看得见"（見える）は kànde/jiàn という組み立てである。否定形の"看不见（見えない）"は kàn/bujiàn という組み立てで，肯定形と分析が異なるのは，否定形が古典語の"視而不見"shì ér bú jiàn（見れども見えず）の形式を引き継ぐためである。

◆状態補語で，動詞と補語を結ぶ助詞"得"を略して，用いない例がある。(ⅰ)は，補語が結合の固い動賓連語の場合である。

　(ⅰ)**看(得)出神了**。Kàn (de) chū shén le.（見てうっとりしてしまった）

◆量詞"个"が助詞"得"に似た，補語をみちびく働きをする例がある。"得"はすでに実現したことや，恒常的に行われることに使い，"个"は「ひとつ…しよう」と提案するような表現に多い。"得"と同じく，すでに事実になっている場合は(ⅲ)のように"…了个…"という組み立てにする。

　(ⅱ)**今天喝个痛快！** Jīntiān hē ge tòngkuai!（今日は思いっきり飲もう）
　(ⅲ)**昨天喝了个痛快**。Zuótiān hēle ge tòngkuai.（昨日は思いっきり飲んだ）

229 ｜ 動作態助詞

　助詞をその働きから，構造助詞，動作態助詞，文末助詞の3種に分ける。動作態助詞は動詞の後に付加してその動作がどんな状況や状態に置かれているかを示す。また，一部の形容詞にも付加する。動作態助詞には完成態"了"，持続態"着"，経験態"过"の3語がある（⇨**165, 180**）。これらを助詞としてあつかわず，動詞の後置成分（接辞）とし，いわば動詞の語形変化になぞらえる考え方もある。しかし，"了、着、过"が単語だけでなく連語（句）の後にも付加することや，また動詞の後置成分という説明が，英語などの時制の表示と混同されることを避けるため，ガイドラインでは助詞としている。実際，"了、着、过"の用法では，用いないでよい場合にも用いてしまう誤用が少なくない。あたかも動詞の活用のように考えると，文法的な標識としてすべて形式をととのえたくなるが，文脈上，不要な場合にまで使わない，という語彙的な働きを無視できない。中国語では，動作行為や状態の時を示すには，ふつう時間名詞で表し，動作態助詞の表す意味は，現在，過去，未来などのいわゆる時制とは異なる。

1①昨天他休息。Zuótiān tā xiūxi.（昨日彼は休んだ）

②今天他休息。Jīntiān tā xiūxi.（今日彼は休んでいる）

③明天他休息。Míngtiān tā xiūxi.（明日彼は休む）

2①昨天下午打了一场网球。Zuótiān xiàwǔ dǎle yì chǎng wǎngqiú.

（昨日の午後テニスを1回した）

②从前天天下午都打网球。Cóngqián tiāntiān xiàwǔ dōu dǎ wǎngqiú.

（以前毎日午後テニスをした）

3①他们正下着棋呢。Tāmen zhèng xiàzhe qí ne.

（彼らはいま将棋をさしている）

②两年来他一直在这儿工作(着)。

Liǎngniánlái tā yìzhí zài zhèr gōngzuò(zhe).

（数年来彼はずっとここで働いている）

4①他们在上课(呢)。Tāmen zài shàng kè（ne）.（彼らは授業中だ）

②外面正下着雨呢。Wàimiàn zhèng xiàzhe yǔ ne.（外は雨が降っている）

5①他洗了脸，走进厨房。Tā xǐle liǎn, zǒujìn chúfáng.

（彼は顔を洗ってから台所に入った）

②他洗过脸，走进厨房。Tā xǐguò liǎn, zǒujìn chúfáng.

（彼は顔を洗って台所に入った）

1に挙げた3例でわかるように，動作行為の行われる時点は時間名詞や時間副詞で表され，現在，過去，未来とも動詞自体は語形を変えない（③は助動詞あるいは副詞を併用することもある）。しかし，**2**で，①の例は時間名詞があっても，表現の重点が「テニスをしたか，しなかったか」にあるので，動詞に完成態"了"を付加している。数量詞を用いて，動作行為の表現になっている。②の例は過去の事実を述べているが，このような習慣的な行為には，動詞に"了"を付加しない。**3**は動作行為の持続の例。①では，持続態と副詞による進行態を併用している。②は"一直"があるので，持続態にしないでもよいが，その意味を明示したければ"着"を用いる。**4**は持続態の用法。①の動詞には持続の意味が含まれているので，ふつう"上着课"とはいわない。日本語の「…している」の意味は進行を表す副詞"(正)在"で示される。②は，雨が引き続き降っていることを強調するために，進行を表す副詞と持続態の"着"を併用している。**5**は経験態の"过"が完成態の"了"と通じ

合うところがあることを示す。経験態といっても，習慣的に行われる行為については「…がすんだ」という意味になるので，"了"を「…してから…する」の意味で用いる場合，表す内容はほぼ同じである。

> **更上一层楼**
>
> ◆動作態助詞は，動態助詞とも呼ばれるが，"了、着、过"はまさに動態を示すものであって，時制とは直接の関係を生じない。"了"をこれから実現することにも使えるし，過去のことでも"着"を使うことがある。まして"了"を日本語の「…した」，"着"を同じく「…している」など，単純に置き換えるだけの安易な捉え方をしてはならない。
>
> ◆朱德熙は《语法讲义》で，完成態の"了"に関し，時制のある言語の過去時を示す語尾とは異なるとして，次の3例（已然，未然，仮定）を挙げ，"了"は，動作が完成の状態にあることを表し，動作の発生した時間とは関係がない，といっている。
>
> (i) **他下了课就上图书馆去了**。Tā xiàle kè jiù shàng túshūguǎn qù le.
> （彼は授業が終わると，図書館に行きました）
>
> (ii) **下了课再去**。Xiàle kè zài qù.（授業が終わってから行きます）
>
> (iii) **关了灯就什么也看不见了**。Guānle dēng jiù shénme yě kànbujiàn le.
> （明かりを消したら何も見えなくなる）

230 完成態"了"

動作態助詞は動詞の後に付加してその動作がどんな状況や状態に置かれているかを示す。また，一部の形容詞にも付加する。動作態助詞には完成態"了"，持続態"着"，経験態"过"の3語がある（⇨**165, 180**）。完成態助詞"了"は，動作行為の完成あるいは実現を表す。動作行為の完成は必ずしも過去のこととは限らず，また過去の表現で必ず"了"をともなうわけでもない（⇨**180, 229**）。

1 ① **我吃了饭，…**。Wǒ chīle fàn, ….（私はご飯を食べてから…）
　　② **我吃了一碗饭**。Wǒ chīle yì wǎn fàn.（私はご飯を1杯食べた）

2 ① **我们喝了茶再走吧**。Wǒmen hēle chá zài zǒu ba.
　　（お茶を飲んでから出かけよう）

②我们喝完（了）茶再走吧。Wǒmen hēwán (le) chá zài zǒu ba.

（お茶を飲み終えてから出かけよう）

③他去书店买了一本词典。Tā qù shūdiàn mǎile yì běn cídiǎn.

（私は本屋に行って辞書を1冊買った）

④我们调查、研究、分析了当时的情况。

Wǒmen diàochá, yánjiū, fēnxīle dāngshí de qíngkuàng.

（我々は当時の状況を調査、研究、分析した）

⑤他笑了笑，然后点了点头。Tā xiàole xiào, ránhòu diǎnle diǎn tóu.

（彼はちょっと微笑んでから，軽くうなずいた）

⑥他们决定先去上海，后去西安。

Tāmen juédìng xiān qù Shànghǎi, hòu qù Xī'ān.

（彼らは先に上海に行き，その後西安に行くことにした）

⑦他的讲话帮助我们更了解情况。

Tā de jiǎnghuà bāngzhù wǒmen gèng liǎojiě qíngkuàng.

（彼の講演は我々が状況を一層理解するのを助けた）

⑧①这双鞋大了一点儿。Zhè shuāng xié dàle yìdiǎnr.（この靴は少し大きい）

②这孩子高了一寸。Zhè háizi gāole yí cùn.（この子は1寸背がのびた）

完成態は動作行為の完成，実現を表すが，それがいつの時点で完成，実現しているのかどうかについては示されない。①の①のように，賓語に数量などの修飾語がなく，また動詞にも時間名詞や介詞句などの修飾語がない場合は，完成の具体的な確認が欠けることで文は完結せず，条件や仮定を表す複文の前半部として受け取られる。①の場合，かりに複文の後半部として"就走"（すぐ行く）を補えば，完結させることができる。完成態"了"を用いた文を言い切りの形式にするには，完成の具体的な確認を示すため，②のように数量などの修飾語を加えたり，あるいはいつのことか，どこで起こったことなのかを表す修飾語を加えたりする。①の前半部を文として最も簡単に完結させるには，文末に語気助詞の"了"を加え，"吃了饭了"とすることである（⇨238, 239）。②は前半の動詞句に完了態が用いられている。②のように，動詞に結果補語が加わっていると"了"を省略することもできる。③は述語に"去书店"，"买词典"と2つの行為が並んでいる。後の行為に"了"を使えば，その前提となる前の行為にまで"了"を用いる必要はない。④の例は述語にいくつかの動詞が並んでいる。このような並列連語もまとめて1

つの"了"を用いればよい。**5**は動詞が重ね型の例。"了"は前の動詞に付加する。**6**では賓語が動詞句や主述連語の場合の動詞に，**7**では連動文（兼語文）の第一の動詞に"了"は付加しないことを示す。**8**は①，②とも形容詞に完成態助詞の"了"を付加した例。これらの例のように，ふつうその後に数量詞，あるいは"很多，好多，不少"hěn duō, hǎo duō, bù shǎo（たくさん）などの補語をともなう。①は靴を履いてみたら大きかった，②は身長をはかってみたら高かった，という場面での表現。

更上一层楼

◆完成態の否定には動詞の後の"了"を取り，動詞の前に"没(有)"を置く。
　（ⅰ）**我昨天没(有)买皮鞋**。Wǒ zuótiān méi(you) mǎi píxié.
　　（私は昨日革靴を買わなかった）

したがって，動作行為が完成したか否かを問うには"…了吗？"のほか，"…了没有？"という形式の反復疑問文（肯定＋否定）が使える。この場合，日常の話しことばでは"…了没有？"を"…没…"ということがある。この形式は"是不是？""去不去？"のような否定副詞"不"を用いた反復疑問文と平行しているのであるが，"你去没去？"Nǐ qù méi qù?（君は行ったの）や"你感冒没感冒？"Nǐ gǎnmào méi gǎnmào?（君は風邪をひいたの）などの表現は，ガイドラインではあつかわない。

◆動詞が方向補語をともなっている場合，ふつう方向補語は動詞と一体化し，"了"を方向補語の後に置く。次の例でいえば，"掉下来了"（落ちて来た）という組み立てになるはずだが，"掉了下来"となっている。この組み立ては「"掉了"＋"下来"」という連動連語である。『岩波中国語辞典』は，"掉了下来"の形式を「現実の状態をリアルに描写した言い方」，"掉下来了"の形式を「事実の客観的な叙述」と説明する。

　（ⅱ）**突然墙上的画儿掉了下来**。Tūrán qiángshang de huàr diàole xiàlai.
　　（突然，壁の絵が落ちて来た）

231　持続態"着"

動作態助詞は動詞の後に付加してその動作がどんな状況や状態に置かれているかを示す。また，一部の形容詞にも付加する。動作態助詞には完成態"了"，持続態"着"，経験態"过"の3語がある（⇨**165, 180**）。動詞に付加した持続態助詞"着"は，その動詞の意味によって動作行為の持続だけでな

く，動作行為の結果としての状態も表す。持続態とは別に，時間副詞"正、在、正在"で表す進行態（⇨192）があり，持続態と併用もするが，日本語に訳した場合に双方の意味が近いので，両者を混同しやすい。

1 ①他们谈着天呢。Tāmen tánzhe tiān ne.（彼らは世間話をしている）
　②大家高兴地打着扑克。Dàjiā gāoxìng de dǎzhe pūkè.
　　（みんなは楽しくトランプをしている）
2 ①她穿着一套西服。Tā chuānzhe yí tào xīfú.（彼女はスーツを着ている）
　②她正在穿西服。Tā zhèngzài chuān xīfú.（彼女は洋服を着ている最中だ）
　③她涂着口红呢。Tā túzhe kǒuhóng ne.（彼女は口紅をつけている）
3 ①那儿贴着一张广告画。Nàr tiēzhe yì zhāng guǎnggàohuà.
　　（あそこにポスターが1枚貼ってある）
　②他在那里贴着广告画。Tā zài nàli tiēzhe guǎnggàohuà.
　　（彼はあそこでポスターを貼っている）
4 ①台上坐着主席团。Táishang zuòzhe zhǔxítuán.
　　（演壇に議長団が座っている）
　②桌上放着几本杂志。Zhuōshang fàngzhe jǐ běn zázhì.
　　（机の上に雑誌が何冊か置いてある）
5 ①他时常想着故乡。Tā shícháng xiǎngzhe gùxiāng.
　　（彼はいつも故郷を懐かしがっている）
　②屋子里的灯一直亮着。Wūzili de dēng yìzhí liàngzhe.
　　（部屋の明かりがずっとついている）
6 ①他躺着看书呢。Tā tǎngzhe kàn shū ne.
　　（彼は寝そべって本を読んでいる）
　②她忙着准备晚饭。Tā mángzhe zhǔnbèi wǎnfàn.
　　（彼女は夕飯の準備をするのに忙しい）
7 ①你坐着，别动！Nǐ zuòzhe, bié dòng!（座っていなさい，動かないで）
　②你慢着点儿，我跟不上你。Nǐ mànzhe diǎnr, wǒ gēnbushàng nǐ.
　　（ちょっとゆっくりして。私はついていけません）
8 ①他们正跳着舞，忽然电灯灭了。
　　Tāmen zhèng tiàozhe wǔ, hūrán diàndēng miè le.
　　（彼らが踊っていると，突然電気が消えた）

②说着说着，他哭起来了。Shuōzhe shuōzhe, tā kūqǐlai le.
　　（話しているうちに彼は泣き出した）
9①天还黑着(呢)。Tiān hái hēizhe (ne).（空はまだ暗い）
　　②她比我大着五岁(呢)。Tā bǐ wǒ dàzhe wǔ suì (ne).
　　（彼女は私より5歳年上です）

　1は動作行為自体の持続を表す例。すでに始まっているが、まだ終わっていない状態をいう。①のように動詞や賓語に修飾語がない場合など、文末助詞の"呢"を文末に置くことがある。"呢"はその時点における動作や状態の存在を確認する（⇨237）。2の①は動作が終わってからその結果としての状態が引き続き残っていることを表している。この持続態に対し、②は進行態で、服を身に着けている最中であることを表す。日本語に訳した場合、双方とも「着ている」となるが、中国語の表現では動作態が異なる。しかし、③の例では、お化粧中の場合と、お化粧後の場合の双方の意味になる。この例のように、動詞によっては日本語の表現と一致する。3は、①が場所主語の存在文（⇨74）に用いた例であるが、主語を行為者に変えた②は1と同じように動作行為自体の持続を表す。言い換えれば、①は静態、②は動態の表現になる。4の2例は典型的な場所主語の存在文。動作行為がそのまま状態を表している。5は心理活動を表す動詞や、動作を表さない動詞の持続態。これらは状態の持続を表す。6の①は、持続態の動詞が別の動詞の前に置かれ、「…の状態で…する」という意味の連動連語を組み立てている。②も同じ形式だが、"忙着…"は「忙しく…する；…するのに忙しい」という慣用表現を組み立てる。7は動詞や形容詞の後に"着"を付加した持続態が要求や命令の表現に用いられる場合。形容詞は後に"点儿"をともなう。8の①では持続態の動詞に進行態の時間副詞"正、在、正在"などを加え、その後に別の動詞句を置くと、前の動作行為が進行中にその後に続く事態が発生したことを示し、「ちょうど…している時に…した」という表現になる。②では同じ動詞の持続態を重ねてくりかえし、その後に別の動詞句を置くと、前の動作行為の持続中にその後に続く動作行為が引き続き発生したことを示し、「…しているうちに…した」という表現になる。9は形容詞を用いた持続態の例。②は比較の差を数量で示す表現に用い、後に数量詞を置く。

> **更上一层楼**

STEP UP !

◆持続態の否定には動詞の後の助詞"着"を残したまま，動詞の前に"没(有)"を置く。

(i)**门关上了，没(有)开着。** Mén guānshàng le, méi(you) kāizhe.
（ドアはしまってしまい，開いていない）

◆持続態助詞"着"は"丢"diū（なくす），"掉"diào（落ちる；落とす），"破"pò（破れる；こわれる）など，持続の意味を表さない動詞には付加しない。一方，動詞自体に持続の意味がある"知道"zhīdào（知っている），"爱"ài（愛している），"相信"xiāngxìn（信じている）などにも"着"は付加できない。また，助動詞にも"着"を加えることはできない（⇨180）。持続の意味がある動詞のうち，"有着"yǒuzhe（有する），"存在着"cúnzàizhe（存在している）などは書きことばで使うが，後に置く賓語は抽象的事物に限られる。

(ii)**他对行政方面有着丰富的经验。**
Tā duì xíngzhèng fāngmiàn yǒuzhe fēngfù de jīngyàn.
（彼は行政の方面は豊富な経験を有する）

◆「言うは易く，行うは難し」という格言を"说起来容易，做起来难。" Shuōqǐlai róngyì, zuòqǐlai nán とも，"说着容易，做着难。" Shuōzhe róngyì, zuòzhe nán ともいう。後者の表現には持続態の動詞が使われている。これは「持続態動詞＋形容詞」が，「…してみると…」の意味で，その動作をしてみた結果を形容詞で表す組み立てになっている。同様に，例えば"穿着很舒服"chuānzhe hěn shūfu は，「着てみると気持ちがいい；着心地がよい」という意味になる。

232 経験態"过"

動作態助詞は動詞の後に付加してその動作がどんな状況や状態に置かれているかを示す。また，一部の形容詞にも付加する。動作態助詞には完成態"了"，持続態"着"，経験態"过"の3語がある（⇨165, 180）。経験態助詞"过"には2つの用法がある。動詞の後に付加し，1つはその動作を終えた，あるいはすませたことを表す。この用法には動詞"过"（過ぎる；越える）の原義が感じられる。ふつう予定されていたことや，習慣になっていることに使う。もう1つはかつてそのようなことがあった，という意味を表す。「…したことがある」と訳し，過去の経験を示すことから経験態と呼んでいる（⇨180）。一部の形容詞の後にも付加する。

1 ①**我吃过早饭了**。Wǒ chīguò zǎofàn le.（私は朝食をすませた）

②**你吃过饭再来吧**。Nǐ chīguò fàn zài lái ba.

（君はご飯がすんでから来なさい）

③**我还没(有)吃早饭**。Wǒ hái méi(you) chī zǎofàn.

（私はまだ朝食を食べてない）

2 ①**我吃过川菜**。Wǒ chīguo Chuāncài.（私は四川料理を食べたことがある）

②**我曾经学过汉语**。Wǒ céngjīng xuéguo Hànyǔ.

（私はかつて中国語を学んだことがある）

③**他小时候胖过**。Tā xiǎo shíhou pàngguo.（彼は小さいころふとっていた）

3 ①**我还没(有)吃过川菜**。Wǒ hái méi(you) chīguo Chuāncài.

（私はまだ四川料理を食べたことがない）

②**我没(有)学过汉语**。Wǒ méi(you) xuéguo Hànyǔ.

（私は中国語を学んだことがない）

③**他从来没(有)这么瘦过**。Tā cónglái méi(you) zhème shòuguo.

（彼はこれまでこんなに痩せていたことがない）

1の"过"は「…をすませる」という意味で，日常的あるいは習慣的なことに限られるが，結果補語"…完"に近い働きをしている例。文末助詞の"了"に言い換えられる例が多く，また"了"を併用して"吃过了"のようにいうこともできる。過去のことに限らず，②のようにこれから起こることにも使う。②は"过"を"了"としても「…をすませたら」という意味が「…したら」になるくらいで，文はそのまま成立する。①の"过"に対する否定形は③のように，動詞に"还没(有)…"を加えるだけで，"过"は消える。これらは"了"の用法と同じである。過去の経験を表す"过"とは異なるこの用法は動詞"过"（過ぎる；越える）の空間的な意味が時間的な意味に転用されているのであり，**2**の過去の経験を表す場合のような軽声にはならない。**2**は経験態の典型的な用例で，「かつてそのようなことがあった」という，日常的あるいは習慣的ではない経験を表す。②のように時間副詞"曾经"を加えることもある。③は形容詞に経験態助詞を付加した例。過去と現在を比較する意味があり，ふつうは時を示す語が必要で，「…であったことがある」という意味を表す（⇨**165**）。**3**の①，②は，**2**の①，②にそれぞれ対応する否定形である。"过"を残したまま動詞の前に"没(有)"を加える（⇨

208)。③は形容詞に経験態助詞を付加した用法の否定形。動詞の場合と同様に，"过"を残したまま形容詞の前に"没(有)"を加えるが，時間副詞の"从来"cónglái（これまで）あるいは時間名詞の"过去"guòqù（むかし）などを併用し，また形容詞の前に代詞"这么"zhème（このように）を置くことが多い。

更上一层楼

◆朱徳熙《语法讲义》には，動詞の"过"と助詞の"过"を対比する，次のような例が示されている。(i)は経験態助詞の例，(ii)は動詞の例で"了"を加えてもよい。

(i)爬过山没有？Páguo shān méiyou?（山に登ったことがありますか）

(ii)爬过(了)山就到了。Páguò(le) shān jiù dào le.（山を越えればすぐ着きます）

◆経験態助詞"过"は"知道"zhīdào（知っている），"觉得"juéde（…と感じる），"在"zài（ある；いる），"以为"yǐwéi（…と思いこむ），"认为"rènwéi（…と思う）など，動作性の乏しい動詞には付加しない。また助動詞に加えることはできない（⇨180）。しかし，次のような例もあり，表現としては明確な可否の区別ができるわけではない。

(iii)她从来没姓过李。Tā cónglái méi xìngguo Lǐ.
　　（彼女はこれまで李を姓としたことはない）

◆親しい間での日常のあいさつに，中国語では「ご飯はすみましたか」という表現をする。次の例で，②は「私だけ失礼して先にいただきました」という丁寧な答えになる。

(iv)您吃过饭了吗？Nín chīguò fàn le ma?（お食事はおすみですか）
　　——①吃过了。Chīguò le.（もうすませました）
　　——②偏过了。Piān guò le.（お先にいただきました）

233　文末助詞（語気助詞）

　助詞をその働きから，構造助詞，動作態助詞，文末助詞の3種に分ける。文末助詞は文末に置いて（複文では先行する句の句末にも置く），その文の文法的意味を示したり，話し手の態度や気持ちを表す。文末助詞のうち，疑問，推測，命令，誇張その他の語気を表すものだけを取り分けて語気助詞と呼んだり，さらにこれらを「語気詞」として独立の品詞とする考え方もある。ガイドラインでは，語気助詞も含め，文末に置く助詞を助詞の下位分類の1

つとし，説明の上で必要な場合は語気助詞だけ取り出した呼称を用いる。

ガイドラインが文末助詞とする語について，"似的" shìde を構造助詞とする考え方や"来着" láizhe を語気助詞とする考え方など，個々の助詞の下位分類には異なる例もあるが，ここでは文末に置く助詞のうち，1音節の主として語気を示すものと，その他の文末でさまざまな文法的意味を表すものに分けて説明する。前者の語気助詞を朱徳熙の《语法讲义》における分類を参考に，以下の3類に分ける。

(1) Ⅰ類：話し手が事象をどのようにとらえているかを示すもの："了" le, "呢" ne

(2) Ⅱ類：話し手が聞き手に対してどのように訴えるかを示すもので，疑問，推測，命令など："呢" ne, "吗" ma, "吧" ba

(3) Ⅲ類：話し手が聞き手に対してどのように訴えるかを示すもので，呼びかけ，督促，誇張など："啊" a, "呢" ne

(1)〜(3)を通じ1つの助詞で複数の類に属している例がある。これは音声的にも文字表記も同じだが，文法的には複数の意味があり，異なる助詞であることを表している。

1 ①下雨了！ Xià yǔ le!（雨だ）
　②下着雨呢。Xiàzhe yǔ ne.（雨が降っています）
　③我还没看完呢。Wǒ hái méi kànwán ne.（私はまだ読み終えていない）

2 ①你也来吗？ Nǐ yě lái ma?（君も来ますか）
　②你也来吧？ Nǐ yě lái ba?（君も来るでしょうね）
　③你也来吧！ Nǐ yě lái ba!（君も来なさい）
　④你怎么不来呢？ Nǐ zěnme bù lái ne?（君はどうして来ないの）

3 ①是啊。Shì a.（そうですよ）　②谁啊？ Shéi a?（誰かしら）
　③真好看啊！ Zhēn hǎokàn a!（ほんとうにきれいだなあ）
　④他还会做诗呢！ Tā hái huì zuò shī ne!（彼は詩まで作れるのですよ）

1 は上に挙げたⅠ類の語気助詞。"了"は性質，状態の変化や新しい事態発生の確認をする。①は「雨が降り出した」から「雨だ」となる。"呢"は，その時点における状況を確認する。②のように持続態助詞"着"と呼応して用いたり，進行を表す時間副詞"正、在、正在"と併用する。③は時間副詞"还"を用いた"还没…呢"（まだ…していない）という形式で，"呢"は確

認の働きをする。**2**は上に挙げたⅡ類の語気助詞。①の"吗"は平叙文の文末に置いて当否疑問文を組み立てる（⇨**38**,**236**），②の"…吧？"は，当否の見当はついているが，相手にたしかめる語気で，推量の気持ちを含む（⇨**44**,**235**）。③の"…吧！"は軽い命令や勧告，勧誘などの気持ちを表す（⇨**46**,**235**）。④の"呢"は当否疑問文以外の疑問文の文末に置かれ，いぶかしく思う気持ちを表す（⇨**41**～**43**,**45**,**237**）。"他呢？"（彼は？）のような省略疑問文では名詞や代詞の後に置いて，「どうしたのか；どこにある／いるのか」を問う（⇨**42**）。**3**は上に挙げたⅢ類の語気助詞。"啊"は①では肯定文，②では疑問文の文末で用いられ，語気をやわらげている。③は感嘆文で用いられ，詠嘆の気持ちを表す（⇨**47**,**234**）。"啊"は最も広く使われる語気助詞であり，文の表す表現意図に応じ，話し手のさまざまな気持ちを表す。用法は次の**234**項で詳説する。④の"呢"は，事実を指摘し，強調する働きをしている。なお，"啊"aはすぐ前の音節の末尾の音によって"ya, wa……"などと音が変わり，それに応じて"呀，哇……"などと表記も変わることがある（⇨**234**）。

更上一层楼

STEP UP !

◆朱徳熙《语法讲义》によると，2つ以上の語気助詞を並べて用いる場合は，"下雨了吗？" Xià yǔ le ma?（雨が降りましたか）のように，上に掲げた3つの類をⅠ類→Ⅱ類→Ⅲ類の順に並べ（この例はⅠ→Ⅱの順），しかも同類の語気助詞がともに使われることはない，という。さらに，2つ並んだ語気助詞のうち，後の助詞が母音で始まるものであると，それらをはやい速度で発音した場合，二者が融合して1つの音節になることがあるとして。例えば「"了"+"啊"」で"啦"la，「"呢"+"啊"」で"哪"naのような例を挙げている（⇨**234**）。この2例の場合も2つの助詞の順はⅠ→Ⅲである。

234　文末助詞"啊"

　文末助詞は文末に置いて（複文では先行する句の句末にも置く），その文の文法的意味を示したり，話し手の態度や気持ちを表す。文末助詞のうち，疑問，推測，命令，誇張その他の語気を表すものだけを取り分けて語気助詞と呼ぶこともある。"啊" a は最も広く使われる語気助詞であり，話し手が聞き手に対してどのように訴えるかを示す。ここでは"啊"が文の表現意図

に応じて表す，話し手のさまざまな気持ちを例示によって説明する。"啊" a はすぐ前の音節の末尾の音によって"ya、wa……"などと音が変わることがある。また，それに応じて"呀、哇……"などと表記も変わることがある。

1 ①好啊。Hǎo a.（いいですよ）

②我知道啊。Wǒ zhīdào a.（私は知っていますよ）

③一点儿也不怪啊。Yìdiǎnr yě bú guài a.（少しもおかしくないですよ）

2 ①你几点回来啊？ Nǐ jǐ diǎn huílai a?（君は何時に帰って来るの）

②你去不去啊？ Nǐ qù bu qù a?（君は行くの）

③你不去啊？ Nǐ bú qù a?（君は行かないのだね）

3 ①快来啊！ Nǐ kuài lái a!（はやく来いよ）

②你说啊！ Nǐ shuō a!（いいなさいよ）

③你要小心啊。Nǐ yào xiǎoxīn a.（気をつけてね）

4 ①这儿真冷啊！ Zhèr zhēn lěng a!（ここはほんとうに寒いなあ）

②多舒服啊！ Duō shūfu a!（なんと気持ちがいいこと）

5 ①他啊，我一点儿也不了解。Tā a, wǒ yìdiǎnr yě bù liǎojiě.

（彼についてはね，私は少しもわからない）

②鱼啊，肉啊，都买了。Yú a, ròu a, dōu mǎi le.

（魚とか，肉とか，みんな買いました）

"啊"は語気をやわらげ，相手に気づかせる感じを表すことが多い。**1**～**4**の，それぞれ異なる種類の文で，その働きを見てみる。**1**は平叙文（⇨37）で使われた例。"啊"を省くと，ストレートな物言いになる。①は「了解した」という応答に使われる。②，③は相手に気づかせる語気を含む。**2**は疑問文の例。いずれも語気をやわらげる働き。①は疑問詞疑問文（⇨43），②は反復疑問文（⇨38），③は語気による疑問文（⇨44）で使われている。③は"吗"の代わりに"啊"を用いた疑問文であるが，相手の意図や発言をたしかめる場合などにこの表現を使う。話し手の意外な気持ちが含まれる。**3**は命令文で使われた例（⇨46）。注意を喚起する働き。②は相手にうながす気持ちを表す。**4**は感嘆文の例（⇨47）。"真…啊！"と"多（么）…啊！"は感嘆文の典型的な組み立て。**5**は文の途中でポーズを置く場合の例。相手に気づかせたり，注意を喚起する働きをする。

> 更上一层楼

STEP UP !

◆ "啊" a は，すぐ前の音節の末尾の音との関係で音が変わり，それに応じて文字表記も変わる。以下にその変化を一覧表として掲げる。表は左端に，前の音節の末尾の音を掲げ，それぞれどのような音と文字表記になるかを示す。表の右端はそれぞれの用例である。音の変化が表記に反映されていないこともある（上の例示も表記は"啊"で統一）。直前の音節が"了"のような軽声の場合は前項で示したように1つの音に結合する。

–i/–ü/–a/–e/–o	+啊 a →	ya 呀	谁呀？ Shéi ya?（誰かしら）
–u/–ao/–ou	+啊 a →	wa 哇	好哇。Hǎo wa.（いいですよ）
–n	+啊 a →	na 哪	你看哪！ Nǐ kàn na!（見てごらんよ）
"了" le	+啊 a →	la 啦	吃饭啦！ Chīfàn la!（ご飯ですよ）

235 　文末助詞"吧"

文末助詞は文末に置いて（複文では先行する句の句末にも置く），その文の文法的な意味を示したり，話し手の態度や気持ちを表す。文末助詞のうち，疑問，推測，命令，誇張その他の語気を表すものだけを取り分けて語気助詞と呼ぶこともある。"吧" ba は話し手が聞き手に対してどのように訴えるかを示す語気助詞であり，推量，推測を表す場合（⇨**44**）と命令，催促，勧告，勧誘を表す場合（⇨**46**）がある。

1 ①**快说吧！** Kuài shuō ba!（はやくいいなさい）
② **请给我换点儿零钱吧**。Qǐng gěi wǒ huàn diǎnr língqián ba.
　（小銭に換えていただけますか）
③ **我们一起去吧！** Wǒmen yìqǐ qù ba!（私たち一緒に行きましょう）
2 ①**你不认识他吧?** Nǐ bú rènshi tā ba?（君は彼を知らないでしょう）
② **来的人(一定)很多吧?** Lái de rén (yídìng) hěn duō ba?
　（来た人は〔きっと〕多かったでしょう）
3 ①**你说，你究竟有什么意见吧?** Nǐ shuō, nǐ jiūjìng yǒu shénme yìjiàn ba?
　（ねえ，君は一体どんな意見があるのかしら）
② **快点儿决定，你去不去吧?** Kuài diǎnr juédìng, nǐ qù bu qù ba?
　（はやく決めて，行くの行かないの）

4 ①**好吧，就这么办**。Hǎo ba, jiù zhème bàn.

（いいでしょう，ではこうしましょう）

②**可以吧，咱们试一试**！Kěyǐ ba, zánmen shì yí shì!

（よろしい，では私たちひとつ試してみよう）

1 "吧"で「…しなさい；…してください；…しよう」と，それぞれ，命令，要求，勧誘を表す文になっている。**2** は推量，推測を表す"吧"の用例。①の"吧"を"吗"に換えれば当否疑問文（⇨**38, 236**）になる。"吧"は，当否の見当はついているが，相手にたしかめるためにたずねる語気を示す。また②のように推量，推測を述べる場合にも使われる。語気副詞"一定" yídìng，"大概" dàgài，"也许" yěxǔ（⇨**207**）などを併用することも多い。**3** の①は疑問詞疑問文に用いられて，返事をうながしたり，態度を明らかにするよう求める語気を表す。文頭の"你说"がなくても，うながす気持ちは"吧"で示される。②は反復疑問文に用いられて，①と同様の語気を表す。いずれも疑問文の形式ではあるが，実際には命令になっている。**4** の2例は同意，承認を表す応答語。用法としては推量，推測を表す"吧"に通じ，語気をやわらげている。

更上一层楼

◆ "吧"を文中でポーズを置くために用いることがある。1つは(i)のように例示をする場合。もう1つは(ii)のように取捨選択させる仮定の条件を提示する場合で，ふつうは相反する2つの条件で，どちらにも決め難い気持ちを表す。

(i) **拿汉语来说吧，声调很难学**。Ná Hànyǔ lái shuō ba, shēngdiào hěn nánxué.

（中国語を例にとると，四声が学び難い）

(ii) **不吃吧，有点饿；吃吧，又不大爱吃**。

Bù chī ba, yǒudiǎn è; chī ba, yòu bú dà ài chī.

（食べないとお腹がすくし，食べると口に合わない）

また，上の**4**に示した，同意，承認につながる用法として，同一の動詞(句)を副詞"就"で結ぶ組み立てに"吧"を加え，「かまわない」と容認の気持ちを表す例がある。

(iii) **他不来就不来吧，缺他一个人怕什么**！

Tā bù lái jiù bù lái ba, quē tā yí ge rén pà shénme!

（彼が来ないなら来ないでかまわない，彼1人欠けて何が心配なのだ）

236 文末助詞"吗"

　　文末助詞は文末に置いて（複文では先行する句の句末にも置く），その文の文法的意味を示したり，話し手の態度や気持ちを表す。文末助詞のうち，疑問，推測，命令，誇張その他の語気を表すものだけを取り分けて語気助詞と呼ぶこともある。"吗" ma は平叙文の文末に置いて，当否疑問文を組み立てる（⇨38）。当否疑問文とは，そこで示されたことの当否を問うもので，肯定あるいは否定のいずれかの答えを求める，いわば単純な疑問文である。"吗"を文末に置く疑問文は，反語文（⇨45）にも用いられる。

1 ①他来吗？　Tā lái ma?（彼は来ますか）
　②他也来吗？　Tā yě lái ma?（彼も来ますか）
　③他来了吗？　Tā lái le ma?（彼は来ましたか）
　④你做完作业吗？　Nǐ zuòwán zuòyè ma?（君は宿題を終えましたか）

2 ①他不来吗？　Tā bù lái ma?（彼は来ないですか）
　②他也不来吗？　Tā yě bù lái ma?（彼も来ないですか）
　③他没(有)来吗？　Tā méi(you) lái ma?（彼は来なかったですか）
　④你还没做完作业吗？　Nǐ hái méi zuòwán zuòyè ma?
　　（君はまだ宿題を終えてないですか）

3 ①他上哪儿去了吗？　Tā shàng nǎr qù le ma?
　　（彼はどこかに行ったのですか）
　②有什么新鲜的蔬菜吗？　Yǒu shénme xīnxiān de shūcài ma?
　　（何か新鮮な野菜はありますか）

4 ①这还用说吗？　Zhè hái yòng shuō ma?
　　（これはまだ話す必要があるか〔＝話すまでもない〕）
　②你不是学过汉语吗？　Nǐ bú shì xuéguo Hànyǔ ma?
　　（君は中国語を学んだことがあるのではないか）
　③难道你没看见吗？　Nándào nǐ méi kànjian ma?
　　（まさか君は見なかったということはあるまい）

　　"吗"を平叙文の文末に置いて，「…ですか」という当否疑問文を作る。**1**の例はすべて肯定文で，①～④のそれぞれに対応する否定文が**2**の①～④に掲げる。**1**の②以外は，例えば①を"他来不来？"と，「肯定＋否定」に並

べた反復疑問文に言い換えることができる。ただし，"吗"を文末に置く当否疑問文は疑問文だけでなく，反語文にも用いることが少なくない。**1**の②のような動詞(形容詞)の前に副詞が置かれている場合はふつう反復疑問文を組み立てられない（⇨38）。疑問詞疑問文は疑問詞を用いることで疑問文が成立するので，文末には"吗"を置くことはできないが（⇨43），**3**のように疑問詞の非疑問用法の1つで，疑問ではなく不定の意味で用いられた場合は，疑問文を成立させるために"吗"が同時に使われる。①の"哪儿"は「どこか」，②の"什么"は「何か」という不定の意味を表す。②は"什么"を略すと「…があるか」とストレートにたずねることになり，婉曲な表現ではなくなる（⇨140）。**4**は疑問文の形式だが，反語文（⇨45）になっている。反語文の特徴は①のような肯定文は否定の意味，②と③のような否定文は肯定の意味を表すことである。③の"难道"は反語の意味を強めるために加えられる副詞で，文末の"吗"と呼応して使われることが多い。

更上一层楼

STEP UP!

◆上の例示で**3**の①に挙げた"他上哪儿去了吗？"は二義性のある疑問文で，1つは上に示した「どこかに行ったのか（＝出かけたのか）」という意味，もう1つは次の(i)と(ii)のような聞き返しに使われた場合である。(ii)の例は問いと答えで主語が変わる。

(i)他上哪儿去了？ Tā shàng nǎr qù le?（彼はどこに行きましたか）
　——他上哪儿去了吗？上图书馆去了。
　　Tā shàng nǎr qù le ma? Shàng túshūguǎn qù le.
　　（彼がどこに行ったか，ですか。図書館に行きました）
(ii)你几时动身？ Nǐ jǐshí dòngshēn?（君はいつ出発するのですか）
　——我几时动身吗？明天早上就走。
　　Wǒ jǐshí dòngshēn ma? Míngtiān zǎoshang jiù zǒu.
　　（私がいつ出発するか，ですか。明朝には出ます）

237　文末助詞 "呢"

文末助詞は文末に置いて（複文では先行する句の句末にも置く），その文の文法的意味を示したり，話し手の態度や気持ちを表す。文末助詞のうち，疑問，推測，命令，誇張その他の語気を表すものだけを取り分けて語気助詞

と呼ぶこともある。"呢" ne は，朱德熙が《语法讲义》で語気助詞を3類に分けた下位分類（⇨233）において，すべての類に属している。Ⅰ類は動作あるいは状態の確認を表す"呢"，Ⅱ類は疑問文に用いられる"呢"，Ⅲ類は強調や誇張を表す"呢"である。

1 ①他们正在开(着)会呢。Tāmen zhèngzài kāi(zhe) huì ne.
（彼はちょうど会議中です）
②我还没看完呢。Wǒ hái méi kànwán ne.（私はまだ読み終えていない）

2 ①昨天你怎么没来(呢)？ Zuótiān nǐ zěnme méi lái (ne)？
（昨日君はなぜ来なかったの）
②这个好呢，还是那个好(呢)？ Zhège hǎo ne, háishi nàge hǎo (ne)？
（これがよいか，それともあれがよいか）
③你(到底)去不去呢？ Nǐ (dàodǐ) qù bu qù ne？
（君は〔結局〕行くの行かないの）

3 ①我买东西去，你呢？ Wǒ mǎi dōngxi qù, nǐ ne？
（私は買い物に行くけれど君は〔どうしますか〕）
②后来呢？ Hòulái ne？（その後は〔どうしましたか〕）
③我的眼镜呢？ Wǒ de yǎnjìng ne？（私の眼鏡は〔どこかしら〕）

4 ①他怎么会知道呢？ Tā zěnme huì zhīdào ne？
（彼がどうして知っていようか〔＝知っているはずはない〕）
②我哪里有工夫帮你呢？ Wǒ nǎli yǒu gōngfu bāng nǐ ne？
（私のどこに君を手伝うひまがあるというのか）

1 の"呢"は，現在の動作あるいは状態の，その時の状況を確認する働き。進行態の時間副詞"正、在、正在"や持続態の助詞"着"を併用することが多い。また，時間副詞"还"を使った"还没…呢"（まだ…していない）の形式でも使う。**2** は疑問文に用いたもの。"吗"を用いた当否疑問文以外の文末には"呢"を置くことができる。疑問文の場合，一般的には語気をやわらげる働きをするが，疑問詞疑問文ではいぶかしく感じたり，困惑した気持ちを含む。①は疑問詞疑問文（⇨43），②は選択疑問文（⇨41），③は反復疑問文（⇨38）で使われた例。③で"到底"を加えるといぶかしく感じる語気になる。**3** は省略疑問文（⇨42）。「名詞／代詞＋"呢"」の組み立てで，"在哪儿？"（③の場合），あるいは"怎么样？"（①，②の場合）を省略した問

いかけになる。②は「それからどうしたの」と話の続きをせがむ感じが表れる。4は疑問代詞が使われているが，疑問文ではなく反語文（⇨45）。肯定形の文なので，実際には否定の意味を表す。

更上一层楼

◆"呢"は，事実を指摘して，強調したり誇張したりする語気を表すことがある。副詞の"才、可、还"などを併用し，"呢"と呼応させて使う例が多い。
　(i)①我才不去呢！Wǒ cái bú qù ne!（行くものですか）
　　②这条鱼可新鲜呢！Zhè tiáo yú kě xīnxiān ne!（この魚はほんとうに新鮮だ）
　形容詞の後に置いて誇張の語気を表す一種の後置成分で，"…着呢"いう表現も同種の例である。"着呢"を1つの助詞とする考え方もある。
　(ii)她还小着呢！Tā hái xiǎozhene!（彼女はまだとても小さいですよ）
◆文中でポーズを置くために"呢"を用いることがある。対比を示したり，話題や条件を提示したりする。聞き手の注意を引きつける働きをする。
　(iii)你来呢，我也去，不来呢，我就不去。
　　Nǐ lái ne, wǒ yě qù, bù lái ne, wǒ jiù bú qù.
　　（君が来るなら私も行くし，来ないなら私は行かない）
　(iv)你坐地铁去。我呢，骑车去。Nǐ zuò dìtiě qù. Wǒ ne, qí chē qù.
　　（君は地下鉄で行きなさい。私はね，自転車で行く）
　(v)我要是不同意呢，你怎么办？Wǒ yàoshi bù tóngyì ne, nǐ zěnme bàn?
　　（私がもし反対したら，君はどうする）

238　文末助詞"了"

　文末助詞は文末に置いて（複文では先行する句の句末にも置く），その文の文法的意味を示したり，話し手の態度や気持ちを表す。文末助詞のうち，疑問，推測，命令，誇張その他の語気を表すものだけを取り分けて語気助詞と呼ぶこともある。"了"leは，ことがらの完成や，新しい事態の発生を確認する働きをするもので，変化の意味が表れる。ただし，変化がまだ起こってはいないが，これから変化が起こるという場合を含む。さらに，実際に変化が起こるのではなく，それまで気づいていなかったことに，その時気づいたという場合もある。

1 ①下雨了。Xià yǔ le.（雨が降り出した；雨だ）

②他已经回国了。Tā yǐjing huí guó le.（彼はもう帰国した）

③她今年五十岁了。Tā jīnnián wǔshí suì le.（彼女は今年50歳になった）

④春天了！Chūntiān le!（春になった；春だ）

2 ①开会了！Kāi huì le!（開会します）

②明天星期三了。Míngtiān xīngqīsān le.（明日は水曜日だ）

③（快）要下雨了。(Kuài) yào xià yǔ le.（もうすぐ雨が降りそうだ）

④他后天就要回国了。Tā hòutiān jiù yào huí guó le.

（彼は明後日にはもう帰国する）

3 ①头发白了。Tóufa bái le.（髪が白くなった）

②叶子都红了。Yèzi dōu hóng le.（葉がみな赤くなった）

③天就要黑了。Tiān jiù yào hēi le.（もうすぐ日が暮れる）

4 ①太好了！Tài hǎo le!（すばらしい）

②这件衣服太红了！Zhè jiàn yīfu tài hóng le!（この服はとても赤いね）

③这个办法最好了。Zhège bànfǎ zuì hǎo le.（この方法が一番よい）

5 ①他还没(有)回国。Tā hái méi(you) huí guó.

（彼はまだ帰国していない）

②叶子还没(有)红。Yèzi hái méi(you) hóng.

（葉はまだ赤くなっていない）

③好久没见(了)。Hǎojiǔ méi jiàn (le).

（長い間お会いしませんでした；ごぶさたしました）

6 ①我不去了。Wǒ bú qù le.（私は行かないことにした）

②你喝醉了，别喝了！Nǐ hēzuì le, bié hē le!

（君は酔っているから，もう飲まないで）

③你别笑了！Nǐ bié xiào le!（笑うのをやめて）

　文末に置く"了"の用法は辞書の説明も多岐にわたるが，ポイントは変化（新事態の出現），事実の確認，感嘆の3つである。**1**は新しい事態がすでに発生している場合。③，④のように名詞性の述語でもよい。**2**はこれから発生するか，いま発生しようとしているか，という場合。①は開会を宣言することば。③，④のように副詞"快"あるいは"就"と助動詞"要"を併用し，"了"と呼応させると，「もうすぐ…する；…になる；…しそうだ」という意

味を表す。"快要…了"は時点を示す語を加えられないので，その場合はふつう④のように"就要…了"を用いる。③の"快…了"は名詞，数量詞（連語）などをそのまま間に置くことができる。**3**は形容詞述語の例。動詞の場合と同様に，すでに発生したことにも，これから発生することにも使われる。**4**は形容詞の例であるが，実際に変化が起こらなくても，気づいていなかったことに気づいた場合にも使うことがわかる。①，②の"太…了"の形式は程度が高いことを示し，感嘆をこめた表現となる。"了"を用いないと"太…"は「…すぎる」の意味になる。③の"最…了"も程度が高いことを強調している。文末の"了"の否定には**5**のように"没(有)"で打ち消す。動詞の後に置く動作態助詞の"了"は否定の場合にふつう"没(有)"とともに用いないが，文末の"了"の否定では③のように用いる例がある。②は形容詞の否定になる。形容詞はふつう"不"で打ち消すが，この②は変化の否定なので"没(有)"が使われる。**6**の①は不…了"という形式で「…しないことにする；…しないことにした」と，やめることに決めた，という意味を表す。この形式を「…しなかった；…でなかった」の意味で使ってはならない（⇨**35**, **208**）。②，③は禁止を表す"別"を用いて，"別…了"（…するのはやめて）と，すでに発生していることを中止するように求める表現（⇨**209**）。

更上一层楼

◆文末助詞の"了"は文末に置かれるので，動詞に賓語がある場合は賓語の後に位置する。動作態助詞の"了"は動詞の後に置くので賓語の前に位置する。2つの"了"はこの点が異なっている。ただ，新事態の発生と動作行為の完成は重なる部分があり，特に動詞に賓語がない場合に，動詞の後の"了"がそのまま文末に位置することになると，その"了"は文末助詞"了"であるのか，動作態助詞"了"であるのか判別し難い（⇨次項**239**）。朱德熙はこの点に関し，《语法讲义》において，このような"了"は文末助詞かも知れないし，文末助詞と動作態助詞の融合体かも知れない，といっている。"他笑了。"Tā xiào le. の例は「（いままで笑っていなかった彼が）いま笑いだした」の意味にとれば，"了"が文末助詞，「彼はいまさっき笑った」の意味にとれば，本来"他笑了了。"であり，その場合，前の"了"は動作態助詞，後の"了"は文末助詞となるが，実際に話す場合には2つの"了"が融合している，と説明する。

◆日常会話で"来了！(来了！)"Lái le! (Lái le!)，"走了！(走了！)"Zǒu le!(Zǒu le!) といった表現をよく用いている。前者は，屋外などから呼ばれて「いま

行きます」と答える場合，後者は同行者を「さあ行こう」とうながす場合で，どちらも文末助詞"了"の表す，これから発生する新事態である。同様に，他人の話をさえぎる場合の"好了，好了！"Hǎo le, hǎo le!（もういい，わかった，わかった）も新しい事態の発生にあたる。

◆文末助詞の"了"が文の成立に関わる場合がある。例えば，次のそれぞれの例では，"了"を文末に置くことで文が完結し，もし"了"を欠くと文が言い切りにならないので，他の文成分を補う必要が生じる。

　(i) **我把灯关了**。Wǒ bǎ dēng guān le.（私は明かりを消した）
　(ii) **车被借走了**。Chē bèi jièzǒu le.（車は借りられてしまった）
　(iii) **西瓜切开了**。Xīguā qiēkāi le.（スイカを切った）

239　2つの"了"

　動作態助詞の完成態"了"は動詞の後に置き，動作行為の完成あるいは実現を表す（⇨**180, 230**）。文末助詞の"了"は文末(句末)に置き，ことがらの完成や，新しい事態の発生を確認する働きをする（⇨**180, 238**）。両者の文中での位置は異なり，機能にも差異はあるが，音声上，文字表記上，形式が同じであり，新事態の発生と動作行為の完成には，意味が重なる部分もあって，用法がわかりにくい。ここでは，特に1つの文でその双方を用いる場合，またいずれか一方を用いる場合などを中心に説明する。

　便宜上，動作態助詞"了"を"了$_1$"，文末助詞"了"を"了$_2$"と記し，動詞が文末の"了"と直接結ぶ場合は，双方の機能を兼ね備えると考え（⇨**238**），"了$_{1+2}$"と記す。

1 ①**吃了饭，(就走**。) Chīle fàn, (jiù zǒu.)
　　　（ご飯を食べてから／食べたので〔出かける〕）
　②**吃了一碗饭**。Chīle yì wǎn fàn.（ご飯を1杯食べた）
　③**吃饭了**。Chī fàn le.（ご飯を食べた；さあ，ご飯ですよ）
　④**吃了饭了**。Chīle fàn le.（ご飯を食べた）

2 ①**我们看了各种精彩的表演**。Wǒmen kànle gè zhǒng jīngcǎi de biǎoyǎn.
　　　（我々はいろいろすばらしい演技を見た）

②他们终于完成了任务。Tāmen zhōngyú wánchéngle rènwù.

（彼らはついに任務を完成した）

③他轻轻地关上了门。Tā qīngqīngde guānshàngle mén.

（彼はそっとドアを閉めた）

3 ①我们听了那个录音。Wǒmen tīngle nàge lùyīn.

（我々はその録音を聞いた）

②在中国他学会了汉语。Zài Zhōngguó tā xuéhuìle Hànyǔ.

（中国で彼は中国語を習得した）

③骑车不能打伞，他买了雨衣。Qí chē bù néng dǎ sǎn, tā mǎile yǔyī.

（自転車に乗っては傘をさせないので，彼はレインコートを買った）

4 ①我学了一年汉语。Wǒ xuéle yì nián Hànyǔ.（私は中国語を 1 年学んだ）

②我学了一年汉语了。Wǒ xuéle yì nián Hànyǔ le.

（私は〔もうこれで〕1 年中国語を学んでいる）

5 ①他来中国一年了。Tā lái Zhōngguó yì nián le.

（彼が中国に来て 1 年になった）

②他来中国已经来了一年了。Tā lái Zhōngguó yǐjing láile yì nián le.

（彼が中国に来てすでに 1 年になった）

6 ①他死了半年了。Tā sǐle bàn nián le.（彼が死んで半年になる）

②他到了三天了。Tā dàole sān tiān le.（彼が着いて 3 日になる）

③他走了一个钟头了。Tā zǒule yí ge zhōngtóu le.

（彼が出かけて 1 時間になる；彼は 1 時間歩いた）

7 ①我得了第一名。Wǒ déle dìyī míng.（私は第 1 位をとった）

②我得了第一名了。Wǒ déle dìyī míng le.（私はとうとう第 1 位をとった）

　1は"吃饭"という「動詞＋賓語」の連語に対し，動態助詞"了$_1$"と文末助詞"了$_2$"がどのように関わるかを示す。①は動詞に"了$_1$"を置くだけでは，文末の"了$_2$"による事実の確認がなく，文が完結しない。④のように"了$_2$"が加われば文は完結するが，確認の働きは②のように数量詞が修飾語に加わることでも達せられる。動詞の後の"了$_1$"を略して，文末に了$_2$"を置いた③は，完成を示す成分がないまま新事態だけ示すことになるため，これからその事態が発生する意味になる。ただし，文末の助詞を"了$_{1+2}$"と見れば，④と同じ意味でも成立するので，二義性の文である。**2**の 3 例は，"了$_2$"の代わりに，**1**の②で数量詞の修飾語が確認の働きをしたように，事

態の発生を確認できる連体修飾語や連用修飾語を文中に置くことにより，文が成立する。"了₂"の働きは③の各例のように，さまざまな成分によっても代用される。①は賓語に指示代詞がついている。②，③の場合は，事態が確認できる，具体的な事実が述べられているので，いずれも賓語ははだかのままであるが，文脈上，文は完結している。④〜⑥は，時間量（補語）と"了"の関わりを示す。数量，時間量，動作量（⇨**92, 94, 147**）は動詞の後の"了₁"に続ける。ただし，賓語が人称代詞の場合は賓語の後になる。④の①は，その動作行為を持続した時間を述べているが，現在とのつながりはわからない。一方，④の②は，"了₁"のほかに，文末に"了₂"が置かれている。この"了₂"によって現在まで引き続き動作行為が行われていることが示される。⑤は賓語を前に移した組み立て。「動詞＋賓語」を前に出し，①は後の動詞を"了₁"を含めて省略し，②は同じ動詞をくりかえす組み立てになっているが，どちらも文末に"了₂"が置かれているので，①，②とも動作行為が続いていることがわかる。⑥は動詞が持続できない動作を表す場合で，動作行為の持続時間ではなく，動作行為の完成後の経過時間を表している。③は"走"を「出かける」の意味で用いたとすれば①，②と同じ用法といえるが，「歩く」の意味であれば，持続時間を表す④の②と同じ用法になる。③は二義性の文である。⑦は数量ではない。順位を示す序数が賓語の位置にある。ふつうは具体的な文脈があって使われる表現が①であり，"了₂"が用いられることはない。しかし，例えば努力の結果ついに１位になった，という場面であれば，"了₂"が表現として必要になる。"了₂"の感嘆に通じる用法である。

更上一层楼

STEP UP!

◆動作態助詞"了₁"をつけられない動詞，例えば"是"や，助動詞などを用いた文には，変化を表す文末助詞"了₂"は加えることができる。

　　（i）①**他现在是医生了**。Tā xiànzài shì yīshēng le.（彼はいまは医者になっている）
　　　　②**我们是老朋友了**。Wǒmen shì lǎopéngyou le.（我々は古くからの友人だ）
　　　　③**我会说汉语了**。Wǒ huì shuō Hànyǔ le.（私は中国語が話せるようになった）
　　これらの動詞の場合，×"是了医生、会了说…"などとはいえない。

◆上の例示で⑤の"他来中国一年了。"のような組み立てでは，前に出された動詞に"了"や"已经"などを加えられない。動詞をくりかえして"他来中国已经来了一年了。"の組み立てとし，後の動詞にそれらを加える。

◆ "他来中国"のような「動詞＋賓語」の連語に対して補語（この場合は時間量補語"一年"）を加える場合は，動詞をくりかえさないと，補語を置くことができない。状態補語の例で，"他说汉语说得很好。"Tā shuō Hànyǔ shuōde hěn hǎo.（彼は中国語を話すのが上手だ）も同じだが，表現としては，いわば"他来中国"と"一年了"，"他说汉语"と"说得很好"が，それぞれ「話題＋説明」のように組み立てられている。

240　文末助詞"的"

　文末助詞は文末に置いて（複文では先行する句の句末にも置く），その文の文法的意味を示したり，話し手の態度や気持ちを表す。文末助詞のうち，疑問，推測，命令，誇張その他の語気を表すものだけを取り分けて語気助詞と呼ぶこともある。文末助詞の"了"（⇨**238**）の働きは新しい事態発生の確認にあったが，すでに発生したことを前提に，その事実を肯定したり，さらにそれがどのように起こったのか，あるいは行われたのか，例えば時間，場所，方式，行為者…などを強調する場合は，"了"の代わりに文末助詞"的"が用いられる。この"的"を用いて常用される"（是）…的"という形式の表す意味は，1つはすでに発生した事実について具体的な状況を説明することであり，もう1つは肯定や断定の語気を表すことである。

1 小王来了吗？　Xiǎo Wáng lái le ma?（王君は来ましたか）
　　——他昨天来了，他正好不在。Tā zuótiān lái le, tā zhènghǎo bú zài.
　　（彼は昨日来ましたが，いまちょうど留守です）
2 他（是）什么时候来的？　Tā (shì) shénme shíhou lái de?
　　（彼はいつ来たのですか）
　　——他（是）昨天来的。Tā (shì) zuótiān lái de.（彼は昨日来たのです）
3 ①在哪儿上车？　Zài nǎr shàng chē?（どこで車に乗りますか）
　　②在哪儿上车的？　Zài nǎr shàng chē de?（どこで車に乗ったのですか）
　　③在哪儿上的车？　Zài nǎr shàng de chē?（どこで車に乗ったのですか）
4 你（是）在哪儿／什么时候买面包的／买的面包？
　　Nǐ (shì) zài nǎr／shénme shíhou mǎi miànbāo de／mǎi de miànbāo?
　　（君はどこで／いつパンを買ったのですか）

5 (是)谁告诉你的？ (Shì) shéi gàosu nǐ de?（誰が君に話したのですか）
── (是)他告诉我的。(Shì) tā gàosu wǒ de.（彼が私に話したのです）

6 ①这封信(是)谁写的？ Zhè fēng xìn (shì) shéi xiě de?
  （この手紙は誰が書いたのですか）

  ②(是)谁写的这封信？(Shì) shéi xiě de zhè fēng xìn?
  （この手紙は誰が書いたのですか）

7 ①他(是)一定会知道的。Tā (shì) yídìng huì zhīdào de.
  （彼はきっと知っているはずだ）

  ②他(是)不会知道的。Tā (shì) bú huì zhīdào de.（彼は知らないはずだ）

  ③他(是)不会不知道的。Tā (shì) bú huì bù zhīdào de.
  （彼が知らないはずはないのだ）

8 屋里闷热，可真(是)受不了的。Wūli mēnrè, kě zhēn (shì) shòubuliǎo de.
  （部屋の中が蒸し暑く，まったく耐えられないのです）

9 我看是看过的，不过差不多忘了。
  Wǒ kàn shì kànguò de, búguò chàbuduō wàng le.
  （私は読むことは読んだのだが，ほとんど忘れてしまった）

　2〜6はすでに起こったことについて，文末助詞"的"を用いて「いつ，どこで，誰が，どのように」（□で示す語）など，具体的な状況の説明をする例。ただし，1と3の①は対比のために掲げた通常の動詞述語文。1の例は，"了"を用いて事態の発生を述べるだけの表現。"昨天来了"は「来た；来ている」という事実を告げるだけで，動詞に重点があるが，2のように"了"を"的"に換えるなら，来ていることを前提に「昨日」という修飾語に重点が移る。3の①は，これから起こることであり，"了"は用いられない。したがって"的"を使うこともない。しかし，"上车"（乗車する）という行為が行われた前提で②のように「どこで」を問うには文末助詞の"的"を使うことになる。この例のように，動詞に賓語がある場合，賓語が名詞であれば，"的"の位置は賓語の前でも後でもよい。この点は4の例も同じで2つの語順が成立する。しかし，5のように賓語が代詞であると，賓語の位置は"的"の前に限られる。この例では動詞"告诉"の賓語は問いでも答えでも代詞である。×"告诉的我"とはいえない。6の例は手紙を前にして「この手紙」という場面なので，書いたかどうかに重点があるのではない。すでに書かれているものに「誰が書いたか」と"的"を用いてたずねている。①は

"这封信"を主語の位置に置くが，この文では，"的"は"这封信"を②のように賓語の位置に置く組み立ても成立する。以上の例で"是…的"の組み立ての場合"是"を略してもよいが，例えば"不是我写的"（私が書いたのではない）と否定の場合には必ず"不是…的"を用いる。7～9は"…是…的"の形式で「…は(たしかに)…なのだ」と肯定あるいは断定する場合。この表現では，"不是…的"のような否定はしない。ただし，7の②，③や8のように，"是…的"の形式の中に否定が用いられることはある。"的"は必ず文末に置く。9は同じ動詞を"是"の前後に用いた"…是…"（…は…であるが）という表現が"是…的"の組み立ての中で使われている。

更上一层楼

STEP UP!

◆次の例は"是…的"の形式になっているが，この"的"は文末助詞ではなく，構造助詞の"的"を用いた"的"連語が"是"の賓語として使われている（⇨ 27，226）。"的"連語は名詞相当語として働く。②は主語も"的"連語である。

(i) ①**这是他写的**(小说)。Zhè shì tā xiě de (xiǎoshuō).

（これは彼が書いたもの〔小説〕だ）

②**我看的是他写的**(小说)。Wǒ kàn de shì tā xiě de (xiǎoshuō).

（私が見ているのは彼が書いたもの〔小説〕だ）

◆助動詞や副詞を用いて，話し手の主観的な判断を述べる表現では，文末に助詞"的"を加え，肯定や断定の語気を表すことがある。"他会来。" Tā huì lái.（彼は来るでしょう）に対し，"他会来的。"（彼はきっと来るよ）は助動詞の例，"衣服挺干净。" Yīfu tǐng gānjìng.（服がとても〔清潔で〕きれいだ）に対する"衣服挺干净的。"（服がとてもきれいだね）は副詞の例である。副詞の中には，"今天怪冷的。" Jīntiān guài lěng de.（今日はひどく寒いね）における"怪"のように，文末助詞"的"を必ずともなうものもある。

241 | "似的"，"来着"，"罢了"，"什么的"

文末助詞は文末に置いて（複文では先行する句の句末にも置く），その文の文法の意味を示したり，話し手の態度や気持ちを表す。文末助詞を語気助詞に限るとするなら，数多くの，文末に置かれる助詞が構造助詞として"的、地、得"などと並ぶことになるが，ガイドラインでは，用法上から文末に置く助詞は，語気を表すものを含め，一括して文末助詞としている。ここでは，

そのうち主なものを取り上げる。

1 ①这个人好像在哪儿见过似的。Zhè ge rén hǎoxiàng zài nǎr jiànguo shìde.
（この人はどこかで会ったことがあるようだ）
②她的手像雪似的那么白。Tā de shǒu xiàng xuě shìde nàme bái.
（彼女の手は雪のように白い）

2 ①下课后我们踢足球来着。Xiàkèhòu, wǒmen tī zúqiú láizhe.
（放課後私たちはサッカーをしていた）
②你刚才说什么来着？Nǐ gāngcái shuō shénme láizhe?
（君はさっき何を話していたの）

3 ①我只是开玩笑罢了，你别生气。
Wǒ zhǐshì kāi wánxiào bàle, nǐ bié shēng qì.
（私はただからかっただけです，君は腹を立てないで）
②问问价钱就是了，并不想买。Wènwen jiàqian jiùshile, bìng bù xiǎng mǎi.
（値段を聞いただけで，別に買いたくない）
③你加油干就是了。Nǐ jiāyóu gàn jiùshile.（君はがんばってやればいい）

4 ①桌子上摆着酒杯、酒壶什么的。
Zhuōzishang bǎizhe jiǔbēi、jiǔhú shénmede.
（テーブルにさかずきや徳利などが並んでいる）
②比赛项目有体操、游泳、棒球等等。
Bǐsài xiàngmù yǒu tǐcāo, yóuyǒng, bàngqiú děngděng.
（試合の種目には体操，水泳，野球などがある）
③这学期只开历史、地理、汉语等三门课。
Zhè xuéqī zhǐ kāi lìshǐ, dìlǐ, Hànyǔ děng sān mén kè.
（今学期は歴史，地理，中国語などの3科目しか開かない）

1 "似的"は名詞，代詞，動詞（句）などの後に置いて、「…のようだ；…らしい」という意味を表す。"像、好像、仿佛" xiàng, hǎoxiàng, fǎngfú（まるで…）などと呼応して用いられることが多い。①は「どうも…のようだ；…のような気がする」という意味で使われている。②は"(好)像…似的"が形容詞"白"の修飾語になった例。代詞"那么"は程度を示す働きをする。**2** の"来着"は過去の出来事を身近に引きつけて回想する気持ちを表す。否定文では使えない。**3** の"罢了、就是了"はどちらも"只、不过" zhǐ、búguò

などと呼応させて,「(ただ)…にすぎない；…だけのことだ」という意味を表す。"就是了"には,③のように「…すればいい(ためらいや疑いの要はない)」という意味を表す用法もある。❹は例示や列挙を表す助詞。"什么的"(…など)は1つ,あるいはいくつかの例示の後に置く(⇨140)。話しことばで用いる。"等等"も同じように使えるが,ふつう固有名詞の後には用いない。その場合は"等"が使える。"等"は書きことばであるが,③のように,列挙した後,列挙した項目の数を示す表現をすることがある。

更上一层楼

◆すでに述べたように(⇨223),北京大学中文系《现代汉语虚词例释》では助詞の範囲がかなり広げられている。それらのうちには,仮定を表す"的话"dehuà(⇨219),程度の強調を表す"着呢"zhene(⇨237)など,文末助詞であるが本書では別項目でふれた例がある。

◆文末に置く語気助詞には,ガイドラインに含まれていないが,日常よく用いるものがある。次の(i)に掲げる"嘛"はその1つで,"吗"と同音だが疑問を表すものではなく,自明のことであると相手に気づかせる表現に使う。「…ではないか」と相手に確認を押し付ける口調になる。疑問の"吗"にくらべ,やや抑えた,低い調子になる。

(i)①**我跟你说好了嘛！** Wǒ gēn nǐ shuōhǎo le ma!
　　(私は君に話しておいたじゃないか)
②**好好儿用功吧！你还是学生嘛。**
　　Hǎohāor yònggōng ba! Nǐ hái shì xuésheng ma.
　　(ちゃんと勉強しなさい。君はまだ学生なのだから)

242 ｜ 感動詞

　感動詞は独立性が強く,1語で文を成立させることが多い。表す意味からいうと,話し手がひとりで発する自然な叫びと,聞き手への呼びかけやそれに対する応答に大別される。前者には①満足；賛美,②軽べつ；怒り,③悲嘆,④驚きなど,後者には①呼びかけ,②応答などが含まれる。中国語にはカナのような表音文字がないので,感動詞は漢字の当て字によって表記するが,表記が一定していない例も少なくない。

1 ①喂！是李先生家吗？ Wéi! Shì Lǐ xiānsheng jiā ma?
　　（もしもし，李さんのお宅ですか）
　②喂，喂！你等一下！ Wèi, wèi! Nǐ děng yíxià!
　　（ねえ，ねえっ！ちょっと待って）

2 ①哎呀，我忘了！ Āiyā, wǒ wàng le!（あらっ，私は忘れてしまった）
　②哎哟，好疼啊！ Āiyō, hǎo téng a!（ああっ！痛いなあ！）

3 ①嗯，这酒是不错！ Ng, zhè jiǔ shì búcuò!
　　（うん，この酒はたしかにすばらしい）
　②嗨，我记性真不好！ Hāi, wǒ jìxing zhēn bù hǎo!
　　（あれ，私の物覚えの悪いこと）

4 ①唉，怎么办呢？ Ài, zěnme bàn ne!（あぁ，どうしたらいいだろう）
　②哎，又是你呀！ Āi, yòu shì nǐ yā!（おや，また君か）

　感動詞は，漢字表記は同じでも，表す内容に応じて声調の異なる例が多い。また，声調を明示できない場合もあり，厳密には高低，長短，緩急，抑揚など，種々の要素が形成する"语调"（イントネーション）の問題になる。上掲の例示でも声調を示していない例がある（母音を含まない音節など）。**1**の"喂"wèi は②のように，呼びかけに使われる。①は電話の「もしもし」という呼びかけ。人により，また場合により声調に差異もあるが，第二声で発音されることが多い。**2**は2音節語の感動詞。驚きと苦痛を表す例。日本語には，「イタッ（痛っ）；アツッ（熱っ）」のような形容詞にもとづく表現もあるが，痛い場合は②の"疼"（痛い），熱い場合は"烫"tàng（〔火傷しそうなほど〕熱い）を用いても表せる。**3**の①は肯定の語気を表す。下降ぎみの第四声に近い。②は驚きや悲嘆の語気を表す。**4**の①は，悲しんだり，惜しんだりする場合，②は意外な気持ちを表す。"ai"という感動詞はさまざまな"语调"（イントネーション）でさまざまな語気を表す。ここに掲げたものはその1例にしかすぎない。漢字の表記も当て字であるから，必ずしも一定しているわけではない。

更上一层楼

◆感動詞は，同じ漢字で表記されていても，声調によって異なる意味になるものが多い。以下に"啊"の例を挙げる。それぞれ，①は驚き，②は聞き返し，③は意外な感じ，④は同意の語気を表す。

(i)①啊！下雨了！ Ā! Xià yǔ le!（おや，雨だ）
②啊？你说什么？ Á? Nǐ shuō shénme?（え？何だって？）
③啊？他真的回国了？ Ǎ? Tā zhēnde huí guó le?
（えーっ？彼はほんとうに帰国してしまったの？）
④啊，我知道。À, wǒ zhīdào.（ええ，私は知っています）

243 擬声語

自然現象の音をそのまままねたり，動物の鳴き声をまねた擬声語（擬音語）を，中国語では"拟声词"（擬声詞）と呼ぶ。事物の状態や身ぶりなどをうつした擬態語に訳出する例もある。擬声語の表記は日本語でカナ書きするが，表音文字のない中国語では外来語の音訳と同様に，当て字で表すことになる。語気助詞や感動詞と同じく，いわゆる口へんの漢字が多く使われるのは，漢字のへん（偏）に対するつくり（旁）の部分が表音作用をするだけの音訳当て字として，新たな漢字を作り出した結果である。なかには，例えば電話のベルを"叮铃铃" dīnglínglíng で表すように，日常使う漢字（この例では"铃"〔鈴〕）から意味もあらわれるような当て字をするものもある。当て字のため，1つの擬声語について漢字表記が1つに限らないこともある。中国語の擬声語は，日本語にくらべると，1つの語がさまざまな音に当てられる例が多く，次の**1**もその1例である。なお，擬声語は単独に用いられるほか，文の中で修飾語，述語，補語などにも使われる。

1 ①哗。Huā.（ざあっ；がちゃん）
②哗啦。Huālā.（ざあっ；がらっ）
③哗啦啦。Huālālā.（ざあざあ；がらがら）
④哗啦哗啦。Huālāhuālā.（ざあざあ；がらがら）

2 ①哈哈(地)大笑。Hāhā(de) dà xiào.（あははと大笑いする）
②脸上笑嘻嘻的。Liǎnshang xiàoxīxīde.（顔はにこにこ笑っている）
③他哇的一声，哭起来了。Tā wāde yì shēng, kūqǐlai le.
（彼はわっと泣き出した）
④风刮得呼呼地直响。Fēng guāde hūhūde zhí xiǎng.
（風がぴゅーぴゅー吹き続く）

3 ①钟摆的的答答地响着。Zhōngbǎi dīdīdādāde xiǎngzhe.

　　（時計の振り子がちくたく鳴っている）

　②滴滴答答，下雨了，下雨了。Dīdīdādā, xià yǔ le, xià yǔ le.

　　（ぽつり、ぽつり、雨だ。雨だ）

　1は擬声語の形式を示す。1音節語から4音節語まである。3音節のほとんどはＡＢＢ型の重ね型，4音節もＡＡＢＢ型，ＡＢＡＢ型の重ね型とＡＢＣＤ型である。また，1の例から，1つの擬声語がさまざまな音に当てられることもわかる。①は水が流れる音や金属がぶつかる音，②は激しい水音と物のぶつかる音，③と④は激しい土砂や水の音と物が落ちたり崩れたりする音のほか，水がさらさら流れる音にも当てる。2は文中での働きを示している。①は連用修飾語として用いた例。"哈哈"は口を大きく開けた笑い声。②は状態形容詞の組み立てで述語に用いられている。"笑嘻嘻(的)"はにこにこ笑う様子を表し，擬態語でもある。"的"は状態形容詞（⇨162）の語尾。③は大きな泣き声を表す"哇"が擬声語を連用修飾語として使う"…的一声"（…と〔音がして〕，…）の形式に組み入れられた例。④では風の音を表す"呼呼（地）"が動詞"响"（音がする）の連用修飾語となり，動詞句全体が補語の位置に置かれている。3の例は，同じ擬音語でありながら，どんな音を表すかによって，漢字の当て字を変えている例。dīdīdādā が「ポタポタ」と水滴を表す場合，"的的答答" を "滴滴答答" のように表記する。水滴以外の場合，"的的答答" を "嘀嘀嗒嗒" と表記することもある。当て字の声調は本来の声調ではなく，ふつうすべて第一声になる。

更上一层楼

STEP UP !

　◆動物や鳥，虫などの鳴き声も擬声語として表す。日本語での表し方と異なる例も少なくない。他の擬声語と同じく，漢字の当て字が一定しない例もある。なお，動物の鳴き声はくりかえして使うことが多い。

　（i）①汪汪。Wāngwāng.（わんわん）

　　②喵(喵)。Miāo (miāo).（にゃー〔にゃー〕）

　　③喔喔。Wō wō.（こけこっこー）

　　④哞(哞)。Mōu (mōu).（もー〔もー〕）

　　⑤咩咩。Miē miē.（めぇーめぇー）

244 　語法と修辞

　文法を指して，中国語では"语法"yǔfǎ（語法）といっている。中国でもかつては"文法"wénfǎ と呼んでいたのであるが，1940年代を境に"语法"というようになった。中国語で"文法"とは文章作法，あるいは作文法の意味にとられやすく，また文語の文法という意味にもとれる。

　呂叔湘主編の《现代汉语八百词》の日本語版に寄せた呂の序文を読むと，冒頭に"《现代汉语八百词》是一本讲汉语语法的书。"（『現代漢語八百詞』は中国語文法の解説書である）と述べている。読者からすれば，『八百詞』はいわば基本語活用辞典であるのだが，呂はさらに「中国語文法の解説は結局のところ虚詞の説明に落着するものであり，中国には虚詞について解説する伝統がある」とも述べている。まさに「語法」こそが「文法」なのだと主張しているかのようである。これでは，語法とは一つ一つの語の用法を覚えるだけのことと誤解されかねない。

　中国語を学ぶに当たって，基本となる文法事項は，単語同士を結んだ連語である。連語の構成法は，単語の構成法にも文の構成法にも通じる原理であり，中国語の文法がここに凝縮している。連語は中国語の基本構造でもある。その基本構造を組み立てる単語については，一つ一つの単語が連語のなかで，どのような役割を果たすのか，これが中国語としての品詞分類の眼目となる。単語の形態変化，いわゆる活用のある言語と異なり，単語をそれぞれの文法的性質をよりどころにして分類することになるため，大分類から小分類へ，下位分類を重ねて行く過程がそのまま文法の記述になる。かつての中国語文法では品詞の記述は簡略をきわめ，ほとんど無用のものであった。中国語の品詞は文中で自在に変わり，融通無碍とまでいわれた。しかし，現在ではそれぞれの単語の品詞名を見れば，その単語が連語を組み立てる際，どのような働きをするのか知ることができるまで研究も進み，中国で辞書の規範とされる《现代汉语词典》も品詞を明示するようになった。

　品詞分類を深めれば，行き着く先は一つ一つの語の用法になり，文法は狭い意味の語法になってしまう，と考えがちだが，連語における単語の役割を柱とする文法においては，それらの文法的な機能を記述する語法として体系化できる。ただし，連語にせよ，品詞分類にせよ，学習段階に応じて，一定の枠組みをあつかうレベルを越える文法の問題として，修辞という，語彙の

選択や文の組み立て方など，表現に関わる事項が中国語としては重要な文法学習となる。呂叔湘は《汉语语法分析问题》において，中国語は，連語内部の語順はあまり変えられないが，文の内部の語順は比較的融通がきく，といっている。たしかに，連語のレベルから進んで，文の組み立てを把握するには，語法というより「文法」が問題になる。中国では，よく"语法修辞"と一括して呼んでいるが，修辞といっても文を飾る，美辞麗句という意味ではない。語句の組み合わせや並べ方に関する，文法の範囲内のことである。最も簡単な例を挙げるなら"饭吃"という語順は基本構造としての連語からは認め難い組み立てであるが，"饭吃，面不吃。" Fàn chī, miàn bù chī.（米のご飯は食べるが，めん類は食べない）というさらに大きな連語に包み込めば主述連語が並列された連語として成立する。中国語では，対比の表現は修辞的に文法のルールを越えて成り立つ傾向がある。さらに 1 例を挙げれば，「修飾語＋被修飾語」の組み立ては修飾連語という基本構造であるが，なぜか人称代詞だけは被修飾語の位置を好まない。そのため，例えば「美しい日本の私」といった日本語をこの語順のまま直訳しては語法修辞の見地からは誤訳となる（⇨**123**）。このルールは，例えば"我坐了一天(的)火车。" Wǒ zuòle yì tiān (de) huǒchē.（私は 1 日汽車に乗った）と"我等了他一天。" Wǒ děngle tā yì tiān.（私は彼を 1 日待った）とをくらべてわかるように，人称代詞は一般名詞と用法が異なり，時間量を示す数量詞の前に置く事実でも認められる。このように，文法が修辞と重なり合う部分は，すでに初級を過ぎた段階であるが，文法学習としてはステップアップの目標として掲げなければならない。

I 字と語

II 単語と連語

III 文の成立と種類

IV 文の成分

V 品詞

中国語初級段階学習指導ガイドライン
文法項目表

中国語教育学会　2007年3月

〔まえがき〕

　ここに示す文法項目表は初級段階の学習者が習得すべき文法項目を掲げたもので，初級段階とは，大学における第二外国語で毎週2回（1回は90分），2年間を通じて学んだ場合の，合計240時間（中国と同じ50分授業として計算すれば約200時間）の課程を考えている。

　項目表は左右2段組みで，各ページとも左側に文法項目とそれぞれに対する簡単な説明，右側に例示の語句あるいは文が配置されている。したがって，各項目とも左右を対照して見る形式になっている。各項目において実線で囲んだ説明は，主として文法用語や学習の範囲について注意すべき点を記している。

　この文法項目表は学校文法としてのわく組みを示したもので，項目の配列に学習の順序が示されてはいない。また，初級段階を越えて引き続き学ぶこととなる項目について，初級段階における学習範囲の提示がかならずしも十分ではない。本来ならば初級段階をより明確に示すため，これに続く中級段階における文法項目を掲げ，さらに初級段階を第1年度と第2年度に分けて示すとともに，学習の順序についてもふれるべきである。すなわち，同一項目でも，初級段階の前段では文法項目とせず語彙の問題としてあつかい，後段で文法化する，といった学習の道筋も示すことが望ましい。しかし，この項目表ではたとえば兼語文において，初級段階ではその呼称を用いずに連動文の範囲であつかい，中級段階では呼称とともに，やや複雑な構文にも及ぶ，といった説明はしているが，各項目にわたる，詳しい記述は割愛し，別途に解説書の編さんなどを考慮することとした。

　各項目の例示に用いられる語彙は，原則として後掲の学習語彙表に収録されている語の範囲に限った。しかし，わずかではあるが左上に＊を付した語は表外の語彙になる。なお，品詞の部分で名詞，動詞，形容詞以外の例示は学習語彙表に収録の，すべての語を掲げた。この文法項目表の策定にあたっては，初級段階における中国語文法のわく組みを設定し，体系と内容はできるだけスリムにすることを心がけた。漢字漢語を知る日本人の中国語学習という前提で，既習の英文法などに引きずられず，文法用語については違和感の少ない，受け入れやすいものを選ぶこととした。また，文法学習そのものを目的とせず，教材作成や教室における指導時に依拠すべきガイドラインとして用いるものとして作成した。学習者が中国語らしさを体得し，ことばのルールを把握するためのガイドにしていただきたい。

文法項目表の構成
1　字と語
2　単語と連語
3　文の成立
4　文の種類①（構造上の分類）
5　文の種類②（肯定文と否定文）
6　文の種類③（用法上の分類）
7　文の成分
8　品詞

1 字と語

漢字は一つ一つが意味を有し，そのまま単語として単独に使えるように思えるが，字＝語とは限らない。

> この項目については，中国語と日本語が同じ漢字を使っていても，中国語では多くの字が"大小"の"大"や"小"のようにそれぞれ意味を有し，単独にそのまま語としても用いられるものの，なかには"咖啡"の"咖"や"啡"のように，それぞれ単独では意味を有さず単用できないものや，また"男女"の"男"や"女"のようにそれぞれ意味は有するが単用できないものがある一方，日本語では，たとえば男や女のような字でも訓読みすれば単独に語として使うことなど，字と語の関係が中国語と日本語で異なることを入門期に説明するか，あるいは特に講ずることをせず，発音練習用の語句の例示などに工夫しておき，必要な時に付言してもよい。

1-1 漢字は表意文字だと言われるが，すべての漢字が意味を有するわけではない。日本語は一般的に漢字が表意，仮名が表音の役割を分担しているが，日本語と文字体系の異なる中国語においては漢字が表音文字としても使われる。音訳の外来語，擬声語，感動詞に当てた漢字がその例になる。

⇒1-1の例示
咖啡（コーヒー）
＊葡萄（ブドウ）
＊丁当（カチャン＝金属がぶつかる音）
＊汪汪（ワンワン＝イヌの鳴き声）
哈哈（アハハ＝笑い声）

たとえば，"丁"や"当"のように，個々の漢字は意味を有していても，擬声語の"丁当"においては表意の働きをしない，当て字に過ぎない。外来語の"咖啡"，"葡萄"も同様である。"＊拖拉机"（tuōlājī：ひきずる＋引っ張る＋機械→トラクター）のように，外来語には当て字が表意の働きもしている例がある。ブランド名の"＊奔驰"（Bēnchí：速く走る→

ベンツ)など，同種の例は商標や商品の音訳語に多い。

1-2 すべての漢字が単用できるわけではない。日本語は一般に音読みでは単用できなくても訓読みすると字がそのまま単語として使える(例：男→×ダン，○おとこ)ことが多い。

"国"や"春"も文章語としては単用する。

⇒ 1-2 の例示
男 → 男的　女 → 女的
国 → 国家　春 → 春天
国破山河在　＊四季如春

1-3 単語(＝語)とは，独立して運用できる，意味を有する最小の単位である。

複音節語のなかには，単語(＝語)として成立させるための付加的な成分を加え，運用される例がある。例えば"海"は文章語としてはこのまま使うが，話し言葉では"大海"という。"大"は語構成の上で付加したもので，語彙的な意味はない。

⇒ 1-3 の例示
海 → 大海　虎 → 老虎
帽 → 帽子　花 → 花儿

1-4 単語には，音節数が1つだけの単音節語と，2つ以上の複音節語がある。

音節数と表記される漢字の字数は一般的には一致するが，なかには2字で1音節，あるいは1字で2音節となるような例もある。

⇒ 1-4 の例示
山　河　人
人民　我们　＊马拉松(マラソン)
花儿(接辞"儿"は音節として独立しない)
＊浬(hǎilǐ，現在は lǐ と読む)＝＊海里

1-5 音節数に関係なく，意味を有する最小の単位("语素")が1つだけの単語を単純語と呼ぶ。2つ以上の単語を合成語と呼ぶ。合成語はふつう複音節語であるが，なかには単音節の語もある。

単純語の例
　単音節語 → 人　我
　複音節語 → 葡萄　丁当　马拉松
合成語の例
　複音節語 → 人民　我们　拖拉机
　単音節語 → 俩(＝两个)

字と語の説明で,「最小の,音義の結合体」を指す"语素"(形態素；morpheme)という術語の使用は,初級段階では避けるが,漢字と語素,語素と単語のそれぞれの関係を認識することは中国語文法において重要であり,中級段階では用いたほうが説きやすい。

1-6 合成語には組み合わせによって3種のタイプがある。

(1)重ねタイプ →妈妈　　星星
(2)付加タイプ →第一　　我们
(3)複合タイプ →(1-7)を参照

1-7 複合タイプの合成語には5種の型がある。日本語では中国語から受容した「漢語」に,その5種の型が,そのまま反映している。

(1)主述型(複合語)　　　地震
(2)修飾型(複合語)　　　黒板
(3)補足型(複合語)　　　*打倒
(4)動賓型(複合語)　　　注意
(5)並列型(複合語)　　　人民

> 7-3で述べるように,文成分の賓語を目的語と言い換える場合は,動賓型を動目型と呼ぶ。

2　単語と連語

2つ以上の単語を組み合わせると連語(句；フレーズ)になる。連語には単語の文法的な結合関係によって,5種の型がある。

(1)主述連語(主語+述語)　　他来
(2)修飾連語(修飾+被修飾)　很好　再见
(3)補足連語(動詞+補足)　　看完
(4)動賓連語(動詞+賓語)　　吃饭
(5)並列連語　　　　　　　　猫狗

> 賓語の呼称を目的語と言い換える場合は,動賓連語を動目連語と呼ぶ。

2-1 複合語の5種の型と,連語の5種の型は基本的に構造が同じである。

単語と単語が結んで連語になる基本的な5種の型のほかに,連動連語を加えることもある。複合語にも連動型を見る。

上記の5種の連語は実詞と実詞の組み合わせになっているが,ほかに実詞と虚詞(8の品詞の項を参照)の組み合わせも加えることがある。

連動連語(動詞の連用)　(我)去看
連動型の複合語　　　　借用

介詞連語(介詞+賓語)　从中国
"的"連語(助詞"的"の後置)我的
方位連語(方位名詞を後置する場所名詞)
　　　　　　　　　　屋子里　椅子上

2-2 連語の5種の型は固定されるものではなく，たとえば補足連語と動賓連語を合併して補充連語としたり，動賓連語を"吃饭"と"下雨"(存在・出現・消滅)の2種の型に分けたりもできる。

3　文の成立

　単語と単語を一定の方式でならべると連語になる。単語と連語，また連語と連語をならべても連語になる。

　連語がさらに大きな連語に包含されなければそのまま文として用いられ，包含されるなら文を構成する成分となる。

　ただし，文として成立するためには，その連語が独立し得る存在でなければならない。たとえば"吃了饭"という連語は独立し得ないので文とはいえない。

　文は，その前後に一定のポーズ(停頓)が置かれ，また文には一定のイントネーションがともなう。

　文章語では句読点によってポーズあるいはイントネーションを示す。

主な句読点("标点符号")

句号(ピリオド)	。
逗号(カンマ)	，
頓号(読点)	、(並列を示す)
问号(疑問符)	?
感叹号(感嘆符)	!

4　文の種類①(構造上の分類)

1) 単文
　　主述文　(主語＋述語)　　　　他来了。　我是学生。　天气很好。
　　非主述文(一語文)　　　　　　谁?——我。　行。　什么?
　　　　　(存現文→7-4を参照)　有人。　下雨了。

　ほかに，日常の話し言葉で用いられる命令，禁止，祈願の表現などには，主語を略した非主述文が少なくない。　　走吧!　别看!　*加油!

2) 複文(2つ以上の文を組み合わせる)
　　接続詞を用いる複文　　　　　虽然下雨，可是我去。
　　　　　　　　　　　　　　　　因为下雨，所以我不去。
　　接続詞と副詞を用いる複文　　要是下雨，我就不去。

副詞を用いる複文　　　　　　　　一下雨，我就不去。
　　接続成分を用いない複文　　　　　不去不行。　　人老了，身体差了。

5　文の種類②（肯定文と否定文）

　　肯定文　　　　　　　　　　　　我来。　他来了。　我是学生。　他很忙。
　　否定文　　　　　　　　　　　　我不来。　他没(有)来。　我不是学生。
　　　　　　　　　　　　　　　　　他不忙。

　否定副詞"不"，"没(有)"は述語のなかで動詞や形容詞の前に置かれる。

　述語に否定以外の副詞や助動詞などが　　都不是学生。　　不都是学生。
用いられている場合，否定副詞の位置に　　很不好。　不很好。
より，否定の範囲が異なる。　　　　　　　不应该去。　应该不去。

6　文の種類③（用法上の分類）

　　文をその機能から分類する。それぞれ
　句読点の用法にも注意する。

6-1　平叙文（……。）

　　　　　　　　　　　　　　　　　我来。　他来了。　我是学生。　他很忙。

6-2　疑問文（……？）

　①当否疑問文　　　　　　　　　　他来吗？　他来了吗？　他不来吗？
　　文末に置く助詞によって，語気が異　　你忙吗？　他不来吧？　他不来(吗)？
なる。平叙文のまま助詞を用いず，イ
ントネーションだけで疑問文にするこ
とがある。平叙文の後に"好吗？"，"行　　我一个人去，行吗？
吗？"などを添える表現もある。
　②反復疑問文　　　　　　　　　　他来不来？　他来了没有？　你忙不忙？
　　述語の動詞が賓語(目的語)をともな　　他是不是学生？　他是学生不是？
うV＋Oの場合，V＋"不"V＋Oと
V＋O＋"不"Vの2形式があり，前
者を *close type*，後者を *open type* と呼
ぶことがある。
　　述語に助動詞を用いる場合はふつう　　○会不会说中文？　×会说中文不会？
close type を使う。　　　　　　　　　　○会不会中文？　○会中文不会？

当否疑問文のすべてが反復疑問文に書き換えられるわけではない。	你好吗？（あいさつ）→× 你好不好？ 你也来吗？ →× 你也来不来？ 你还来吗？ →○ 你还来不来？
平叙文の述語の前，あるいは文頭または末尾に"是不是"を置いて当否を問う形式もある。 ③選択疑問文 ④省略疑問文 　名詞(句)，代名詞の後に"呢"を置く。	你是不是去游泳？ 你去游泳，是不是？ 你(是)今天去还是明天去？ 我今天去，你呢？
⑤疑問詞疑問文	他是谁？　你什么时候来？
6-3　反語文(……？)	谁知道？　你还不去？ 这不是你的书吗？
6-4　命令文(……！)	请坐！　别客气！　你看！　快点儿！
6-5　感嘆文(……！) 以上のほかに，呼びかけ文を加えてもよい。	真冷！　多好啊！ 老师！　＊女士们、先生们！

7　文の成分

　文法用語については，英文法で慣れている用語を利用するか，原語をそのまま使うかなど，議論が多い。文の成分では，主語，述語（原語の"谓语"は用いない）は問題ないが，賓語を英文法でいう目的語にすると"下雨"の類を説明しにくいので，原語のまま賓語を用いる。ただし，説明の過程では目的語という呼称も許容されよう。一方，補語は英文法でいう補語とは異なるので，中国語では後置する修飾成分（補足成分）を指すものと説明を加え原語を用いる。それに対し，定語，状語は前置する修飾成分であり，それぞれ日本語の連体修飾語，連用修飾語と，日本語の文法用語を使う。

7-1　主語

行為者（動作・行為の送り手）ばかりでなく，受け手や話題も主語になる。中国語における主語＋述語の関係は，話題＋	书看完了。　这本书没有意思。 明天开会。　＊屋里开会。

説明といえる。しかし，文頭に置かれた語句のすべてが主語(話題)になるわけではない。"明天见"の"明天"，"*屋里坐"の"屋里"は連用修飾語である。

主語の位置には，名詞や代詞ばかりでなく，動詞，形容詞，動賓連語，主述連語など述語性の成分も置くことがある。 　初級段階では，述語性の主語については一定の範囲にとどめるべきである。主語が"什么"に置き換わるものはよいが，"怎么样"に置き換わるものは複文として見る方がよい。	去是对的。　　干净最重要。 买票不容易。　人多是好事。 去不去一样。　→不管去不去都一样。 短一点儿好看。→要是短一点儿就好看。

日本語に似て，主語の省略は多いが，省略できない場合もある。

　　您吃点什么？　　（敬意の表現）
　　我教你英语吧。　（二重賓語）
　　我想吃饺子。　　（願望の表現）

7-2　述語(7-4 も参照)

　名詞，数詞，数量詞のような非述語性成分も述語になることがある。
　（このような文は，7-4 の形容詞述語文の後に名詞述語文として掲げてもよい）

他北京人。今天星期五。明天八月一日。
现在八点四十。他今年二十，不是十九。

初級段階では，非述語性述語(名詞性述語)の学習範囲を限定し，年月日，曜日，時刻，年齢などと，出身地を述べる表現("他北京人"）などにとどめる。	→他黄头发。这张桌子三只腿。などは含めない。

7-3　賓語

　文法用語として，賓語は英文法で目的語とする文成分と似ているが，中国語では動作動詞の動作を受ける語ばかりでなく，動詞との意味関係が多岐にわたるため，目的語の呼称が適切でないこともある。入門段階では賓語を説明する場合に，目的語と呼ぶこともあり得る。用語として賓語が望ましいが，説明的には目的語も用いることとする。

動賓連語における，動詞と賓語の意味関係は多様である。

吃饭　写信　去北京　是我　有人
来客人　下雨　喜欢玩儿

動賓連語のうち，動詞と賓語の意味関係を一般化しにくい（類型化できない），個別的な慣用句は常用するもののみ熟語として取り上げる。

初級段階であつかわない例
× 写黑板　× 吃*大碗　× 洗*温泉
慣用句の例
○ 开玩笑　○ 开*夜车

7-4　述語の構成から見た基本構文
動詞述語文
　　賓語のない文　　　　　　　　　　我去。　　你看!
　　賓語のある文　　　　　　　　　　我看书。　他去北京。
　　　動詞"是"を用いる文　　　　　　他是学生。　今天(是)星期日。
　　　動詞"有"を用いる文　　　　　　我有(一本)字典。　屋子里有人。

　　"有"の学習範囲は存在・所有をあらわす場合に限る。"这孩子已经有我高了。"（"没有"を用いた比較文は除く），"他走了有三天了。"などのような到達を示す用法は範囲としない。

　　　動詞"在"を用いる文　　　　　　你的字典在这里。　他在屋子里。
　　　助動詞を用いる文　　　　　　　他会说英语。你能不能去? 我想学汉语。
　　　　助動詞は賓語に動詞あるいは　　你应该买一本。
　　　動賓連語のみをとることができる。
　　　　"他会汉语"の"会"は動詞で，
　　　"他会说汉语"の"会"は助動詞。

　　述語の構成が複雑な文
　　　賓語が2つある文　　　　　　　　我教他英语。　我给他一本字典。
　　　賓語に主述連語を用いる文　　　　我想他一定来。
　　　述語に主述連語を用いる文　　　　他身体健康。
　　　述語に動詞(句)が連続する文
　　〔連動文〕
　　　①連続する動作，情況　　　　　　他看完电影去买东西。
　　　②動詞(句)の一方が動作の目的　　他去看电影。　他看电影去。
　　　③前置の動詞(句)が動作の方式　　他坐飞机去北京。　他站着说话。
　　　　"骑马去"のように，②③の双方に読める例もある。

④前置の動詞が"有"(1)	有工夫玩儿。　没有话说。
⑤前置の動詞が"有"(2)	有一个学生来找你。　今天没有人来。
⑥前置の動詞が請求，使役などを示す(使動文)	我请他来。　我叫他帮忙。　他让我回家。

以上の連動文のうち，⑤⑥を兼語文とも呼んでいるが，初級段階では連動文の一種としてあつかい，中級段階以後に兼語文の組み立てを説明する。兼語文の範囲は拡大しない。	→ 連動文として説明する兼語文の例 我们*选他当*主席。　借几本书给我们看。 → 兼語文の範囲に含めない例 他喜欢这里安静。(賓語が主述述語) 我们都叫他张*主任。(二重賓語)

賓語が動作・行為の主体となる文〔存現文〕	
存在をあらわす文	桌子上〔有／放着〕一本字典。
出現・消滅をあらわす文	下雨了！　今天刮大风。 前面来了一辆车。　*村里死了一个人。
介詞句を連用修飾語とする文〔処置文〕	
介詞"把"を用いる文	我把这本书看完了。
〔受動文〕	
介詞"被"などを用いる文	我被他打了一顿。
介詞"被"などを用いない文	老虎打死了。
〔比較文〕	
介詞"比"を用いる文	今天比昨天热一点儿。
介詞を用いず動詞"没有"を使う文	今天没有昨天热。
形容詞述語文	这个好。　那个好不好？　他很忙。
名詞述語文　⇒(7-2を参照)	

7-5　補語

　英文法における補語と混同することも考えられるので，英語の補語とは異なることを示すため，後置する修飾成分として説明する。ただし，結果補語などにおいて，"喝*醉、学会"のように補語の部分が必ずしも動詞の修飾成分とはいえない構成となる例も少なくない。

①接続成分"得"を必要としない補語
　　結果補語　　　　　　　　　　　　　吃完　　学好　　记住　　说清楚

入門段階で学ぶ結果補語の多くは動詞と補語の結びつきが熟語化しているので，一定量の動補連語を学ぶまでは，補足型の複合動詞としてあつかう。	看完　看見　看上　看*慣
介詞句(介詞＋賓語)を結果補語として用いることはない。	她住在北京。　→住在＋北京
"到""在""給"などに導かれる，到達点を示す介詞句を補語としてはあつかわない。この3語は前置の動詞と複合動詞となり，その語に到達点を示す賓語を置く。	他坐在椅子上。　他死在了法国。 每天都睡到中午。　好容易走到了他家。 借给他一百块钱。　把那本书送给了他。
方向補語 　方向補語には1音節語の単純方向補語と2音節語の複合方向補語がある。後者は派生義に用いる場合が少なくない。	拿来　出来　拿出来 来　去　上　下　进　出　过　回　起 (上　下　进　出　过　回)＋(来／去)，起来 看出来　想出来
方向補語の説明では，わずかな用例から，方向補語のすべてを列挙することは避け，入門段階では個別の複合動詞としてあつかう。	
方向補語と動詞に対する賓語の位置（初級段階では簡潔に説明）	走进教室　　进教室来　　走进教室来 拿出一本书来　　拿出来一本书
可能補語 　動詞の後につづく結果補語や方向補語との間に"得""不"を挿入し，実現の成否をあらわす組み立てはいわば結果補語や方向補語から派生した形式になる。	看得完　看不见　拿不来　拿得出来
ほかに，可能補語としての後置成分(接辞)を加える形式もある。後者のうち"〜得","〜不得"は初級段階ではあつかわない。	〜得／不了→忘不了　〜得／不起→买不起

程度補語
 程度の強調を後置成分が示す。   好极了　忙死了

数量補語
 動作量，時間量，数量(比較の結果 看一次　看一眼　看一看　看一会儿
を示す)。   高一米　大一点儿

> 数量補語を賓語(準賓語)としてあつかう考え方もあるが，ここでは従来の考え方にしたがう。

②接続成分"得"を必要とする補語
 状態補語   学得很好　　说得大家都笑了
 この類を程度補語と呼ぶことも少なくない。

7-6　修飾語

> (限)定語，状(況)語はそれぞれ連体修飾語，連用修飾語とする。

①連体修飾語
 接続成分"的"を用いない修飾語 我妈妈　我家　*木头(的)桌子　白(的)纸
 接続成分"的"を用いる修飾語   我的字典　漂亮的衣服　他写的字
②連用修飾語
 接続成分"地"を用いない修飾語 快来　一天看完　慢慢(地)走
 接続成分"地"を用いる修飾語   很高兴地说　科学地研究

8　品詞

 品詞分類は単語の文法的性質による分類で，その単語の文法的な働きによって類を分ける。「動作・行為をあらわすものは動詞」とするような，意味にたよった判断を排し，その語がどんな語とどのように組み合わさり，どんな働きをするかという点に依拠する。
 品詞名については，若干の許容範囲を設け，それぞれカッコ内に示す。
 品詞は実質的な意味を有する実詞と，主に文法的な働きをする虚詞に大別されるが，前者は以下に掲げる名詞から動詞まで，後者は介詞から擬声語までを指す。ここでは，《現代汉语词典第5版》が12品詞とする分類にしたがい，ほかに数量詞を設け，数詞＋量詞の連語で熟語化しているものも含める。各品詞における下位分類(附类)は同書と異なる。実詞のうち代詞，数詞，量詞と，虚詞は学習語彙表のすべての語を掲げる。

8-1　名詞

　抽象名詞を含め，名詞は数量詞の修飾を受けることができる。

　一般名詞はふつう副詞の修飾を受けない。

一般名詞

　可算名詞，不可算名詞を問わず，数量詞の修飾語が置ける。

　可算名詞は量詞"个"を用いることができるか否かで3類に分けられる。

(1)特定の量詞を用いる	(一本)书
(2)特定の量詞も，"个"も用いる	(一把)椅子；(一个)椅子
(3)量詞"个"のみ用いる	(一个)苹果

時間名詞　　　　　　　　　　　　明天　　现在　　以前

場所名詞

　(1)単用して場所を示せる場所名詞
　　→固有名詞など　　　　　　　中国　　北京　　*长江
　(2)一般名詞であるが，方位名詞を後置せずに単用できる場所名詞。　　商店(里)　教室(里)　*广场(上)
　　ただし，場所主語の位置に置く場合は方位名詞を後置する。　　　　公园里*菊花开了。
　(3)一般名詞は方位名詞を後置しないと場所名詞として使えない。
　　→(2)と(3)の区別　　　　　　他在商店(里)买东西。
　　　　　　　　　　　　　　　　他在*铺子里买东西。

方位名詞

単用できる2音節方位名詞	里边　外边　上边　下边　左边　右边
単用できない1音節方位名詞	里　外　上　下　左　右
方位連語	
方位名詞を後置する場所名詞	屋子里　桌子上

8-2　代詞(代名詞)

代詞は指示と代替の働きをする。

> 　人称，指示，疑問の3類のうち，指示と疑問は述語になるものがあるので代名詞という呼称を避ける。

人称代詞(人称代名詞)	我　我们　你　你们　您　他　他们 她　她们　它　咱们　大家　自己 别人
指示代詞	这　这个　这些　这里　这儿　这么 这样　那　那个　那些　那里　那儿 那么　那样　每　别的　有的
疑問代詞(疑問詞)	谁　什么　哪　哪个　哪里　哪儿 怎么　怎样　怎么样　多么　为什么 几　多少("几、多少"を数詞としない)
疑問詞の非疑問用法	什么都有。　没有什么。　要什么就给什么。 好像在哪儿见过他。

8-3　数詞

位数詞(単位となる数詞)	十　百　千　万　亿
係数詞	一　二　三　四　五　六　七　八　九　十　两
"十"は"万，亿"の前では係数詞。	
その他の数詞	零(〇)　半
概数詞	多
数量詞	俩
数詞＋量詞の連語	一点儿　一些　一会儿　一下

8-4　量詞(助数詞)

名詞の計量には名量詞，動詞の動作量を示すには動量詞を用いる。

名量詞
　度量衡の単位のような純粋に計量単位となる量詞と，事物の性質，形状をも含意する，形態単位としての量詞がある。

　　　　　个　种　只　双　对　点　位　口　家
　　　　　匹　头　条　棵　支(枝)　节　块　把
　　　　　片　场　张　本　封　座　辆　瓶　杯
　　　　　碗　件　套　句　公里　里　米　公斤
　　　　　斤　元　角　毛　分　刻　号　岁　倍

動量詞　　次　回　遍　趟　下

8-5　形容詞

動詞と同様にそのまま述語に用いられるが，なかには述語になれないものもある。

修飾語にも述語にもなる形容詞	好　大　忙　漂亮　干净　清楚
修飾語にのみ用いる形容詞	男　女　*金　*银　*初级
述語にのみ用いる形容詞	行　对
状態形容詞	*雪白　*冰凉　*绿油油
数量形容詞	多　少
形容詞の重ね型(状態形容詞)	好 →好好　好好儿
	明白 →明明白白
形容詞と動詞の兼類	高兴(高高兴兴／高兴高兴)
形容詞と名詞の兼類	科学　*理想
形容詞と副詞の兼類	好
動作態助詞の付加	红了脸　红着脸　红过脸

8-6　動詞

主として賓語との関係で下位分類をする。

自動詞(賓語をとらない動詞)	休息　游泳
他動詞(賓語をとる動詞)	看　打　笑　哭　研究　告诉
対象を示す賓語を介詞連語として連用修飾語にする動詞がある	× 打听他 →跟他打听(cf. 问他)
	跟他结婚　跟他商量　跟你说
助動詞(賓語は動詞，動詞連語など)	会说　会说英语　想去　想去北京
動詞の重ね型	看看　研究研究
動詞と名詞の兼類	研究　工作　*报告
離合動詞(離詞)	结婚　见面　毕业　生气
動作態助詞の付加	看了　看着　看过

8-7　介詞

文法用語として，説明的には前置詞と呼んでよいものもあるが，動詞と兼類になるものがあり，また介詞連語を補語に用いないとすることから，前置詞の名は避けた方がよい。ここでは，介詞は動詞が弱化(←虚化)したものと考える。

動詞と兼類にならない介詞	把　被　从　往　和　为　为了　除了

動詞と兼類になる介詞	在 给 朝 向 离 让 叫 对 跟 比 当 连
介詞連語	从中国(来)　被人(批评)　把字典(拿来)

8-8　副詞

　副詞は動詞・形容詞の修飾語(連用修飾語)としてのみ用いるが,"不""別""也许"など, 単用できるものも若干ある。

時間副詞	正　在　正在　才　刚　一　立刻　马上 已经　早就　一直　先　从来　快　忽然 常常　老　经常　渐渐　有时候
程度副詞	很　太　最　非常　特别　更　越 有点儿　真　比较　好　多　互相
範囲副詞	都　总　一起　一块儿　一共　就　只　只好
関連副詞(重複,連続)	还　还是　又　再　也　一边
語気副詞	大概　也许　恐怕　一定　必须　到底 可　当然　原来
否定副詞	不　没　没有　不用　别　不要

8-9　接続詞

　中国語の連詞という呼称は用いない。

語句を結ぶ接続詞	和　还是　或者
複文を組み立てる接続詞	不但　而且　虽然　但是　可是　不过 只要　要是　如果　因为　所以　只有 那么

8-10　助詞

構造助詞	的　地　得
"的"連語(助詞"的"の後置による名詞相当語)	我的　来的　红的　男的　从中国来的
動作態助詞	了〔完成態〕　着〔持続態〕　过〔経験態〕
文末助詞	啊　吧　吗　呢　了　的　*似的　*来着

8-11　感動詞

ふつう，文の成分にはならないで，単独で使われることが多い。

哎呀　喂

8-12　擬声語

中国語の擬声詞という品詞名は用いない。感動詞として分類することもある。当て字のため，表記が一定しない例がある。

哈哈　　*丁当　　*汪汪

「学習語彙表」は本書では掲載していないが，「文法項目表」，「学習語彙表」ともに中国語教育学会HPよりダウンロードすることができる。

　［中国語教育学会HP］　　http://www.jacle.org/

日本語索引

本索引は，日本語による事項（文法用語・人名など）を五十音順に配列した。ページ数を表す数字のうち，太字で記すものは，その項目の主要解説ページを示している。

ア

r 化（アル化）　8
意合法　48
位数詞　196
1 語文　45, **46**, 61, 62
1 人称複数　171
一般名詞　152
因果関係　333
イントネーション　40, 45, 51, 382
韻母　8
引用符　41
受け身文　98, 99
袁毓林　325
遠称　173
音節　7
音節数の均衡　269

カ

可算名詞　152, **153**
可能補語　116, 118, 131
可能を表す助動詞　259
介詞　148, **276**, 278, 280
介詞の省略　286
介詞連語　33, 50 284, 286
回数　121, 122
概数詞　203
概数表現　203
外来語　4
外来語の音訳　3, 5
重ね型　207, 215, **234**, 244, 249, 255, **265**
重ね型がない動詞　267
重ねタイプの合成語　9
数と数量　200
数の数え方　198
漢語　17
漢語の造法　17
漢字　**2**, 3, 4, 5
漢数字　197

完成態助詞　355
完成態のない動詞　271
完成態の否定　357
間接賓語　**81**, 252
感嘆符　41
感嘆文　61
感動詞　148, **381**
関連副詞　307
願望を表す助動詞　261
記帳式　**122**, 125
擬音語　3, 383
擬声語　3, 148, **383**
擬声詞　383
擬態語　224, 238, 383, 384
疑問詞　56, 181
疑問詞疑問文　56, 181
疑問代詞　56, 181
疑問代詞の非疑問用法　**192**, 195
疑問符　41
逆接の関係　335
虚詞　147
強調表現　310
禁止や制止を表す命令文　320
近称　173
金銭の単位　217
句　20
句読点　28, **41**
句の連接　325
区別詞　226, **231**
組み合わせ型　27
組み合わせ型修飾語　138
組み合わせ型補足連語　25
敬意　175
経過時間　124
経験態助詞　360
経験態のつくれない動詞　272
敬語　170
係数詞　196

形態素　2, 5, **7**, 8
形態単位　216
形態変化　9, 146
形容詞　148
形容詞述語　68
形容詞述語文　104
形容詞と動詞の区別　248
形容詞と動詞の兼類　244
形容詞と副詞の兼類　247
形容詞と名詞の兼類　245
形容詞の下位分類　**225**, 231, 232
形容詞の重ね型　**234**, 249
形容詞の簡単形式　228
形容詞の他動詞用法　241
形容詞の複雑形式　228
形容詞を述語に用いる条件　228
形量詞　215
計量単位　215
結果補語　**108**, 116
結果補語となる介詞連語　110
結合型　27
結合型修飾語　138
結合型補足連語　25
兼語　**91**, 93
兼語文　32, **91**, 93
兼類　81, 161, **244**, 245, 247, **273**, 278, 280, 327
故韓　245, 247, 248
胡裕樹　24
固有名詞　152, **156**
固有名詞記号　41
個体量詞　210
語気詞　362
語気助詞　362
語気で疑問を表す疑問文　57
語気副詞　313
語法と修辞　385
構造助詞　344

405

後置成分(程度補語)による強調 298
後置接続詞 331
後置の修飾語(補語) 142
肯定文 48
合成語 **8**, 9, 10, 11
合成方位詞 166
国家標準 41, 43

サ

使役 92
使役文 92
指示代詞 **173**, 179
時間と時点(時刻) 160
時間副詞 290
時間名詞 148, 152, **158**, 160
時間量 **124**, 127, 128
時間量補語 124
時刻の単位 217
時点 158, **160**
持続時間 124
持続態助詞 357
持続態のない動詞 271
持続態の否定 360
自動詞 **69**, 73, **250**
次動詞 277
実詞 147
借用動量詞 223
借用量詞 210
朱徳熙 24, 25, 65, 74, 130, 136, 146, 189, 194, 228, 230, 246, 253, 257, 258, 259, 274, 281, 298, 343, 346, 355, 362, 363, 364, 370, 373
主語 45
主語と述語の関係 65
主語になれる成分 **64**, 66
主語の省略 67
主述型複合語 11
主述文 45
主述連語 21, 83
集合名詞 152, **154**
集合量詞 210
修飾型複合語 12
修飾語 **133**, 134, 136, 138, 140, 350
修飾語になれない形容詞 232
修飾連語 22
十分条件 340
出現文 94
述語 45
述語性成分を名詞相当語に 348
述語性の主語 66
述語に主述連語を用いる文 83
述語にだけなる形容詞 234
述語になれない形容詞 231
述語になれる成分 64
述詞 148
述詞性賓語動詞 256
述補連語 24
準賓語 128, 251
準量詞 213
処置文 96
所在 80
所有 78
書名記号 41
助詞 148, **343**
助詞の下位分類 342
助数詞 210
助動詞 255
助動詞と動詞の差異 257
助動詞と副詞 257
助動詞を用いる文 80
助名詞 216
序数 191, **201**
徐枢 75
小主語 84
小数 201
消滅文 94
省略記号 41
省略疑問文 55
状語 133
状態形容詞 225, **236**
状態詞 226
状態補語 **130**, 131, 132
進行態 292
真賓語 129, 251
趣向補語 108
数詞 148, **196**
数量形容詞 226, **239**
数量詞 205, 207
数量詞連語 205, 208
数量補語 121, 124, 126, **128**
請求 92
性質形容詞 225, **236**
静態 236
声母 8
西暦 199
接辞 **10**, 157
接続詞 148, 325, **327**, 331
接続詞と介詞 327
接続詞と副詞 325
接続成分 107, 325
接続成分が必要な連体修飾語 134
接続成分が必要な連用修飾語 138
接続成分が不要な連体修飾語 136
接続成分が不要な連用修飾語 140
接続成分を用いた複文 46
接続成分を用いない複文 47
接頭辞 10
接尾辞 10
選択疑問文 54
前置詞 276, 277
前置接続詞 331
前置の修飾語(状語) 142
総称 155
属性詞 231
存現文 95
存在 78, 80
存在文 78, **93**

タ

他動詞 **69**, 73, **250**, 256
体言 149
体詞 148
体詞性賓語動詞 256
対称性動詞 **74**, 253
大主語 84
代詞 148, **168**, 169
代名詞 168
単位詞 216
単音節語 7
単語 5, 6, 20
単純語 8

単純方位詞　162, **164**
単純方向補語　111
単文　43
単用できる副詞　288
地名　162
抽象名詞　152, **155**
中心語　133
趙元任　52, 230
重複，連続などを表す副詞　312
直接賓語　**81**, 252
陳望道　217
粒読み　199
定語　133
丁声樹　130, 277
程度の強調　120, 133, 296, **299**
程度副詞　296
程度補語　108, **119**, 131, 299
"的"連語　**34**, 348
度量衡の単位　217
度量詞　218
当然を表す助動詞　263
当否疑問文　51
同一疑問代詞の呼応用法　195
同音語　246, 247, 273
動作行為の進行　291
動作態助詞　353
動作態助詞と形容詞　242
動作態助詞と動詞　270
動作量　**121**, 127, 128
動作量の表し方　122
動作量補語　121
動詞　148
動詞述語　68, 275
動詞述語文　72, 73
動詞と兼類にならない介詞　278
動詞と兼類になる介詞　280
動詞と賓語の関係　70
動詞と名詞の兼類　273
動詞の下位分類　**250**, 273
動詞の重ね型　249, **265**
動詞の後置成分(接辞)　353
動詞の述語性　275
動態　236
動賓型複合語　**13**, 254

動賓連語　**26**, 284
動補連語　24
動目連語　26
動量連語　121, 122, 210, **212**, 223
特殊な指示代詞　179
特定　80
ドラグノフ　230

ナ

鳴き声　384
二重否定　51, 320
二重賓語　68, 97, **252**
二重目的語　81
日本漢語　17
任意のものを指す疑問代詞　192
人称代詞(人称代名詞)　169
能願動詞　**80**, 256

ハ

パーセント　202
場所詞　161, 162
場所名詞　148, 152, **161**
場所名詞の下位分類　162
倍数　201
反語文　58, 192
反復疑問文　51
範囲副詞　302
範詞　216
番号　199
潘文娯　245, 247, 248
比較数量　128
比較数量補語　126
比較文　**100**, 103
否定副詞　317
否定副詞の位置　49, 286
否定文　48
非修飾語形容詞　232
非主述文　45
非述語形容詞　225, **231**
被修飾語　133
必要条件　339
100以上の数　197, 198
百分数　201
賓語　70
賓語が2つある文　81
賓語に主述連語を用いる文

83
賓語になれる成分　64
賓語のある動詞述語文　73
賓語の位置　121, 125, **252**
賓語のない動詞述語文　72
品詞分類　146
不可算名詞　152, **153**
不定のものを指す疑問代詞　192
不定量詞　210
不定量を表す数量詞連語　208
不特定　80
付加型の当否疑問文　52
付加型の反復疑問文　53
付加タイプの合成語　**10**, 151
フレーズ　20
部分否定　128, **323**
副詞　148, **288**
副詞による強調　298
副詞の位置　49, 286, 322
副詞の下位分類　290
副詞の連用と配列　324
副詞を用いた強調表現　310
副名詞　216
複音節語　7
複合語　**11**, 16
複合タイプの合成語　11
複合方向補語　113
複合量詞　215
複数　154, **157**, 170, 175, 185
複文　**43**, 46, 47
複文を構成する接続詞　331
2けた以上の数　196
2つ　200, 207
2つの"了"　373, 374
文　40
文末助詞　362
分数　201
平叙文　50
並立複合語　17
並列型複合語　14
並列連語　28
補語と接続成分　107
補語になれる成分　64
補足型複合語　13
補足連語　24

407

方位詞　162, **164**, **166**
方位名詞　36, 148, 152, 162, **164**, **166**
方位連語　**36**, 162, 165
方向補語　108, **111**, **113**, 116
方向補語の派生義　114
ポーズ　**28**, 40

マ

無主語文　45
名詞　148
名詞述語文　70, **105**
名詞性の述語　69
名詞相当語　348
名詞の下位分類　151
名詞の文法的性質　150
名動詞　**273**, 274
名形詞　247
名量詞　210, 212
命令文　59
メートル法　217
孟琮　71
目的語　65, 70

ヤ

唯一の条件を示す　340
用言　149
呼びかけ文　61

ラ

離合動詞（離合詞）　254
陸倹明　305, 307, 344
陸志韋　52
略語, 略称　16
劉月華　245, 247, 248
呂叔湘　5, 46, 65, 85, 128, 130, 164, 221, 228, 232, 234, 259, 263, 276, 298, 323, 328, 344, 347, 385, 386
量詞　148, 210
累加の関係　336
類義並立複合動詞　268
類別詞　**210**, 216
黎錦熙　217
連語　20
連語と文の関係　40
連体修飾語（定語）　**133**, 134, 136
連体修飾語になれる成分　64
連動型複合語　15
連動文　85, 86, 87, 89, 91, 92
連動連語　30
連用修飾語　350
連用修飾語（状語）　**133**, 138, 140
連用修飾語になれる成分　64
呂叔湘　→りょしゅくしょう

ワ

和語（やまとことば）　17

close type　52
morpheme　→形態素
open type　52

中国語索引

本索引は，(1)中国語による事項（文法用語・書名・人名）と，(2)用法等を解説した語句を，それぞれピンイン・ローマ字順に配列した。同一の漢字ではじまるものは一か所にまとめてある。ページ数を表す数字のうち，太字で記すものは，その項目の主要解説ページを示している。

(1)事項索引

B, C

标点符号　41
《宾语和补语》　75
〈并列双音词的字序〉　15
不及物动词　**69**, 73, 250, 256
《常用字和常用词》　307
陈望道　217
处所宾语　71
处所名词　148, 152, 161
词　7, 20
词组　20

D

大写　197
代词　148, **168**, 169
〈单音形容词用法研究〉　228, 234
等同宾语　71
丁声树　130, 277
定语　65
动词　148
《动词用法词典》　71
逗号　41
断句　43
对象宾语　71
顿号　29, 41
〈多项副词共现的语序原则及其认知解释〉　325

F

方式宾语　71
方位名词　36, 148, 152, 162
非定形动词　232
非谓形容词　231
分号　41
副词　148, 288

G

工具宾语　71
公制　217
故摔　245, 247, 248
关联作用　326

H

《汉语的构词法》　52
《汉语语法分析问题》　46, 65, 85, 232, 234, 259, 298, 326
《汉语知识讲话》　220
〈很不…〉　323
胡裕树　24

J, K, L

及物动词　69, 73, **250**
间隔号　41
《教学大纲》　307
结果宾语　71
介词　148
句号　41
括号　41
离合词　20
黎锦熙　217
连词　148
连接号　41
联合复句　44
量词　148, 210
刘月华　245, 247, 248
龙果夫　230
陆俭明　305, 307, 344
陆志韦　52
吕叔湘　5, 46, 65, 85, 128, 130, 164, 221, 228, 232, 234, 259, 263, 276, 298, 323, 328, 344, 347, 385, 386
《论现代汉语中的单位和单位词》　217

M, N

冒号　41
孟琮　71
名词　148
目的宾语　71
拟声词　3, 148, **383**

P, Q, R

潘文娱　245, 247, 248
破折号　41
《普通话三千常用词表》　307
情态副词　307
任指　192

S

省略号　41
施事宾语　71
实词　148
《实用现代汉语语法》　245, 247, 248
时点　160
时段　160
时间宾语　71
时间词　160
时间名词　148, 152, **158**, 160
〈试论非谓形容词〉　232
受事宾语　71
书名号　41
述语　65
数词　148
〈说"的"〉　346

T, W

叹词　148
叹号　41
体宾动词　256

体词　148
同源宾语　71
唯谓形容词　234
谓宾动词　256
谓词　148
谓语　65
文法　385
问号　41

X

《现代汉语》　24
《现代汉语八百词》　130, 164, 220, 221, 263, 276, 307, 328, 344, 385
《现代汉语词典》　5, 12, 385
《现代汉语单双音节问题初探》　5, 347
〈现代汉语副词独用刍议〉　305, 307
《现代汉语基础》　344

〈现代汉语形容词研究〉　228
《现代汉语虚词例释》　281, 344, 381
《现代汉语语法讲话》　130, 277
《新华字典》　270
《新著国语文法》　217
形容词　148
徐枢　75
虚词　148
虚指　192

Y

引号　41
袁毓林　325
原因宾语　71
语调　40
语法　385
《语法答问》　65, 146
《语法讲义》　24, 25, 74, 130, 189, 194, 246, 257, 258, 259, 274, 281, 298, 343, 355, 362, 363, 364, 370, 373
语法修辞　386
语素　2, 5, 7, 8

Z

赵元任　52, 230
致使宾语　71
朱德熙　24, 25, 65, 74, 130, 136, 146, 189, 194, 228, 230, 246, 253, 257, 258, 259, 274, 281, 298, 343, 346, 355, 362, 363, 364, 370, 373
主从复句　44
助词　148
专名号　41
状语　65
着重号　41

(2)語句索引

A, B

啊　52, 363, **364**, 382 (感動詞)
哎　382
哎呀　382
哎哟　382
唉　382
把　**95**, 278
罢了　379
吧　52, 57, 60, 68, **363**, 366
百　192, 196, **198**
百分之…　202
半　200
北　164
倍　202
被　**98**, 278
比　**100**, 126, 280
比较　297
遍　214
…边　166
别　288, **320**
别的　179
别人　271
别…了　**321**, 372

并　315(副詞), 328(接續詞)
并且　**328**, 331
必须　314
不　48, 49, 286, **317**, 319, 320
…不…　116(可能補語)
不比　102, 287
不必　320
不但　331
不但不／不但没…反倒…　337
不但…而且…　325, 326, **336**
不得了　132
不管　**326**, 331
不过　331, **336**
不论　326
不论…也…　325
不如　103
不是　320
不是…吗　58, 319
不是A就是B　331
不行　53
不要　320
不用　320
不怎么　188

不怎么样　188
不…不…　149, **327**
不…了　372
…不得　119
…不及　119
…不了　119
…不起　119

C

才　293
才(不)…呢　371
曾经　296
差不多　317
差点儿　302
朝　283
成　97
出　111, 114
出来　113, 115
出去　113
初…　203
除了　278, 286
次　214
从　282
从…到…　283

从来　296

D

大概　315
大家　172
大约　317
但是　331
当　278, 286
到底　314
…到　97, 110
的　34, 135, 136, 167, 238, 344, 346, 348, 349, **377**
…的话　338
…的一声　383
得(助動詞)　263
得(助詞)　107, 116, 130, 131, 132, 344, **351**
…得很　132, **299**
…得慌　133
地　139, 140, 239, **344**, 350
等　380
等等　380
底下　166
第　10, **202**
的的答答　384
滴滴答答　384
点儿　68
点(儿)　202
东　164
都　302, **304**
对(形容詞)　232, 319
对(介詞)　285
对不对?　53
对面　166
对吗?　53
对于　278, 286
多　190, **239**, 297
多长时间　**57**, 181
多大　57
多大年纪　57
多大岁数　57
多会儿　185
多久　57
多(么)…啊!　61
多(么)…　57, 181, **190**, 299
多少　57, 181, **191**
多少…多少…　195

…多　197, 203

E, F

而　337
而且　331, 337
二　198, **200**
非常　297
非常(之)…　299
非…不可　327
…分之…　202

G

该　264
敢　263
干什么　184
刚…就…　325, **326**
个　153, 157, **219**, 221, 353
各　179
给　99, 280
…给　97, 110
跟　327
跟…一样　103
更　313
关于　278, 286
光　304
过(動詞)　111, 114, 362
过(助詞)　242, 270, 353, **360**
过来　113, 115
过去　113, 115

H

哈哈　383
嗨　382
还　52, 308, **312**
还不…　59
还(是)(副詞)　335
还是(接續詞)　**54**, 329
好　258, 297, 299
好不好?　53
好好儿　234
好吗?　52
和　327
很　228, 297
后　164
呼呼　383
哗　383
哗啦　383

哗啦哗啦　383
哗啦啦　383
…坏了　120, **299**
回　111, 114, 214(量詞)
回来　113
回去　113
会　**259**, 264
或者　55, 329
或者…或者…　330
或…或…　331

J

极为…　299
极不…　299
…极了　61, 120, **299**
几　57, 181, **191**
几点　56
几岁(了)?　57
既然…就…　342
既…也…　326
既…又…　325, **326**
将　278
叫　92, 98
进　111, 114
进来　113
进去　113
净　304
究竟　314
就　293, 303
就是／即使…也…　339
就是了　380
就要…了　372

K

靠　285
可　314, 335
可是　331
可以　259
可以吗?　53
可…呢　371
肯　263
恐怕　315
(快)要…了　372

L

啦　366
来　87, 88, 111, 114

…来　204
来着　379
老…　10, 62
老（副詞）　305
了　242, 270, 353, **355**, 363, **371**, 374
…了个　353
…了₁…了₂　374, **375**
类　156
离　282
里（方位詞）　164
…里　36, 162, 166
连…都／也…　310
两　196, 198, **200**
了不得　132
○　198
零　**198**, 218

M

吗　51, 363, **368**
嘛　381
没　287
没（有）（動詞）　48, 49, 78, 273
没（有）（副詞）　48, 49, 273 **317**, 319
没有　103（比較表現）
每　179
…们　10, 155, **157**
…面　166
喵（喵）　384
咩咩　384
哞（哞）　384

N

哪（代詞）　56, **181**, 184
哪（助詞）　366
哪地方　185
哪个　56, **181**, 184
哪会儿　185
哪里　56, 58, 181, **185**
哪儿　55, 56, 181, **185**, 193
哪儿呀　186
哪儿…哪儿…　195
哪些　185
那　**173**, 174
那个　**173**, 174
那会儿　174

那里　173, **176**
那么　173, 177
那么样　179
那儿　173, 176
那样　173, 177
…，那么…　341, 332
南　164
难　258
难道　314
难道…吗？　59
呢　55, 363, **369**
能　259
嗯　382
你　170
你们　170
您　68, 170

P, Q, R

旁边　167
偏　314（副詞），362（動詞）
起　111, 114
起来　113, 115
千　192, 196, **198**
前　164
请　60, **92**
去　87, 88, 111, 114
去…　88
…去　88
全　302
却　336
…儿　10, **151**
让　92, 98
人家　171
仍了　322
容易　258
如果　331
如果…的话　338
如果…就…　338

S

上（動詞）　111, 114
上（方位詞）　**164**
上来　113, 115,
上去　113, 115
…上　36, 162, 165
少　239
谁　56, 58, 181, **182**, 193

谁…谁…　195
谁…他…　196
什么　56, 59, 181, **182**, 193, 194
什么的　194, **379**
什么地方　184
什么人　183
什么时候　56, 181, **184**
什么…什么…　195
甚至　337
十　192, **196**, 198
使　92
是　70, **75**, 76, 105, 319
（是）…的　377
是吧？　53
是不是？　53
是的　320
是吗？　52
是…的　76
是…了　376
…是…　378
似的　379
…死了　120, **299**
虽然　331
虽然…可是…　335
虽然…却／可…　335
所以　331

T

他　170
他们　170
她　170
她们　170
它　170
它们　170
太　297
太…了　61, **297**, 299, 372
挺…的　297
同　329
头…　203
…头　**151**, 166
…透了　120, **299**

W

哇　366（助詞），383（擬声語）
外　164
万　192, **196**, 198
万万　196

汪汪　384
往　283
忘了　321
为　97(動詞), 278(介詞)
为什么　56, 181, 184, 187, **188**
为了　278, 286
为着　278
喂　62, 382
喔喔　384
我　170
我们　170, **171**
无论　**326**, 331
无论／不管 A 还是／或者 B，
　都／也…　330

X

西　164
希望　81
喜欢　81
下(動詞)　111, 114
下(方位詞)　164
下来　113, 115
下去　113, 115
向　283
想　261
像…那么…　104
小…　10, **62**
行　232
行不行?　53
行吗?　52

Y

呀　366
要　261, 263
要…了　372
要命　133
要是　331
要是…的话　332, 338
要是…就…　338
也　308, **309**, 324
也就(是)　324
也许　315
也…也…　309
一边…一边…　326
一点儿　208, 300
一定　314
一个　221

一共　304
一会儿　124, **208**
一块儿　306
一来…二来…　332
一面…一面…　326
一─都／也…　310
一─就…　325, **326**
一起　306
一下　121, **208**
一些　208
以　278
亿　192, 196, **198**
已经　295
因此　334
因为　331
因为…所以…　333
应当　264
应该　263
有　78, 79, 89, 91, 93
有的　179
有点儿　300
又　308, **309**, 312
又…又…　**309**, 326
用　280
由于　278, 286, **334**
右　164
于　278
原来　314
愿意　261
越…越…　326

Z

在　77, 79
在(介詞)　280
在(副詞)　291
…在　97, 110
再　312
咱们　170, **171**
早就　295
早已　295
怎么　56, 58, 181, 181, **187**, **188**
怎么能…　58
怎么样　55, 56, 181, **187**
怎么着　55
怎样　187
着　88, 93, 242, 270, 353, **357**
着呢　**243**, 371

…着点儿　358
…着…着　359
这　173, **174**
这个　173, **174**
这会儿　174
这里　173, **176**
这么　173, **177**
这么点儿　208
这么些　208
这么样　179
这么着　178
这儿　173, **176**
这些　175
这样　173, **177**
真　**297**, 299
真…啊!　61
正　291
正在　291
只　303
只好　303
只要　331
只要…就…　339
只有　331, **341**
只有…才…　340
至于　286
中间　166
…中　293
终于　314
种　156
…子　10, **151**
自　278
自从　278, 286
自己　171
总　305
最　297
做　97
左　164

[著者略歴]

興水　優（こしみず　まさる）
1935年生
1958年　東京外国語大学卒業
1960年　東京大学文学部卒業
現在　　東京外国語大学名誉教授
主要著書：『中国語基本語ノート／続中国語基本語ノート』（大修館書店，1980／1996），『中国語の語法の話』（光生館，1985），『新編LL中国語　入門／基礎Ⅰ／基礎Ⅱ』（大修館書店，1988／1988／1989），『中国語図解辞典』（共著，大修館書店，1992），『中国語の教え方・学び方』（日本大学文理学部，2005）

島田亜実（しまだ　つぐみ）
　　　　　東京外国語大学大学院博士前期課程修了
現在　　日本大学文理学部ほか講師
主要著書：『中国語　基礎知識』（共著，大修館書店，2007），『文法をとおして学ぶ中国語』（共著，好文出版，2005）

中国語　わかる文法
ちゅうごくご　　　ぶんぽう

ⓒ興水優，島田亜実　2009　　　　　NDC820／x, 413p／21cm

初版第1刷——2009年4月10日
　第3刷——2021年9月1日

著　者——————興水　優／島田亜実
　　　　　　　　こしみずまさる　しまだつぐみ
発行者——————鈴木一行
発行所——————株式会社　大修館書店
　　　　　〒113-8541　東京都文京区湯島2-1-1
　　　　　電話03-3868-2651（販売部）　03-3868-2290（編集部）
　　　　　振替00190-7-40504
　　　　　［出版情報］https://www.taishukan.co.jp

編集協力——————中国文庫株式会社
本文デザイン・装丁——井之上聖子
印刷所——————倉敷印刷
製本所——————ブロケード

ISBN978-4-469-23254-7　　Printed in Japan

Ⓡ本書のコピー，スキャン，デジタル化等の無断複製は著作権法上での例外を除き禁じられています。本書を代行業者等の第三者に依頼してスキャンやデジタル化することは，たとえ個人や家庭内での利用であっても著作権法上認められておりません。